CRC Press
Taylor & Francis Group

安全治理丛书

安全治理与社会秩序维护研究院　主持

但彦铮　主编

可疑文书的科学检验

Scientific Examination
of Questioned
Documents

［美］奥登威·希尔顿 (Ordway Hilton)　著

翁　里　但彦铮　译

社会科学文献出版社
SOCIAL SCIENCES ACADEMIC PRESS (CHINA)

Library of Congress Cataloging-in-Publication Data
Catalog record is available from the Library of Congress.

This book represents information obtained from authentic and highly regarded sources. Reprinted material is quoted with permission, and sources are indicated. A wide variety of references are listed. Every reasonable effort has been made to give reliable data and information, but the author and the publisher cannot assume responsibility for the validity of all materials or for the consequences of their use.

Neither this book nor any part may be reproduced or transmitted in any form or by any means, electronic or mechanical, including photocopying, microfilming, and recording, or by any information storage and retrieval system, without permission in writing from the publisher.

Direct all inquiries to CRC Press, Inc., 2000 Corporate Blvd., N.W., Boca Raton, Florida 33431.

Copyright ©1993 by CRC Press, Inc.
International Standard Book Number 0-8493-9510-0
Printed in the United States of America 7 8 9 0
Printed on acid-free paper

All Rights Reserved

Authorized translation from English Language edition published by CRC Press, a imprint of the Taylor & Francis Group .

中央财政支持地方高校发展专项资金项目

总序　安全治理与秩序的法律之维

法律与秩序、冲突与控制，是人类社会两对永恒的主题。

20世纪70年代以来，犯罪控制领域的制度与思想模式在世界范围内逐步确立。该模式在21世纪遭遇了前所未有的挑战与巨大的变革压力。现代性降临之际，警察、法院、监狱等一系列国家机构就占据了安全与秩序生产过程的中枢地位。[①] 在任何时代和任何国家，有关犯罪及其防治的话题与主题往往不可避免地被卷入重大的社会与政治变革运动之中。尤其在自治理论兴起以后，有关犯罪、安全、风险与治理的理论及政策话题，不仅成为犯罪学、警察学（公安学）、社会控制、公共安全治理以及公共政策等相关学科研究者关注的内容，而且在社会治理与安全治理政策和法律的制定过程中，受到各国政府的重视。不仅如此，关于犯罪治理、安全产品供给等话题，还涉及传统和非传统社会秩序维护机制及其现代化重构问题的方方面面。比如，国家形象与能力（如"成功国家"与"失败国家"）的变化，公众对刑事司法的信任以及对社会稳定的期盼，维护社会秩序构建安全责任共担制，和谐社会的有序参与，等等。

当前，我国处于全面建设小康社会、深化改革开放、加快经济发展方式转变的关键时期，"综观国际国内大势，我国发展仍然处于可以大有作为的重要战略机遇期。我们要准确判断重要战略机遇期内涵和条件的变化，全面把握机遇，沉着应对挑战，赢得主动，赢得优势，赢得未来，确保二〇二〇年实现全面建成小康社会宏伟目标。"[②] 毋庸置疑，实现宏伟目标，离不开一个安定团结的和谐社会。由此，如何有效维护我国战略机遇期的社会稳定，成为当下政策制定者和学

[①] 〔英〕麦克·马圭尔、罗德·摩根、罗伯特·赖纳等：《牛津犯罪学指南》（第四版），刘仁文、李瑞生等译，中国人民公安大学出版社，2012，第61~74页。

[②] 胡锦涛：《坚定不移沿着中国特色社会主义道路前进为全面建成小康社会而奋斗》，在中国共产党第十八次全国代表大会上的报告。

者们关注的重要话题。

平安是国家繁荣昌盛、人民幸福安康的前提。在中国共产党第十八次全国代表大会后，为了实现两个一百年奋斗目标、实现中华民族伟大复兴的"中国梦"，习近平总书记提出了建设"法治中国"和"平安中国"的重要战略举措。建设"平安中国"，事关中国特色社会主义事业发展全局。深入推进社会治理创新是建设"平安中国"的基本途径，对推进国家治理体系和治理能力的现代化建设具有重要意义。改革发展需要稳定安全的社会环境，而促进安全需要付出社会成本，维护安全稳定"需要明确的道义上的正当性。不受限制地企图满足对更多安全的渴望，会对公民自由与一般社会生活造成严重的否定性的影响。"[1] 因此，要处理好改革发展与社会秩序维护的关系，就必须树立秩序观、法治观、制度观和治理观。维护社会秩序和实施安全治理，不仅需要正确的理论指导，还离不开科学合理的制度设计以及充分且多样化的实践。所以，在维护社会秩序、实施安全治理的过程中，要促进理论与实际的有机结合，倡导全社会共同参与，坚持"古为今用，洋为中用"的理念，兼收并蓄，取其精华，去其糟粕，立足现在，放眼未来，从实际国情出发，充分发挥法治的引领和保障作用，积极进行理论创新、制度创新和实践创新，为全面建成小康社会创造安全稳定的社会环境。

安全和平安是人们在满足基本生存和生理需要以后的最基本需求，安全治理与社会秩序维护是人类社会的恒定主题，任何社会、任何时期都需要正常的社会秩序和安全保障。随着治理理论的兴起，国内各个学科也开始关注该理论在本学科的拓展研究。本研究团队长期从事公安（警察）学、犯罪学和社会治安问题的研究，追踪研究国外安全治理理论与实践的最新动态。特别关注"9·11"事件以来，世界各国在警察权、安全治理和反恐警务立法等方面的最新实践。借鉴国外犯罪控制、警察科学、安全治理、刑事司法等方面的研究成果，并结合中国的国情与实际，开展以问题为导向的实证研究，为公安学的理论体系和知识体系建构提供参考，为维护社会秩序稳定、建设平安中国提供理论支撑。

随着 21 世纪全球化的不断发展，国家在为公民提供安全保障方面发生了巨大变化。"安全对美好社会的作用""应该由什么样的机构提供安全"

---

[1] 〔英〕麦克·马圭尔、罗德·摩根、罗伯特·赖纳等：《牛津犯罪学指南》（第四版），刘仁文、李瑞生等译，中国人民公安大学出版社，2012，第 653 页。

等重大规范性问题引起了人们的关注，也给学界提出了"如何界定安全和公共安全产品供应"等具有挑战性的理论问题。国家治理（State Governance）是阶级社会产生以来最重要的政治现象之一，其本质在于通过发挥职能，协调和缓解社会冲突与矛盾，维持特定的秩序。关于治理的概念，让－皮埃尔·戈丹认为，"治理"（Governance）这个词本身就是问题之源，可以从多种角度进行解释，它"从13世纪起就在法国阶段性地流行过。其最初的意思在很长时间内都是可以和'统治、政府'（一直没用至今）以及'指导、指引'画等号的。……在17世纪和18世纪，治理是关于王权和议会权力平衡的讨论所涉及的重要内容之一，而在那个时代，王权在实现过程中开始依靠一些新的原则，而从这些新的原则中，诞生了公民权利和市民社会理念。"[①] 到21世纪，"治理"一词有了新的内涵，主要是指对警察政策的形成与方向的宪法性、机构性安排。[②]

20世纪90年代末以来，国内学术界逐渐开展了治理理论和实践的研究。随着研究的深化，西方治理理论与中国本土治理理论的错位现象逐步凸显。国家发展和治理的实践表明，理想的"治理"理论的重构，必须在本土化的基础上才能完成，而"治理"的实践主要有国家治理、政府治理和社会治理三个维度，且三者的目标都指向于：在坚持中国特色社会主义基本制度的前提下，破除一切不适应生产力发展要求的体制机制，创新释放生产力和社会活力，完善和发展中国特色社会主义制度，探索出符合本国国情的社会秩序维护与安全治理的基本理论、制度与实践路径。[③]

"安全治理丛书"正是遵循这样一种基本的逻辑，进行知识谱系和理论体系的建构与实践验证：借鉴其他学科发展的历史经验，先进行中西古今的比较，以问题为导向，对当前我们在维护社会秩序中面临的犯罪问题、安全治理问题和其他社会治理问题开展实证研究，真正形成具有中国特色社会主义的社会秩序维护和安全治理理论。

---

① 〔法〕让－皮埃尔·戈丹：《何谓治理》，钟镇宇译，社会科学文献出版社，2010，第4页。
② 〔英〕麦克·马圭尔、罗德·摩根、罗伯特·赖纳等：《牛津犯罪学指南》（第四版），刘仁文、李瑞生等译，中国人民公安大学出版社，2012，第651页。
③ 王浦劬：《国家治理、政府治理和社会治理的基本含义及其相互关系辨析》，载于2014年7月16日《社会学评论》，转引自中国社会科学网：http://www.cssn.cn/zzx/wztj_zzx/201407/t20140716_1255453.shtml，2016年12月14日访问。

西南政法大学安全治理与社会秩序维护研究院[①]整合校内外资源，紧紧围绕"深化平安建设，完善立体化社会治安防控体系"这一目标，以警察学（公安学）为支撑，依托法学、政治学和社会学等相关学科，围绕"平安中国"建设进行跨学科研究。"安全治理丛书"正是这次跨学科研究取得的重要成果。

为了系统地了解安全治理的理论渊源、制度变革及其政策实践，本系列丛书包括三大部分：①国外最新的警察学、社会与犯罪治理、安全治理的译著丛书；②我国近代社会治理与安全管理的理论和相关古籍整理的勘校丛书；③以问题为导向，对当今社会秩序维护与安全治理问题的实证研究和理论创新著述。

为此，我们分别与社会科学文献出版社、知识产权出版社、法律出版社三家出版社展开了合作。

社会科学文献出版社陆续推出"安全治理丛书"第一批译丛，包括《可疑文书的科学检验》、《警察学百科全书》、《警察学导论》、《古罗马公共秩序维护》、《冲突与控制：19世纪意大利的法律与秩序》、《警察：街角政治家》、《警察权与政治》、《警察权与警务导论》、《警察行为方式》和《风险社会中的警务》。今后还将陆续推出《安全治理、警务与地方能力》、《使命任务为基础的警务》、《警察绩效评估》等经典译著。本系列译丛主要以警察科学的知识和理论体系建构为主要内容。因此，既有"百科全书"式的巨著，又有西方警察发展历史及警察学教材，还包括当代警务改革、警察科学理论以及安全治理理论发展方面的最新著作。这些著作的译述，能够帮助我们了解西方警察学科的发展历程及其最新发展。

知识产权出版社推出了"社会治理丛书"，该丛书既有译著又有著述，包括

---

① 安全治理与社会秩序维护研究院项目起源于西南政法大学从2006年开始在全国率先开始招收警察科学专业的硕士研究生，这是教育部批准的第一批自主设置二级学科的硕士点之一。在培养研究生的过程中，我们深感国内学术界对警察学基础理论研究及警务实证研究的不足。警察学作为一门"国家学说"，无论是从理论研究层面，还是从为警务实践提供理论指导和回应实践关切的维度，都面临着正当性危机、研究品质危机和认同危机。2009年11月28～29日，在中南财经政法大学主办、刑事司法学院承办的"中国刑事司法改革与侦查理论研究学术研讨会"上，我作了题为《安全治理理念的兴起与警察学理论转型》的一个简短的报告，旨在引起警察学界对警察学学科理论创新与重构的重视（参见中南财经政法大学刑事司法学院新闻网，网址：http://gaxy.znufe.edu.cn/A/?C-1-272.Html，以及物证技术学实景图像库网站，网址：http://jyw.znufe.edu.cn/wzjsx/xwzx/200912/t20091202_21260.htm）。随后我便开始着手于社会与安全治理方面的"知识谱系"的建构。该科研平台项目自2010年开始获得西南政法大学中央财政支持地方高校发展专项资金项目规划的立项，2012年7月获得正式批准（渝财教〔2012〕第154号），2013年开始实施。本丛书便是2012年度中央财政支持地方高校发展专项资金建设规划的科研平台建设项目的系列成果，主要目的是为公安学（警察学）的研究和学科建设提供理论支撑、实践经验和国内外有关维护社会秩序及其实施安全治理的"知识谱系"参考。

《警务发展与当代实践》、《警察的政治学分析》、《新警察学——国内与国际治理中的警察权》、《21世纪的安全与通过环境设计预防犯罪（CPTED）理论——国家重要基础设施的设计与犯罪预防》、《警察文化》、《澳大利亚警政》、《警察权、公共政策与宪法权利》、《跨国法律秩序与国家变革》、《德治：道德规则的社会史》等译著和著作。本系列丛书中的译著，主要关注各国运用警察学、犯罪学和相关理论维护社会秩序和实施安全治理活动中的经验做法，兼具理论思考与实践性。有的著作本应当纳入安全治理系列，但是受制于版权等因素，纳入了本系列丛书。同时，本丛书还包括部分以我国当前的社会治理问题为导向，进行专题实证研究的学术著述。

此外，我们还与知识产权出版社合作，推出"中国近代社会基层治理勘校丛书"。通过历史透镜，审视近代中国乡村社会的村治历程、举措及其经验，为我们思考当今新型城镇化背景下的基层社会治理提供历史借鉴。

法律出版社推出了"民国时期警政校勘丛书"。该丛书收录了民国时期警政研究的经典著述，是一套兼具警政研究学术价值、警察制度史料价值和警政实务现实意义的优秀丛书，丛书作者都是民国时期的优秀专家。其中有内容全面的《警政全书》，有给当代以学术滋养的《警察学总论》，也有关注特殊地域的《乡村警察的理论与实践》，还有梳理历史的《里甲制度考略》等。"民国时期警政勘校丛书"中收录的这些著作，就是选取了民国时期警政研究的代表性作品，从中我们能把握到民国警政研究的基本面貌和内核。"读史可以明智"。"了解和熟悉历史才能把握现在，研究并洞悉现在才能展望未来。"推出"民国时期警政校勘丛书"主要基于如下思考：警察在社会与安全治理过程中的重要地位和作用。我国的现代警察制度肇始于清末新政时期，在民国时期得到长足发展。一批受过警察学专业训练的学者和实务人士在培养新式警察和进行现代警察制度研究方面发挥了积极作用，特别是以法治视角去观察和思考警政制度，形成了较为优秀的学术成果。这些成果既力图与当时的域外警察研究接轨，呈现对当时来说较为先进的理念，也致力于结合国情，总结中国式治理经验。尽管时代发生了诸多变化，但是，民国时期以及近现代的过往实践和当时学者的思考、研究和建言，仍有一定的借鉴意义。有些做法，不管是否赞成、是否过时，都足以给我们启发。尽管原作者在当时所处的政治立场及身份特殊，但他们不乏真知灼见。历史经验告诉我们，不仅要有科学的理论武装，而且还必须立足于"最大多数人的最大利益"。有正确的实践，才能取得成功。"温故而知新"，我们还可以说"温故而创新"。希望这种"外译"和"温故"的工作让我们在当代警政研究和推进警政的高度法治化过程中"知新"而"创新"。"沉舟侧畔千帆过，病树前头万木春。"我们期盼这些著作的重新勘校，能够让读者以现代的眼光审视历史上有关社会与安全治理的理论、制度及实践，做到古为今用，开卷有益。

我们深信，在全面推进依法治国，建设中国特色社会主义，实现两个一百年奋斗目标、实现中华民族伟大复兴的"中国梦"的历史征程中，通过古今中外有关安全治理和社会秩序维护的理论、制度及其实践的梳理，可以进一步提升我们的理论水平，增强对中国特色社会主义的理论、道路、制度和文化的自信心，牢牢把握推进国家治理体系和治理能力现代化建设的总要求，主动适应新形势，切实增强理论研究的前瞻性，坚持立足当前与着眼长远相结合，发挥法治的引领和保障作用，积极推动社会治理与平安建设的理念、制度、机制、方法和实践的创新，为全面建成小康社会创造安全稳定的社会环境，提供境内外的理论借鉴与实践经验参考。

最后，本研究主题得以实施，得益于财政部实施的中央财政支持地方高校发展专项资金建设规划项目，感谢支持该项目立项和为该项目获得批准而付出辛勤劳动的所有人员。该系列丛书中的译著得以面世，要感谢西南政法大学外国语学院、重庆大学外国语学院的许多老师和翻译专业研究生的参与，要特别感谢他们的支持。翻译国外著作对青年学者及研究生而言都面临着语言、专业及能力等诸多挑战，即便我们用尽了"洪荒之力"，仍有可能存在不足与问题，万望各界专家海涵并指正。对参与该项目的所有同事、学界同人、出版社的朋友，以及他们对本系列丛书能够克服重重困难得以顺利出版所给予的支持、鼓励以及体谅，表示由衷的感谢！

西南政法大学安全治理与社会秩序维护研究院院长　但彦铮
2016 年 12 月 · 山城重庆

序

在我国司法实践和物证鉴定领域，有人说"中国文检技术远不如欧美发达国家"，也有人说"中国文检技术比发达国家强，至少在笔迹鉴定方面是如此"。读完本书以后，你就会做出恰当的评断，同时也可消除个别西方学者流露的"文检不是科学"的偏见。

《可疑文书的科学检验》是美国当代文检资深专家奥登威·希尔顿为文检人员、侦查人员、调查员、辩护律师撰写的专著。作者在美国南卡罗莱纳州从事文检工作一生，并兼任美国《刑法学、犯罪学与警察科学杂志》编辑三十余年，曾在多种学术刊物上发表大量论文。这本书是他对其一生文检工作的经验总结和理论提升，1956年第一次出版以后，受到司法和鉴定界的广泛欢迎，1982年他又根据各国文检技术的新成就进行了修订，内容上更趋完善、成熟。

我读过日本、俄罗斯、荷兰、以色列、英国、美国等国家的文检专业书籍，我觉得希尔顿先生这本书内容最具体、最深刻、最具有专业性和通用性。书中虽然论述的是美国的文检工作，但对各国文检、司法、律师工作均有指导意义，反映了科学技术无国界的特点。本书的长处主要体现在以下七个方面。

第一，根据美国法律和专业工作习惯，首先界定了文书检验若干基本概念，指出了本书研究的范围，阐明了作者的学术观点。

第二，内容方面具有实践深度和理论深度。对现代侦查和鉴定中涉及的种类文书的鉴定依据、方法及鉴定结论的证据意义做了全面探讨，其中对签名字迹鉴定、数字笔迹鉴定、伪造笔迹鉴定、变造文书鉴定、办公机具制作文书鉴定、文书制作时间鉴定等重要问题的论述尤为深入细致。如在伪造签名的检验一节中，深刻分析了临摹伪造签名、套摹伪造签名、假造签名、配偶摹仿签名的形成机理、具体手法、规律特点及识别与鉴定要点，这些深层次的研究成果既是业务工作者的方法指南，又是研究工作者的重点课题。

第三，书中引用的资料广泛，涉及美、欧、亚等几大洲许多著名文检专家的著作、论文、案例。全书引用的200余个案例（包括检材、样本、特征比对分析与评断等）均来自司法实践中已做最后处理的典型实案；100多处引文均取录于知名专家的精辟论述。

第四，书中脚注和案例评析简明扼要、画龙点睛。书中引文都在脚注中将其基本观点和主要技术方法予以概要列出，以增强正文内容的科学依据和资料来源的可信程度；插图中每个案例都有简要案情、鉴定分歧所在、解决分歧的方法以及最后鉴定结论被采用的情况，使读者感到踏实。这种写书技巧值得我国学者学习。

第五，文书检验与侦查、调查、审判活动紧密结合。文书检验资料的搜集涉及许多法律规定和证据规则，书中从法律和科学角度详细阐述了侦查、调查人员搜集种类文书资料（包括检材、样本、样品）的要求、策略、方法以及它们与鉴定和证据审查的关系，对我国司法鉴定工作有较高的参考价值。

第六，对文书鉴定人的执业资格、业务素质、法律知识和掌握各类文书的鉴定标准问题提出了严格要求。对文书鉴定人出庭作证的条件、准备事项、作证程序与方法、法庭证言内容规范进行了全面论证，对我国鉴定人出庭作证的程序极具现实意义。

第七，本书的译者，在本科阶段学习外语，研究生阶段就读于西南政法大学，主要以侦查和鉴定为研究方向，毕业后均在法学院校任教，其间曾赴美国访问学习多年，归国后兼任西南政法大学科研处处长、浙江大学司法鉴定中心文检室首席鉴定专家等职。他们既是文书检验的专家，又精通专业英语，同时具有司法理论和实践的多种优势，完全按照英文原意和专业语言习惯翻译，语言流畅，内容准确，"原汁原味"，通俗易懂。

本专著成书于20世纪80年代，所用材料截至70年代末期，但所论及的鉴定对象、原理、方法与中国目前情况极为接近，有的甚至略为超前，可见我国文检技术与美国的差距。本书的翻译出版，不仅有助于了解美国文检技术的发展过程与现实状况，更重要的是为我国文检、侦查、审判、律师工作者提供了学习和借鉴资料，通过学习比较促进我国文检事业向着更新、更高的方向发展，使其更好地为诉讼活动服务。

西南政法大学刑事侦查学院教授　邹明理
2012年12月10日

译者前言

本书作者奥登威·希尔顿（Ordway Hilton），1913年出生于伊利诺斯州埃文斯顿市，1998年4月15日以84岁高龄去世，美国圣公会教徒。他是当代美国最著名的文书检验专家，并担任过美国法庭科学研究会可疑文书检验委员会的主席（第六任可疑文书检验员协会主席，sixth president of the American Society of Questioned Document Examiners），年轻时就读于美国西北大学数学专业，获学士学位，1937年在西北大学获得统计学硕士学位。毕业以后成为芝加哥市警察局新型犯罪实验室的第一位可疑文书检验专家。作为《刑法学、犯罪学与警察科学杂志》的资深编辑，他有三十年的杂志编辑经验，而且从事文书检验工作数十年，在美国一些知名的期刊上发表了大量的文书检验方面的专业文章，虽然退休但仍然继续从事文书检验工作。鉴于奥登威·希尔顿在文书检验方面的杰出成就，美国法庭科学研究会可疑文书检验委员会（Questioned Document Section of the American Academy of Forensic Sciences）授予他"终身成就奖"，该奖项后来被命名为"奥登威·希尔顿奖"，奖励那些在法庭科学文书检验研究与司法鉴定实践中做出突出贡献的学者和专家。

奥登威·希尔顿作为鉴定专家其职业生涯开始于1944年。第二次世界大战期间，他还是海军军官（海军情报局上尉）的时候，参加了在美国新泽西州蒙特克莱尔市举行的全美可疑文书检验员协会第二届全国大会，该市是美国可疑文书检验员协会（ASQDE，American Society of Questioned Document Examiners）的第一任主席阿尔伯特·谢尔曼·奥斯本（Albert Sherman Osborn）的家乡。1946年，奥登威·希尔顿成为美国可疑文书检验员协会的第一任秘书长埃尔布里奇·斯坦（Elbridge Stein）在纽约开办的私人鉴定所（private practice）的合伙人。1951年，当埃尔布里奇退休以后，奥登威·希尔顿独自经营私人文书鉴定所。1979年，他将私人鉴定所搬迁到南卡罗莱纳州的兰德拉姆市，直到退休。

奥登威·希尔顿（Ordway Hilton）

阿尔伯特·奥斯本（Albert Sherman Osborn，1858－1946），美国 ASQDE 第一任主席（1942～1946年）

  作为一位著述丰富的作者和文书鉴定专家，奥登威·希尔顿先后在美国、英国、加拿大、法国、德国、丹麦等国家的专业期刊和法律杂志上发表过有关文书检验的论文80余篇，从1973年至1979年，他担任《警察学与警察行政管理》（*The Journal of Police Science and Administration*）的主编，1979年开始担任《国际法庭科学杂志》的编辑。他是美国西北大学法学院的讲座教授，路易斯维尔大学南方警察研究所、西部保留地大学法律与医学研究中心、克利夫兰乔治敦大学客座教授，并在华盛顿特区联邦特勤局做可疑文书检验的专题报告。1956年出版了在可疑文书鉴定领域享有盛誉的教科书《可疑文书的科学检验》（直到1982年才出版其修订版）。他同时还著有《擦刮铅笔字迹的检验与辨识》（*Detecting and Deciphering Erased Pencil Writing*）。

  奥登威·希尔顿还是美国书法文书鉴定员协会的资深专家（diplomate），在他的推动下，美国法庭科学研究会（American Academy of Forensic Sciences，AAFS）成立了可疑文书检验分会，并从1959年至1960年担任美国法庭科学研究会第十任主席。他是美国法庭科学研究会会员中少数几个获得"杰出会员"（distinguished fellow）称号的人之一，在可疑文书检验领域仅有四位文检专家获得过此殊荣。1980年他第一个获得美国法庭科学研究会可疑文书检验"突出贡献奖"，此后则以他的名字命名该奖项。

  本书是奥登威·希尔顿数十年文书检验工作的结晶，自1956年第一版问世以来，在文书检验领域受到广泛欢迎，1982年版是作者根据自身文书检验生涯的经验总结并结合现代文书检验工作发展的最新情况重新修订出版的,该版补充了大量的现代文书检验工作特点的内容,全面系统地介绍了美国文书检验工作的范围和内容。

不仅本书的作者在美国司法鉴定领域享有崇高的声誉,本书的内容也堪称经典。从1956年的第一版到1982年的第二版,本书既反映了那个时代文书检验科学的发展历程,也体现了美国司法实践的发展变化。文书检验是司法鉴定制度及其科学体系的一个重要组成部分,也是一个国家司法制度中的重要一环,其理论体系与鉴定实践,不仅体现了法律制度的变化,也是社会秩序维护的智识与制度谱系变迁的重要体现。这可以从本书的篇章结构中表现出来,全书共有19章,分为:第一篇"文书检验导论及基本概念",包括第一章"可疑文书检验导论"及第二章"文书检验术语的定义";第二篇"文书检验能揭示什么",包括第三章"制作文书的工具和材料",第四章"变造文书",第五章"破损文书检验",第六章"文书上的附加痕迹检验",第七章"文检中的调查线索";第三篇"利用样本进行比较检验以发现事实",包括第八章"笔迹鉴定",第九章"签名的鉴定与伪造文件的调查",第十章"手写印刷体字和数字的检验",第十一章"打印文书的鉴定",第十二章"支票打印机等其他机械印刷品的鉴定",第十三章"文书制作时间鉴定";第四篇"检察官和侦查人员在文检中的作用",包括第十四章"准备与搜集手写笔迹样本",第十五章"打印文书样本",第十六章"检验文书的保护、处理和保存"以及第十七章"文书的复制";第五篇"提交法庭的物证文书",包括第十八章"法庭审理前的准备"和第十九章"出庭作证"。

本书的内容,在文书检验的学科发展史上具有重要的价值和意义,当代美国许多可疑文书检验的教材与著作中都大量引用本书的观点和资料,由简·希曼·凯利(Jan Seaman Kelly)和布莱恩·S.林德布洛姆(Brian S. Lindblom)共同主编、2006年由泰勒暨弗朗西斯出版集团CRC出版公司出版的当代美国最权威的著作《可疑文书的科学检验》(Scientific Examination of Questioned Documents)中,不仅对奥登威·希尔顿的著作给予了高度评价,而且还大量引用其著作中的观点和资料。该书仍然是美国司法文书检验员协会(The American Board of Forensic Document Examiners,ABFDE)指定的文检员资格考试的必读教材之一。[①] 这本书

[①] 在美国司法文书检验员协会(ABFDE)的官方网站中,仍然能够查阅到有关奥登威·希尔顿著作的教材使用情况,在教学大纲栏目中,开设的课程大纲中仍然使用这本著作作为教材,网址:http://abfde.org/htdocs/certification/ABFDESyllabus.pdf。

对于美国学习可疑文书检验与考取执业资格的学生是必读的经典教材，译者相信它对于我国广大文书鉴定工作者和公安院校物证技术专业的师生、教学科研人员，也会大有裨益。

作为国内翻译出版的第一本文书检验方面的著作，这样的体例编排，与国内同类教材或者专著相比具有一定的科学性，尤其是第四篇和第五篇，将检察官和侦查员纳入文书检验工作链中一并论述，要求文书检验人员做好出庭前的准备以及如何在法庭作证。对改进我国现有的同类教材与专著的编写体例及其内容，有一定的借鉴意义。在我国司法鉴定体制改革不断深入推进，刑事诉讼制度不断完善，尤其是我国改革开放的不断深入，国际交往越来越多，全球经济一体化程度越来越高，经济社会往来中英文书信与文件的使用也越来越广泛的时代，本书提供的鉴定实践及其案例，能够为读者提供有关英文可疑文书检验的域外经验；在公安学和公安技术学科被列为一级学科的背景下，加强学科建设，推进理论研究，服务"平安中国"建设，需要借鉴人类历史发展的一切文明成果，译者确信本书的翻译出版，在文书检验学科的建设与发展方面，能够起到"他山之石"的作用。

译者：翁　里　但彦铮

2014 年 1 月于杭州·浙江大学

重庆·西南政法大学安全治理与社会秩序维护研究院

作者前言

本书是作者为辩护律师、调查员、文书检验专家和其他诉讼参与人提供的有关可疑文书检验方面的指导原则。本书试图涵盖当今文书检验实务工作的所有领域——不仅包括可疑文书的科学检验，而且包括现场调查员和庭审公诉人在处理可疑文书时的步骤。对可疑文书的调查，涉及各种不同的检验技术、独特的调查程序以及专业性的法庭陈述，需要每一阶段的所有人员共同努力，才能确保得出成功的结论。

在当今社会，文书检验专家的服务在民事法律事务和刑事案件中越来越广泛。然而，文书检验专家的作用并不限于法庭审判，还涉及个人问题、安全工作以及商业领域的调查，同时还对那些陷于困境的人有极大的帮助。

随着科学技术的发展，现在已经开发研究出许多检验技术，以发现、揭露和证实可疑文书中存在的各种问题。在司法实践中，绝大多数执法机关都接受这些技术援助，七十五年或者更久以前，当时的文书检验结果在法庭上陈述时都会受到相当程度的限制，这种情形现在已经发生了重大变化。早期的案件几乎都要涉及笔迹鉴定和伪造文书的检验，虽然现在这些问题仍然存在，但是，文书检验专家们可能还会遇到打印文书和其他机械印刷文书、擦刮、涂改和变造文书、影印文书以及其他许多新的鉴定问题，如墨水、书写工具以及书写纸张等问题。事实上，如果对各种类型的文书产生了怀疑，为了解决这些问题就需要请教文检专家。

在本书第一版（1956年）的前言中提出鉴定可疑文书缺乏综合有效的处理方法以来，已经过了平淡的二十年，接下来是取得巨大成功的五年，在那五年之内出版了两本可疑文书鉴定的教材。[①] 现在，自从最新的有关可疑文书检验的论

[①] 威尔森·R. 哈里逊（Wilson R. Harrison）著《可疑文书及其科学检验方法》（*Suspect Documents, Their Scientific Examination*）（纽约：弗雷德里克·A. 普雷里杰出版公司，1958年）。詹姆斯·V. P. 康威（James V. P. Conway）著《证据性文书》（*Evidential Documents*）（伊利诺斯州斯普林菲尔德：查尔斯·C. 托马斯出版社，1959年）。

文发表以来，另一个二十年也如白驹过隙般一晃而过，在这期间出现了许多新的可疑文书检验的技术和设备，如多孔触点和滚轮墨辊、单元打字机和电子打字机、干处理复印机。辨认和鉴别这些新型器材所形成的文书，就成为不断进步的文检专家们所面临的新挑战。为了迎接这些新的挑战，文检专家们必须改进他们的检验方法，研究和开拓出更为先进和科学的检验方法和技术。与此同时，文书检验领域的专家们发明了一些新的检验方法，如薄层色层分离法、红外线发光技术以及使用二向色过滤镜进行检验，这些技术方法比以前（甚至在20世纪50年代曾经是先进的）老式的方法更为完整、精确。现在，许多受人尊敬的文检专家的技术比他们的前辈们更为精湛，技术功底更为深厚，经验更为丰富。鉴定方法的不断改进和更新，对新出现的各种问题的辨认识别，使得所有以前的教科书都已经过时。因此，对以前版本的教材进行实质性的修订就成为必然。

对各种可疑文书进行检验和鉴定的综合性方法非常重要。在绝大多数情况下，对可疑文书的真实性或者伪造（仿造）特征等问题，只有在对形成文书的各种细节特征及其相互关系进行仔细的比较研究之后才能做出肯定或者否定的结论。然而，在完成这种研究的过程中，必须准确地了解所有的细节特征中究竟是哪些具体的特征构成了可疑文书的复杂景象。因此，本书将要论述的是文书构成的各个具体部分以及各种具体问题，而不是简单地陈述诸如文书的真实性或者伪（仿）造等宽泛的问题。

在新的版本中，专门用一章的篇幅论述文书的书写时间问题，这是个在司法实践中经常碰到的问题，至少在民事案件中是如此。然而，在其他章节中论述文书形成的某个特殊要件时，也可能从另一个方面反映文书的书写时间问题，即文书上面所标明的时间不可能是书写该文书的时间。

本书在论述文书检验的方法时，对其篇幅进行了适当的简化。用一定的篇幅论述了可疑文书检验的管理原则和基本模式，给那些初次接触可疑文书检验的读者，提供一个如何对待可疑文书问题的清晰图景。由于对有关检验技术的内容没有展开论述，只进行了适量的削减，因此，该书可以作为培训手册使用，尽管该书的论述范围广泛，却可以在资深文检专家的指导下，作为文书检验人员的培训教材。从方法论的角度而言，本书中的许多问题在脚注中予以充分的论述和引证。[①]

犯罪现场的侦查员的调查工作、辩护律师为出庭而做的准备工作、专家在法

[①] 其他一些值得论述的论文和文章没有包括在脚注内，见《司法文书检验书籍及文章选编教学大纲/参考书目》（美国法庭科学文书鉴定专家委员会，1979）。

庭上陈述并展示证据的技术，是构成文书检验工作的重要组成部分。检验过程中的错误和疏忽，可能会导致严重的后果，即没有考虑到文书本身存在的证据可能对案件造成的影响，因而，专门用几章的内容论述检验阶段的工作。检验的技术问题不是与案件整体相分离的一个独立的问题，它必须与初步调查和法庭证据展示等工作相互结合起来，才能完成整个文书检验和作证程序。

奥登威·希尔顿（Ordway Hilton）

鸣　谢

本书在写作过程中引用了文书检验同行专家们的大量论文和著作，任何一个文书检验人员在没有参考已经出版的其他文检专家的文章的情况下，是不可能独自写出范围如此广泛的文书检验专著的。本书吸收了文检专家们智慧的结晶，浓缩了文书检验方面的所有基本知识与原理。

本书作者在从事文书检验的第一个五年内，有幸成为纽约市警察局著名的文书检验专家埃尔布里奇·W. 斯坦（Elbridge W. Stein）的同事。在此期间，我们曾经多次讨论可疑文书的鉴定问题，并形成了本书第一版的草稿，斯坦先生以极大的兴趣审阅了该书的草稿，并提出了许多宝贵的修改意见和建议。退休的时候，斯坦先生将他在可疑文书检验的生涯中积累的大量的重大案件和疑难罕见案件的鉴定材料无私地馈赠给作者，并授权作者在写作本书时予以参考使用。本书中的许多照片和资料就是斯坦先生提供给作者的，而且每一个案例对作者来说都是宝贵的知识和财富。

本书还引用了《刑法学、犯罪学与警察科学杂志》的原始照片，作者在该杂志从事编辑工作近三十年，书中引用的所有照片和案例资料都得到了杂志社的许可。另外，本书还引用了《法庭科学杂志》《警察学与警察行政》以及其他刑事法学杂志上所刊载的图片和案例资料，并都得到了使用许可。

作者还要特别感谢洛杉矶市警察局的约翰·J. 哈里斯（John J. Harris）和帕特丽亚·R. 哈里斯（Patricia R. Harris）和加拿大渥太华市警察局的罗伊·A. 休伯（Roy A. Huber），他们对本书的草稿进行了详细的审阅和检查，作者对他们在手稿中的评论和建议在本版的最后定稿中都予以详细的阐述和解释。

奥登威·希尔顿（Ordway Hilton）

目 录

CONTENTS

第一篇　文书检验导论及基本概念

第一章　可疑文书检验导论 ········· 3
　第一节　文书和可疑文书 ········· 3
　第二节　可疑文书的检验人员 ········· 4
　第三节　检验样本 ········· 6
　第四节　鉴定参考材料的收集 ········· 7
　第五节　仪器设备 ········· 7
　第六节　文书的科学检验 ········· 8
　第七节　偶然巧合的可能性 ········· 9
　第八节　来源的不同一性 ········· 10
　第九节　自然变异 ········· 11
　第十节　鉴定结论 ········· 11
　第十一节　出庭作证 ········· 12
　第十二节　不能确定的结论 ········· 13
　第十三节　文书检验的范畴 ········· 13

第二章　文书检验术语的定义 ········· 14
　第一节　一般术语 ········· 15
　第二节　手写笔迹 ········· 18
　第三节　打印文书 ········· 21
　第四节　变造文书 ········· 24
　第五节　其他鉴定问题 ········· 25
　第六节　照相和其他复制方法 ········· 27

第二篇　文书检验能揭示什么

第三章　制作文书的工具和材料　33
- 第一节　笔　33
- 第二节　书写墨水　38
- 第三节　铅笔　41
- 第四节　蜡笔和记号笔　46
- 第五节　打字机　46
- 第六节　电脑打印资料　58
- 第七节　复写（副）本　59
- 第八节　打字机色带　62
- 第九节　校正液和校正纸　66
- 第十节　加法机、计算器和现金收入记录机　67
- 第十一节　自动记录仪　69
- 第十二节　支票打印机　70
- 第十三节　签名和盖印图章　73
- 第十四节　油印机和公文复制方法　77
- 第十五节　姓名地址印写蜡纸和蜡板　78
- 第十六节　印刷品　80
- 第十七节　纸张检验　82
- 第十八节　复写纸　89
- 第十九节　图章和鉴别装置　90
- 第二十节　粘胶邮票　91
- 第二十一节　分类归档和装订　91
- 第二十二节　本章小结　94

第四章　变造文书　95
- 第一节　擦刮文书　96
- 第二节　关联证据　105
- 第三节　挖补剪贴　106
- 第四节　行间书写与添加改写　108

第五节　消褪字迹和涂污字迹 ································· 115
　　第六节　涂改的影印文书 ····································· 120
　　第七节　文书未被变造的证明 ································· 121
　　第八节　结论 ··· 122

第五章　破损文书检验 ··· 123
　　第一节　被水浸泡后字迹消褪而损坏的文书 ····················· 123
　　第二节　因光照而褪色的墨水 ································· 126
　　第三节　被污染的文书 ······································· 127
　　第四节　被撕毁的文书 ······································· 127
　　第五节　烧焦的文书 ··· 128
　　第六节　结论 ··· 130

第六章　文书上的附加痕迹检验 ··································· 131
　　第一节　潜在指印 ··· 131
　　第二节　油墨污染的字迹 ····································· 134
　　第三节　抑压笔迹 ··· 134
　　第四节　外来痕迹 ··· 137
　　第五节　结论 ··· 138

第七章　文检中的调查线索 ······································· 139
　　第一节　指示性线索 ··· 139
　　第二节　难以辨认的字迹 ····································· 141
　　第三节　空白纸张 ··· 142
　　第四节　密写墨水 ··· 143
　　第五节　虚假选票 ··· 144
　　第六节　结论 ··· 145

第三篇　利用样本进行比较检验以发现事实

第八章　笔迹鉴定 ··· 149
　　第一节　字体和字体特征 ····································· 150

第二节　文字布局 …………………………………… 153
　第三节　笔迹的变化 ………………………………… 153
　第四节　种类特征和个别特征 ……………………… 155
　第五节　肯定同一的鉴定结论 ……………………… 155
　第六节　否定同一的鉴定结论 ……………………… 156
　第七节　笔迹鉴定中的特殊问题 …………………… 157
　第八节　亲笔遗嘱 …………………………………… 160
　第九节　笔迹鉴定的不利因素 ……………………… 161
　第十节　笔迹伪装 …………………………………… 161
　第十一节　结论 ……………………………………… 163

第九章　签名的鉴定与伪造文件的调查 …………… 165
　第一节　真签名 ……………………………………… 166
　第二节　异常的真签名 ……………………………… 169
　第三节　伪造签名的检验 …………………………… 174
　第四节　亲笔遗嘱文书的伪造 ……………………… 184
　第五节　鉴别伪造者 ………………………………… 190
　第六节　协助签名和引导签名 ……………………… 193
　第七节　缩写签名与文盲"姓名符号"的鉴别 …… 195
　第八节　结论 ………………………………………… 198

第十章　手写印刷体字和数字的检验 ………………… 201
　第一节　手写印刷体字 ……………………………… 201
　第二节　数字的检验与鉴定 ………………………… 207
　第三节　书写变异 …………………………………… 210
　第四节　结论 ………………………………………… 212

第十一章　打印文书的鉴定 …………………………… 213
　第一节　打印缺陷 …………………………………… 214
　第二节　打字机缺陷 ………………………………… 217
　第三节　变异 ………………………………………… 217
　第四节　暂时性缺陷 ………………………………… 219

第五节　鉴定的依据 …………………………………………… 220
　　第六节　铅字连动杆打字机 …………………………………… 221
　　第七节　均匀间距打字机 ……………………………………… 222
　　第八节　单元球体打字机 ……………………………………… 225
　　第九节　均匀间距单体打字机 ………………………………… 233
　　第十节　电子打字机 …………………………………………… 234
　　第十一节　同一认定问题 ……………………………………… 236
　　第十二节　对打字人的同一认定 ……………………………… 238
　　第十三节　打字机色带的鉴定 ………………………………… 240
　　第十四节　打字机的伪装 ……………………………………… 242
　　第十五节　伪装的打印文件 …………………………………… 246

第十二章　支票打印机等其他机械印刷品的鉴定 ………………… 247
　　第一节　支票打印机和支票打印系统 ………………………… 247
　　第二节　加法机纸带和现金收据 ……………………………… 250
　　第三节　其他记录机 …………………………………………… 251
　　第四节　计算机打印纸 ………………………………………… 252
　　第五节　计时钟和日期戳 ……………………………………… 253
　　第六节　印刷品 ………………………………………………… 254

第十三章　文书制作时间鉴定 ……………………………………… 259
　　第一节　根据文书的制作材质推断日期 ……………………… 260
　　第二节　根据文书材质的变化推断制作时间 ………………… 266
　　第三节　通过比较确定文书的制作时间 ……………………… 268
　　第四节　利用偶然标记确定文书制作年代 …………………… 279
　　第五节　诸因素的综合评断 …………………………………… 279
　　第六节　结论 …………………………………………………… 280

第四篇　检察官和侦查人员在文检中的作用

第十四章　准备与搜集手写笔迹样本 ……………………………… 283
　　第一节　搜集自由样本 ………………………………………… 283

第二节　样本的来源 ··· 290
　第三节　提取试验样本 ······································· 292
　第四节　获取签名试验样本应考虑的特殊因素 ··················· 300
　第五节　试验样本和自由样本的综合评断 ······················· 301
　第六节　搜集试验样本的特殊情况 ····························· 302
　第七节　在交叉盘问时制作试验样本 ··························· 306
　第八节　手写印刷体字迹样本 ································· 308
　第九节　结论 ··· 309

第十五章　打印文书样本 ······································· 310
　第一节　利用样本鉴别打字机 ································· 310
　第二节　单元球体打字机制作的样本 ··························· 320
　第三节　利用打印样本鉴别打字员 ····························· 322
　第四节　结论 ··· 324

第十六章　检验文书的保护、处理和保存 ························· 325
　第一节　文书保护袋 ··· 326
　第二节　尽早提交检验 ······································· 326
　第三节　正确保存 ··· 327
　第四节　避免过多地使用检材 ································· 327
　第五节　不能在检材上做记号 ································· 329
　第六节　禁止折叠、剪贴、撕毁文书 ··························· 331
　第七节　禁止非专业人员检验 ································· 333
　第八节　烧焦文书的处理 ····································· 335
　第九节　结论 ··· 335

第十七章　文书的复制 ··· 336
　第一节　照片 ··· 337
　第二节　当代的文书复制技术 ································· 343
　第三节　早期的文书复制技术 ································· 347
　第四节　其他复制文件的方法 ································· 353
　第五节　对影印文件的分析 ··································· 358

第六节　复印文书的鉴别 …………………………………………………… 359

第五篇　提交法庭的物证文书

第十八章　法庭审理前的准备 ……………………………………………… 365
第一节　文检人员的准备工作 ……………………………………………… 365
第二节　特别报告和审前会谈 ……………………………………………… 371

第十九章　出庭作证 ………………………………………………………… 375
第一节　样本的证明 ………………………………………………………… 375
第二节　文检人员在法庭上的作证 ………………………………………… 376
第三节　文检人员出庭作证的意义 ………………………………………… 385
第四节　作为反方证人的文检人员 ………………………………………… 385
第五节　多位专家证人出庭作证 …………………………………………… 386
第六节　文检专家提交的宣誓书和书面证词 ……………………………… 388
第七节　结论 ………………………………………………………………… 388

索　引 …………………………………………………………………………… 389

译后记 …………………………………………………………………………… 404

第一篇
文书检验导论及基本概念

第一章　可疑文书检验导论

这是一个文书的时代。在这个缤纷多彩的现代化生活中，我们在各个方面都依赖于文书。文书在金融、法律、贸易、社会以及个人事务等各个社会领域中都起着十分重要的作用，日常生活中我们也几乎没有一天不与文书打交道。随着文书的广泛应用，建立和完善文书检验的一整套分析方法的迫切性是显而易见的。完善的文书分析方法能够确定有关文书的来源、真伪、制作时间、原貌等事实状态。因此，文书的检验鉴定工作不断面临新的挑战。本书的主题就是对当前文书检验工作所遇到的新难题，以及如何改进检验技术方法并解决这些问题进行充分的论述。

第一节　文书和可疑文书

什么叫文书？它比仅仅书写在纸面上的文字要复杂得多。广义上的文书泛指凡含有能向人们表示某种意义或传递信息的符号、图案、签名等任何物质材料。绝大部分文书是用铅笔、钢笔加墨水将文字符号手写在纸上或用打字机将文字符号打印在纸上等方式制作而成的。当然用其他方式也能表达同样的意思。写在木头上的遗嘱经检验公证亦具有法律效力。[1] 用油漆写在墙上、门窗上的某些符号也是一种常见的文书形式。雕刻在墓碑和奠基石上的碑文，记载史实的功能丝毫不亚于书籍信件。这些文书形式再加上其他书写工具和材料制作的文书便构成了庞大的文书谱系，古往今来人类就是靠它们记录历史、传播信息的。

可疑文书或者叫嫌疑文书，虽然它们在所有文书中占的比例极小，然而日常生活中碰到的数量也很惊人。通常这类文书也许涉嫌诈欺，或者来源不明，或者

---

[1] 克拉克·塞纳斯：《奇特的遗嘱》，《刑法与犯罪学杂志》1937年第28期，第106~107页。

其制作背景真假难辨，因此就需要专家对它们进行检验甄别。

如同其他文书一样，可疑文书大部分是用市场上出售的书写材料制作的，不过有时也会遇到由于文书的制作材料和环境、内容特别而引起人们怀疑的案例。当然，制作文书的材料绝大多数情况下是与它们的年代及用途相一致的，可是仍然会有人对这些文书的真实性提出质疑。

并非所有的可疑文书都是诈欺性的，也并非所有的可疑文书都是犯罪工具。对某份文书提出质疑的理由很多，而不仅仅是证明该文书无效或为刑事诉讼确立基础。许多文书检验仅仅是为了识别文书的作者或确定它们的来源。即使在提交检验的有诈欺嫌疑的文书当中，也至少有一半左右属于完全真实的原件，其余部分可能与欺骗、伪造、敲诈等违法犯罪活动有关。应当记住的是在涉及诈骗、伪造、敲诈勒索或者涉及大量的轻微犯罪行为或违法行为的案件中，罪犯常利用文书作为犯罪的工具，它们声称或者表明某人与诈骗大笔现金、房产、财物有关，或者用于诋毁某人的声誉和尊严。因此，对所有遭受可疑文书损害的人而言，通过文书检验来澄清事实真相的要求往往显得更加迫切。

第二节　可疑文书的检验人员

虽然需要文检专家在法庭上宣读文书鉴定结论，解释文书证据的形成、证据来源和鉴别结论，但如今美国社会中的文书检验专家仍然相当缺乏。① 文书检验实际上是一门不折不扣的法庭科学，因为它不像法医学、牙科齿学、司法化学等是为了解决某些法律问题又从医学、牙科学、化学中派生的新学科，而是伴随着法律问题而发展起来的一门独立的法庭学科。

文检人员专长于研究和调查各种文书的制作过程及处理结果，以判明事实真相。因此，对于文书检验专家来说，他们不仅必须能够辨识手写的、打印的和印刷的文书，而且还必须能够鉴别文书的真伪，分析墨水、纸张等构成文书的物质材料成分，揭示文书中添加或替换的部分，恢复并辨认出被刮擦或者涂抹掉的文字符号。当某些用复杂的现代商用设备形成的记录，被人怀疑其可能受到人为操纵伪造的时候，文书检验专家往往也许是最先应该求教的人员之一。当然，文检

---

① A. S. 奥斯本：《一种全新的职业》，《美国司法社会学杂志》1940 年第 24 期。本文在 A. S. 奥斯本和 A. D. 奥斯本所著的《可疑文书的几个基本问题》（第二版，Albany：Boyd，1946 年）一书中再版重印，第 31 章，第 358～367 页。

人员要做到得心应手地解决上述一切令人关注的问题，那么他们必须受过良好的专业训练并且具备渊博的学识和丰富的经验才行。

读者们必须认识到，文检人员所接受的训练不仅使他们能够检验文书的各种基本要素，而且能够对文书涉及的所有问题通盘考虑，综合分析。换言之，文检人员必须谙熟文书的诸构成要素及其辨识检验，并能够敏锐地鉴别出各种变造、伪造现象。

由于文检人员解决的问题绝大多数涉及笔迹检验，结果他们常常被认为也是笔迹鉴定专家。① 其实他们研究笔迹的目的与笔相学家（graphologist）或者笔相分析学家（grapho-analyst）截然不同。② 笔相学家们只是根据某人的笔迹特征推断他的性格与人格特征等情况，尽管与心理学家不太相像，他们是通过各种测验技术，努力揭示相似的问题。笔相学家研究的仅仅是人的笔迹部分，至于文书的其他因素则全然不顾。与此相反，文检人员检验笔迹的目的是鉴定笔迹的真伪、查明笔迹的书写人、获取犯罪的证据。有时候文检人员还要对一字未写的文书或者某份文书中的一个小碎片进行检验，碰到类似情况，他们当然还要结合检材其他方面的线索，综合判断后才能得出鉴定结论。如果不全面客观地调查检材和样本的真实可靠性，即使经验丰富的文检专家也不可能对可疑文书进行高质量的笔迹分析，做出准确的鉴定结论。

文检人员不应当仅仅是技术员，他们还必须是科学家，因为文检人员处理文书的方法正是那些应用科学。研究任何科学问题的最终目标无非就是揭示事实真相，他们研究解决可疑文书中的每个问题的目的也是如此。所以文检人员应当彻底、精确、全面地检验可疑文书，不允许带着任何主观臆断或偏见。文检人员的任务不是用违背常规的检验方式来迎合提出鉴定要求的人的某种先入之见，而应通过对检材和样本的每一特征做全面、客观、仔细的分析比较，然后得出符合事

---

① "笔迹鉴定专家"（handwriting identification expert）或者"笔迹专家"（handwriting expert）的称谓，主要用于在电话号码簿上进行分类编辑的标题，向用户提供本地的检验专家的姓名地址目录，但是，令人遗憾的是这种目录通常并不可信。《美国律师协会杂志》在"鉴定专家"的目录下也列出了一个分类名单，这个鉴定专家名单是没有经过筛选考核的初步名册。只有《马丁戴尔-休伯尔（Martindale-Hubbell）法律索引指南》中列出的鉴定专家姓名录才是经过严格考核筛选的真正的鉴定专家。

② 笔相分析专家（grapho-analyst），是对北美笔迹学专家（graphologists）的称谓，他们通过学习笔迹学的函授课程，学业结束以后经考核合格，被授予笔相分析专业人员合格证书，简称GGA。经过学习更为高级的课程并考核合格的人被授予笔迹学硕士学位，简称MGA。而在分类电话号码簿中所标明的"笔迹分析专家"包括所有的从事笔迹相学分析的从业人员，他们从事的主要工作是通过分析笔迹来判断某人的性格特征，而不是对笔迹特征进行同一鉴定。

实的鉴定结论。

由此可见，文检人员的工作并不是辨认出文书中的细节特征后便完事了，他们还要对其所发现的那些特征异同点做出合乎逻辑的推理、判断和解释，进而形成自己符合客观事实的正确看法，同时文检人员还要把自己的观点和看法用书面形式表述出来，这就是鉴定结论。但是要使法庭上的法官、陪审员以及参与诉讼活动的当事人等笔迹方面的"门外汉"都能完全理解该结论，文检人员在鉴定结论书中所叙述的理由根据必须充分，而且表达的方式也应恰到好处。于是他们既成为"外行人"的启蒙教师，又是真理的辩护士。老练的文检人员在出庭作证，阐述自己的鉴定结论的依据时，常采用放大照片、图表、草图等作为作证的辅助手段。有理有据的解释不但能使那些外行人对鉴定结论要说明的问题一目了然，而且向法官、律师和其他诉讼参与人证明鉴定人的公正态度和科学方法，从而使他们对鉴定结论保持客观公正的态度。

第三节　检验样本

虽然有些文检问题可以直接通过对可疑文书的检验找到答案，但是绝大多数问题则需要将可疑文书材料（或称检材）与已知来源的实验文书材料（或称样本）进行比较检验之后，才能够得出结论。凡作为笔迹鉴定的比较检验样本，①先决条件就是来源必须可靠；其次是比对条件良好并且数量充分，以便从中精选出真正具有代表性的样本。实际上，从嫌疑人处获得大量真实可靠的文书材料后，文检人员常常根据检验需要从中选择比对条件较好的某一部分材料作为比对检验的样本。来源可靠、数量充分、可比性强是对提供检验样本的基本要求。

解决墨水检验、纸张检验、手写字迹检验、打印文字检验等方面的问题，科学地搜集各种比对样本就显得格外必要，收集笔迹特征显著的比对样本往往具有较强的可比条件。例如，样本的字和检材的字在墨料颜色、粘稠度方面相似，那么就有助于更精确地做出墨水检验的结论。又如无论是手写的还是打印的文字，只要实验样本和嫌疑检材属于同一类文书也能较容易地发现两者特征的异同点。与此形成对照的是，尽管不太常见但需要引起注意的两个问题，一是手写体与印

---

① 对比样本（standards）这个术语是由 A. S. 奥斯本在《可疑文书》中首次使用（罗切斯特：《律师协作》，1910）。主要用于描述已知的手写或者打印样本文书。现在有些文检专家宁愿使用样品（exemplars）来称谓对比检材，而不使用对比样本的提法。

刷体，二是手写遗嘱文件上的签名，很难通过简单的比对检验得出结论，因为它们之间的可比条件较差。

第四节　鉴定参考材料的收集

有时候文检人员平常收集的某些参考材料可以充当特殊的比对样本。平时注意积累和保管参考材料对文检工作十分有益。比如打字机的文字样本、墨水样品、纸张样品、铅笔尖样品以及支票打印机的文书样本等材料，文检人员都应尽可能地加以收集并将它们分类归档。不断地扩大收集样本材料的范围，各种类型的参考材料自然会与日俱增，一旦检验需要，文检人员便可信手拈来从中选择恰当的比对样品来解决形形色色的问题。

第五节　仪器设备

文检工作的改进和发展，在很大程度上取决于检验技术的发明，以及适合于文书检验工作的科学仪器在鉴定工作中的运用。照相机和放大镜是最有用的器材。这两种工具均能显示检验对象的细目特征。多功能的现代文书照相机既可以显现特征又可以记录特征，所以它如今已成为文书检验工作必不可少的一种仪器。

为判断事实真相，还需要利用各种各样的显微镜进行分析检验，尤其是立体双筒显微镜和比较显微镜。前者可提供三维立体的放大图像，后者的特殊构造便于观察比较并排安放在一起的检材与样本上的细节特征。新型的现代显微镜配有特殊的照明装置和系列镜头以便适应各种检验，还有一些为解决文检过程中出现的特殊问题而设计的各种检测设备和各种型号的过滤镜。[1] 控制照明亮度十分重要，文检人员通常根据光的质量（即根据光源是自然光、白炽灯光或荧光灯光的种类和强度不同），通过调节照明方向、照明角度的方法控制亮度。某些特殊照

---

[1] 奥斯本：《可疑文书》（第二版，Albany：Boyd，1929），其中一章名为"特殊的鉴定工具、测量器材和器具"，第79~96页，专门设计用于进行文书鉴定的工作平台。奥登威·希尔顿：《打字机鉴定感光板设计》，《医学、科学与法学》1974年第14期，第205~208页；奥登威·希尔顿：《打字机均匀间距检验的测试感光板》，《刑法、犯罪学与警察科学》1956年第47期，第257~259页；而现代可疑文书出现的问题已经有了现代的科学检验和鉴定手段以及器材设备。

明设备，比如透光检验用的简易照明灯箱和 RCMP（加拿大皇家骑警队）使用的倾斜光装置，它们能产生均匀、低角度的照明光，所以适用于某些特殊的检验照相。① 当前的照相技术不仅利用各种可见光源，而且肉眼看不见的紫外光和红外光也在照相领域大显身手，通过电子仪器甚至能将这些不可见光线摄取的图像转换成可见图像供文检人员观察检验。② 最近，用于影印照片的静电成像技术，也经常用于检验白纸上的极其微弱的书写印痕，最近发明的一种配有窄光来源的特殊仪器可以使检材在红外光线照射区发光。③ 所有这些鉴定和检验工具，包括化学检测法和薄层层析法（TLC）等先进技术和仪器都促进了文检工作的改善和稳步向前发展。

第六节 文书的科学检验

　　文检人员对可疑文书所进行的调查与外行人员对可疑文书实际情况的自我判断到底有什么不同呢？外行人主要着眼于文书上的某些表面的显而易见的特征，而文检人员则在穷尽一切可能性的基础上反复研究每个细节特征之后才得出结论。其次，文检人员受过专门的训练，能够准确地识别和科学地评判文书上的各种特征，而且他们具备对任何有疑问的细节特征找不到答案不罢休的高度责任感。由此可见，在外行人自以为检验该结束之时，正是文检人员对实质性因素的检验起步之际。这便是区别他们两者的关键所在。

　　文检人员自始至终的努力方向就是要发现文书上所有可供比较的特征，揭示文书的制作过程并了解文书是被何种方法修改的。虽然文书中所有的特征都有助于鉴定，但最有价值的往往是那些独特的异常特征。有时从别的文书材料中也能发现某些类似的个别特征，所以我们不能凭单个的特征来作为鉴定结论的唯一基础。实际上，在大量文书中都可反映出许多同类型的特征。显然仅凭这些种类特征是无法鉴定手书字迹或打印文字的，只有在对比检材与样本的每一项检验中，结合考虑这些种类特征才有意义。因此，不能只根据文书上出现的一两个特征而应对所

---

① N.W. 达克斯伯理和 D.J. 莫兰兹：《交叉笔迹的译解与照相记录》，《加拿大皇家骑警队研讨会论文集》1965 年第 4 期（渥太华：女王出版社），第 27~35 页。
② 约翰·考斯坦、乔治·W. 刘易斯：《红外线发光技术在检验可疑文书中的实用指南》，《警察学与行政管理》1973 年第 1 期，第 209~218 页。
③ D.J. 福斯特、D.J. 莫兰兹：《利用静电成像技术检测交叉笔迹的可疑文书》，《国际法庭科学》1979 年第 13 期，第 51~54 页。

有的个别特征和种类特征进行综合判断后，才可以得出科学的鉴定结论。

科学的文书检验过程还要求文检人员在寻找相同特征的同时始终留心不相同的特征。这样做仍然不够，文检人员必须学会区别每个人书写中出现的异同点以及打字机或其他办公机具打印文书的差异；还要能够确定制作检材和样本所使用的铅笔或其他书写用具、纸张、墨水的来源是否相同。正直的法庭科学家总是一方面千方百计地设法找到能够做出结论的根据，另一方面确信不存在任何能推翻自己结论的相反证据，才能得出科学的鉴定结论，自信地出庭作证。对于检验中发现的任何差异点，文检人员既不能忽视又要尽力对其做出合理的解释，以免鉴定结论被人推翻。为了避免不精确的结论，我们有必要把基本差异和个别变异加以区别。文检人员应当完全了解检材和样本的作者的书写水平和笔迹的基本异同点，才不至于把个别偶然变异误认作鉴别特征。如果检材与样本的笔迹之间存在基本差异，即可做出否定结论；而某些非实质性的变异则不一定危及认定同一的肯定结论。因为肯定结论是基于许多个别特征相符的综合判断之后才能得出。所以文检人员必须时刻带着批判的眼光工作，这样才能确保最终的鉴定结论正确无误。

第七节　偶然巧合的可能性

任何借助于物理属性的特征比较法做出的鉴定结论也许都会蕴含偶然巧合的可能性。换言之，只有通过文书检验证实样本和检材之间的确普遍存在具有一定质量和数量的相符特征，才能排除它们之间特征的偶然巧合的可能性。在绝大多数文检工作中，试图用数学方法计算出偶然巧合的概率是不可能的，也不切实际。① 因为许多可供鉴定的笔迹特征在不同的书写阶段总会呈现不同程度的变化，而且特征的变化过程没有明显的分界线。例如，十个人的书写技能总是迥然

---

① 有两个重要的判例涉及文检专家在法庭上就其在鉴定结论中偶然性巧合的可能性进行作证，鉴定专家的这种特殊证词将成为检验其鉴定结论真实性的依据。在马萨诸塞州审判西尔维亚·安·豪兰（Sylvia Ann Howland）的案件，生动地表明文检专家是如何在法庭上对鉴定结论中偶然巧合的可能性问题进行作证的最好例证。在奥斯本所著的《可疑文书检验》（第二版）一书的第348~350页的脚注中，作者详细地论述了案件的情况和文检专家在法庭上作证的情况。

另一个判例是人民诉里斯利案（People v. Risley, 214, N.Y. 75, 108 NE 200 1915），该案因为一位数学家以专家证人的身份在法庭上用概率理论的不当作证而被上诉法院驳回重审。与上面的豪兰案件相反，本案中文书证据的鉴定结论的偶然巧合的概率缺乏基本的数据支持，同时该数学专家在笔迹鉴定方面的经验也表明，他不能提出有力的证据来证明自己的假定或推理是真实可靠的。

不同的，同时很难将每个人的书写技能根据特征加以严格地归类，因为其中有些书写特征在十个人的笔迹中都可能巧合。这些客观因素的存在便排除了用数学方法统计笔迹偶然相同的特征的可能性。①

虽然目前无法用数学方法精确地计算出笔迹特征偶然重合的概率，但文检人员仍然可以根据特征比对检验原理得出结论，也有一些文检人员则凭自己的经验对此做出判断。实际上，肯定的结论远远多于牵强附会的判断，文检人员按照科学的比对方法确认检材与样本之间的基本特征异同是保证结论正确的前提。检材中的所有基本特征必须在样本中以相同的形式出现，或者文检人员能够对两者间存在的某些明显差异点做出合乎逻辑的解释，否则就不能做出认定同一的结论。换言之，假如认定检材样本为同一人所书写，那么它们之间就不应该存有明显的基本差异。

第八节　来源的不同一性

确认样本和检材来源不同，需要肯定它们之间存在至少一个基本的显著特征

---

① 在文书鉴定过程中偶然巧合的笔迹特征之间缺乏明显的分界线问题，像在豪兰和里斯利案件中那样，在统计概率性因素时没有考虑到数学的概念。在这两个案件中运用数学统计手段时，只考虑到了非连续的离散性笔画的概率（可能性）特征。而案件表现出的是连续性笔画的概率特征。非连笔性特征，如在特定部位的圆点或标点——这些小点本身是可以统计也能够统计清楚的；而在文书特定部位的连笔性特征如直线、曲线，这些线条本身就可以被认为是由无限个或者无数个极其微小的圆点或者小点紧紧地挤压在一起所构成的。从理论上讲，可用同样的方法处理这两个问题，但是在司法鉴定的实践中，处理统计连笔（续）性特征的问题还要复杂得多。第二种笔画特征即连笔特征在判断签字笔迹的真伪过程中，就可能会与文书本身及检验鉴定文书过程中存在的问题，如测量技巧、自由度（文字行间距）、书写文字的流利程度、描绘或者临摹的底纹、字体的倾斜角度和轮廓以及其他书写特征交织在一起，只有综合分析上述所有的重要因素之后，才能做出签字笔迹是真实的或者是伪造的鉴定结论。

在运用数学方法测量笔迹的慨然性特征的时候，还会产生另一个更为复杂的问题，即某种书写习惯是否存在相互依存关系。概率倍增定理的一个基本假设是每一个慨然性因素都是各自独立存在的，没有互相依存关系。运用这种理论来处理一般的笔迹问题，要求鉴定人员非常仔细地分析并确认每一个因素都是独立存在的。例如，如果某人在书写字母"a"的时候，它的书写习惯是字母"a"的顶部不封口，那么人们总是希望在他书写的文书中发现字母"g""o"的顶部也有不封口的特征。基于同样的道理，在该人书写的其他各不相同的书信中也能发现类似的特征，这种系统的相互关系就破坏了笔迹习惯特征的独立特性。又如在书写字母"r"的时候，开始的笔画像是字母"n"，而字母"n"的起始笔画是一个环形或者圆圈形状紧接着是直线笔画，又像是字母"d"，这些特征在 Palmer 书写系统中非常普遍，而在其他现代的书写系统中则并不常见。事实上，笔迹各个细节特征的相互关系，在运用数学统计理论来分析连笔特征时都应当考虑到，这种概率的判断是非常复杂的。

对这个问题的更进一步的论述可以参看希尔顿著《数学概率理论与笔迹鉴定的相互关系》，载于《皇家加拿大骑警评论》1958 年第 5 期（渥太华：女王出版公司），第 121~130 页。

差异。也就是说，至少有一个可供鉴别的基本特征始终未在它们两者中同时出现。这种判断是否可靠，必须以获取嫌疑人大量的各种笔迹样本为前提，并且确信这些样本是能够真实地反映嫌疑人的书写习惯和书写能力的。其实，所有的否定同一结论也各有细微的差异，有的时候只要确认某个特征属于本质差异，非偶然巧合，那么也可以做出否定结论。在某些情况下，检材与样本之间存在许多极其相似的同类特征，同时也存在个别特征差异。虽然这些差异数量有限，却是十分明显的基本差异，在这种情况下，也应当做出否定同一的结论。这些均已成为文书检验工作中必须遵循的基本原理。

第九节　自然变异

在所有的可疑文书检验鉴定中，还必须考虑到另一个重要因素：文书的自然变异问题。实践证明，不管是手写字迹还是机械打印文书，正常的重复书写动作总是不可能产生完全一样的字迹。因为任何人的笔迹，都是根据自己长期动力定型所形成的特有的书写习惯，按照一定的书写模式书写，同时又时常偏离这种模式而写成的，况且每个人的书写习惯始终能在这种自然变异范围内反复体现出来。甚至打字机所反映的个体特征，亦可从某些字母打印的压力轻重所形成的印痕深浅以及操作者习惯性打字动作所形成的痕迹中体现出来。纸张的特性及其变化，与造纸用的合成材料的柔性韧度和物理结构等方面有关。在鉴定笔迹特征时，应认真研究笔迹的自然变异，这在区别伪装笔迹与真实笔迹差异时至关重要。[①] 检验过程中有些次要问题可以忽略不计，然而对自然变异问题必须给予精确的评断，而且，这种自然变异在所有笔迹中都普遍存在。如同其他检验特征，识别自然变异本身便是鉴定文书中的一个基本项目。

第十节　鉴定结论

上面所述的诸因素均属于可疑文书鉴定结论的一部分；其实鉴定结论就是文

---

① 卢卡斯报告了一个案例，在该案中涉嫌伪造签字的三份可疑文书的笔迹特征没有产生自然变异，而鉴定人员在提交的83份检验样本中发现签字笔迹有自然变异的特征。见 A. 卢卡斯《司法化学与科学的犯罪侦查》（第三版，伦敦：爱德华·阿诺德出版公司，1937），第139~140页。

检人员根据检验原理和自身经验，对观察到的所有客观事实加以具体分析后所得出的书面综合评断。只有在各种细节的分析判断互不矛盾地汇合成总体评断的基础上，才能做出合乎逻辑的结论性意见。这就要求文检人员应凭借自己的经验潜心研究文书上的每一个细节特征，充分了解这些特征的重要性和局限性，最终对它们进行合理的归纳评断；如果他无法做出客观真实的综合评断，那么他在检验过程中揭露的所有事实都将毫无价值。因此，文检人员必须充分解释每个检验因素的意义和价值，才可能做出比较符合客观实际的鉴定结论。

文书检验中的任何发现和判断不仅仅是一种主观见解，因为对每个疑问的解答均受到一种客观条件的制约。这种制约要求文检人员对自己所发现的特征异同及其对此所做的解释，也应让其他有关人员一目了然并且能赞同他所做出的评断意见。许多文书的鉴定结论描述恰当，检材和样本上的异同点比较醒目明确，往往能达到使那些目睹者即便没有文检人员在场帮助解释也一定会得出完全相同的结论的效果。由此可见，制作鉴定结论，文检人员无需赘述自己的见解，他只要简要说明可疑文书中那些明显的特征，用各种方式（图表、幻灯等）向法庭展示和解释可疑文书中的某些客观事实和重要情节即可。

第十一节　出庭作证

在英美法系国家，法庭审理涉及可疑文书的案件时，一般要求文检人员有义务对其鉴定意见出庭作证。要使作为证据的鉴定书在法庭上有效地发挥作用，这通常需要文检人员和公诉律师的互相配合。首先公诉律师必须懂得整套文检理论和技术，并能鉴别其具体运用是否恰当。文检人员必须明白自己担负的出庭作证的法律责任。受过良好教育并具有丰富法庭经验的合格律师才能洞察秋毫。而作证的文检人员除了精通专业技术知识外也应当有一定的诉讼经验才称职。要使诉讼双方在法庭辩论时配合默契，并且能最终对有关问题达成一致的意见，就有必要在开庭审理前安排一次文检人员和辩护律师的事先会晤（主要指证据开示和审前会议程序）。这种审前会议无论从道义或实践的角度着眼均是行之有效的。因为通过沟通思想、交换看法，双方不但能更加全面地提供事实情况从而有效地协助法官审理判决，而且双方在辩论时都能有理有节地畅述各自的观点从而节省法庭审理的时间。由于技术性较强的鉴定结论对法官和陪审团来说是最难懂的证词，所以要求文检人员出庭作证时尽量言辞简练、明确地陈述鉴定内容以便让所有在场人都能完全听懂其要点和结论。

第十二节　不能确定的结论

上述讨论也许会导致这样一种观点：文书检验所得出的所有结论必须明确、肯定，其实并非如此。譬如由于检材本身特征不明显，或者比对样本数量不够，或者错失了检验良机等原因，对于有些可疑文书的鉴定则只能做出不确定的结论。诚然，此类鉴定结果很难令文检人员或送检人员满意，但这是不容否认的现实，况且保留性的结论在文检实践中并不罕见。实际上除了少数案例外，某些种类认定问题也无必要做出肯定性的结论，在后面几章读者将会遇到这类实例。假如有文检人员无视这种客观情况，断然声称他采取的检验方法绝不会导致不确定的结论，那么我们对他的鉴定结论，即使不持怀疑态度的话也必须十分小心地去看待。还有一点要注意，即一旦文书检验完结后，做出了正确的保留性结论，那么叙述该结论时就不能含糊其辞，而应用明确的保留性措辞来表态。

第十三节　文书检验的范畴

文检问题所涉及的调查范围十分广泛。鉴定手写字迹、打印文字和伪造文书被认为是文检工作的主要任务。虽然这三类问题最为常见，但这并不意味着解决它们就涵盖了文检的全部工作。对墨水、纸张、刮擦字迹、添补字迹、机械印痕以及其他特殊形式的可疑文书的检验也都属于文检工作的范畴。

总之，所有的文检问题基本上可以归结为两类：那些需要先从嫌疑人处获取样本再与检材比对后做出最终结论的问题归为一类；那些只需鉴定检材本身或借助参考材料作为比较样本即可得出结论的问题归为另一类。因为涉及的检验问题和材料种类繁多，所以很难就每一类的问题都做出概括叙述。相信读者通过以下诸章节的分类学习，自然会逐渐领会有关各种文检问题的范围及其界限。

第二章　文书检验术语的定义

像许多其他技术学科一样，文书检验亦已形成了自己独有的专业词汇。其中不少术语是从书法、打字、印刷、纸张、墨水生产行业等与文检相关的学科和领域中派生出来的，其余的术语则因准确描述文检或服从法庭科学的需要而诞生。

本章主要讨论文检术语的标准化和简练化问题。文检人员与其他科学家不同，他们主要不是跟专业知识丰富的同行或同事讨论自己的发现和见解，而是要将自己的分析研究结果明确地告诉那些外行人。换言之，他们必须在法庭审判过程中把文书检验结论及其依据向诉讼双方当事人、律师、法官、陪审员做出详细的阐述。因此，鉴定结论中出现的专业性术语显然越少越好，在非用技术词汇不可的情况下，文检人员有义务向有关人员详细解释这些术语的确切含义。术语规范化的标准是言简意赅，约定俗成，然而由于缺乏专门的组织机构来制定、推广、准确地解释和强制适用文检术语，所以实现文检术语的规范化似乎显得比其他学科更为困难。

当然本章并不试图罗列所有的文检术语，以下列出的常用术语仅限于经常出现的技术性词汇，一些较生僻的文检术语尚未列入。作者选列以下术语及其定义的目的并非谋求建立大家都应普遍接受的规范标准，而主要想帮助读者确切理解这些基本词汇的含义。

在你专心致志地阅读本书时可能会惊喜地发现每一次遇到的生疏词汇，绝大部分在本章都有定义解释。也许你阅读到后面章节又会看到这些术语，当你渴求再次了解它们的明确含义时，那么就请回过头来参阅一下本章即可。

为了方便读者参考这些术语定义，作者特意拟定了下列六个小标题。第一部分"一般术语"，主要解释文检各阶段的那些通用术语。第二部分"笔迹检验"，主要列举与检验手写字迹、签名字迹和书信字迹有关的术语。第三部分是说明鉴定打印文字方面的术语。第四部分"变造文书"的术语主要涉及擦刮、涂改、剪贴字迹的鉴定问题。"其他鉴定问题"部分主要阐明墨水、纸张、铅笔、钢笔、印刷材料检验的常见术语。最后部分是关于文书检验照相、文书复制等问题的常用技术词汇释义。

第一节 一般术语

证书（certification），这是承认某人的专业技术水平已经合格的证明。美国可疑文书检验员协会是一个全国性组织，它已经建立了一整套对考核合格的文检人员授予资格证书的程序和制度。这套制度创建于1978年，凡是合格的文检人员经注册后领取的证书可在全国范围内通用。

特征（characteristic），系指一事物区别于其他同类事物的特殊性的具体表现。在文书检验中通常指文书细节特点的征象、标志。笔迹特征可分为两种：种类特征和个别特征。

种类特征（class characteristic），并非文检中碰到的全部特征都是某个人或某事物所唯一具有的，凡属于同种类型的特征就叫作种类特征。

核对或者对照检验（collation），本书中指的是检材与样本并排放在一起进行比较检验。

比较检验（comparison），将两件以上的文书并排放在一起互相比较以便识别判断它们的特征异同。这种比较方法有利于迅速对检材和样本的某些特征做感性和理性的直观判断。

鉴定结论（conclusion），指的是文检人员按照法律手续并根据科学的检验原理，查明可疑文书的事实真相；接着对有关事实经过综合分析、判断后所得出的合乎逻辑的鉴定意见。文检人员的鉴定结论由此得出，是常用的法律术语，参见鉴定意见（opinion）。

有争议的文书或可疑文书（disputed document），存有疑点的文书或者对某文书的真实性产生争议或者有不同的看法。本书中交替出现"争议文书"和"可疑文书（questioned document）"这两个用词，意义上近似，均指令人怀疑可能有问题并且需要文检人员仔细检验的文书。

文书（document），广义的文书泛指任何存在可见的、部分可见的或不可见的标志、记号和符号的物质材料；这些符号能向他人传达某种意思或传递信息。在纸张上用钢笔、铅笔和墨水书写文字符号，用打字机或印刷机在纸张上印制出文字符号，这些都是最常见的文书形式。

文检人员（document examiner），系指使用科学方法检验文书的各种细节特征，鉴别可疑文书来源，揭露文书的有关事实真相的专门工作人员。文检人员通常被称为笔迹鉴定专家，时至今日，他们的工作内容已远远超出笔迹鉴定的范畴。

检验（examination），它是鉴定可疑文书的必经程序，通过对文书材料的仔细分析研究可以揭示有关的事实真相。检验的种类和方式方法多种多样，比如显微镜检验、目测检验、摄影检验、化学检验、紫外线检验、红外线检验等等。

样本（exemplar），文检专家和律师常称之为已知来源的文书材料，它是书写人书写习惯特性的代表作。但是本书的作者喜欢用另一个历史更悠久、表达更确切的词"standards"（其含义也是样本）。

专家证人（expert witness），该法律用语专门指在法庭审理过程中对争议文书或对可疑文书某些争议部分发表鉴定意见的证人。担任这类证人，必须具备十分熟悉有关争议文书检验内容、有丰富的专业知识和经验、受过专门的技术培训并且持有合格证书等条件。专家证人的职能在于运用自己的专业知识对争议的问题进行技术性检验后，做出合乎客观事实的解释，协助法庭做出公正的判决。在法庭上作证的文检人员可称为鉴定人。

荧光检验法（fluorescence），参见紫外线荧光检验法。

法庭科学（forensic science），这是专门为法庭审判服务的科学领域。由于某些法律问题必须应用其他自然科学原理来解答，从而促进了法庭科学的诞生和发展。例如司法物理学、法医学、法医齿学就是起源于普通的物理学、医学和齿科学。不少训练有素的学者和科技人员因此被培养为法庭科学各个领域的专家。可疑文书检验是法庭科学中较重要的一个部门，但它却是为了向法庭解答涉案文书中有关专门性技术问题的需要，而直接发展形成的独立学科，不是从其他科学中派生出来的分支。

笔相分析（grapho-analysis），这是美国较流行的一种笔迹学研究方式。它与文书的笔迹鉴定毫无关系。

笔相学（graphology），它是根据一个人笔迹判断出他的气质、才能、个性等特点的一种艺术，也叫笔相分析。该研究已超出文检人员的范围。

笔迹鉴定专家（handwriting identification expert），文检人员的雅称。（参见文检人员）

手写文书（holographic document），系完全由人手书写并签名的文书，又叫做亲笔文件。有些情况下，即使无目击者作证的亲笔遗嘱经过鉴定，同样具有法律效力。

个别特征（individual characteristic），指某人笔迹的独特性质，而别人笔迹却不可能具有的特征。（比较种类特征）

红外线检验（infrared examination），利用肉眼看不见的红外光对文书进行的一种检验。红外线不但可以在特殊的照相感光乳胶膜上记录检验结果，而且文检人员可以用电子显示仪器将它转换成可见光源来检验可疑文书。

红外线发光（infrared luminescence），墨水和彩色钢笔中的某些染料被红外线照射后能发出一种蓝绿色荧光，该现象可用仪器检测出来。此项技术在区分墨水种类、彩色铅笔型号以及检验辨别擦刮字迹等方面都十分有效。

显微检验或微观检验（microscopic examination），为了发现细微的笔迹特征而借助显微镜来进行观察的一种检验方法。

自然变异（natural variation），指某人书写字迹时或打字机和其他印刷机器制作文书过程中反复出现的正常或常见的变异现象。

倾斜光检验（oblique light examination），在文书某一侧设置低角度的照明光源，控制光线斜照在文书表面的某一部分然后进行检验的一种方法，也有人叫做侧光检验（side light examination）。

鉴定意见（opinion），它是文检人员表述鉴定结论的法律术语。实际上，鉴定人出庭作证时不仅要陈述自己的观点意见，而且还要用图例或者幻灯以及其他形式详细说明结论的推断理由。本书反复出现的"鉴定意见"和"鉴定结论"两个词是同义的。

鉴定人资格（qualification），指文检人员应该具有的专业知识经验、受教育程度以及才能。文检人员在作为鉴定专家证人出庭作证之前，法庭应当审查他在文检方面是否称职，有没有合格证书。

性质或者特性（quality），事物本身所具有的特殊属性。本书中的"性质"一词主要用来表述笔迹中与书写运笔动作有关的检验因素。

可疑文书（questioned document），泛指那些引起人们怀疑并且需要依法仔细检验的文书。

参考样本材料的收集（reference collection），指文检人员为了便于解决某些特殊的文检问题，平时积累和整理的参照样本。收集的参考材料通常包括各种类型的打字机样本、支票打印机的样本、墨水、钢笔、铅笔和纸张等样品。

样品（sample），经过选择后提取的一部分能代表某物整体特征的材料，本书中，该词多用于检验的数据统计方面。

标准样本（standard），从已知的嫌疑人处获取的笔迹材料，如果样本数量充足，来源可靠，那么就可以从中选择出他笔迹中最具有代表性的部分与检材进行比较检验，看它们是否相同。它们常被认为是文检人员用以肯定或否定同一认定的鉴定基础。譬如已知来源的笔迹样本可以帮助判断谁是书写嫌疑信件的作者。

透光检验（transmitted light examination），指文检人员将光源置于纸张背后，然后让光线透进纸张进行检验的一种方法。

紫外线检验（ultraviolet examination），紫外线也是肉眼看不见的，它的波长在可见光谱的蓝紫光以外（彩虹色的光线）。紫外光线照在某些物质上会导致该物质发射出肉眼可见的荧光，这种现象称为紫光线发光。于是文检人员便可利用这种光线对某些文书细节直接进行观察检验或者用照相的方法记录下来，这就叫作紫外线检验。

第二节　手写笔迹

辅助的签名（assisted signature），见引导签名（guided signature）。

手写笔迹基线（baseline），书写字行所基于的下行线（有的是标明的，有的是假想的）。

临帖字体（copybook form），字体是区别书法体系的基本因素，起源于老师要求学生临帖写字的教学方法。学生初学写字时往往要每天临摹字帖一页以上的铅印手写体，久而久之这种字体便会从此终生影响学生的笔迹形态。

交叉符号（个人的标记）（cross mark），历史上，许多文盲签名时往往打个十字交叉符号来代替自己的姓名。这种"姓名符号"至今仍被不少文盲所沿用。如果有目击者证明，那么这种"符号签名"也同样具有法律效力。选票记号，本书也把它看作一种交叉符号，因为选票上打个"X"记号相当普遍。任何人书写的交叉符号都有其特点，所以是可以检验的。

草写体（cursive writing），以这种字体书写的笔迹，字母多数部分是缀连的。

伪装笔迹（disguised writing），书写者故意改变他自己正常的书写习惯，企图掩饰其真实身份。不管伪装的效果如何，这种故意歪曲的字迹都称作伪装笔迹。

伪造文书（forgery），严格地说这一法律术语不仅表示假签名、假文件，而且指伪造者以假乱真，有从事诈骗的企图。但在法庭之外，该词只与假签名、假文件同义，文检人员使用该词的意义限指非本人签署的姓名和非本人亲笔书写的文书。

欺骗性的签名（fraudulent signature），即伪造的签名。指非本人签署的姓名。他人未经本人允许而写的签名，往往带有模仿被冒名签名的迹象。

徒手摹仿签名（freehand imitation），不是按照真签名固有的笔画轮廓描写而是凭伪造签名者自己的习惯模仿写出来的签名。与"模仿或者临摹签名"（simulated forgery）的含义相同。

引导签名（guided signature），是指书写人的手或臂被某某人以某种方法固定后所写的签名，也称为协助签名（assisted signature）。多数法律规定只要求证明签名时书写人确实需要这种帮助，那么他在文书上的引导签名便是合法的。"引导签名"常常在书写人病重或濒死的时候，出现在遗嘱文本上。

书写习惯（habit），指每个人笔迹中反复出现的某些细节特征。

手写字母（hand lettering），一种每个字母均不相连的字体书写形式。把字母分开书写的字迹也称手写印刷体（hand printing）。

模仿或者假冒签名（imitated signature），与徒手临摹签名意义相同。

左手笔迹（left-handed writing），见反手笔迹。

笔画特征（line quality），指受基本运笔习惯和握笔方式的影响而形成的笔画特殊性特征，它是笔迹诸特征的综合表现。比如书写技能、速度、节奏、运笔流利程度、笔力轻重、握笔的位置等特征。

手写体或者原稿字迹（manuscript writing）一种草体或者行草形态的字迹，但是字母之间不相连。这种手写体通常供小学生初学写字时临摹。

原型签名（model signature），指为了伪造签名而准备模仿或临摹用的真实签名。

运笔（movement），笔迹检验中的一项要素。它包括使用书写工具进行书写运动有关的所有因素——书写技能、速度、节奏、流利程度、停顿滞笔、笔力轻重、颤抖等迹象。上述诸运笔特征是由于运用书写工具时肩、臂、手、手指相结合运动所形成的外在表现形式。

自然书写（natural writing），指在无任何试图控制或改变平时书写习惯和书写质量的正常情况下所获取的某人字迹样本材料（与伪装笔迹相反）。每个人自然书写的笔迹都是别具一格的。

添补或粘贴文书（patching），对书写笔画的重要部分进行修描或回笔。细心修描的添补笔画是伪造笔迹中常见的特征。

重笔痕迹（pen emphasis），行为人在书写文字时，手部握笔的用力间接将笔尖重压在纸张上所形成的书写压痕。用笔尖易变形的笔书写时，笔力重点处的笔画会出现细微的变异。但是如果用圆珠笔之类笔尖不易变形的笔书写时，即使压笔再重笔画变异现象也不明显。

提笔（pen lift），书写时由于将笔提高，而在纸张表面上所形成的笔画断离现象。

着笔位置（pen position），主要指笔尖与纸张之间的关系。尤其是笔尖与笔画之间的角度以及笔尖与纸张表面之间的角度均为确定握笔位置的要素。这两种情况都可反映在笔迹之中，但无钢笔尖的书写工具所写的笔画往往较难确定其位置情况。有时手握笔杆的位置高低也会影响书写质量。

运笔压力（pen pressure），系指书写时钢笔接触纸张的平均压力，从笔迹检验中可对它做出推断。运笔压力与笔力重点相反，文检人员研究这项因素是书写中的平均压力而不是间歇性的笔力加重现象。

回笔（retracing），在刚写完的笔画上又重新回头描写一番，在自然笔迹中也有许多回描现象，但是假冒签名中的回笔现象往往流露出书写人对字母笔画重新加工的痕迹。

节奏（rhythm），这是书写过程中有规律或周期性出现的运笔特征。比如行笔的流畅性、间歇性、快速性、停停动动等节奏都会在笔迹中反映出来。

笔画浓淡（shading），也称描影法，由于用易变形的笔尖书写，当笔力加大时就会在纸张上产生略微变宽而中间略微镂空的笔画。

重要的书写习惯（significant writing habit），是指表明与众不同的书写动作特性，这种定型的特征往往是笔迹鉴定的基本要素。

书写技能（skill），任何人从事某项活动都存在能力和技巧方面的差异，书写活动也不例外。笔迹样本一般都会反映出书写人的书写技能水平高低。

倾斜度（slant），指倾斜的字母中轴线与纸张基线相交的角度。

书写速度（speed of writing），并非所有的人都以同样的速度书写，因而书写速度也是一项有意义的鉴定要素。虽然我们对于书写完毕的字迹无法精确地测量出书写人当时的书写速度，但我们可以根据笔迹所反映的特征来推测，将书写速度大致归类为慢速、中速和快速三种。

拼接或粘接（splicing），文检人员用这个词来说明笔画中断后又添补连接两端笔画而形成的略微迭盖部分。这种现象大多在摹仿笔迹或仿写签名中出现。

假造签名（spurious signature），这个词显然与仿写签名略有区别，前者一般指无摹仿意图，信手写成的假签名。这是调查支票诈骗案件过程中常常遇到的一种伪造形式。因为此类诈骗犯罪人在递交似是而非的签名支票骗取现款时，主要是趁人们忙乱之际"混水摸鱼"，而不是靠仿造逼真的签名得手。

书写体系（system of writing），通常指学校要求小学生掌握的某种字母基本结构形态以及书写笔画顺序等规范。虽然每个人写字或多或少都会偏离规范的字体，但总的看来他的笔迹中仍会残留着受过某种规范字体书写训练的特点。

套描伪造（traced forgery），指用某种书写工具顺沿真实签名的笔画轮廓描写而成的假签名。伪造者一般借助复写纸先勾描出复制的轮廓线，然后再用适当的墨水重描覆盖其上；或者将真签名衬在假文书的纸张下，借助透光直接印描出签名。

颤抖（tremor），指笔迹中呈现不规则锯齿状的轻微抖动笔画。

书写条件（writing condition），是指制作文书时书写工具的准备情况以及影响书写人书写活动及水平的身体条件等因素。书写人的写字姿势（坐着写、站着写、躺着写），固定纸张的方式，纸张衬垫物的质地软硬程度，书写工具的好坏，尤其是书写人的健康状况都可以影响其正常书写水平的发挥。比如书写人身体状况欠佳、精神处于紧张状态或醉酒状态时，他的书写水平就会下降。

反手书写（wrong-handed writing），不用平常写字的那只手而换用另一只手写出的笔迹。有些文检人员称之为出自"笨拙之手"的笔迹。因为习惯用右手写字的人占绝大多数，所以它又叫做"左手笔迹"，这是伪装笔迹的一种方法。

第三节　打印文书

调节定位缺陷（alignment defect），打字机打印出来的字往往会出现下列问题：字母重叠、水平准线倾斜、垂直准线歪斜、字母上下高低参差不齐、左右深浅不一等现象。这些问题可通过调节打字机上的铅字连动杆和铅字连动杆上的印版位置予以纠正。

基线定位（baseline alignment），基线是指根据 x、n 等类字母中间的那条假想水平线，印刷字符时依此线排列。g、p 类字母下部的突出笔画允许在下行基线之外。如果下行基线定位不准就会出现字母位置或高或低的现象。

复写纸打印痕迹（carbon impression），借助复写纸打印出的文书副本。一般情况下，复写纸打印即复制原件，但有时候也可用复写纸或复写纸色带直接打印出原始文本。

字符（character），泛指与打印文书检验有关的字母、符号、数字、标点等。

铅字头污塞（clogged/dirty typeface），随着打字机的使用，有些铅字头表面会被棉线、灰尘、油墨污塞，尤其像 o、e、p、g 等笔画封闭的字母，如果连续使用不清洗的话，打印文书上就会出现模糊不清的字迹，甚至黑斑块。

缺陷（defect），任何打字机元器件上的缺损、畸形、失调，都可能导致打印文书反映出某些有鉴定价值的独特的个性化特征。

电传打字机（electric typewriter），指配有小型电动马达的打字机，它可以协助打字连动杆的操作和托架的运动；而普通打字机则是通过一连串机械传动装置来工作的。这些机械传动器件在电动打字机上被省略掉了。

电子打字机（electronic typewriter），这种打字机上的绝大部分机械活动装置都由电子仪器自动控制。凡是打字传动部分与字健之间的所有机械连动机械装置均被微处理器控制系统的电子集成线路取代，其他诸如棘轮（制动）装置、自动微调、色带转动等部件也由电子仪器操作。

棘轮（制动）装置（escapement），打字机上的一种控制字距、行距间隔的装置。也称为字符间距或者节距（pitch）。

水平准线倾斜（horizontal misalignment），由于共同体横向定位钮的问题导致水平准线倾斜，通常表现在打印出来的字母或左或右地偏离正常位置。

机械缺陷（machine defect），这是指整台机器的功能有问题，并非个别字键连动不良，通常这些问题包括字距间隔不当（字母相互间隔呈不规则的时挤时疏现象），以及打字部件与滚动轴转动不协调而引起的字迹缺陷。换言之，机械问题往往会影响打字机上所有字体的打印，而不是仅仅影响个别字体的打印。

键盘打字机（manual typewriter）这种机械传动打字机全靠人工用手操作，按一个键打一个字地进行工作。在打字机问世的前五十年的历史中，人们使用的几乎都是手工操作的机械键盘打字机。

字头不正（off-ifs-feet），由于字头的位置不正，导致打印出来的字符不完整；有的字母只露出半边字面轮廓，有的甚至只剩字面的一个角。

永久性缺陷（permanent defect），指的是某些打字机缺陷仅仅靠清洗字面或更换打字色带仍无法消除的特殊缺陷。其实这个词的意思不完全准确，因为随着时间的推移，任何打字机已形成的缺陷特征还会持续变化的。

压纸卷轴或滚筒台板（platen），是指在打印机上打印文件时，纸卷绕其上起衬垫、导向作用的一种滚柱状支撑体。这种圆柱形滚筒作为打印纸张的衬垫物，可以对字键的撞击起缓冲的作用。

均匀间距打字机（proportional spacing typewriting），一种比较现代化的打字机，与传统打字机的不同之处就在于它的字母数字及标点符号并非占据相等的水平空间。例如，字母"i"占两格的话，那么字母"o"就占三格，字母"m"占五格。因为这些按比例排列的字符间隔距离可以由打字机本身来自动调节。

反弹或者回跳（rebound），一个字体重复打印就会出现这种问题，于是文书上的字母往往伴有向左或向右偏离的重影。

色带状况（ribbon condition），由于不断的使用，打字机上的色带会逐渐地磨损，根据它的损坏程度便可以推断出色带的状况。

色带印刷品（ribbon impression），直接通过色带或复写纸卷打印出来的字迹叫做色带印刷品。可以用这种方法来打印制作原始文书。

单元球体打字机（single element typewriter），这种打字机使用字模球或者活字轮印刷装置。球形杆打字机，是指打印部件呈球形，字符（模）安装在字模球体的表面。而轮形打字机的字符安装在字模轮上。这类现代化打字机首推IBM公司制造的Selectric牌打字机。

暂时或短暂性缺陷（transitory defect），指用清洗机器或更换色带的方法就可以消除打字机缺陷的特征。常见的字面污塞现象是这类缺陷之一。

球体字盘或字球模（type ball），单元球体打字机上的一种球形打印部件装置。球体表面排列着各种字母、数字、符号。打字员工作时旋转球体，选择字符，前后左右移动打印文件。

打字机元件（type element），指单元球体打字机上的球体字盘或活字轮。

铅字面（typeface），指打印滚轮或者打字机元件上的铅字轮或球体表面。打字机上装有铅字的连动杆，是一个连接铅字的金属臂，叫做连动杆。

字面缺损（typeface defect），由于字面的金属材料损坏往往导致打印出来的字迹具有独特的特征。有时因字母轮廓线上的金属凹缺，而致使笔画呈现断离现象，有时因字母轮廓线的金属遭受强力撞击后弯曲而使笔画残缺或扭曲。这种缺陷只有靠更换铅字头或者打字机元件如球形字符和活字轮等才能弥补。

活字轮（type wheel），一种现代化的打字机元件，在一个圆心四周装着众多活动支臂，支臂上排列着各种铅字符号。工作时轮子可以旋转以便确定每个铅字的位置；需要打印的字符位置一旦确定，有个撞针就从该铅字背部撞击它，将它顶向色带或打印纸上。

歪斜或扭曲的文字（twisted letter），每个正常的铅字总是以某个固定的角度出现在打字基线上。但由于连动杆或字键的损坏弯曲就可能导致打印出来的字母左倾右歪。

垂直准线偏斜（vertical malalignment），这会导致打印出来的字母高于或低于正常的位置。参见"下行基线"（baseline alignment）。

文字处理系统（word-processing unit），指配备有记忆存储系统的打字机或其他打印装置。它们能够自动打印或复制某种特定的文书，并且可以将文书内容贮存于软盘、磁盘和集成电路块之中。

第四节　变造文书

变造文书（altered document），主要指文书和某些部分被人故意地加以改写或变动，譬如增补或者删除一些文字符号。

"空白"纸（"blank" paper），表面上看似乎是一张没有字迹的白纸，其实这种"白"纸上遗留有抑压文字的潜隐痕迹，这些印痕经过适当处理就能变成显而易见的字迹。

烧焦的文书（charred document），在超高温或焚烧的条件下，文书纸张就会碳化变黑，质地松脆。

解读或解析（decipherment），对那些看不清楚或者被涂擦掉的字迹进行辨认、分析的过程。本书提及的解析主要指在没有完全显现或恢复文书上的原始笔迹之前而对这些模糊字迹进行辨认、分析、判断的检验活动。

擦除（efface），指用橡皮或锐器将字迹抹擦或擦掉。

涂擦痕迹（erasure），从文书上除去手写的或印刷的文字痕迹。消除字迹通常有两种方法：一种是用褪色灵或者褪字灵等化学药剂来消除字迹或者使字迹变淡；另一种是用物理方法去除字迹，譬如用橡皮擦或者用小刀等锐器刮去字迹。

墨水褪色灵（ink eradicator），一种能够漂白书写墨水的化学溶液。

嵌文或插入或添加文字（insertion），在文书中增添的那部分文字内容。比如在文书的字里行间插入或在文书内段落之间添加本不属于原文的其他文字材料，或者加入整页的其他文字材料于文件中。

字行嵌文（interlineations），是指在两行字迹间插入另外的文字材料。

隔离色带（lift-off ribbon），一种现代化打字机上用的色带。经它打印出的文字倘若有误，选用另一种特殊的粘性胶带即可完全去除这种色带印染的墨迹，以便留出空白重新打印。所以它又被称为可矫正的色带。

涂抹或涂改（obliteration），为了使文书上的原始文字看不清楚或者不易辨认，而故意将它们用染料或者其他涂料涂抹污染。

修复或复原（restoration），将文书上被擦刮掉的字迹重新显现的过程。

密写墨水（secret inks），一种书写材料，用它书写的字迹肉眼看不见，但经过显现处理即依稀可见。有时也称为"隐显墨水"（sympathetic ink）。

笔顺（sequence of strokes），指书写文字时笔画在纸张上的先后次序。

涂污字迹（smeared-over writing），原始字迹上被一层不透明的物质涂抹覆盖，以致难于辨认。

书写压痕（writing impression），指在书写运动的压力作用下，在衬垫物上遗留的无色抑压痕迹。压痕的清晰程度主要取决于痕迹的深浅。便笺簿上的铅笔字迹或打印文字即使被人彻底擦掉后，它底下那几层衬纸也往往会留下原来字迹的压痕。

转印字迹（writing offset），墨水或油墨未干的字迹接触另一张纸，便会出现这种印染痕迹。如吸墨纸上有时能反映完整单词和句子的镜像（反像）印痕，有时看到的只不过是半个单词或字母。

第五节　其他鉴定问题

苯胺墨水（aniline inks），见合成染料墨水（synthetic dye inks）。

圆珠笔（ball point pen），一种书写工具，它的笔尖装有能自由滚动的小圆珠，笔管里的油墨通过圆珠的滚动而自然地将墨迹遗留在纸上。这种笔多数使用带有粘性的油墨，但是，近年来也出现了可用普通墨水的流珠钢笔。

蓝黑墨水（blue-black ink），一种刚写出来呈蓝色但时间久了会逐渐变成深灰色或黑色的墨水，这种墨水虽然有蓝色颜料，但其中所含的鞣酸铁几乎无色却是保证色彩不褪的物质成分，它暴露于空气中会逐渐氧化变黑。

炭黑墨水（carbon ink），这种碳素墨水其实是将大量极微小的炭黑颗粒粉末置于水中而制成的悬浊液。制造这种墨水的历史可追溯到古代，但它如今仍然作为绘图墨水使用，偶尔也充做书写墨水。

彩色铅笔（colored pencil），书写出来的字迹非黑颜色的各色铅笔。

制图铅笔（copy pencil），这种铅笔的书写物质是由石墨和苯胺混合制成的。用该铅笔写出来的字迹一旦受潮，其颜色就会变成深紫色或者蓝色。紫蓝色笔迹要比一般的笔迹更难擦掉，故有人称这种书写工具为擦不掉字迹的铅笔。

雕刻凹版印刷（engraved printing），凹版印刷就是用一块雕刻有文字、图案、符号的金属版来印刷文字、图案和符号。用凹版印刷出来的字迹笔画或图案线条上的着墨稍微隆出纸张表面。

钢笔尖的弹性（flexibility of pen point），钢笔不同其笔尖的柔曲程度也各异。笔尖的柔性强弱，可以用对笔尖施加一定压力视其分开或弯曲的程度等方法来测定。

自来水钢笔（fountain pen），如今使用相当普通的一种钢笔，笔管内可以贮存一定容量的墨水。灌满墨水后，可用它连续书写几十页的字迹也无须再吸墨水。

硬尖笔（hard point pen），笔头用穿孔塑料制成的一种现代书写工具。它不但可以像多孔尖笔那样蘸着墨水书写，而且它能像圆珠笔那样借助复写纸制作文书副本。

墨水（ink），泛指有色的液态书写物质，包括黏性的有色油墨。

鞣酸铁或铁基墨水（iron tannate or iron-base ink），见蓝黑墨水（blue-black ink）。

潜隐指印（latent fingerprints），人手指头所遗留下的肉眼不易见的乳突脊线花纹痕迹。它们经过适当的技术处理可以被显现为肉眼可见的指印。

平版胶印（lithographic or offset printing），一块表面光滑的平版上，凡印刷的区域用油墨附着，非印刷区域就不让油墨黏附。原先采用表面平滑的石板进行印刷，但如今平版胶印已由锌版或纸版来代替石膏版了。

纸张透视（look-through of paper），让光线透过纸张进行观察，以便研究和确认它的质地和构造。①

非水性或黏性油墨（nongaseous ink），这种油墨的颜料或染料的色素可以适用于任何书写工具，比一般墨水更易于书写。它常用于圆珠笔、打字机色带、邮戳印台或油墨盒，并且广泛地应用于印刷行业。

笔（pen），灌上墨水即可在纸上写字作画的书写工具。

钢笔尖（pen nib），指蘸水钢笔、自来水笔或圆珠笔在书写时直接接触纸面

---

① 《纸业词典》（纽约：美国造纸业与纸浆协会，1940），第217页。

的那一部分。

铅笔（pencil），笔芯是以石墨或其他彩色的物质（通常是黏土和蜡的混合物）压制而成的一种书写工具。

铅笔软硬等级（pencil grade），根据铅笔芯质地软硬程度而制定的归类标准。

微孔尖笔（porous tip pen），一种现代书写工具，它的笔尖用微细多孔的塑料材料制成，墨水可以从孔中渗透出来，这类钢笔常见的有纤维笔尖钢笔和粘毡笔尖笔或软笔尖的钢笔。

圆珠笔（roller pen），一种笔尖装有小滚珠的钢笔，可灌注普通墨水书写。亦有人称之为签字笔。

纸张的表面结构（纹理）（surface texture of paper），任何纸张置于放大镜下观察可以看到它们的表面都不平滑而是粗糙的。纸张表面的结构差异能够反映其质地。

合成颜料墨水（synthetic dye inks），把一种颜料溶解于水中再加上必要的防腐剂即可制成这类墨水。虽然制造此类墨水的颜料各种各样，但苯胺颜料是其主要成分，所以有人喜欢把合成颜料墨水称作苯胺墨水。

水印（water mark），又叫水纹。它是在某些重要纸张的制造过程特意印压上的一种半透明图案花纹。

第六节　照相和其他复制方法

在此并非罗列所有的摄影专业术语，而仅仅论述与本书叙述有关的一些经常使用的和特殊的文检照相基本词汇。现在许多关于照相和摄影的出版物可以为与文书检验有关的照相术语分类提供帮助。其中有两类出版物的分类标准和术语解释是比较科学的，它们是作为海军训练教材的《摄影学》（NAVPERS 10371 美国政府印刷厂 1952 年出版）和 C. E. 肯尼思·梅斯所著的《摄影学》（美国纽约麦克米罗公司 1937 年出版）。

照相机（camera）。它的基本构造是一个不透光的暗盒，内装有摄影胶卷，暗盒的前部就是镜头装置，曝光快门一旦启闭，图像就会投影在胶卷底片上。胶卷的感光程度与曝光时间有关。

彩色胶片（color film）。目前用于彩色摄影的胶卷有两种：一种是用做彩色投影（如幻灯片、彩色电影）的彩色胶卷；另一种是可以复印出彩色照片的彩色胶卷。这两种彩色胶卷在文书检验中均十分有用。

胶片的颜色敏感度（color sensitivity of films）。现代黑白摄影胶卷可分成三种颜色感光区。"盲色片"或蓝色感光底片可摄录蓝色光谱区中某些带灰色调的颜色，但所有其他颜色全部摄为黑色。正色胶片（分色片）可以精确地摄录蓝、黄、绿三种颜色，但红色却与黑色一样。全色胶片对所有的颜色都感光，但摄下的可见光谱中的所有颜色都呈灰色调。为了正确地拍摄文书，使用的胶卷必须根据它们对颜色的感光程度以及拍摄物本身的颜色是否相适应而做出选择。

接触复印（contact print）。就是用胶卷负片紧压在相纸上，曝光、显影、定影后得到正片图像的印制过程。

反差（contrast）。指无论负片或正片上黑、白区间的色调差异。

剪贴展示（cut-out exhibits）。从不同文书的摄影照片中选择出特征比较明显的单词或字母，左右毗邻排列，构成一组展示照片，粘贴在文检鉴定书上作为说明之用。有人称之为"对比并置照片"（juxtaposition photographs）。

证据展示（display exhibit）。在法庭上作证时出示的一种巨大照片，图像的大小应以挂在法庭前面的黑板架上仍能看得清为宜。所以有人也称之为"（溴化物乳剂）放大照片"（bromide enlargements）。

感光乳剂（emulsion）。覆盖于所有摄影胶片和印相纸的表面层物质。这种感光乳剂由感光灵敏度极强的银盐和白明胶中间体物质构成。

胶卷（film）。黑白照相底片通常由透明的胶片基底（该透明胶片用醋酸纤维素或植物纤维素乙酸酯等材料制成），表面上覆盖一层感光乳剂构成。另一种照相底片是在玻璃砂纸上涂上一层感乳胶制成的，它偶尔也用于文书摄影。

滤色镜（filter）。指为了缓和投射到感光底片上的某些光线的色彩特性而安装在镜头上的有色玻璃或无色透明胶片。常用的有两种滤色镜：一种是平衡校正滤色镜，它通过略微减弱光谱中的某种颜色的光线而达到强化其他颜色光线的目的。另一种是反差滤色镜，它只能通过特定波长的彩色光线，打破了各种光谱间的平衡，从而把不需要的其余彩色光线全部吸收掉，使这些余光在照相底片上只呈黑色。反差滤色镜应用于文检工作中的主要目的是消除干扰色彩，同时相应地强化补色的细微痕迹。

晶体颗粒度（grain size）。对光十分敏感的卤化银浸渗于感光乳胶中呈细小的晶体，显影后即转换成纯银颗粒。在显微镜下，可发现不同种类的胶片和印相纸表面的银粒大小各不相同；根据晶体大小可以确定它们的特性。

当庭手持展示（hand exhibit）。通常指将笔迹鉴定书所附录的照片，在法庭上当面向陪审员或者其他诉讼参与人展示，并交由他们查验核实的诉讼过程。

红外线荧光照相（infrared luminescence photography）。这是一种用红外线感光胶卷加红外线滤色镜来摄取在红外线照射区域发出荧光的图案痕迹的照相方法。在可疑文书检验中是一种非常有用的检验辅助工具。

红外线摄影（infrared photography）。在强烈的红外线辐射下，用红外线感光片和滤色镜来直接摄取存在于可疑文书中的肉眼不可见的痕迹图像的一种照相技术。

镜头（lens）。能够像人眼的瞳孔一样聚集光线的一个或多个光学玻璃镜片，照相机镜头的功能就是把物体的图像聚焦后再摄入胶卷底片。

缩微照片（microphotograph）。将文书原件大大缩小后摄录在微型胶卷上的图像。本书提及的缩微照片是指用规格在35毫米以下胶卷制作的照片。这种方法常应用于保管大量资料档案的部门。

影印复制（photocopy）。用照相机和感光材料复制图像。这个程序通常分为两个步骤：先用照相机和胶卷摄制负片，然后用该负片和印相纸复制出正片图像。

胶卷负片（photographic negative）。通常指由黑白胶卷制成的带有图像的透明底片；制作方法是先将装在照相机内的经过摄影曝光的胶片取出，经显影、定影、冲洗等程序，晾干即成。该术语是由透明底片的特性引申出来的，黑白颠倒，负片上的白色区域应是原物的黑色或暗色区，而负片上的黑色区域则应为原物光亮之外，彩色胶卷负片上的黑白深浅程度也与原物体照相时的光亮变化成反比。

照相正片（photographic positive）。它通常是以印相纸覆盖于胶卷负片之上，光源置于透明底片的下方，控制一定的曝光时间，然后将感光的印相纸经过显影、定影、冲洗、晾干等程序印制而成的，照相正片印出来的图像色彩与原物相对应，黑白反差也成正比。换言之，原物的光亮处正片上相应亮堂，原物的黑暗区正片上亦呈黑色。

显微照相（photomicrographs）。通过一台复合显微镜来拍摄某微点的照片，然后从照片上可以观察到原来极小区域经放大后的图像。类似的放大照片也可用焦距很短的镜头摄制，这种照相的标准术语应该称为低倍放大摄影照片（或宏观照相，photomacrograph 用照相机和放大镜将绘画直接放大，即用照相机和放大镜将绘画直接放大）。由于区别用这两种不同方法拍摄的照片有点困难，所以常有人不准确地将它们统称为显微照相。

直接影印或照相复制（photostat）。一种在照相感光纸上直接复制文书的影印方法，影印的副本呈黑底白字。它还需要配有专门镜头和反向三棱镜的特殊摄影机，反向三棱镜的作用是要使副本上的字迹保持与原件的左右方向一致。直接影印的负片呈白底黑字，所以必须再次影印才能获得黑底白字的正片副本。这种复制方法已经过时，目前它被各种复印机的干燥影印方法取代。

　　投影印相（projection prints）。指用一系列镜头聚光后透过照相底片再投射在印相纸上来印制照片。由于这些照相正片一般都是放大照片，故有些人称之为"放大印相"。它仍然要使用原先的那种感光乳胶印相纸。

　　分辨能力（resolving power）。在光学技术中，分辨能力是指在一个光学系统（如某种照相和摄影材料或者透镜）中所形成的图像内每毫米能够形成的可分辨等宽黑白线的最多线数。在这方面并非所有的摄影材料的感光能力或镜头的分辨能力都是一样的。

　　标准照片（standard photograph）。本书中的照片均非缩微照片，它们多数是用 2×3 英寸或略大些的胶卷底片摄制而成的，即标准照片。少数底片上的图像略嫌小些，故也有放大的照片，但多数与原物大小一致。

　　紫外线照片（ultraviolet photograph）。利用紫外光拍摄的文书照片。在紫外光照射的同时难免会有其他光线夹杂在一起，因此就得借助滤色镜才能把紫外线激发的可见荧光图像拍摄下来。

　　静电复印（xerox）。一种直接在普通白纸上印制正像图案的方法。尽管施乐复印机（Xerox）原来只是复印机商标的名称，但由于它的功能像直接影印机复制照片一样，因方法简便而获得成功，所以人们目前所用的干燥影印复制方法都称为静电复印。

第二篇

文书检验能揭示什么

如果可疑文书本身包含能准确、完全地说明它的制作、形成过程的事实，那么，文检人员就能出庭对此做出详细的陈述。制作文件的每一要素各具特色，制作文书的每一步骤，以及文书制成后的保管过程都会对文书的外貌产生不同程度的影响。由于制作文书的某些要素个性明显，据此便可正确地确定文书的来源，另一些因素则对文书的外观基本上毫无影响。一般说来，各要素总会在鉴定中起作用的。通过对它们全面的技术检验便可较为准确地重构文书的形成过程。诚然，描述文书的梗概就要对具体可疑文书中的各项要素做具体分析，但在许多情况下，检验这些要素和特征要比文书的保管者和送检人员根据各自记忆提供的证词更准确、可靠，文书检验的结论常可用以驳斥当事人对文书内容提出的无理要求，也可帮助保护当事人的正当利益。下面的章节将详细阐述文书检验所揭示的大量信息。

众所周知，文书是书写人或者打字员用诸如钢笔、铅笔、打字机用墨水、油墨、纸张等书写工具和材料综合运动制作而成的产物。几乎每个人都不会去注意上述这些书写材料与书写用具的个别特征和种类特征，因此，这些特征的组合便有助于查明文书的来源和历史。况且文书一旦制成，无论对它有目的还是无意识的改动都会在文书上出现前后不一致之处，这种非正常变动反而给可疑文书的检验鉴定提供了依据，例如涂改过的文书，与原始文件相比，具有一些独特的典型特征。因此，为能够全面地揭示、正确地评断检材中的每一要素以便重现文件的原貌特征，就必须尽可能地重视可疑文书的制作过程、方法、书写材料、制作工具等有关方面线索。

第三章　制作文书的工具和材料

第一节　笔

从古时起，鹅毛管尖笔一直就是主要的书写工具。然而，在过去的三十年里，鹅毛管尖笔的使用优势已丧失殆尽。圆珠笔、微孔渗水笔、纤维尖笔及滚珠钢笔等特殊类型的笔已经取代了鹅毛管尖笔的地位和作用。一个世纪以来，铅笔有时也代替钢笔制作某些特别的文书，在 20 世纪中叶，打字机又成为制作文书的重要工具。尽管各种书写工具争相竞美、各显其能，但普通钢笔仍然是最常见的书写工具，主要的品种是自来水钢笔，其中有蘸水钢笔在 20 世纪 30 年代曾经风靡一时。许多特殊用途的钢笔，包括绘图笔（drawing）、签字笔（lettering）、羽毛笔（quill）和铁笔（stylographic pen）[①] 非但没有过时，而且现在也还在发挥作用。每种笔的笔尖都有其独特的特征，因此，它们的书写痕迹在可疑文书的检验中能被鉴别，并且具有十分重要的价值（见图 3-1）。

一　圆珠笔

圆珠笔（ball-point pen）是在 1945 年第二次世界大战结束时出现于美国市场的，尽管它的雏形缺陷不少，但它还是很快流行起来。[②] 与传统钢笔不相同的

[①] 尖头铁笔（stylographic pen）是指在笔尖上安装一个有活塞的细小的圆筒形软管的钢笔。在书写过程中，当用力将笔按向纸张时，笔尖上的活塞轻微地张开，墨水就从软管里面自动地流到纸面上。这种设计特殊的笔的字迹宽度，不管书写运动的方向如何变化停顿，始终保持均衡一致，而不会呈现粗细不均的现象。由于它的特殊设计，书写方便，因此这种笔常常用于书写一些断断续续的、不连贯的印刷字体。现在这种笔已经很少有人使用了，尽管有些书写印刷字体的笔尖仍然安装有这种装置。

[②] 事实上，欧洲最早开始出售圆珠笔是在 1935 年，而到 1939 年总共才销售了 2.5 万支圆珠笔（《财富》，1946 年 7 月，第 144 页）。阿根廷的 Ladislo Biro 制造商于 1943 年开始生产这种圆珠笔，并在南美限量销售（《读者文摘》1946 年 12 月，第 60 页）。在 1945 年以前，美国社会中很少有人使用圆珠笔。1945 年美国人雷诺兹才开始向美国社会介绍和宣传圆珠笔，并开始了家庭作坊式的生产加工，在得到政府奖励投资计划的鼓舞下，销售量迅速地上升到近百万支。托马斯·惠特赛德主编的《纽约人报》（1951 年 2 月 15 日）详细地介绍了圆珠笔制造商的早期历史和发展变化过程。

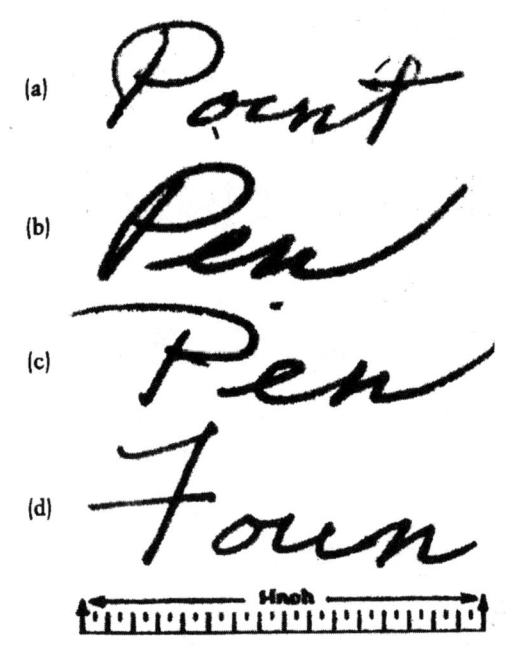

图 3-1 放大部分是现代常用的四种笔所写的字迹，本图表明它们各自具有某种书写特征：①圆珠笔有许多书写缺陷，包括在书写运动中的连笔动作所形成的"墨迹黑点"（gooping，黏糊的东西），如图中字母"t"左上方交叉笔画处的黑点和"o"的右下部位跳笔动作留下的墨迹黑点。②微孔渗水钢笔的墨迹平滑、均匀，在线条的边缘不时伴有如发丝般细小的墨水拖痕（这点此图无显示）。③滚珠钢笔的笔迹与多孔渗水钢笔很相似，但笔画的凹槽墨迹沟纹（groove）与圆珠笔的相像，如字母"p"笔画转折的内缘着墨较多而呈黑色。④字母"f"右侧末端和竖划末端的回笔（flow back）墨迹最深，这是尖头钢笔书写的典型特征。黑色的尖头笔墨迹，如图中竖划的边沿所示，是进一步鉴别此类钢笔的特殊特征。

是，圆珠笔的笔尖是一颗小小的金属圆珠。小金属珠位于圆形笔尖的顶端，在书写过程中，随着金属圆珠在纸面上的自由滚动，装在笔尖尾部的墨管里的油墨自然地遗留在纸张上。钢笔使用的是水溶性液体墨水，与此相反，圆珠笔使用的是由黏稠性更强的物质制成的油墨。

根据墨迹和笔画的轻重可以辨认圆珠笔的笔迹，并可以把它与其他的书写工具区别开来。如果用笔较轻，只有在较粗糙的纸张上书写的笔画的边缘才可以看见有油墨黏稠的特征；用笔较重，金属球受压又可在一笔画的中间形成油墨的沟槽或堆积。现在使用的圆珠笔的油墨写到纸上后很快就会变干，而且笔芯是构成一支完整的圆珠笔的必备部件之一，它所储存的油墨可供书写几个星期甚至几个月。油墨用完以后，旧笔芯被拆出丢掉，再换入一支新的，实际上，这样又是一支新的圆珠笔了。圆珠笔的另外一些特征是，笔尖上金属珠的大小还决定了笔画的宽度和质量,并形成笔画的特殊特征。

圆珠笔笔迹可以根据油墨特征,尤其是油墨的颜色、笔尖粗细以及书写笔画的缺陷进行鉴定和识别。笔画缺陷包括圆珠油迹的黏糊状态;字上呈小圆点状的圆珠油墨堆积现象,这些在笔画转折处尤为明显;笔画中出现的跳跃、不规则运动痕迹和很短的断笔特征;笔画中部呈现的细槽状(条纹状笔画),[1] 笔画中部出现的这种极细窄的"模糊的细槽"实际上足以将圆珠笔迹与其他笔迹区别开来。[2] 用目测、显微镜、红外线、紫外线等非损害性方法对圆珠笔字迹进行检测试验,能够区分出两种不同的圆珠笔笔迹的细微差异。墨迹鉴定中使用双色过滤镜、[3] 红外线发光(荧光)[4] 技术都是分辨相似却不相同的油墨的较好方法。采用这种方法不会改变和损害检材,在后面的"书写墨水"一节提到的某些化学试验可以进一步将两支使用不同油墨的圆珠笔的笔迹区别开来。

二 多孔笔

近年来,较为普及的多孔渗水钢笔(porous tip pens),其笔尖多为塑料纤维或者毡制品制成。这种笔的笔尖上有许多微小的小孔,墨水储管里的水溶性墨水渗过笔尖着墨于纸上。早期的钢笔笔尖多宽大,随着钢笔的广泛使用,宽度适中、纤细的笔尖出现了。随着时代的发展,许多优质和质地非常好的笔尖被研究和开发出来了,其中有些是穿孔的坚硬的塑料笔尖。纤维笔尖和微孔塑料笔尖都很坚实,并且宽度适中。除了在某些条件下,硬笔尖和纯纤维笔尖能够形成粗细不同的笔迹情况外,在绝大多数情况下二者的笔画非常相似。尽管墨水干得很快,但落到纸上的笔画很粗,墨色浓重,这一特征使微孔渗水笔很容易与圆珠

---

[1] 有关圆珠笔墨迹细节特征的详细叙述可参见 O. 希尔顿著《圆珠笔的特征及其对笔迹鉴定的影响》,载于《刑法、犯罪学与警察科学》1957 年第 47 期,第 606~613 页;对早期的圆珠笔的讨论文章见于矣尔布雷奇·W. 史坦因、奥登威·希尔顿著《签名和文书检验鉴定中的几个问题》以及 C. H. 林德斯莱和罗伯特·卡瑟著《圆珠笔的墨迹和油墨与主要的生产厂家》,载于《美国律师协会杂志》1948 年第 34 期,第 373~378 页。同时,还可以参看雅克·马瑟米著《圆珠笔与文书检验专家的鉴定结论》,载于《国际刑事警察评论》1950 年第 43 期,第 357~360 页;威尔默·苏顿著《圆珠笔及其油墨的写作、特征和行为》,《刑法、犯罪学与警察科学》1955 年第 45 期,第 743~747 页。
[2] 大卫·布莱克:《对圆珠笔芒刺状条纹笔迹的鉴定》,《刑法、犯罪学与警察科学》1970 年第 61 期,第 280~282 页。
[3] 罗伊斯通·布莱克:《特殊波长光线在检验变异墨迹中的运用》,《法庭科学杂志》1964 年第 9 期,第 100~106 页。
[4] 林顿·戈登:《新的非破坏性文书检验方法》,《刑法、犯罪学与警察科学》1965 年第 55 期,第 281~284 页;罗纳德·M. 迪克:《运用二色过滤镜、反射红外线和红外线荧光技术对墨水变异进行比较检验》,《法庭科学杂志》1970 年第 15 期,第 557~563 页。

笔、自来水笔区别开来。但是，要想在几支吸有相同墨水的微孔渗水钢笔里鉴别出其中每一支的笔迹特征，却是相当不易的。这类笔的墨水都是出厂前就已灌注好了的，所以，它们多属于墨水用完就将笔丢掉的一次性消费商品。各厂家制造出来的笔之间所书写的墨迹毕竟还有细微的差别。此外，笔画的宽度取决于笔尖的大小，在使用中，各种钢笔都会出现一些有特色的不完整的笔画，这些都是进行笔迹鉴别的参考因素。

三 滚珠笔

圆珠笔进入市场不到几年，又开始试验生产一种使用水溶性墨水的圆珠笔，直到20世纪60年代才大功告成。这种新型的滚珠钢笔（roller pen）书写能力的可靠性已得到普遍的承认。与微孔渗水钢笔相比，它的笔迹除了笔尖上的金属小球在纸上形成的墨迹更突出外，没有其他本质区别。区别滚珠钢笔和一般圆珠笔的根据是使用的墨水不同。滚珠钢笔书写笔画上的缺陷很明显，但在同一类笔中进行个别鉴定，认定其中某支笔的书写笔迹则是较困难的。

四 自来水笔和尖头细笔

现今最常见的自来水笔（fountain pen）是尖头钢笔（nib–pointed pen），它形成的笔迹多种多样。笔尖的宽度和柔韧程度是决定笔迹特征差异的两个因素（见图3-2）。在日常生活中人们时常会碰到用蘸水钢笔制作的文书，但是在一些非常古老的文书中，用这类笔书写的字迹则实属罕见。通常，文检专家不能仅凭某支尖头钢笔所书写的一份字迹痕迹就做出同一鉴定的结论，就是说，不能认定某一文书具体是由哪一支笔所写。当然，并非所有的这些笔形成的笔画特点都是完全相同的，[①] 这就可以在某些场合排除某些文书不是用某支特定的笔书写的，或者可以判断制作某份文书不只用了一支笔书写。

尖头钢笔形成的笔画与其他钢笔的笔画特征不同。这类钢笔可以一笔写成较黑的双行墨迹，但是，这种双行墨迹是现代钢笔无法形成的，从笔尖上说，自来水笔的硬笔尖的柔和性更强。

要鉴别一份冗长的文件是用自来水笔还是用钢尖蘸水笔制作的，可以根据每页纸上墨汁的浓淡程度来确定。书写时，蘸水笔在刚刚蘸饱墨汁时形成的字迹很

[①] 如果读者希望能够继续深入研究用尖笔书写的可疑文书的鉴定问题，可以参阅 A. S. 奥斯本著《可疑文书》（第二版，Albany：Boyd，1929），第11章"书写工具"，第151~161页。

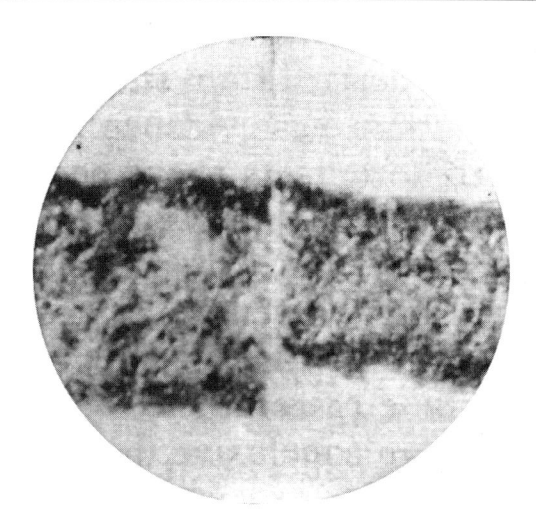

图3-2 在一张用显微照相机拍摄的照片上，通过对比发现两种墨迹的差异，表明两种不同的笔尖宽度。

重，而后逐渐变淡直至看不清楚字迹的内容。假若自来水笔的笔尖具有柔韧性，可以发现，由于用笔时施加的压力，每一笔画墨迹的浓度逐渐变浓和字迹的宽度逐渐变宽，尤其是在笔画的下部。而且，墨迹的这种浓淡变化是书写特征的一部分。宽度不同的笔尖所形成的笔迹差异，可以通过放大镜检验，对字母上半部分的笔画仔细观察研究，往往能较好地区别笔尖宽度的差异。这有助于文检人员对两支不同的尖头钢笔做出鉴别。

尽管文书检验过程中，记载有由于笔迹上存在的一些异常缺陷使鉴别工作获得成功的几件事例，但要鉴别出这类钢笔中某支笔写的笔迹，可能性极小。[1] 纵然如此，对笔尖和其他钢笔检验所得到的证据仍有独特的价值。可以这么说，一般情况下根据文书笔迹区别哪种钢笔书写制作的意义不大，因为文书通常是用一支笔制作的，但是通过这种笔尖宽度检验揭示该文书系伪造或复造的，那么用不同钢笔书写的笔画就能作为证实伪造或变造文书的重要证据了。

历史事实证明，钢笔字迹的书写时间和文书表明的制作日期自相矛盾是不高明的伪造者常犯的错误，也是不可避免的矛盾。伪造者们用钢尖蘸水笔或自来水笔制作伪造文书，注明的时间都是这种书写工具还未发明生产出来的日期，由此导致人们对该文件的真实性产生怀疑。同样情况也出现于用圆珠笔伪造的文书

---

[1] 如果发现某支笔确实具有某种特殊缺陷，那么要鉴别某件文书是否由某支特定的笔所书写或者制作，这是有可能的，前提条件是必须发现了大量的由这支笔所书写的检材样本。如果既发现了书写工具，又确定了某件文书正是这支笔所书写的，经过适当的对比研究是能够做出同一鉴定的。

中。检验这类案件，可以对其他能够证明该文书是伪造的因素忽略不计，而仅对书写该文书的工具进行仔细研究便可得出最可靠的鉴定结论。

对书写工具进行检验最有鉴定价值的情形是，通过清楚地展示文书中的添加部分，特别是修改部分，可能会发现添加内容的字迹与制作文书时最初使用的钢笔所形成的笔迹不同。幸运的是，无知和粗心的伪造者常会忽视不同书写工具的笔尖具有不同的特征，因而常常犯这种错误。另外，用两支或两支以上的笔在同一份文件里制作的定期的数字记载，如记录本和账簿，也可提供该记录是否真实可靠的证据（见图 3-3），当然，如果可疑文件的字迹本身显示非一支钢笔所制作，那就要对它进行审查。做出鉴定结论不仅要根据制作该文书的人提供的证言，还要参考这类文书通常制作的方法和过程。

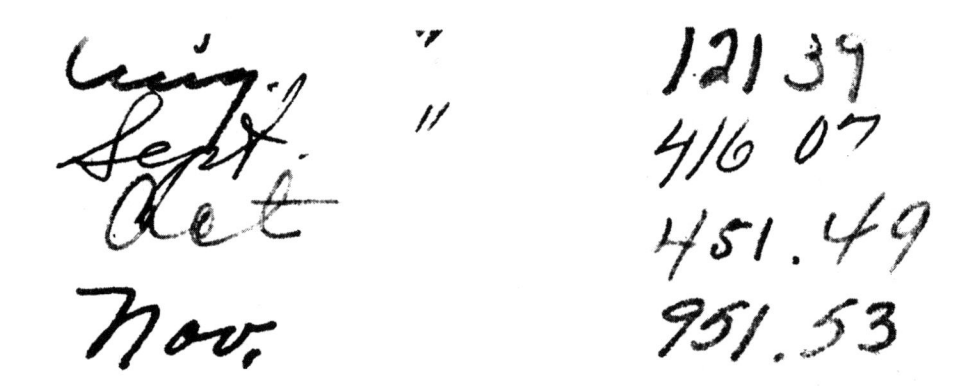

图 3-3　图中四种不同钢笔和墨水书写的文字和数字记录，墨迹精细和新鲜程度表明这些内容是用不同的笔在不同的时间里书写或者添加的。

对钢笔书写笔迹的检验并非总能得出书写工具鉴定同一的最终的肯定结论，但它能为整个检验结论增加线索。在许多案件中，这种证据结合对文书中其他因素的检验结果，往往能明确证实文书的真伪。

第二节　书写墨水

墨水的历史源远流长，在古代就已经存在，最早能使笔迹保留期很长的墨水是用炭制成的。现在，一些绘图墨水中仍含有碳的成分，常称为印第安墨水。中世纪时，出现了含铁质的墨水，随着时代的发展，在此基础上研究和开发出了现在已经为人们普遍使用的蓝黑墨水。在圆珠笔普及之前，一般的书写用具都广泛地使用这种墨水。过去用各种天然颜料或染料生产彩色墨水，19 世纪末 20 世纪初，天然颜料逐渐为苯胺和其他合成颜料取代。[①] 如今，几乎所有的彩色墨水都是由合成颜料制成。[②] 20 世纪 30 年代，各种颜料发展了，以碱性较强的墨水代替温和的酸性墨水，但这种比较新颖的墨水的销路有限。[③] 上述各种墨水，水是主要的溶剂。

40 年代中期随着圆珠笔的出现，人们需要不同于以往的墨水了，使用有机化学溶剂而不是水性溶剂的圆珠笔油墨是一种黏稠的液体。[④] 这一点类似打字色带和油印所用的油墨，当然，它也有自己的特性。如今各种墨水都是用水或有机溶剂作为基本的颜料溶剂。

近 20 年来，以水溶性物质为基料的墨水已经得到广泛的使用，首先使用这种墨水的是微孔渗水笔或纤维材料制成的尖笔，现在又出现了一种使用水溶性物质为基料的墨水的圆珠笔。纤维笔是在粘毡笔的基础上改进而制成的，粘毡笔使用的是非水溶性墨水，而且只适用于特殊场合。可以预见的是，尽管几种不同的钢笔都可以使用水溶性墨水，但随着钢笔种类的多样化，相应也要求墨水的多样化。因此，文书检验人员不仅应能区别各类钢笔，而且要会鉴别各种不同的墨水，对钢笔墨水的鉴定结果有时可信程度很高。

文书检验不仅要区分两种不同的墨水，而且要查明每种墨水的来源。类似而不同的墨水可以通过适当的实验加以区别，但无法对墨水的来源做出肯定的判断。检验所得的最理想的结果也只能表明嫌疑墨水与检验人员发现的某厂家生产的墨水可能同类，可疑文书可能是由某种墨水书写的。

对不同种类的墨水通常可以采用目视检验、无害性检验以及只能导致文书部分变化的化学方法进行检验鉴定。非损坏性的检验方法通常是最先采用的检验手段，对文件书写墨水的颜色和笔画特点的检验，最先是在照明程度不同的光线情

---

① 有关书写墨水早期历史的论述见 David. N. Carvalho 主编《墨水的四十世纪史》（*Forty Centuries of Ink*）（New York：Banks Law Publ. co.，1904）。在朱利叶斯·格兰特所著的《书籍与文件》中，提供一种特别有用的表格，将笔和墨水发展历史中的特别重要的事件予以详细列明。[（New York：Chemical Pub. Co.，1937，pp. 41－44）]。

② C. A. 米契尔和 T. C. 赫普沃思：《墨水及其构成与制造厂商》（第四版，London：Griffin，1937）。在该书中作者全面调查了直至本书出版时所有种类的现代墨水。A. 卢卡斯著的《法庭化学与科学的犯罪侦查》（第四版，London：Arnold，1946，pp. 79－88）一书简要地介绍了当今社会中普遍使用的墨水的生产技术和性能。

③ 在这期间美国的派克笔制造公司生产了一种"51 号"和"超级铬合金"墨水，这种墨水与其他常见的普通墨水所含有的微酸水溶性物质不同，含有特殊的高强度的碱性染料或者颜料。

④ 威尔森·R. 哈里逊：《可疑文书及其科学检验》（New York：Praeger，1958），第 217 页。

况下，手拿放大镜或在双筒显微镜下进行观察或者对比检验。用日光、荧光灯、钨光灯以改变光线照射的种类和强度，墨水的颜色会随着照明亮度的变化而变化。利用紫外线、红外线、红外线发光（荧光）和双色滤色镜进行的检验也是无害性的鉴定，这些检验方法都有助于区别同一种类但各不相同的墨水。

显微镜滴点试验，即将某种特殊的化学试剂点滴在文书的部分墨迹上，并将其放在显微镜下进行观察，这样有助于判断该文书是用哪一种墨水书写的，是含铁墨水、苯胺墨水还是碳素墨水所书写的。① 这种检验只要方法适当，对文件的损坏是微小的，只需要调整显微镜的光线和光线角度就行了。虽然这种方法现在已不常用，但如果一份文件的制作使用了两种不同的墨水，这种试验的鉴别作用就具有特殊的价值。遗憾的是，它对墨水生产厂家生产的同一品牌（即同一商标）的墨水的鉴别却无能为力。

20世纪50年代以来，最常用的化学墨水检验是层析法，② 特别是薄层层析法（TIC）。③ 采用这种方法时，事先要取得法院的命令许可或者获得全体当事人的同意许可协议，然后才能从文件上剪切很小的一块样本进行检验。根据与以前保存的参考样本档案材料进行对比检验，就可以推断出墨水的生产厂家和文件的制作时间。这种检验方法可以通过对比后确定两种墨水是否属于同一种。薄层层析法是如今最灵敏、最有效的检验方法。

近年来，墨水生产的最大发展是在墨水中增加了微量的稀土元素，这种添加物定期改变，特别元素的检测可用以判断被检墨水的生产厂家。这种试验同样也

---

① 有几个作者在他们的著作中都论述过利用化学点滴方法检验不同种类的墨水及其变化的问题。在卢卡斯著的《司法化学与科学的犯罪侦查》（第88~92页）、A. J. 奎尔克著的《伪造文书、匿名文书和可疑文书》（London：Routledge，1930，pp. 177-179）论述了相同的检验方法。与此同时，法国的文检专家H. T. F. 鲁道斯在其所著的《司法化学》（New York：Chemical Publishing Company，1940，pp. 177-179）一书中，还进一步论述了运用微量化学检验墨水成分的方法，米契尔和赫普沃思著《墨水及其构成与制造商》中详细地论述了这种检验方法。

② 用色层分析法检验墨水首先是由米契尔和赫普沃思在他们合著的《墨水及其构成与制造商》（1924年第三版，第158页）中首先提出和倡导的，但是，这种方法直到最近才被文检专家们运用于对可疑文书的检验中。许多文检专家在运用色层分析方法检验不同种类的墨水，特别是合成颜料为底料的墨水的研究过程中做出了巨大的贡献。其标志就是运用色层分析方法，在某种程度上说能够检验同一商标牌子的各种墨水的细微区别，例如威尔默·苏顿和W. 哈罗德·史密斯：《运用色层分析方法检验文书的书写墨水》，《鉴定新闻》1951年第11期，第4页；A. W. 萨姆福特：《运用色层层析法检验鉴定书写墨水》，《刑法、犯罪学与警察科学》1952年第43期，第530~539页；夏洛蒂·布朗和保罗·R. 克尔克著《利用水平纸色层分析法鉴定圆珠笔油墨》，《刑法、犯罪学与警察科学》1954年第45期，第334~339页。

③ A. H. 韦特：《墨水的检验和鉴定方法》，载于福兰克·兰纳德奎期特主编的《法庭科学方法论》（第二卷，New York：Inter-science，1963，pp. 56-61）；D. A. 克隆、R. L. 布鲁内尔和A. A. 坎图：《圆珠笔油墨鉴定的参数》，《法庭科学杂志》1976年第21期，第917~922页。

需要从文件上切下一小块作为检材。

化学试验是进行墨水鉴定的重要组成部分。在诉讼过程中，为了向双方当事人和法庭证明文书上标明的日期不是制作文书的实际日期，就必须使用各种综合方法测定墨水的化学成分，并向法庭陈述检验过程、方法和结论。19 世纪末 20 世纪初就有几件采用化学检验方法鉴定墨水书写时间的著名案例。[①] 因为在这期间墨水的生产厂家在制造墨水的过程中已经开始加入合成颜料。今天，由于墨水的制造标准进一步规范化，运用化学试剂检测墨水的成分很少有什么惊人的发现，但薄层层析法却能异常准确地揭示出两种不同墨水成分的细微差异。

运用综合的检验方法对墨水进行鉴定，可以揭示许多重要的信息线索和情况，尤其是有助于对有伪造嫌疑的手写文书的鉴定。依据大量的参照样本材料，可准确判断文件使用的墨水生产厂家，以及这种墨水的使用时间是否和原件文件标明的制作时间相一致。

通常情况下，对墨水的检验往往可以辨明文书的真伪。文书各方面存在的互相矛盾的现象，可以帮助鉴定专家做出该文书系伪造的结论。但仅凭文书各部分互相矛盾这一点，还不能确定该文书就是文书上所标明的时间制作完成的。无论如何，对检验结果来说，它们都是重要的分析依据。

第三节　铅笔

从笔的发展历史而言，铅笔属于近代使用的书写工具。据史料记载，石墨是现代铅笔的笔芯的"始祖"，于 1564 年首先在英格兰被人发现和使用。[②] 在 16 世纪初石墨铅笔的使用范围比较窄，但随后逐渐普及，时至今日，铅笔已经广泛使用于每一个家庭、学校和办公室。显然，随着铅笔的广泛使用，有关铅笔字迹的鉴定问题也日益显露出来了。

[①] 在这些案例中，有 1891 年新泽西州首席大法官麦克吉尔审理的戈登遗嘱争议案。在本案中争议遗嘱的草稿是在一种画有横格线的纸上书写的，而这种行间书写所使用的墨水是红色的苯胺颜料墨水，这种墨水直到遗嘱文件标明的日期以后的许多年才被墨水制造商发现和使用。引自威廉姆·汉根《可疑笔迹》（纽约：班克斯，1894，第 209 页、第 253～282 页；1974 年纽约 AMS 出版公司重印）。C. A. 米契尔在《专家证人》一书中介绍了另一个案件，1839 年爱丁堡的亚历克山大·汉弗莱案件，本案中当事人宣称争议的文书是在 1639 年制作的，但是通过对墨水成分的检验发现，该文书是用"现代墨水"书写的。

[②] 卡尔瓦约：《墨水的四十世纪》，第 262 页。其中有一整章专门论述铅笔的历史及其发展演变（第 261～271 页）。

首先，我们来分析检验铅笔的一般特性。与钢笔一样，各种铅笔也可以根据它们本身具有的物理特点而分成不同的类型。铅笔的制造商在生产笔芯的过程中，将石墨与黏土和蜡混合并搅拌均匀，再进行烘烤。石墨和黏土混合的比例及烘烤的时间是决定笔芯硬度的因素。① 用于绘图的各种铅笔的笔芯有的非常坚硬，也就是说，即使在书写时施加的力很大，它形成的笔画也是很淡而细的。截然不同的是另一些笔芯柔软的绘图铅笔，书写时用力很轻却形成较浓粗的笔画。其他不同型号的铅笔书写时所形成的笔画粗细、浓淡程度处于上述两种极端情形之间。故根据笔画的粗细、浓淡和笔芯硬度的不同可以把铅笔大体上划分为不同的种类。

除笔芯的硬度外，铅笔制造商在生产铅笔芯的过程中，使用的各种原料及配料的质量不同而导致了笔芯质量和整个铅笔特性的差异。廉价的笔芯由粗糙的石墨和黏土合成，而高级铅笔芯则是上等原料经精良的生产设备而制成。通过显微镜对铅笔字迹的检验，可区分笔芯使用的原料孰优孰劣。

尽管可以判明低、中、高三种硬度不同笔芯形成的字迹，但是，检验一份用铅笔书写的文书字迹的样本时，要确定使用的铅笔笔芯具体的硬度是很困难的。同一厂家生产的相近但又不同的两支铅笔形成的笔迹之间的差别很小。即使两个人使用的是同一种铅笔，由于每个人书写时用力的习惯和写字笔画的重点不同，笔迹也会有细微的差别。另外，书写的衬垫物的不同，即在硬桌面与在柔软的便笺上写字，所形成的字迹笔画也是有重大差异的，衬垫物的硬度不同，会影响书写笔画的清晰度，笔尖的尖钝程度也影响了笔画的清晰度。在用铅笔书写篇幅较长的文件时，往往出现软质铅笔的笔芯会随着书写页数的增加渐渐地变钝的现象，相反，硬质铅笔芯则比较耐磨。

另外，又出现了这样的问题：一页文件上的全部笔迹是否都是用一支铅笔书写的？而且是在同一时间书写的？鉴定两种不同的铅笔字迹，特别是同一个人用两支铅笔书写的文件，其工作要比单纯鉴定某文件是否由某种特定型号的铅笔所书写的工作更为简单，速度也比较快，结论也比较可靠。笔画的宽度、笔迹的清晰度、笔画在纸上的抑压痕迹以及轻重程度表现出的明显变化都可以作为区别不同铅笔书写的字迹的证据。通过对铅笔笔画的研究，可以提示出某件送检文书的

---

① 早期的铅笔是用云土（黏土）和石墨混合物压制而成。这种铅笔的"笔芯"没有经过烘焙处理，因此非常柔软，书写的笔画也比较宽。现代铅笔的"笔芯"的黏土和石墨混合物经过适当的烘焙处理，因而其硬度较强，并首先在1810年采用此种方法生产铅笔（见 W. E. 伍德沃得：《人类生活的方式》，纽约：Dutton 出版公司，1994，第120页脚注）。

笔迹是在不同的书写环境条件（书写衬垫物）下完成的，或者是由几支不同的铅笔书写的（见图3-4）。与一次完成的文书相比，分几次书写完成的文书中这些变化的情况更常见。一件文书的笔迹在各方面表现出完全一致性，虽然能够清楚地表明此件文书是用同一支笔一次性写成的，但也不尽然。如果是用一支机械铅笔分次书写，但使用同样的衬垫物，那么在文书中几乎显示不出分次完成的迹象。

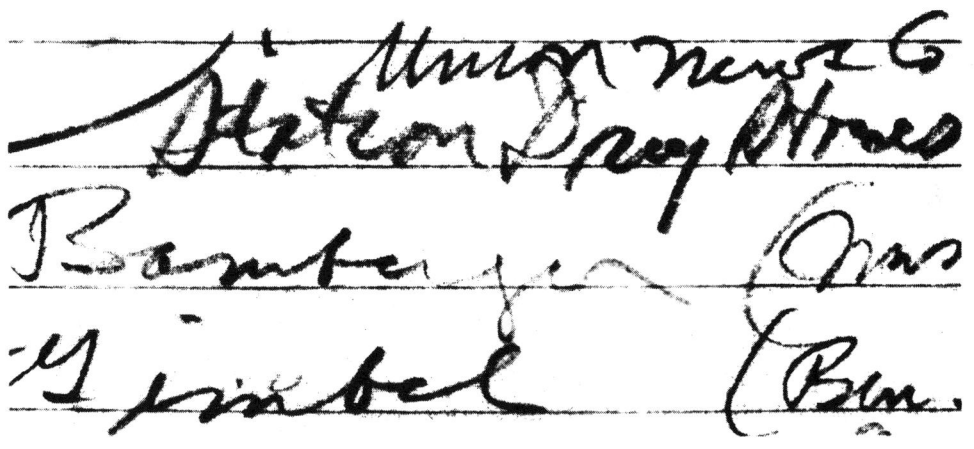

图3-4 图示的四行铅笔笔迹表明使用的可能是三支不同种类的铅笔。第一行是用一支笔芯的硬度比其他几支柔软、笔头尖锐的铅笔写的，因为笔画粗重而纸上没有凸凹压痕；第二行是用笔尖相对粗钝的笔写的；最后两行用的铅笔的笔头比第二行的更尖些。书写最后几行字的铅笔可能比第一支铅笔更尖细，第三种铅笔笔迹可能是与写第二行的笔不同但很相似的另一支笔完成的。

要鉴定某份文件就是由某支特定的铅笔书写的，能够得出肯定性的鉴定结论的情况非常少见。[①] 要完成这一鉴定工作，还需要将文书放在显微镜下观察铅笔笔画的瑕疵和裂纹，这种瑕疵或者裂纹是由铅笔芯的石墨中所含的杂质造成的。为取得理想的效果，必须将一种可调节亮度和角度的灯光照射到文书上面，通过显微镜进行全面、仔细的观察检验，并辅之以摄影照相。通常情况下，由于铅笔缺少充分的明显的个体特征，因此很难做出某支特定的铅笔就是某件特定文书的书写工具的同一鉴定结论。

用绘图铅笔书写的文书，其笔迹难以擦除，并且会形成一种特殊的字迹特

[①] 雷克斯·伍德案件是英国历史上有名的有关铅笔字迹鉴定的案件，专家证人在法庭上就绘图铅笔书写的文书进行作证。见 C. A. 米契尔著《科学侦探与专家证人》（New York：Appleton，1931，pp. 164-165）；另外，在 C. A. 米契尔著的《文书及其科学检验》（Griffin，1935，pp. 118-137）一书中详细论述了对绘图铅笔书写的文件进行科学检验和调查的方法。

征。生产这种铅笔时，在石墨中加进苯胺颜料，这种颜料几乎是无色的，除非在受潮以后才会发生颜色变化。如果是用蓝色或紫色的制图铅笔书写或者绘制的文件，一般的铅笔橡皮擦很难将它擦掉。对这种铅笔字迹的鉴定、分离与对墨色笔芯铅笔的鉴定方法和过程非常相似，除非这种铅笔的笔芯颜料中又加进了其他某种特殊物质，而且，这种铅笔的笔芯硬度一般变化很小。①

彩色铅笔，尤其是红、蓝铅笔的使用已经非常普及，对它们所形成的笔迹进行鉴定也存在一定的难度。每一种彩色铅笔的色彩还存在颜色浓淡的差异。有些笔芯的构成物可溶于水，有些则不然，一滴水便可解决这个问题。高质量的笔芯写的笔画是平整、流利光滑的，而质量较劣的笔芯其笔画有细微的裂纹或者瑕疵。以上情况，结合笔芯的宽度，都是鉴定不同彩色铅笔的重要参考因素。② 除了目视和显微镜检验外，紫外线、红外线和红外线发光检验都可以鉴别不同铅笔的笔迹（见图3-5）。上面这些鉴定因素和所用的方法并不能使鉴定胜券在握。各制造厂家生产铅笔时，随时调整和改变笔芯的原料配方。卖给批发商的铅笔上有每个生产厂家的商标，同样商标的铅笔的笔芯及其原料配方可能是各不相同的。在被检文书中，被检验的各因素前后一致，没有变化，表明此文书自始至终是由某支彩色铅笔完成的，但这种鉴定结论的确定性程度也不高。

铅笔检验基本上限于目视方法，可以使用双筒显微镜和手持放大镜作辅助工具，检查压纹痕迹凹凸的程度、笔尖的情况、笔画的密度时，这些工具都有重要作用，使用聚光灯，尤其是采用不同角度、低角度的照明检验可揭示笔迹原色中的辅助色。除了对各种彩色铅笔的笔迹，红外线和紫外线检验都不会有特别的效果，因为黑色铅笔中都含有炭粉，在用红外线检验时，炭的荧光是一致的，有些彩色铅笔笔迹能吸收红外线，有些则不能。紫外线可供区分一些颜料，红外线发光也能区别一些相似的有色笔画。在美国，对颜料和混合物鉴定很少采用化学检验的方法。因为法院担心文书原状会被改变而限制这些方法，米切尔及美国和欧洲的一些权威人士已经提议把笔画的化学定点检验作为一种鉴定方法。色层分离法对彩色铅笔中存在的某些问题也有检验价值。

对铅笔笔画的检验如果只进行肉眼观察是不行的，还必须使用双目镜显微镜

---

① 最近又有许多新的研究成果问世，在史蒂芬·盖因、A. A. 坎图、理查德·布鲁恩内尔和艾·卢特纳著的《铅笔笔芯成分的科学研究》（载于《法庭科学杂志》1978年第23期，第662~671页）中，指出美国制造的铅笔笔芯能够通过化学检验做出同一鉴定。然而，只凭从可疑文书上提取的非常微量的铅笔芯的样本，不能对书写时间做出同一鉴定。

② 有关彩色铅笔的详细论述请参见奥登威·希尔顿著《不同彩色铅笔的细微差别及其鉴定》，载于《法庭科学杂志》1975年第6期，第221~228页。

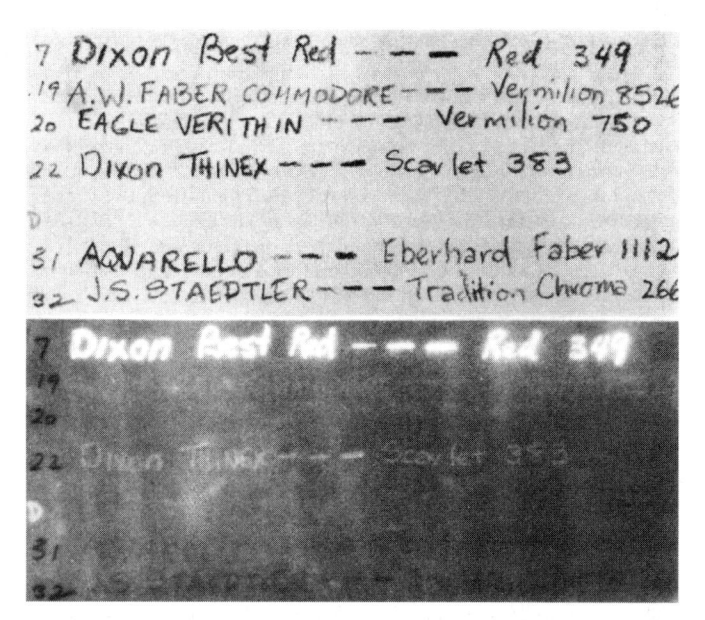

图 3-5　图的上半部分是六组颜色相似的红色铅笔笔迹。下半部分是在红外线发光检验时它们的反应。请注意观察和比较荧光反应最亮的 7 号和 22 号字迹样本与荧光反应最暗的 32 号字迹样本，它们的反差非常明显。其他几组笔迹非常模糊或者根本就看不见。如果这些笔迹是未知的铅笔所写，通过检验只能确定 7 号、22 号和 32 号字迹样本相互之间的区别以及它们与其他几组笔迹的区别。

或者手持式放大镜进行仔细检验，笔画的凹凸程度、笔尖的形态、笔画的疏密程度都是应当认真进行充分考虑的因素，使用聚光灯从不同角度尤其是从较低的角度对笔画进行观察，才能够发现笔画的合成色或者间色（secondary color sheen）在灯光下的闪烁变化。除了彩色铅笔以外，其他铅笔笔画的检验鉴定中，使用红外线和紫外线灯光没有特别的效果，对鉴定也没有特别的帮助。因为黑色铅笔的基本原料主要是碳元素配料，它们在红外线作用下所发出的荧光基本上是相同的。而彩色铅笔在红外线作用下，有的可能会吸收红外线，有的则不吸收红外线。紫外线能够区别出不同染料（dyestuffs）的细微差异，红外线荧光检验有时也能够区别相似的彩色铅笔的笔画的细微特征。由于化学检验可能会损害文书的原始状态，法院经常禁止将化学检验的结论作为证据使用，因而，美国司法实践中很少使用化学检验方法检测彩色铅笔笔画中的染料和杂质成分。但是米切尔和其他英国与欧洲的专家们认为，用化学试剂对笔画进行点滴检验可以作为区分不同彩色铅笔的鉴定方法，而气相色谱分析法（chromatography）在检验和鉴定有些彩色铅笔时具有十分重要的作用。

　　铅笔笔画检验所得到的证据，还不能完全解答可疑文书检验中的所有问题。

这种证据和文书中表现出的各种特点相结合，有助于重现制作可疑文书的环境条件。假使文书中确实有伪造内容，那么，通过检验发现的铅笔笔迹的不一致性即可以作为证明伪造的依据。

第四节　蜡笔和记号笔

在有色粉笔即蜡笔（crayons）和记号笔（marking pencils）的彩色笔画中，含有大量的油脂或蜡质成分，这是蜡笔和记号笔的相似之处，也是它们与众不同之处。虽然，一般的文书制作很少使用这两种笔，但可能在匿名信、文件和包裹的识别标记上看到这两种字迹。它们形成的笔画不同于彩色铅笔，也与标记笔形成的宽宽的笔画不相同。不同制造厂家生产的不同的蜡笔和记号笔，所形成的笔画在色彩浓淡上的变化也各不相同。仅仅凭某件文书上的蜡笔和记号笔笔画的个别特征，还不能做出该可疑文件就是某支特定的蜡笔或记号笔所书写的同一鉴定结论。然而，如果调查发现某人正是书写匿名信的嫌疑人，而且进一步的调查还发现该嫌疑人拥有与书写可疑文书笔画颜色相同的蜡笔或记号笔，则可做进一步的检验。聪明的鉴定人员肯定会采取一些方法获得某种笔迹样本，这种样本是用与嫌疑铅笔相似的笔写成的，对两种笔迹进行对照检验，或者将嫌疑书写的笔迹样本中含有的笔芯成分与可疑的笔芯原材料进行比较。必须看到，用蜡笔和记号笔这一类笔书写的字迹，就像用粉笔在黑板上写字一样，它们的笔画特征是能通过与专门的笔画样本进行比较而做出同一鉴定结论的。

第五节　打字机

文书检验的一个矛盾现象（paradoxes）和难题是对打字机的检验。大多数外行认为，用打字机打印匿名信和其他文书，是最有效的伪装方式，它能够掩盖书写人的真实身份和隐藏文件的来源。实际上，打字机比其他的书写工具能提供更多的关于文书来源的证据。最主要的是，鉴定人员能够从各种型号的打字机上提取样本，鉴定出某文书使用的是哪一具体型号的打字机打印的。然而，我们暂时将着重了解单独对一件文书进行检验时，能够得到什么结果。

一些读者会问：所有的打字机形成的字迹看上去都相像，这种单独鉴定能得到什么？幸运的是，所有打字机字迹并不是想象的那么相像。从19世纪70年代开始使用打字机起，美国的各制造厂家就根据各自认为清晰和美观的铅字模型标准生产铅字。这种情况在美国一直持续到20世纪50年代，那时，国内一些公司开始出口部分或全部打字机产品，并修改机器生产的程序以适应欧洲人的习惯。随着打字机在欧洲的使用，一些欧洲公司按照美国的标准生产打字机，与此同时，绝大多数欧洲厂商则只从特定的美国商家进口专门的铅字模型并模仿生产。这就使得并非每一种打字机都具有自己独特的个体特征。[①] 尽管如此，许多现在和过去使用的铅字从设计到制造都有自己的特点。

铅字模型和打字机的机械特征一样，不是一成不变的，[②] 整个打字机领域都呈周期性的变化，铅字字体的设计不断地进行改变以适应时代的需要，在20世纪50年代初，出现了一批新的铅字字体。字形设计的变化也引发了制造商的生产工艺的变化。[③] 由于这些变化和铅字具有的特征，仅通过对打字机打印文书的字迹的研究，就可查明打印机使用的字模种类，以及在变化周期的几年内，这种铅字的生产时间，尽管不是每一案件都可得出肯定性的结论，但多数情况下是能够得出同一鉴定的结论。几种新的检验方法使检验人员有可能收集有关的参考资料，并根据其中的有用情报确定打印文件的打字机的构造和型号。[④] 然而，这种工作的结果也不是令人十分满意。由于使用较新型的铅字字形和字模的多样化，以前收集的参考样本对现在流行的打字机的鉴定工作通常并不适用。

大多数国产打字机打出的铅字间的字间隔空（一个字或者一些字的字母间隔，letter spacing），传统上是厄里特（elite）字符间隔，即1/12英寸（一英寸12个字符的打字机规定间隔），以及皮卡（pica，十二点活字）字符间隔，即1/

[①] 有关欧洲生产的打字机的鉴定的复杂性问题，在吉恩·盖耶特所著《通过打印文书鉴定打字机》中进行了详细的论述，载于《国际刑事警察评论》1949年第27期第10~20页和第28期第16~26页。与此相反，对美国制造的打字机进行鉴定时，在判断生产厂家时，打字机的铅字头的设计是一个非常重要的参考因素。奥登威·希尔顿：《打字机的鉴定》，《国际刑事警察评论》1951，第287~293页。

[②] A. S. 奥斯本：《可疑文书》第二版第584页，奥斯本有关打字机鉴定的早期论著发表在《奥尔巴尼法律评论》第63期上。

[③] 20世纪有关打字机十二点活字字符设计的变化，详情可参见约瑟夫·汉斯 *Atlas der Schreibmachinenschrift*, *Pica*（1972）。本文论述的字符设计的变化导致了打字机制造商们改变了他们的铅字字形的设计，从而制造出了具有独特字符度量空间特征的打字机。

[④] 这些图表性的调查方法详情可参见奥登威·希尔顿著《通过打印文书鉴定打字机的制造厂商、型号和年代的系统方法》，《刑法与犯罪学》1951年第41期，第661~672页。在本书中作者详细介绍了美国采用的十二点活字和厄里特字形、字体标准；大卫·科隆：《单调的厄里特字符间距的打印文书的区别》，《警察学与行政管理》1976年第4期，第134~178页，详细地论述了国内和国外打字机使用的字形和字体的度量空间特征。

10英寸（一英寸10个字符的间隔）。在欧洲，打字机使用的字符间距的度量空间（metric spacing）是多种多样的。例如，使用厄里特型铅字的字符间隔度量空间，适用于1/12英寸字符间隔的型号不仅包括2.12毫米，而且还包括2.00、2.20、2.23、2.25和2.30毫米的度量空间；使用十二点活字字符间隔的度量空间，包括可适用于1/10英寸的2.50毫米以及2.60、2.54毫米的度量空间。因而，欧洲各国不同制造商生产的打字机，由于其字符度量空间的设计具有各自独有的特征，因而，能够通过鉴定字间隔空的特征而将不同的打字机区别开来，而且，某些特殊类型的字符间隔还是一小部分厂家的打字机专用的度量空间。

多年来对打字机特征的研究使得检验人员可以确切地告知侦查员要寻找的打字机的具体牌子和型号，甚至在今天这种国外打字机大量涌入国内市场的情况下，仍然可以通过检验打字机字符度量空间这种方法来排除某些类型的打字机，缩小寻查嫌疑打字机的范围。可疑文书的字迹表明只有一台打字机使用这种特殊型号的铅字字符和具有特殊的字符度量空间，这种情况是极少见的，但它实际上也表现了本身的特殊性。

最初商业化的打字机是手工操作的，在打字机铅字连动杆上的每一个打印部件，都是通过一系列的机械装置与打字机上一个特别的键连接在一起。在打字机使用的早期，虽然也出现了一些新类型的打字机，但直到20世纪60年代，铅字连动杆打字机一直占据打字机市场的主要地位。在20世纪20年代，第一台电动打字机试制成功，不过，商品化的电动打字机在1950年的使用也屈指可数。现在，好几种新型的电子打字机已被广泛应用于商务工作的广阔领域，还出现了便携式的电子打字机。事实上，对所有的1960年以前用打字机打印的文书的鉴定都要涉及手工操作和电动控制的铅字连动杆装置。

一 均匀间距打字机

如前所述，最初的打字机打印字迹的间隔都是1/10英寸。后来的发展也只是采用了厄里特型铅字，其字符度量空间间距为1/12英寸。1939年，美国国际商用机器公司（IBM）生产的第一台均匀间距打字机（proportional spacing typewriters），[1] 标志着一种新型的高级打字机的问世。以后，单调的铅字间隔常数开始改变。均匀间距打字机的字迹类似印刷体，一些字母的排列占据2~5个字

---

[1] 奥登威·希尔顿：《均匀间距打字机的鉴定问题》，《法庭科学杂志》1958年第3期，第263~287页。

符间隔空间（见图3-6）。IBM的均匀间距打字机有三种字符度量空间间距：1/32英寸，1/36英寸，有一段时间是1/45英寸。20世纪50年代，这种高级打字机很畅销，但1960年后开始滞销，铅字连动杆打字机的使用也寿终正寝。一段时间里，美国的雷明顿（Remington）和奥利夫提（Olivetti）[或称安德伍德

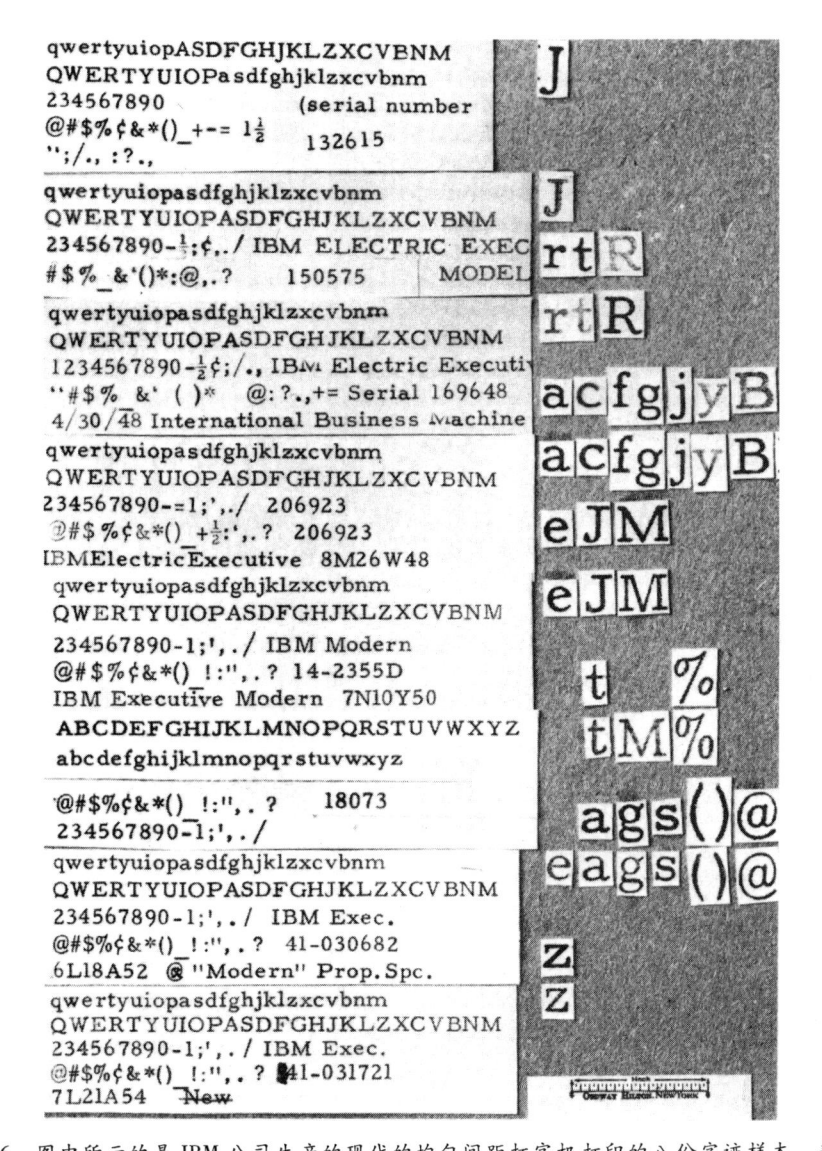

图3-6 图中所示的是IBM公司生产的现代的均匀间距打字机打印的八份字迹样本，表明了自1942年使用以来的普通铅字字形所发生的变化。其中主要的变化有两方面，但某些字母的变化比另一些更早，对这种以及其他几种IBM公司生产的均匀间距打字机的铅字字形使用的详细情况可参看注奥登戚·希尔顿著《均匀间距打字机的鉴定间距》中的例证（《法庭科学杂志》1958年第3期）。

（Underwood）〕两家公司生产的打字机在市场上角逐激烈，后来有两家欧洲公司——奥林匹亚（Olympia）和荷蒙斯（Hermes）的产品也在打字机市场上畅销了几年（见图3-7）。根据铅字字符间隔和字模类型可以区分不同构造和型号的打字机，每种新的铅字字体的使用又确立了另一种新的标准，这种标准可用以确定某种打字机使用的时间。

```
qwertyuiopasdfghjklzxcvbnm
QWERTYUIOPASDFGHJKLZXCVBNM
1234567890-=½;',./ RemStatesman
!@#$%¢&*()_+¼:",.? ES2251688
Remington Statesman 1N17Y58
Monticello 661 1/32 unit

qwertyuiopasdfghjklzxcvbnm
QWERTYUIOPASDFGHJKLZXCVBNM
1234567890-=½th;'],./HermesElectric-Var
!@#$%¢&*()_+¼°:"[,.? 4137009
HermesElectric-Varia 6L26J72

qwertyuiopasdfghjklzxcvbnm
QWERTYUIOPASDFGHJKLZXCVBNM
1234567890-=½];¢,./OlivettiGraphika
!"#$% &'()*+¼[:@,.? 180268
OlivettiGraphika-Cassandrafont5N19Y58

qwertyuiopasdfghjklzxcvbnm
QWERTYUIOPASDFGHJKLZXCVBNM
1234567890-=½;',./OlympiaModel50M
!@#$%¢&*()_+¼:",.? 27-386513
OlympiaModel 50M typestyleJewel68

qwertyuiopasdfghjklzxcvbnm
QWERTYUIOPASDFGHJKLZXCVBNM
1234567890-=½];',./ Olivetti Editor 5
!@#$ %¢&*()_+¼[:",.? E-3 13-6040003
4/24/72 Mfs.Tn. New Demo Windsor
```

图3-7 图中所列的是除IBM公司以外的其他四家公司生产的均匀间距打字机的字迹样本。第三种字迹样本是由奥利夫提·格拉菲卡（Olivetti Graphical）公司生产的打字机打印的，这种打字机是唯一手工操作的均匀间距打字机，1958年，这种打字机的使用在英国和欧洲十分普遍。

二 单元球体打字机

1961年，美国国际商用机器公司推出了字球式电动打字机（electric），导致了打印文书鉴定概念的一些变化。这种打字机是由两个独特的部分——机械装置本身和包含了所有字母和书写符号的铅字球元件构成的。这种打字机的铅字球可以在不同的打字机上互换使用，并在打字机上自由运动，它代替了传统打字机上装有的铅字连动杆。压下一个打字机键使铅字球转动并向前倾斜,以便使某一字符处在适当位置并在打印纸上留下字母的痕迹。① 这种单元球体打字机(single element typewriters)在先进的商业事务办公室的使用已占绝对优势。1974 年以来,由于它使用量的增大,其他公司也生产类似的打字机。铅字球打字机的一个重要特征是在制作一份文书时可以更换铅字球在两种或三种不同类型打字机上使用而不必从机器上取出打字纸。② 所有 IBM 公司生产的字球式打字机的打印风格(主要是指打字机字符特征),与铅字连动杆打字机上的铅字字符有重大区别,也与其他制造厂家生产的单体打字机上的铅字字符不同。

1974~1975 年,IBM 公司对这种球状打字机的垄断生产局面被打破。瑞士的 Characters SA(CSA)公司制造的感光板字模球(plared type balls)可适用于生产其他型号打字机的厂家。德国的阿德勒(Adler)、美国的罗亚尔(Royal)、瑞典的法西特(Facit)、瑞士的荷蒙斯(Hermes)、德国的奥林匹亚(Olympia)、日本的银利德(Silver Reed)公司都使用这种电镀字模球,但是有些字体或者字形除外,尤其是十二点活字和厄里特字符度量空间间距的打字机,在 CSA 公司的新产品出现后,都采用了该公司生产的各种铅字型号的标准产品。阿德勒和罗亚尔公司对他们的十二点活字和厄里特字模球的度量空间间距进行了某些改变。1975 年,雷明顿(Remington)公司也加入了竞争行列。据报道,在得到 CSA 公司授权的前提下,雷明顿公司正在它设在荷兰的工厂中生产字模球,并且采用了与 IBM 公司非常相似的但又不完全相同的铅字模型。在和 IBM 公司交换了专利后,雷明顿公司的打字机生产业迅速发展起来,他们生产的铅字球可以与 IBM 的铅字球互换使用。阿德勒和罗亚尔公司的打字机零件(球体)可以互换,荷蒙斯和奥林匹亚公司的零件由于都是在荷蒙斯公司的车间里生产出来的,故两者也可以互换。尽管如此,除 IBM 公司和雷明顿公司外,其他公司仍使用各自设计的不同的铅球字。

1975 年,奥利夫提公司推出一种非常特殊的球体打字机,使用的是设计独特的铅字和钨铸件的打字零件。这个公司还生产了便携式球形打字机,这种机器同样使用由奥利夫提自己设计并生产的具有特别风格的铅字。打字机元件不是电镀的零件而是可塑性强的字模。从 1978 年开始,美国的 SCM 公司也开始生产奥

---

① 奥登威·希尔顿:《对 IBM 公司生产的字球式打字机打印文件的鉴定》,《法庭科学杂志》1962 年第 7 期,第 286~302 页。

② 奥登威·希尔顿:《对字球式Ⅱ型打字机的打印文书的鉴定》,《法庭科学杂志》1973 年第 18 期,第 246~253 页。

利夫提公司的便携式打字机，现在，两家公司都销售同一种打字机。1978年，日本的兄弟（Brother）公司生产出一种单元球体打字机，它使用一种没有经过电镀的设计独特的塑性铅字字模球。

总结近年来生产情况可见，IBM公司的打字机的字模球设计格式有自己的特点，CSA公司提供给许多厂家相同的铅字球设计模型。雷明顿公司和奥利夫提公司采用的独特的铅字设计格式生产自己的零件，奥利夫提和SCM公司都销售采用同一零件制成又相同的便携式球体打字机，兄弟公司也有风格迥异的铅字模球设计。由于所有球状打字机都采用十二点活字即1/10英寸（2.54mm）和厄里特即1/12英寸（2.12mm）的字母间隔，所以，不能根据一件打字样本确定具体是哪一部打字机所为。不管怎样，根据每台打字机的字模球的字符度量空间特征，可以对几种特别的打字机打印的文书做出同一鉴定。

三　文字处理系统和电子打字机

文字处理系统（word processing systems）最早是在20世纪70年代前期在商务领域显现它的特殊功能。相对而言，尽管打字机的文字处理系统在事务领域中的适用才刚刚开始，但是，它的高效是显而易见的。利用文字处理系统制作的各种文件，打字人、打字机与打印文书之间有直接的联系，通过文书的鉴定能够查明和确定某份文书是某人使用某台打字机打印的。今后，文检人员将会越来越多地遇见以这一形式完成的打印文书。

文字处理系统的基本组成部件包括打字机、资料储存器、文件编辑系统和文档搜索系统，而文档搜索系统又包括磁卡、磁带、磁盘和固体状态的电晶体记忆存储器（记忆芯片）装置。随着文字处理系统的发展，一些更为复杂、更为先进的编辑和储存系统也应运而生，并要求有能够自动识别的快速打字机与文字处理系统相匹配。这种系统的优点是，检验人员在工作中，除了注意任何一种可能影响鉴定的要素外，其他问题不必操心。其所关心的只是用文字处理系统方式制作完成的文件成为可疑文书时，它自动打印时所依据的原本是什么样的。

20世纪70年代早期，绝大多数文字处理系统使用于字球式电动打字机上，只有在个别案件中，这种系统才使用于铅字连动杆打字机的输入、输出部分。随着施乐800型静电复印式的文字处理系统和作为输出部件的黛安伯勒（diablo）打字机的发展，出现了活字轮打字机。轮形打字机（type wheel），通常也称为雏菊型轮的打字印轮（daisy wheel），打字机的输出系统由一种轮形的字模球构成，字符成行地安装在字模轮的圆周上，轮轴由一系列轮辐条或者轮轴臂构成，每一个轮辐条的末端都有一个铅字字符。当某个文字被旋转到与打印的铅字字符相平行的位置时，由活塞控制的惯性撞针便击向安装的铅字字符的轮模球的背面，将字符打压在打字色带和打字纸上。字球式电动打字机如果安装的是自动打字机，其打字速度每分钟只有150~180个字母，如果配置的是轮形打字机，则打印速度为每分钟350个字母。随着轮形打字机的普及，带来了一系列新的字符字形或字体的变化，它们打印的文书的绝大多数特征与铅字连动杆打字机和球形打字机所打出的铅字体非常相似，但又有极细微的差别。

文字处理系统中的有些系统不能直接打印输入文本（input copy），使用视频显像和电子键盘来代替原件复制或者草稿复制品（draft copy），该原件复制就可以在视频显像上进行文字编辑，并可以将文字编辑结果储存到记忆芯片上去。只有编辑完成的最终文本才能通过输出部件进行打印，其表现形式就是打印文件。

近年来推出的新产品有IBM的喷墨式打印机，这是一种无压的非击打式的打字机，它没有一般打字机所必备的字符。字母的图像是由油墨溶滴（ink droplets）的静电转向折流（electrostatic deflection）形成的。对于文书检验人员来讲，这种新近推出的打字机打印的文件又向他们提出了新的挑战。对喷墨打字机打印文件的鉴定问题仍在研究中，这种打字机打印出的字母形状与IBM公司其他打字机的铅字形状相似。这种油墨溶滴静电反应所形成的打印文件有其特殊的特征，能够对打印结果做出同一鉴定的结论。

IBM公司的磁卡片式文字处理系统，是使用磁场卡作为储存系统媒介的球体打字机高度发展的结果。它是第一台采用能够解决打印文字的均匀间距问题的字模球的单体打字机。

当施乐公司推出其800型静电复印系统软件时，在打字领域引出了一个更高级的概念。安装在打字机或输入—输出系统中的电子系统代替了在键盘和字模轮之间的机械联动装置。这就是第一台电子打字机。当然，施乐800型静电复印系统也安装有整套文字处理系统。由于字模轮是可以互换使用的，所以这一处理系统可用十二点活字和厄里特字符间距、均匀间距打字机的铅字字形（字体）或其他种类的铅字字体来制作文件。

第一台被称为电子记忆系统（电脑）打字机是在1978年进入市场的。这种打字机的许多特征都是文字处理系统的发展造成的，但它的结构精密，体积只比近年来一直是办公室所用的基本设备之一的电子打字机略大一些。这种打字机有效地将传统打字机的所有功能协调一致，充分发挥每一个打字机元器件的功能，所需的成本也低于电子打字机和单体打字机及其他的文字处理系统。

IBM 公司在其他公司推出新产品之前又研究开发出了自己的最新产品。这是一种比字球式打字机更先进的活字轮式打字机。这种型号的活字轮打字机采用十二点活字和厄里特度量空间的字符，也可以用均匀间距的字模球字符，而其他型号的打字机则只能采用十二点活字轮和厄里特度量空间的字符。操作字球式打字机的机械联动装置被电子控制系统代替。新型的球状打字机上有一个小容量的记忆晶片，许多自动化处理功能是一般的电子打字机所没有的。

几个月以后，艾克森（Exxon）公司的 QYX 分公司推出了它们的电子打字机。这是一种机械装置极少的活字轮打字机。这种打字机的字模球可以互换使用，它能够使用十二点活字轮和厄里特度量空间或均匀间距打字机所采用的字符间距。这种打字机初级型号的设计最简单，它只具有少量的自动化特点，即配置有一种能够储存短语和文字（数字）格式的单线记忆芯片。QYX 公司总共开发出了五种规格的打字机，每高一档次的打字机都比它低一档的打字机配置有更大的记忆存储系统及更多的编辑功能和记忆搜寻功能。在使用者的办公室里，只要加入必要的电子零件，这种打字机能够很容易地在几个小时内升级为更高一个档次的配置。印轮打字机的使用使各种高档次的打字机尽可能具有高速自动打字效果，所有高于初级产品的升级打字机都具有文字处理程序的功能。

后来又有两种配置有记忆存储系统的电动打字机出现。奥利夫提公司使用活字轮打字机和视频显示器装置以显示最初的文件原本，当完成文件的编辑工作以后就会自动地存储在记忆芯片上，或者能够自动地进行打印。几种具有不同特征的新型打字机正在研究和开发生产中。

罗亚尔公司也生产出一种带有电视监视装置的球体打字机。这种打字机也配置有文本编辑和储存功能的芯片，以及配置有特殊操作的自动打印功能。

这四种电动打字机都是使用不同的铅字字符，尽管 IBM 和罗亚尔公司的电动打字机上使用的铅字字符是否有别于使用在它们生产的球体打字机上的铅字型号还不清楚。不管怎样，只有几家公司能生产这种电镀金属打字机零件，其他公司也可能加入生产这种产品的行列，模仿这种字符字体的产品并将其使用在其他种类的打字机上（见图 3-8）。

目前还没有有效的方法确定某份文件是用电动打字机还是用其他打字机制作的。如果不需要用更高级的编辑和自动打印装置而直接打印，打印中出现的一些细小的错误可以用改错键进行改正，改错键是这些打字机构造中的一个组成部件。如今，多数球体打字机中都配置有改错键装置。

图 3-8 图是使用由 IBM 公司和 Characters SA（CSA）公司制造的信使（courier）型打字机打印的文书样本，这两个公司是单元球体打字机所用的字模球感光板的主要生产厂家。图中右半部分的字母表明不同字符的特殊特征。法西特（facit）打字机使用的是 CSA 的字模球，QYX 打字机使用的是 CSA 的活字轮。Electric 版打字机使用的是 IBM 生产的字模球，图中第四组字母样本是 IBM 铅字连动杆打字机字模的原始模型。只有铅字连动杆打字机使用的字模球打印出的字母，才在 b 和 h 上的上半部分有较长的衬线（如字母 I 的上下两端的短横线）。CSA 对字符"r"的右上部唧筒短柄（pump handle）比 IBM 的打字机打印出的"r"的唧筒短柄更短一些，CSA 的印轮打字机（图右边第二种）打出的字母"I"的右下部衬线比其他三种打字机打出的"I"的这部分衬线更短一些。

上面的论述表明，可以通过检材来确定制作这一文件的打字机的构造。辩护律师在处理伪造文书的案件时，就可以从中获得有价值的线索。伪造文件是如何制作的详细描述，可以通过判断打印该文件的打字机与其他证据的冲突而予以反驳，或者通过在文件表明的打印日期里打印该文件的打字机还没有生产面市这一事实而予以澄清（见图 3-9）。许多非常重要的遗嘱和契约的伪造特征都可以通过这两种方法检验证明。

通过对一份完整的文书进行详尽的检验也能够发现打字机使用的字模型号的不同。如果文书的制作是由铅字连动杆打字机完成的，检验中得到的证据表明制作该文书的打字机可能不只一台。这一情况并不能表明文件是伪造的，但如果文

图 3-9 本图中部的打印字母声称是在 1918 年用雷明顿公司的打字机打出的，以便证明对遗产的继承权利。图中字母 M 和 W 字模的变化，表明该文件是用 1946 年制造的打字机打印的，仅仅通过打字机字符特征的变化就能够证明它是伪造的文件。

件中具有重要意义的部分或变更部分是用两台不同年代、不同型号的打字机打印的，则该文件是伪造的可能性很大。由于每台打字机都有自己的个性特征，即使制作文书时使用的第二台打字机与第一台打字机都是同一厂家在同一时间生产的相同的品牌，它打出的字迹同样能被区别出来。

即使是使用同一台打字机打印的整份文件，也可以查明其他一些情况。利用打字机插入或变换文书的某部分内容时也会留下这种行为的相关证据。虽然尽最大的努力，也很难圆满地把删除或代换的部分重新恢复它原来所在的位置。连续地打字，打印出的字母的排行都是平行的（见图 3-10），上下字母的行距是 1/6 英寸①的倍数（见图 3-11）。如果已打好的一页被重新放入同一台打字机，再次打印的结果是上下行之间是不平行的，每行的水平距离或垂直距离也有细微的变异。这种情况用显微镜和特殊的检测仪器进行仔细的检验可以发现，也可以通过摄影将这种变异拍摄下来予以固定。如果在两份打印文件和打字色带之间有相当大的时间差异，一份打字色带可能在损坏严重的情况下，再更换新的色带进行打印，都可以根据两份文件和色带上的油墨新旧程度做出判断，因为两份文件上的打印油墨的颜色新鲜程度一样。在某些情况下，尤其个人使用的打字机，因为没有进行定期的清洁，这些打字机的铅字字符可能会被油墨和污物阻塞。上面几种因素都可以用来驳斥文书的某页是由一次打印完成的陈述声明。

---

① 国内制造的打字机都是普通的行间距，有几种复写纸可能会导致打印文件的行间距有轻微的变大。与此同时，如果打印纸的压盘滚筒的直径有轻微的变化，也会导致行间距的放大，这些情况有助于对打字机做出同一鉴定。如同欧洲制造的打字机一样，美国制造的有些打印机在行间距的设计上也有其特殊特征。

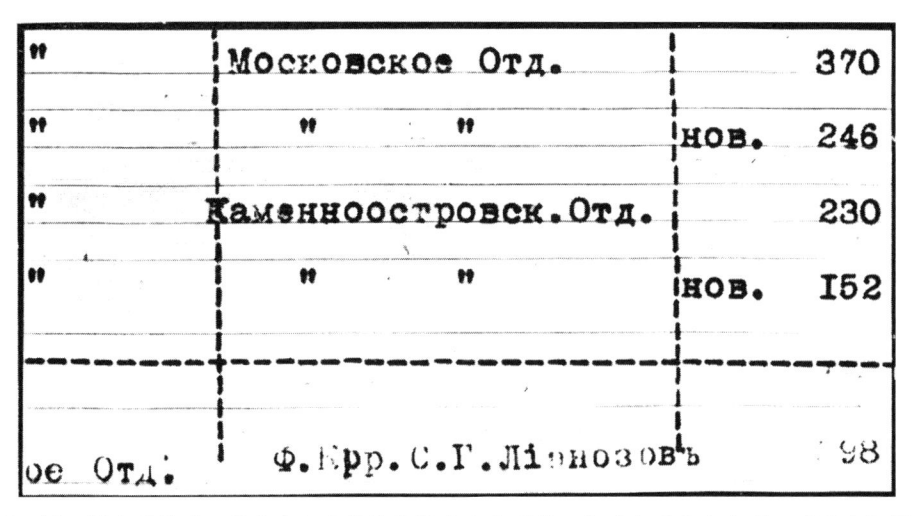

图 3-10　图中的最后一行是在打字纸被抽掉后又重新放入打字机后再打印的,有两个证据可以证明这一点。一是这一行与它上面的一行字迹不平行对称,二是打字机色带上的油墨字迹有明显的差异。如果是连续打印,每行字迹是互相平行对称的。这一文件涉及巴黎的怀特鲁西安(White Russian)公司股票的真伪。

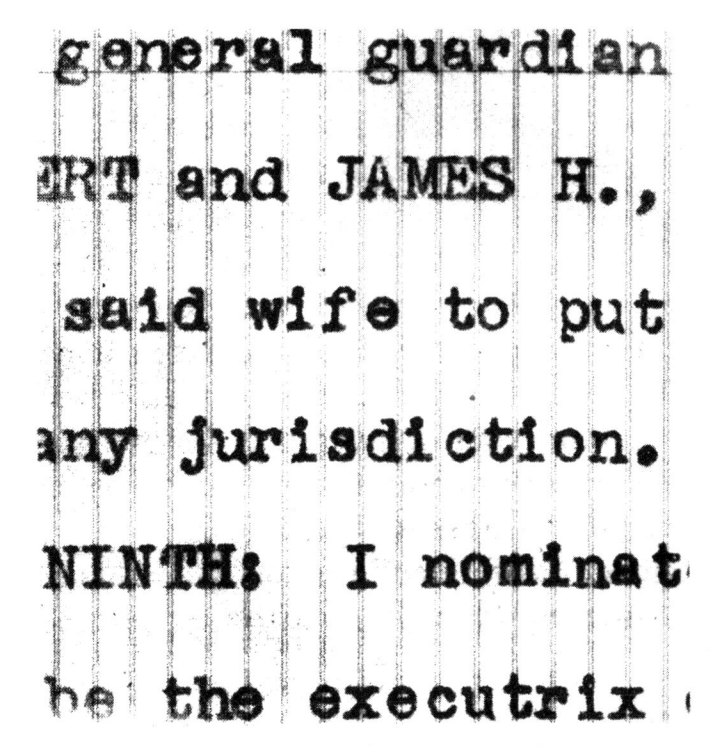

图 3-11　如果整页连续不断地打印完成后,每行字母排列的横行和竖行是对应一致的,图中最后两行与上面每行的首字母不在开头的垂直基线上。这是因为打字时抽掉打字纸使工作中断,又在打印"NINTH"前,才重新把打字纸放入机器内。

第六节 电脑打印资料

尽管在很多可疑文书案件中,还没有涉及装有高速计算机打印输出（computer printouts）的字迹鉴定问题,然而,由于计算机适用领域的广泛和不断扩展,给可疑文书的检验工作带来了许多潜在的问题。

近年来,出现了几类高速打印机,[①] 包括矩阵式打印机、击打式和非击打式打印机,后两种具有与众不同的特点,这种特点又可以分为三大类,通过对打印字迹的分析可以确定它们各属于三种中的哪一种。

点（矩）阵式打印机（matrix-type）,这种打印机的每个字符都用一种点阵来表示,它的特点是通过打印针的一系列活动,以小圆点式的字符形成字母和数字符号。这些打印针点的设计形状及其缺陷等因素,构成了点阵式打印机的独特的鉴定特征。

击打式打印机（impact printers）,包括单元件打印针头,这种打印头与字球式打印机或者活字轮打印机、链式打印机（打印字符安装在转动链条的链环上）和（磁鼓式或）滚筒式打印机（字符安装在旋转滚筒上的行式打印机,滚筒上的每一个打印位置上都刻有一套完整的字符）非常相似。IBM 和 Univac 公司的打字机使用的是字模球元件,而施乐牌静电复印和 Diablo 打字机使用的是一种调速轮字符,这种字符通过短的塑料或金属杆与打印机相连。尽管每一种品牌的打字机可以选择各种字符,但是通过字符的设计特征仍然可以鉴别两种不同品牌的打印机。链式打印机打字时,字符被安装在一条长的链条上,这个链条在快速旋转的同时击打每一个打印元件,从而在打印纸上打出字迹。滚筒式打字机装有 133 个系列小锤,这些小锤击打到刻印在字模球上的字符,从而打印出适当的字母符号。由于打印过程速度很快,要求装有铅字的滚筒的旋转速度必须与打印速度相同步一致。

还有一种非击打式打印机,它用光电传导方法组合字母符号的各部分以形成适当的单词。最近制成的喷墨打印机在制作文件时,通过一个小洞使油墨成矩阵式或者圆点式喷射到纸上形成字母或符号。

[①] 詹尼斯·温彻斯特:《高速电脑打印输出》,载于 1976 年全美国可疑文书检验专家年会论文集,旧金山;《电脑打印的质量缺陷——对文书鉴定的积极性》,载于第 8 届法庭科学国际会议论文集,1978 年肯萨斯州韦奇塔市。

通过仔细的检验可以区别不同种类的打字机和它们所打印的文书。每一种印字机都有自己设计上的独特特点，也存在设计缺陷而且这种缺陷还会不断地变化。基于此，检验人员可以判断制作文件的打字机的种类，直至最后查明具体是哪一台打字机打印的。

第七节　复写（副）本

复写纸复制的副本（carbon copies）偶尔也会成为文检工作中的鉴定对象（见图3-12）。如果副本上的字迹清晰、明显，大多数这些由某种铅字字模而形成的字迹是能够辨认的。实际上，副本上的一些缺陷比正件上出现的更明显。在某些案例中，由于使用旧的复印纸或是多次使用同一张复印纸，致使一些副本的字迹很难辨认清楚（见图3-13）。文书的原件或副本被重新放入打字机内继续打印所表现出的痕迹特征在副本上表现得更清晰。因为，此时插入打字纸里层的副本字迹的上下行的间隔距离实际上是根据打字人员的估计进行的。所以，复制副本在重新放入打字机内继续打印时，上下行和字母竖行排列的均匀间距不整齐的现象尤为突出。

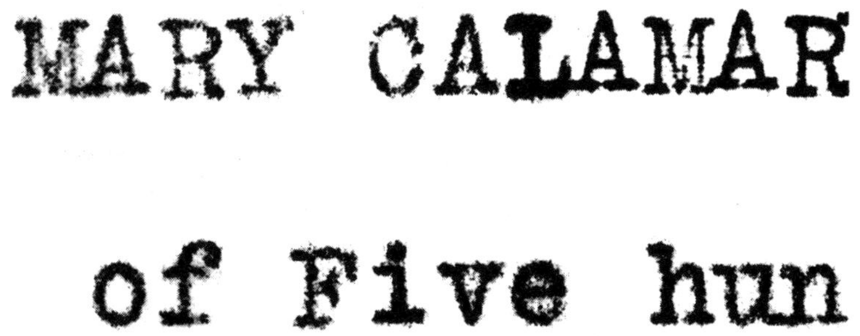

MARY CALAMAR

of Five hun

图3-12　这份遗嘱执行文件被提交检验，要求鉴定它是原件还是用复写纸打印的副本。除了MARY（第一行）外，所有的字母上出现的模糊晕迹表明这份文件是一件复制副本。在这页上，CALAMAR姓名的拼写，是在后四个字母被擦掉后再用复写纸直接打印在文件上的，注意这一拼写中的单词M的螺纹状的印迹，它是由打字头通过色带所形成的。据此可以说明这一文件并非原本。

证明复制的副本和原件是否同时打印完成也是检验的一个问题。一般情况下，可以使用叠加法对两份文件进行透光检验，无论如何，整页的原件和复印件不可能完全直接重叠。与复制件相比，原件的印纸表面的直径稍大，使原件

```
This is the first line of typewriting
This is the second line of typewriting
this is the third line of typewriting
This is the fourth line of typewriting
This is the fifth line of typewriting
This is the sixth line of typewriting
This is the seventh line of typewritin
This is the eight line of typewriting
This is the ninth line of typewriting
This is the tenth line of typewriting
This is the eleventh line of typewri in
```

图 3-13 这 11 行字迹样本在复制时是重复多次地使用同一张复印纸打印的，且复制时每一行各单词不全是按前一次书写的同一位置再次进行的。这 11 行字迹清晰度的变化表明了复印纸多次使用后复写功能下降的程度。越来越模糊的每一行"This is the"表明，在一张复印纸上的某一固定位置反复打印同一字母而使复印纸上的油墨逐渐耗尽。每一行之间的行间距的平衡，由于不同的单词在打印时偏移了它们固有的位置，因而出现了程度不同的位移。这就导致文件样本中，有些字母的外围轮廓有墨迹污点，有些字母由于油墨耗尽而字迹模糊，有的字面整洁、行距均匀，而另一些则排行不规则。请特别注意单词"seventh"，其特征尤为明显。

上的行距间隔比复制件的稍稍宽一点。尽管这种差异非常细微，在打字稿的一整页上还是可以检验出来。使用一台机械性能较差的旧打字机制作的原件和复制件之间的差异比较大，这两件文书的行线不可能自始至终完全相同。当原件和复制件的两张打字纸绕着压纸卷轴被滚动时，它们可能会发生极其微弱的位移滑动，这是因为在压纸卷轴和滚筒之间的压力逐渐减小造成的。在这种情况下，有必要做非常仔细的检验，把两件打字稿上的误差和特点加以对比以便找出证据证明它们是同时制作的（见图 3-14）。另一方面，如果因打印、触压、行间距、空格以及其他打印痕迹的偶然的细微变异，而怀疑某份文件是"复印本"时，即使该文件已被详细、确切地执行时，也可以遵循同样的程序和方法进行检验鉴定。

对于最原始的打印文书还存在一个不常见的问题：副本是按原件复制的吗？某些情况下，这个问题能够得到解决。解决的方法是对由于铅字面穿透打印纸造成的所有的皱裂小洞进行仔细的显微观察。如果是按照原件复制的，那么，可以肯定，随着铅字面从破裂的洞退回，复印纸上的油墨能通过破裂处打印出字迹。与此相反，如果不能打印出字迹，则破裂的小洞的边缘与打字纸的边缘一样没有油墨污渍，这种检验并不是一种简单的方法，还需要更仔细、小心的研究。在极

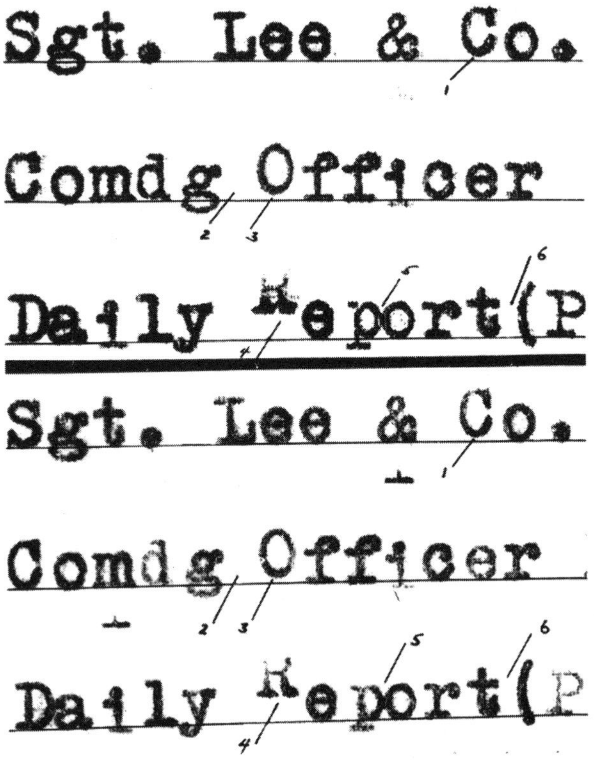

第三章 制作文书的工具和材料

Sgt. Lee & Co.

Comdg Officer

Daily Report(P

Sgt. Lee & Co.

Comdg Officer

Daily Report(P

图 3-14 图中的上半部分是一份警方报告的原件，下半部分是几件复制副本。原件和副本是警方每天进行反赌博活动的例行报告，要求对每一份样本进行独立的、仔细的鉴定。在法庭审判时，要求通过证据展示板向诉讼参与人员说明这些每日例行报告的原件和副本是同一次被打印出来的。这点可以肯定，根据是图中 1、3、4 所示的 6 处打印特征和错误，可以证明原件和复印件是同时打印的，这些打印特征和错误是由于操作换档键不当，从而将特征 1、3、4 所指向的字母被打印在基线的上方位置。特征 2 表明在"Comdg"缩写字母的后面缩短了字符间距，特征 6 表明在括号前省略了适当的空格，特征 5 是由于打字时节奏混乱而导致的字母间拥挤的现象。如果原件和复制件不是同时打印的，那么，这些偶然的变化情况不大可能同时表现出来。

个别情况下，由于印在复印纸的衬垫物上的文字也会在原件打字纸的背面留下污渍，但是这种判断还不是唯一肯定的证据，因为，当打字稿仅有一件原本时，由于某些打字员使用的衬垫纸上染上了油墨也会造成第一页打字纸的背面有类似的污渍。这时，这种情况就不能作为断定原件纸背面的污渍是复印纸所为的有力证据。

　　进一步的检验包括行间距检查，复印本行间距比标准的字符度量空间距离（美国的打字机打出的行距一般是 1/6 英寸）更大一点点，因为，复印而加入的纸引起了打印纸滚筒直径的增大,从而也引起了复印副本的行间距的增大。[①] 将打字机在不制作副本的情况下打印的稿件上的行间距与有嫌疑的文书上的行间距进行对照检验,可以得出该文书是否复印副本的判断。

第八节 打字机色带

今天,常使用的打字机色带(typewriter ribbons)有两种。纤维色带的使用可追溯到最早的打字机,它在商用打字机中被大量使用,且很多是用于轻便式打字机。最近20年左右,在塑料胶片或者一般打字带上的填充式碳素色带被广泛地应用于办公室打字机上,较早使用的一般色带也已经被聚乙烯薄膜带取代了。纤维色带不仅能绕在打字机卷轴上来回滚动地使用,而且还能被反复使用。相比之下,碳素色带则只使用一次就被丢掉。打字机色带的种类和它的性能对鉴定工作有很大的影响。

随着打字机的发展,纤维色带也在逐渐改进。最初的色带是棉纤维制成的,这一原材料仍在使用,但现在使用的更高一级的原材料是丝和尼龙纤维。早先,色带的油墨是由使用者手工灌注的,到了21世纪已变为由制造厂家生产已经灌注了油墨的色带。现代的打字色带为它的延长使用带来了福音,特别是那些高级色带。在低等的纤维色带中,每一英寸所含的线头数少质粗,而最高级的纤维色带中所含的线头数多且质地优良。在众多纤维色带中,最高级的纤维色带形成的印迹最为清晰。碳素色带打出的铅字字迹完整、清楚。由于每一字符字迹是通过色带上没有用过的和没有被重复使用过的部分形成的,这样,色带形成的印迹都有相同的特点。高级碳素打字机色带能够在打印副本上清楚地复制出细微的铅字缺陷。

纤维色带浸灌有高黏度的油墨。黑色油墨是由优良的土炭、各种油脂、颜料或增色剂合成的,这些合成物使油墨有适当的黑色浓度。因为油墨的液态性,当铅字撞到打字带时,一些油墨便被压印到纸上,然后,油墨又通过纤维组织渗到被铅字击打的地方再次喷吐油墨。这样,用纤维色带时,新的色带印出的字迹的油墨浓度非常深,但当油墨被用完时,印迹逐渐变得模糊(见图3-15)。这一

---

① 瑟尔索·M.R.迪尔皮克查亚:《打印文件副本数量的数学统计特征》,《国际法庭科学杂志》1980年第15期,第141~147页。

特征是纤维色带独有的。故这种色带的印迹能被识别,尤其是当油墨减少、墨迹越来越淡的时候,印出的字迹呈现的裂纹状结构更为明显。

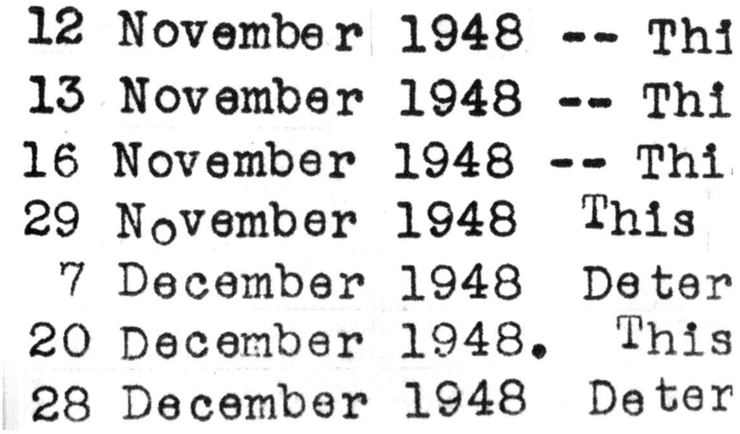

```
12 November 1948 -- Thi
13 November 1948 -- Thi
16 November 1948 -- Thi
29 November 1948    This
 7 December 1948    Deter
20 December 1948.   This
28 December 1948    Deter
```

图 3-15　图中所示是用一张打字色带打出的数张日期数字样本,它显示了文字的清晰程度逐渐减弱的变化。新的打字带最初使用时,开始几行字墨迹浓重而且笔画较宽,而字母 December 都着色较淡,笔画较细,这是打字色带在连续使用后油墨减少而造成字符墨迹变淡的一个典型。这种印迹清晰程度的变化因为各种打字色带的质量和每天使用的次数多少也有差别。

　　黑色炭粉乳胶色带的油墨里面充满了蜡状物质,该物质含有碳素物质和墨粉调色剂。在打字的时候,当某个字符受到击打,在色带上的油墨粘附在打印纸上形成字母的轮廓线条的同时,色带上也会形成相应的字母轮廓。与纤维材质的色带不同,由于黑色炭粉乳胶色带不能重复使用,因此打印出的字母没有墨迹变淡的现象。如果要再次使用这种色带,则会在打印文书上形成微弱或者破损的字母轮廓,因为色带上相应部位的油墨已经被前一次打印时用完了。通过对打印文件的字迹进行仔细的对比检验,看文书中的字母轮廓是否清晰、饱满,从而对打印色带做出是否重复使用的鉴定。

　　纤维材质的打字色带和炭粉乳胶色带有各种各样的颜色,墨粉用过以后可以灌充彩色颜料和色素,而黑色炭粉乳胶色带也可以像纤维色带那样灌充其他配料。

　　新近的产品有 IBM 公司出品的技术Ⅲ型打字色带,被安装在 SelectricⅡ型打字机上使用。这种打字带使用聚乙烯而不是纤维物质为基底,但油墨和基底做了适当的技术处理,所以在某一字母被击打并在打印纸上形成字迹后,油墨能再次填充到已经击打的字符位置上,这样,与纤维打字带相似,又可以再次打印出字迹。技术Ⅲ型打字色带在重新使用上的限制性因素要比纤维色带在同一问题的限制性因素多。这种色带打出的字迹比用高级纤维打字带打出的字迹更清晰，与一次性的碳层打字色带形成的字迹清晰度相类似。目前，这种打字色带仅限于在 Selectric Ⅱ 型电动打字机上使用。

对于乳胶薄膜打字色带灌注油墨的问题，在几年以前就已经有比较新颖的技术成果问世。这就是校正或者隔离色带（correcting or lift‐off ribbon），这种色带最初是为 IBM 公司的 Selectric Ⅱ 型电动打字机设计的，① 而今却广泛使用在单元球体打字机上。最初打印时，这种色带的油墨不会牢固地黏附在纸上，当通过尚留有高度黏性涂层的校正色带而第二次打印相同的字母时，最初打出的字样能够被消除，仅仅在纸上留下一个空白。而第二次打印出的字迹油墨逐渐作用于纸面上，而且在原件上的打印字迹在打印后的几天内很难轻易被擦刮掉。通过对邮件上盖销邮戳墨迹进行的试验表明，尽管效果不太理想，但是这种油墨能被消除，即使这种油墨的印迹已经打印了好几天。由于能够方便地校正印刷和排字方面的错误，这种校正打字机和色带越来越普及，其他公司也纷纷模仿生产了具有校正装置的打字机。

对打印字迹的检验可以查明下列有用的情况：

（1）打字机使用的是纤维打字色带还是碳素乳胶薄膜打字色带；

（2）如果使用的是纤维材质色带，这种打字色带中所含的纤维线支数（织物经纬密度）多少（即它是哪一种纤维，打字色带每一英寸中所含的支数是多少）；

（3）油墨的颜色，包括原色和被反映出的合成色；

（4）油墨的浓度，看它是打字色带生产时灌注的油墨，还是由于纤维打字色带在使用完以后再次灌注的油墨；

（5）通过色层分析和滴点检验，确定增色剂的化学反应方式。② 这种检验有助于区别不同的打字机色带所打印的文书。

如果一件文稿不是连续打印的，那么在先后打印的两部分上，在色带上形成的印迹会有明显的差异。这一情况或是在打字时使用了不只一条色带，或是在第一条纤维色带的油墨已用尽，由另一条新的色带继续打印的时候都可能出现。这

---

① M. A. 凯西和 D. J. 普特尔：《IBM 电动打字机的校正色带：对校正乳胶色带在变造的打印文书中使用情况的分析》，《法庭科学杂志》1975 年第 21 期，第 208~211 页。

② H. E. 凯瑟迪：《打字机色带的化学反应检验》，《刑法与犯罪学杂志》1943 年第 33 期，第 188~192 页，特别是第 191 页。

一点为鉴定工作提供了方便（见图 3－16）。一份被连续打印完成的文书中是不会出现这种差异的。

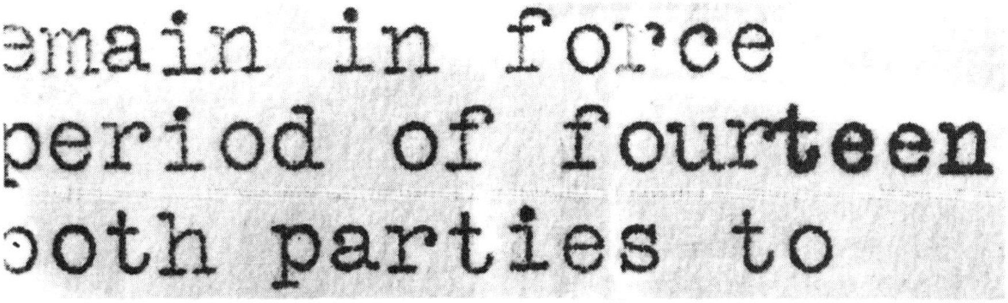
emain in force
period of fourteen
oth parties to

图 3－16　图中第二行“fourteen”的最后四个字母的墨迹色泽深而浓重，显然它们是后来添加到原件上的。这四个字母不仅是后来用比原来的色带更新的色带打印的，而且还是用另一台打字机打印上去的。注意“teen”中的“t”和下面一行“to”中的“t”横竖交叉笔画的长度差异（该资料摘自埃尔布雷奇·W. 斯坦因的档案）。

对使用纤维色带打印出的字迹进行的研究可以帮助我们确定这份文书的制作时间（见图 3－17）。对打字稿完成的时间不能通过化学试验来确认，但可以通过对比的方法，即如果可疑文书和检验样本都在某条色带的有效期内全部或者部分打印，那么，通过对一系列标明打印时间的文书上的油墨浓度的差异进行比较研究，就能判断出可疑文件上标明的时间是否就是打印的具体时间。通过对检验样本上表明的打印色带的油墨耗损程度与可疑文书上的打印字迹的油墨状况进行 65
比较研究，可以确定文书制作的大概时间或者日期。但是，这种检验方法不适用于一次性的碳素色带的字迹鉴定。对使用一次性色带打印的文书，可以通过对它们的不同种类的研究，分辨出某种字迹具体是由哪一种色带打印的。这种色带一般很长，而且它被使用的部分正是集中存储在删除（废除）室内的那部分色带纸。在一些较先进的打字机上，用过和没用过的色带都被存放在磁带盒式的暗盒内。使用过的色带上面有已经打印过的字迹，它成为将某份文书与某台特定的打字机联系起来的媒介，并可以据此判断出该文书制作的实际时间比文书上所标明的时间更早或者更迟的结论。不过，这种检验方法只适用于将打字色带放入打字机后迅速打印形成的那份可疑文书。使用双色纤维色带时，可以根据遗留在色带红色部分的黑色印迹进行解析或辨认。同样的道理，通过双色打字带上的红色或者黑色打印字迹也能够将涉嫌的打字机和某份特定的可疑文书联系起来。

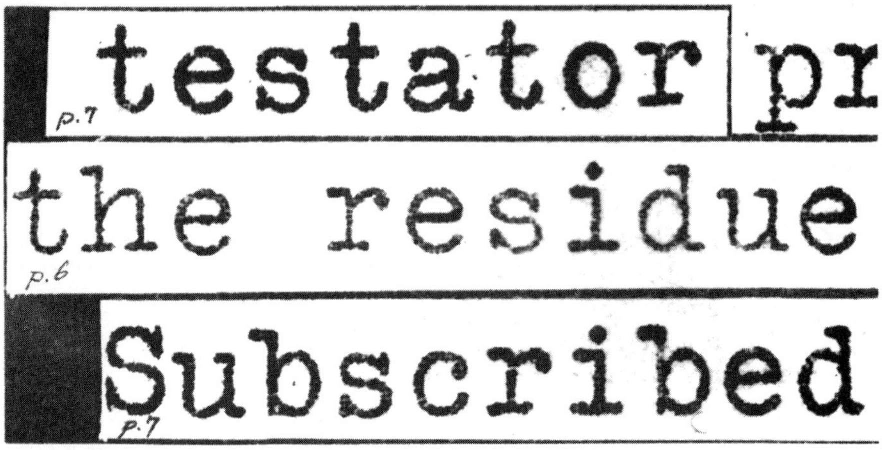

图 3-17 根据几页不同的打印的遗嘱文件上所反映的色带的不同状况，能够确定被替换的页码内容与原件内容是在不同时间里打印的。最顶行和最末行摘自遗嘱上的第 7 页，即签名页。中间的一行文字摘自第 6 页。第 7 页上的字母笔画较重而且笔画宽，表明打印这些字母的色带虽已用旧，但油墨的耗损程度与打印第 6 页所用的打字带的油墨耗损程度是不相同的（可参看图 3-34 的其他现象）。

第九节　校正液和校正纸

要更改已经打印完成的原文稿件或改正打印中出现的错误，一种迅速而简便的方法是，在打字稿要更改的地方涂上一层白色不透明的液体。当校正液（correction liquid）干涸时，打字纸面变得干净平整，需要更改的文字直接打印在原件上。通过仔细的视觉检验可以清楚地辨认被改动的文字内容。一般情况下，如果需要的话，通过研究打字纸的背面可以辨认最初的打印字迹，而在打字稿上字迹非常模糊的地方，将稀释液涂抹在被校正液涂改的字迹表面上，用含有强力吸收剂的吸墨水纸吸去表面的字迹，最初的字迹也就显露出来。1951 年推出的"液态纸"（liquid paper）是一种有效的校正液，具有广阔的商业市场前景。

1960 年，校正纸开始流行。这种特殊的涂有颜料层的纸被置于打字色带的前面，字母或者单词被抹掉后还可重新打印。当需要更改某部分打印内容时，可将一种白色的液体完全覆盖在原来的字迹上，后来打印的字迹不会受到原字迹的影响。在对文书进行仔细的研究之后能够辨认原来的字迹。控制适当的灯光照明就可以看到被白色印迹覆盖的字母。与校正液采用的涂盖错误的方法不同，在发生错误、撤掉某张打字纸之前，改正纸就可以安置在打字机上，而且在完全除去旧字迹的地方重新打印上的字迹非常清晰。复制件上的错误和原件上的错误可以同时被改正，在复印纸和第二张打字纸之间再加入一张改正纸即可完成校正。而当校正打字机出现以后，校正纸也被制成打字色带的形式，以便与标准的打字色带配套使用，这种校正色带取代了原来的隔离色带。

第十节　加法机、计算器和现金收入记录机

虽然加法机（adding machines）使用范围广泛，但它的打印字迹成为可疑文书而送交检验的情况还为数不多。近年来，随着科学技术的发展，出现了配置有记录装置的电子计算器（electronic calculators），并已经代替了旧式的加法机。这两种计算器的构造以及它们的打字过程都与打字机的工作原理有很大的差异，但在鉴定理论和原则方面都有一些相似之处。有些鉴定工作受到计算器的打印方式的影响。当然，并非所有的加法机或计算器都使用同一种方式打印出计算结果。

上述计算器的制造商们为使自己的产品与其他竞争者的同类产品有所区别，对打印数字的形式会采用独特的设计风格（见图3-18）。而且，在制造加法机的过程中，一些老牌公司会随时变换计算器上的数字或符号的字型设计（见图3-19）。专门生产打字机字模的厂家，也为加法机和计算器提供

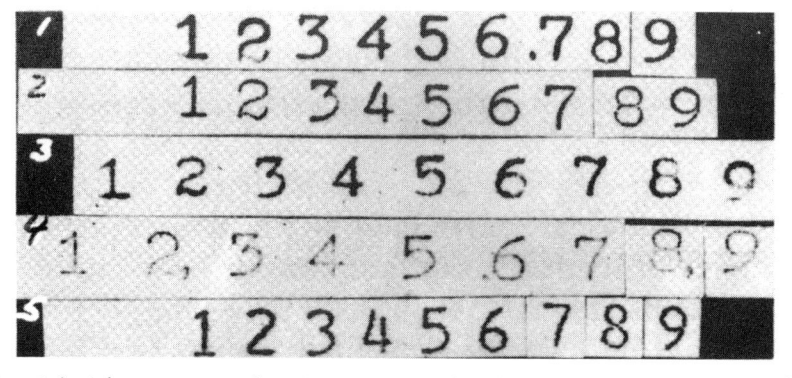

图3-18　图中列有1950~1960年间使用的不同公司生产的加法机上的数字字模：①安德伍德·桑德斯垂德公司（Underwood Sundstrand）；②R.C艾伦公司（R. C. Auen）；③雷明顿·兰德（Remington Rand）；④史密斯-科罗那公司（Smith - Corona）；⑤维克特公司（Victor）。除了数字字符外形的差别外，数字间隔的不同也表明是由几种不同品牌的计算器打印的。检验样本中1~6的数字是由打字色带直接形成的，与打印机上的数字在字符的间隔方面有明显差异。

字符模型。因此，从目前的生产实践看，有些公司使用同一种铅字和购买相同型号的铅字是可能的事情。不过，不同的字模球字符的设计仍是区别某类计算器的生产厂家的要素。由于通过单元球体打字机、活字轮或字盘这些不同装置而打印成的数字间隔常具有一定的特性，故两种字符间距的数字是区别不同品牌的计算器的另一要素。鉴定时，常常依靠这两个要素去确认打字机为哪个厂家所造。

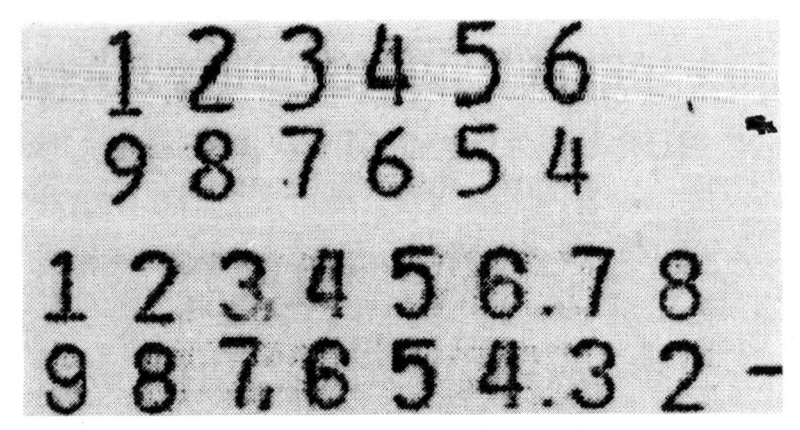

图 3-19　维克特公司在两个时期生产的加法机，在数字字符形状的设计上有明显的差异，注意数字"6"和"9"字符形状的细微变化。

许多加法机、计算器的打印也是采用与打字机的色带相似的打字带完成的，区别不同计算器打印的文字，需要使用另外的特殊方法。色带破损的程度或者油墨的耗损程度，也是一种判断两份可疑的加法机打印纸带是同时完成的或者是不同时间内完成的鉴定方法。

在较小的电子计算器（calculators）中，一些计算器并非用铅字字符打印数字文字，例如，在一条红外线感光打字带上利用红外线辐射扫描打印，对这种打印器打出的数字记录的鉴定也需要采用新的方法。可以看出，所有的加法机和电子计算器并不都是完全相像的，通过打印的数字记录进行仔细的研究，便能够确定它们究竟是由哪一台计算器打印的。

现金收入记录机（cash registers）打印内容的方法与加法机和计算器打印计算结果的方法相似。通过色带从独立活字轮或字模球将数字的计算结果打印成行。现在，有些商场的销售记录（交款单据或者提货单据）是通过电子计算机系统打印的，也有一些商场仍然使用旧式的现金收入记录机来打印销售或者收款记录。

打印的注册登记收据的真实性偶尔也会成为可疑文书检验的对象。[1] 在伪装顾客进入商店行窃的案件中，行为人常常利用已经作废的缴费清单伪造或者涂改为购物单据。在这种情况下，确定某种特定的销售记录和注册收据的来源就具有十分重要的意义。尽管这种记录或者收据的鉴定原则和方法与用其他机器打印的记录内容的鉴定方法相似，但仔细检查可疑的现金收入记录或其他打印系统打印的购物或者缴费凭证，以便对它的打印特征和其他字符特征做出完整准确的评价，这对鉴定人员来说是非常有益的。这一程序同样适用于对所有商用打印机打印的记录文件或者凭证的检验。鉴定人员并非对所有商用的打印机和所有的打印种类都了如指掌。但无论怎样，最重要的是侦查人员、法官、律师以及商业人员应确信在所有以机械方式打印的文字记录中都具有进行同一鉴定的潜在可能性，而且它可能对某个特殊问题的调查和解决也有重要的价值。

第十一节　自动记录仪

除了前一部分论述的几种办公用计算器外，还有一些特殊的计量装置，这些装置可记录下时间、日期、重量等测量结果。这类装置中大家最熟悉的大概要算时间记录器，时间记录器使用时间长而且用途多样性，它既可以用于记录雇员的上下班时间，也可以用以其他记录，如记录通过安全警戒地带的参观者的人数和时间、露天停车场收取停车费的收费时间等。

最常见的时间记录器是一种自动冲压装置，它将时钟上显示出的时间和一些具体的日期数记录下来。老式的时间记录装置在打印完文件以后，需用手工操作将时间打印在卡片或其他文件上，如今的时间记录器则不然，当某份文件被放入打印装置后，时间情况被自动打印在文件上。如果怀疑某份文件上标明的时间的真实性，则可以根据打印文件上的时间数据的形式判定是哪一种时间记录器打印的，从而排除对其他种类的时间记录器的嫌疑。而且，这些时间记录装置都有各自的独特之处，以便自己能与同一厂家生产的同一式样或者同样品牌的时间记录器区别开。

打印时间记录，一般是由金属铅字面通过含油墨的纤维色带来完成的，铅字

---

[1] J. 沃伦：《现金收款机和现金加法器的鉴定》，《加拿大皇家骑警评论》（第5集），女王出版社，1958，第89~99页。

面的磨损情况有助于对印字机的鉴定，色带的油墨退化和旧损程度也有助于辨别在一份由几种时间打印器打印成的商业文件中，哪些地方是由同一台机器完成的。色带上的油墨含量，对证明可疑文书上的时间具有极其重要的作用，其检测方法是将可疑文书与检验样本上打印的时间的油墨浓度进行比较检验，从而判断其时间打印的先后顺序。

销售者和消费者都依据从记录装置打印出的结果决定他们所需要的燃料是哪种，譬如是要柴油还是汽油，以及所需燃料的重量。这些记录装置的打印方式和工具是各不相同的，有些是通过浸有油墨的色带将内容打印到纸上；有些则是铅字字符直接击打到纸面上形成的，这种打印记录是将几张复写纸插入几张空白打印单据中击打而成的。① 在打印中，击打铅字字符的冲力将复写纸上的复写油墨印染到下面的单据纸上，形成特定的记录凭证。所有这些记录装置都有其各自的制造特征，包括铅字符号的大小、设计特点以及打印字符字迹的间距特征。在使用过程中，这些制造特征都会不同程度地显露出来，因此，文检人员除了可以区分不同厂家生产的记录装置及同一厂家生产的型号不同的记录装置外，还可以确定可疑文书是由哪一种记录装置打印的。

一般而论，要解决这方面的问题，文检人员还需要与制造厂的生产、服务人员通力合作，了解、掌握某一记录装置的特点。文检人员不可能精通各种记录仪器，但他要掌握鉴定工作的方法，他可以从那些了解记录仪器生产情况的人那里得到有关知识。另外，维修人员或技术人员也具有一定的鉴定、区别各种装置的知识，因此，在解决某些基本问题时，这种协作是必要的。

第十二节　支票打印机

支票打印机（check writers），最初设计的目的是防止他人涂改支票上的数额或恶意提高支票票面价值的一种装置，但是，现在它已经在商业领域得到广泛的应用。用支票打印机打印的支票格式已经成为商业支票的基本内容之一，所以罪犯在失去价值的、无用的支票上假冒受款人背书的时候，就经常使用支票打字机在他们的假支票上打印资金数额，以使伪造的支票显得"更真实"。尽管用支票

---

① 这种打印单据最常见的形式是汽车加油收据，主要用于打印汽车加油的具体数量。见奥登威·希尔顿《加油缴费打印收据的个体特征》，《法庭科学杂志》1975 年第 21 期，第 213~217 页。

打字机打印的内容很难被改动,但也不是完全不可能的,因此,支票打印机在支票上的印迹未必就是支票真实的标志。

支票打印机在打印支票资金数额的同时,在支票上填写资金数额的周围部分打印孔状接缝或者进行防伪凸凹压纹处理。① 有些甚至将收款人的姓名也打印成凹凸的浮雕式字样。市场上见到的一般打印机只能简单地打印出数字,而不会使数字成凹凸状态。用支票打印机打出的数字间隔不能填入任何一个新的数字,这种"碎片(shredding)"一样的孔眼状数字符号和凹凸版的纸面的数字符号使涂改和其他伪造行为难以进行。而且,支票打字机使用的油墨也不容易被抹去。当然,用支票打字机打印好的支票也有被涂改或者伪造的可能,② 只要通过控制适宜的灯光在显微镜下进行肉眼检验,就可以揭露出涂改或者伪造的痕迹和证据。

像所有的打印文书的机械设备一样,支票打印机也有它自己的特点。每一种品牌的支票打印机不论在机械设计上或者是在打印的字迹上都有其特殊的特征(见图3-20)。每种支票打印机都有足够的个别特征,可以对其打印结果做出鉴定同一的结论,这一问题我们将在第十二章进行详细的讨论。对现在的支票打印机进行革新改造的结果是,使它打印出的支票字迹不易受到"增值(指涂改后的增值)"的影响,这种技术革新是对打印主机及其铅字数字的字符模型的设计、生产进行周期性的变换(见图3-21)。从收集到的支票打印机印制的参考样本中,可以查到这种周期性的变化情况,再据此判定所使用的支票打印机的品牌以及大致的出厂时间和打印支票的大致情况。

与支票打印机密切相关的是临摹签名,这种签名是根据标记图版打印出来。一般情况下这种铅版被安装在支票打印机的复杂书写系统中,它也能打印出支票的具体金额。摹写签名的印变常遗留在一种特殊的底衬里。它在打印时所使用的色带类似一般的支票打印机使用的色带,通过图像和底衬的式样可以鉴别铅版的种类。有签名字母的铅版能从支票打印装置上撤下来,但它必须妥善地保管好,以防被滥用。

---

① 大卫·J. 普特尔:《支票打字机的鉴定》,《刑法、犯罪学与警察科学杂志》1954年第45期,第229~235页;詹姆斯·T. 米勒:《支票防伪鉴别器在执法中的作用及角色:检材及样本的有关问题》,《警察科学与行政管理》1975年第3期,第259~266页。
② 在支票打字机上如何打印签名支票,约翰·L. 哈里斯论述了他检验鉴定的一个案例,在这个案件中犯罪人将一张数额为700美元和另一张数额为2000美元的支票数字剪切下来以后,粘贴在一张没有填写资金数额的支票上,伪造成一张金额为72000美元的支票。见约翰·L. 哈里斯《Eyeing Evidence》,《南加州大学校友译论》1940年5月,第21期。

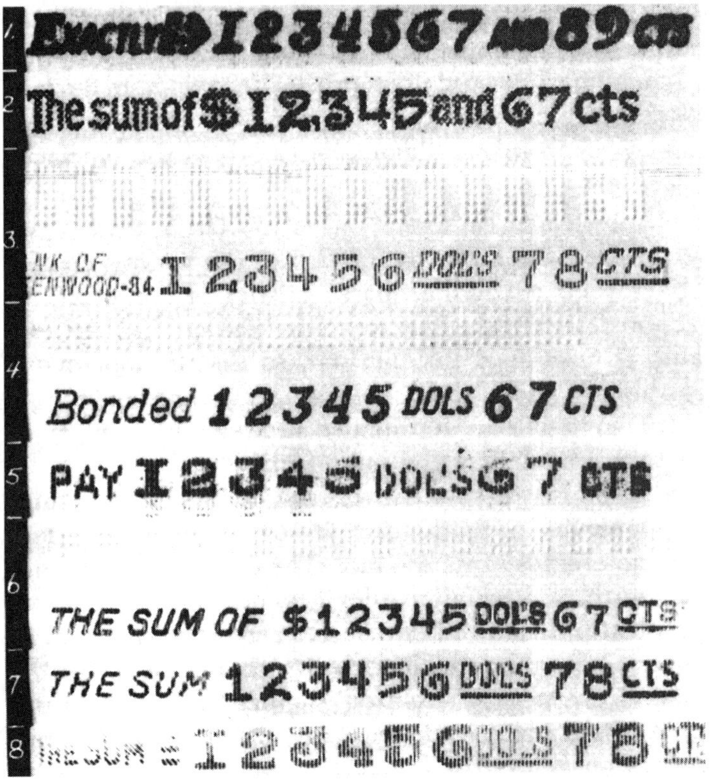

图 3-20　图中列出的是 1950~1960 年期间出厂的各种品牌的支票打印机，在第一次使用时打印出的数字符号（即字符设计特征）样本。①托德公司（Todd）1946 年的产品；②F·E.伊克塞尔公司（F. & E. Excel）1949 年的产品；③卫兵公司（Safeguard）1942 年的产品；④佩玛斯特公司（Paymaster）1949 年的产品；⑤托莱多公司（Toledo）1945 年的产品；⑥斯彼德雷特公司（Speedrite）1949 年的产品；⑦国际公司（International）1935 年的产品；⑧德芬德公司（Defender）1938 年的产品。这些样本由纽约罗切斯特的托德（Todd）公司提供。

图 3-21　图中所示的是托德公司的支票打印机的打印主机使用的铅字字符设计样本，这种样本在 1946 年、1939 年、1934 年、1928 年和 1928 年发生了多次改变（从上至下）。这些样本由纽约罗切斯特的托德（Todd）公司提供。

第十三节　签名和盖印图章

作为办公室里一种减轻劳动量的方法，签名和印章是方便又非常有用的工具；作为文检人员的调查或者检验的对象，虽然它们出现的机会不多，但却形态各异，多种多样。各种签名印章的主要差异在于使用中的图章戳记复杂多样：刻有固定字母符号的图章、自由体印章、摹写签名的印记，可以转动时间和日期的各种日期戳印，装有活动刻字带的日期印章，以及上述各种图章的综合物。根据各种印章构造上的不同，可以分为不同的类型。事实上，由于制作图章的原材料不同，以及每一种印章的字符构造和制作方法的不同，因此每一个图章具有与众不同的特殊特征。毫无疑问，使用最普遍的仍然是橡胶印章，但也有金属的签名印章。当然，还有一些是用特殊材料制成的印章，如亚麻油毡、木头、塑料和其他材料制作成的印章。有些印章是机械雕刻制品，有些则是手工制品。机械铸造的印章也可能有手工修饰和打磨的痕迹，这些痕迹对图章的鉴定有一定的影响。印章构造的每一方面都能影响它的印迹和对印迹的鉴定，[1] 每一印章的特点取决于它的制作和使用的每一步骤。

用于摹写签名的橡胶印章是一种个性特征非常明显的雕刻印章，一般都是手工雕刻制作的，对手工工艺的要求很高。印章上的签名字母的外形轮廓就是由手工雕刻而成的，而每一位制章人又将自己的姓名用特殊的字母符号在印章中表现出来。这一系列的雕刻行为就使每一枚印章具有独特的雕刻特征，而且，随着印章使用的次数增多，它的个性特征还会越来越明显和突出。对于文件上的签名，文检人员需要解决的一个典型问题，就是确定这个签名是签字人亲自手签的，还是由他的摹写签名印章盖印的。由印章盖印的签名，笔画线的边缘不规则且色深，笔画的起笔到收笔逐渐变细的变化情况表现不明显。这些特点也可在印章盖印的复制本或副本上表现出来。另外，在进行放大检验时，可见到印章所用的印泥盒中的油墨与书写墨水在性质和表现特征上都不相同，这又是辨别亲手签名和印章签名的一个根据，用印章盖印时，也常能见到在签名的周围或签名的字母上有散乱的油墨污迹。

---

[1] 莫里伦·A. 凯西：《橡皮图章的个体特征》，《法庭科学国际》1978 年第 12 期，第 137~144 页；大卫·J. 普特尔：《橡皮图章的鉴定》，《加拿大皇家警察骑警评论》1956 年第 4 期，第 124~136 页。

摹写签名的另一种形式是打印的摹写签名。打印的摹写签名与印章签名的区别在于使用的油墨和印制的方式不同。这两种签名常出现在打印的文件上。打印签名的形成是由一种老式的线条凸版（linecut）印刷工序利用活字铅版按打印插图的方式制成的。这种签名与签署者本人规则的签名在细节上有差别。签名人可能出于某种个人目的或为了使签名更清晰，会采用不同的签名方式（见图3-22）。

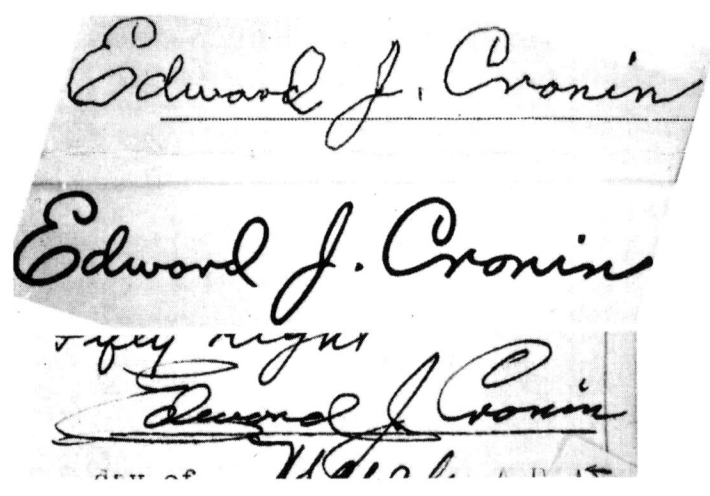

图3-22 最上一行的签名是有争议的遗嘱上的签名，这份遗嘱据称是马萨诸塞州议员爱德华·J. 克罗宁（Edware. J. Gronin）手写的遗嘱，但这份文件实际上是伪造的。中间一行签名是印在爱德华的正式的选举通知单上的签名印章盖印的，这种签名是伪造者进行临摹练习的蓝本。下面一行是克罗宁真实的亲笔签名，他只在他的个人事务文件上亲笔签名。刻印工人曾抱怨，克罗宁亲笔签名的字体太华丽而不能很好地雕刻制成一种印刷体形式，克罗宁就将他的手写签名简化以便于印章的刻制，但他在亲笔签名时从不用这种简单化的签名形式。

仅仅依据可疑图章印痕的种种特征和制作图章的背景情况调查中所得的情况，并通过简单的技术检验还很难发现有重要价值的线索。有时，可疑的图章印记能够直接显示印章的种类和来源，但是在绝大多数情况下，它只能提供有关印章格式的线索。许多图章印痕都有各自的特点，有些表现出的特征足够用以判明它们的构造方式，另一些则除了最普通的性质外缺乏任何独特之处。在司法实践中经常遇见的鉴定问题是：两个图章印痕是否由同一枚印章形成，或者其中的一个印痕是否由伪造的印章盖成的（见图3-23）。印记上的油墨色彩给鉴定工作提供一点帮助，但有两种情况除外——当印章使用了两种以上的颜色的油墨时，以及对两种或多种印记是否同一次印出有怀疑的时候。尽管有时对图章印痕的鉴定结果可能是否定的，但也不能轻易地忽视图章印痕，而不对它进行仔细的研究。通过对图章印痕特征的仔细研究，可以为现场初步调查和最后证明案件事实真相，提供有关图章的种类和图章印痕是否真实的线索和证据。

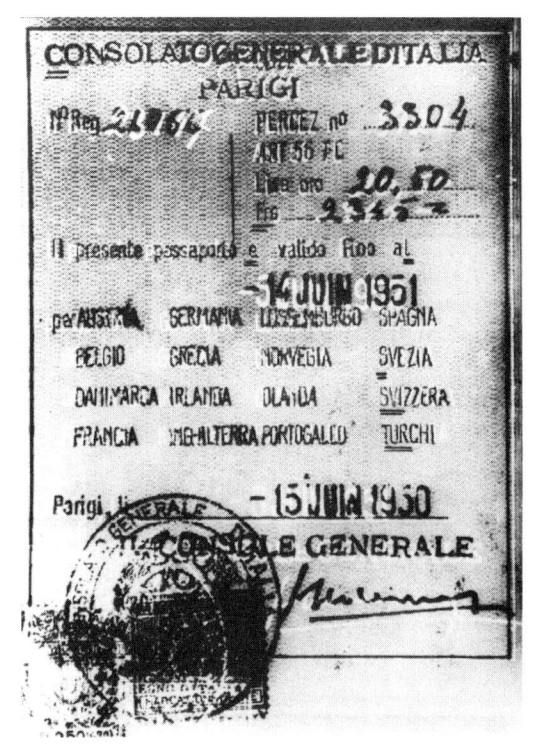

图3-23 图中所示的是在伪造的护照上出现的两枚印章。这两枚印章上有两个显著的"同一特征"，但是它们不相吻合的情况正好表明它们中的一个是伪造的印章所为。如果护照是真实的，它们一定是由同一个图章所形成。实际上，它们是由一种使用活动橡胶字符面的小"商用印刷机"盖印上去的。在印制过程中，先将护照原告的字迹擦刮掉，然后才重新盖印上新的内容。只有下面画线部分的字母才是由同一枚印章一次盖印上去的（使用的图例得到前法国里昂警察局实验室工作人员吉恩·盖耶特的允许，摘录自他的文章《叠印痕迹照相术在犯罪侦查学中的运用》，这篇文章详细论述了用于制作图例的摄影方法，刊登在《刑法学、犯罪学与警察科学杂志》1953年第44期，第338页）。

在结束印章印痕的论述之前，我们必须仔细考虑到一种特殊的印记，即邮政局盖销的邮戳印记。即使是在匿名信上的邮票盖销记号也可能提供一些关于此信来源的线索，但是，这种印痕往往被人忽视。邮政盖销邮戳也有助于其他项目的调查，特别在确定邮件寄出或收到的日期上具有重要意义。正是由于它的这一重要作用，伪造者们常常会伪造邮政盖销邮戳以掩盖他们进行欺诈的违法行为。挂号信上的盖销邮戳能帮助文检人员检查出在信件寄出后信封是否被拆封、涂改过（见图3-24和图3-25）。对经过邮局寄送和收发的信件进行全面的检查，包括信封、封皮上的盖销邮戳以及信封内的文件上可能留下的盖销邮戳（见图3-26）。

图 3-24 挂号信的信封里面装有业余作曲家艾尔·丁·史密斯（Al. J. Smith）创作的流行歌曲"Call Me Madam"，他指责埃文琳·伯林（Irving Berlin）盗取了信中的歌谱后作了名为"You're just in love"的合唱曲。两首歌的词和曲谱的确相似，这时，了解在这封信在被寄出之际，史密斯的作品是否装在信封里就变得很重要了（参见图 3-25 对信封上的部分邮戳印痕的比较分析）。

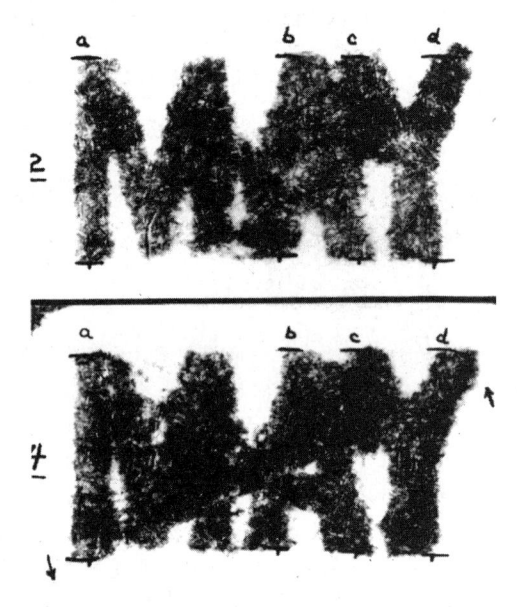

图 3-25 图上半部分的单词"MAY"出现在这封挂号信封上的第 2 个手动的盖销邮戳上。它的印迹处于信封折线的上半部分。下面的同一单词"MAY"出现在信封上的第 4 个手动盖销邮戳中，但它的印迹除了"M"的左边笔画被印在折线的上半部分外，其余的都被印在信封折页的下半部分，箭头所示处为信封上面的一个盖口。

通过对这两个相同字母印迹的比较检验，发现在第 4 个邮戳盖销印痕中的 b、c、d 点的长度比第 2 个邮戳上相应部位的长度要短些，两个邮戳中的字母"a"的长度相同。通过对信封的仔细研究，发现信封上写有收信人姓名地址的那面折页在重新封口时，对右边的折页有轻微的重叠压痕。在诉讼过程中，对信封进一步的检验还发现，该信封被人轻轻地打开过后，再用另一种胶水封上盖口，可以看到第 4 个邮戳印迹上较短的 b、c、d 三个字母的部分油墨笔画痕迹确实被盖压在信封折线边的底下。

最后的裁决是，欧文·伯林并没有窃取史密斯的歌曲，纽约地方高等法院的法官弗兰克说："法院确信文检鉴定专家希尔顿（Hilton）通过实验提供的证据是真实可靠的。"

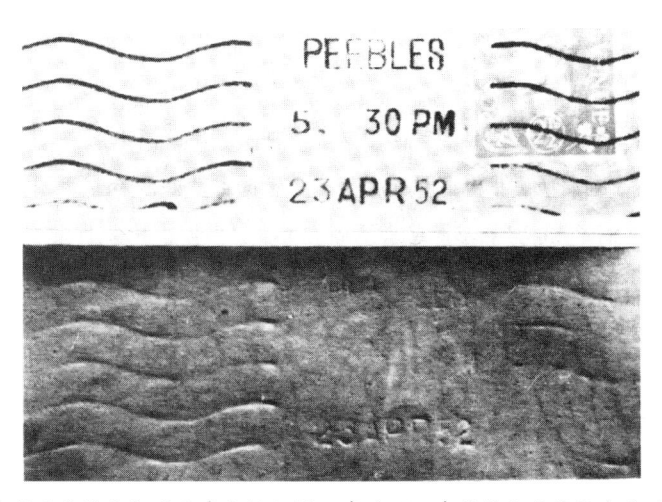

图 3-26 图中所示是信件邮递的肯定性证据,有时可以在信封和信笺纸上发现,信件在邮局工作人员盖销邮票时,在打印信封上的邮戳印痕时,将会在信封内的信纸上留下清晰的邮戳的凸凹鳃痕。图中上半部分是装有薄信纸的信封上的盖销邮戳,下半部分是留在信笺纸上的相应的邮戳印记。

第十四节 油印机和公文复制方法

为了适应现代商务办公事务的需要,出现了蜡纸复制(stencil duplicator)和其他的复制方法。用这些方法制作打印文书的副本所花成本低,所用时间也比廉价的胶版印刷更短。这一节所讨论的是关于复制副本在制作完成以前要经过哪些程序,不包括照相复制的方法。最常见的副本复制方法是用蜡纸复制或称为油印(Mimeograph)的方式,还有一种十分类似的胶版印刷机(Multilith)复印文件的方式也比较流行。① 另外,还有一种比较慢的复印技术,这种方法现在也不常用,即白明胶复印(gelatin)和酒精复印机(hex graph)或者蒸馏剂或液体复印机(spirit duplicator)。总之,每种复制方法都有其本身的优缺点,也有各自的鉴定手段和方法。

蜡纸复制(油印)的印刷需要蜡纸,并且先将要印刷的内容用打字机打刻或手写在蜡纸上。用打字机把内容打刻在蜡纸上,印刷过程中油墨流过细小的网眼在纸上形成字迹;用手写时,是用铁笔将内容刻写在蜡纸上。所有用蜡纸复制

---

① 蜡纸复制机的英文字母 Mimeograph and Multilith 是这两种复印机的商标名称,它们都已经在美国商标局登记注册。

的文书都是用滚筒状油印机完成的,将蜡纸放在油墨纸下面,再沿着蜡纸滚动滚筒就印出了文件。

马尔底利斯(Multilith)胶版复印法是一种使用底稿的胶版印刷。通过一种特制油墨的马尔底利斯色带将底稿印在较厚的纸上。如要在底稿上添加内容,用灌有特殊油墨的钢笔和特殊铅笔或蜡笔就可以轻易地用手写上去。胶印底稿纸就制成了文件。底稿纸的表面是潮湿的,打印底稿上的油墨不吸水,因此,底稿纸上的字迹经过油墨直接印送到白纸上,但底稿纸却能吸收印刷时所用的油墨,这样,印刷油墨通过打印的底稿印出了文件。用于复印前的底稿看上去就像任何一种打印稿子,用这种方法复制的副本与蜡纸复制品很相似,但可以将这两种复印文件区分开来。

在用另一种胶版印刷或者蒸馏剂复印机复印文件时,底稿是通过普通打字机打印在色带或含有复印油墨的复写纸上,底稿上的内容也可以用复制油墨或蜡笔手写完成。底稿纸与胶印滚筒上的潮湿胶面相触,当滚筒滚印时,胶面上的油墨印到下面的纸上。胶印面上的油墨量可以供复印一定数量的复本。与用胶印工艺或者酒精复印机复制法相比,最常见的复印方法是用胶印方法复制文件副本。

用以上这些方法复制的文书,在鉴定中经常出现的问题是该文件是否打印件,打字稿的鉴定较多,而手写稿的鉴定较少。偶尔也会遇到复制过程中使用的铅字特点的问题。对某一复制过程中使用的多种油墨进行鉴定和区分并不是一项基本的鉴定要求,因而任何一种油墨的研究结果对于整个鉴定工作并非具有决定性意义。对两件看上去相同的印品是否确实是由同一张底稿纸复制而成的检验鉴定是很重要的。用机器和手工复制而成的文件经过仔细的对比可以区分。如果重新使用被搁放一段时间后的油印机上的蜡纸,与原来的印迹相比,字迹则显得轮廓不清,这个特点可用以鉴别文件是否重新使用旧蜡纸复印的。

第十五节 姓名地址印写蜡纸和蜡板

随着地址公告牌、函件、通知等告示牌,商业信件,期刊以及大量的邮件投递的快速增长,使用现代的姓名地址公示牌或者蜡板也越来越普遍。对姓名地址的印写有两种方法:第一,是我们所熟悉的一种邮件地址印刷机或者姓名片印刷机（addressograph），使用凸凹铅字面的金属印版；第二是用与油印机使用的蜡纸相似的一种油印蜡纸。① 这些蜡纸、印版有时也用在工资单和各种账目表上。近年来，装有这些印版、蜡纸的电子计算机控制的印刷装置和自动打印装置也各显其能、互相媲美。

这种凸凹的金属模板是在特殊的模具机器上制成的，它将铅字的字符压印在金属模板上形成字面凸出的金属印版，然后，再通过一个宽纤维色带将印版上的字印下来，用这种方法制成的姓名地址标牌类似于打字机打印的打字稿，但这两者在铅字字符模型的设计上有显著区别。另外，印版印制的姓名地址公告牌，色带的印痕显示整个公告牌的形状，而打字机打印的字母在色带上只有字符的轮廓（见图3-27）。只在偶然情况下，用这种印版印制的姓名地址录，其色带上才呈现单个字符的轮廓。对这种印制品的鉴定方法和技术手段与对打字机打印的文件的鉴定方法和原则相同。

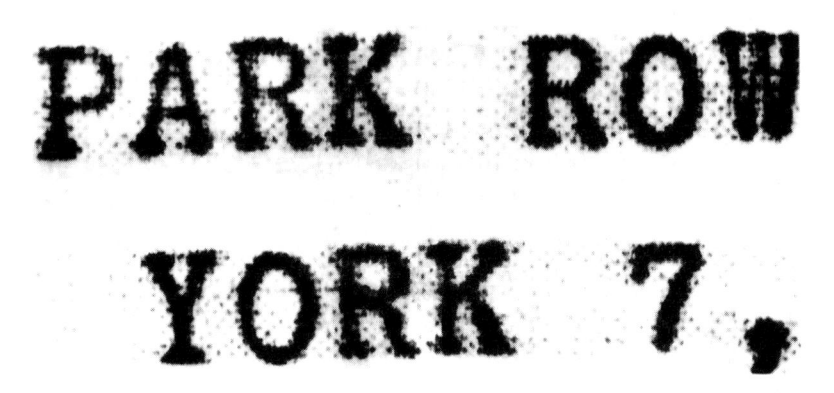

图3-27 放大的照片表明用姓名地址印刷机的印版印出的字母印迹之间存在特殊的色带拖迹。通过宽色带将印版上的所有字母印出的同时，就留下了色带本身的特殊痕迹。

使用蜡纸印刷时，用蜡笔将字刻写在蜡纸上，并将其安装在普通的打字机上，打字机打印出的字迹与打印文件上的其他字母非常相像。这种打印输出不需要色带，印刷时，印版上浸有油墨，油墨再通过蜡纸上被蜡笔刻画的字迹的细小笔画，将字体印刷到纸上。这种方法常用于打印信封上的姓名地址，其效果与用油印机复制的效果一样。

---

① 邮件地址印刷机（Addressograph）是该种机器的注册商标名称，它的印刷设备和打印模板是由Addressograph-Multigraph Corp. 公司生产的，而Multigraph的含义就是小型旋转印刷机的商标名称。Charga-Plates也是一种姓名地址印刷机制商标名称，这种机器主要是用于仓储管理、劳工管理，使用的是凸凹版印刷模板。纸质姓名地址蜡板和印刷设备是由艾略特邮件地址印刷机器制造公司生产的。

第十六节　印刷品

　　文书中的印刷部分多半是毋庸置疑的，通常很少用印刷方式伪造或变造文书。印刷文书本身对鉴定有重要价值。① 因为铅字和印刷机对普通人来说是不易得到的，所以，相对来说它们的滥用可能性也就少些，但在某些时候，如果用印刷的方式来进行伪造活动，并且得逞的可能性比较大的话，用印刷的方式伪造文书的某一部分或整份文书的情况仍会发生。另外，一份真实的印刷文书本身含有可以证明它真实性的重要证据。如果对某份文书的所有因素都进行分析，那么其中的印刷部分肯定也会被详细地检验并得出最终的结论。

　　近几十年来，印刷品的制作有了重大的变革。早先，最高级的印制品是由使用铅字的凸版印刷机（letterpress）印制的，现在，使用胶版印刷机（offset printing）印刷各种印刷品的印刷活动已有很长的时间了，同时也出现了各种各样的印刷问题。这种印刷术的适用范围从印制低廉的、粗糙的快速印刷品到普通质量的印刷品，也可以适用于高质量的书籍、杂志、报纸的印制。这两种印刷方法印制的印刷品都有各自的特点。

　　这两种印刷方法代表了不同的印刷技术。凸版印刷技术使用的是凸出的铅字，而胶印则是通过一个平滑的印版，经过专门处理使油墨只能停留在版上要被印刷的部分。凸版印刷机印刷时，有油墨的滚筒只接触凸出的铅字面，这些凸出的字符部分依次被直接印刷在纸面上。相比而言，胶印的印版有两个不同的部分，即排斥水的字迹部分和吸收水的其他部分。在印刷过程中，首先用水将印版打湿，然后用灌有油墨的像皮滚筒在它上面滚压经过，印版上潮湿的字母并不吸收含油分的印墨，但没有受湿的其他部分则将油墨吸收在版上，印版没被吸收的油墨在中介毡质滚筒的作用下，依次将印版上相应的文字内容印刷到纸面上。

　　用凸版印刷机印刷时，可以用手工排列铅字，在大多数情况下，是用诸如莱诺牌行式铸排机（Linotype，行型活字排版机，一种商标，用于指利用键盘操作排成铅字条的排字机）等现代化的排版机来完成铅字排列工序的。铅字必须按被印文件内容的字符先后顺序、规格排列，依靠印刷机使用的铅字，排列成要打印的铅字稿，然后直接印刷成文。

---

① 简·伯克：《可疑文书检验中的印刷品》，《法庭科学杂志》1967 年第 12 期，第 82～101 页。

用胶版印刷方法进行印刷时，胶印机上的副本与最终印制成的印刷品非常相像。随着胶印方法的广泛使用，又在原有的印刷机的基础上开发出了许多具有特殊功能的部件用于印刷品的印刷。根据印刷痕迹可以判断出印刷排版的铅字字符是不是传统的印刷体，如果是传统的铅字字符，则印刷的字迹也就与普通的打字机打印的文稿没有区别。实际上，手工排版的副本也可以用胶印方法印刷出来。经过一系列的步骤，可将副本拍摄成照片，也可将它们制作成为金属、塑料或纸质印版。由于制作副本的方法多种多样，如果手头有可供参照的印刷机器，通过对印刷字迹的研究有助于缩小嫌疑机器的范围，印刷品的质量和其他印刷特征也助于排除对一些印刷设备的怀疑，或者从中得到新的启示。文检人员对检验样本、检材和相关的印刷机进行细心的检验，就能够对有关的疑问做出评断。

通过极仔细的检验，能将凸版印刷和胶版印刷机的印刷品区分开来。凸版印刷机印刷的字迹有轻微的浮雕凸凹现象，同时还有其他一些印刷特征，这些都是在进行同一鉴别时应当予以考虑的因素。如果印刷的质量不高，两者的不同表现得更为清楚。同样道理，技术不高的印刷厂在用胶版印刷技术对原件进行复制时，可能在复制品中出现细微的缺陷，由于凸版印刷机和胶印机都各有大量的字模，故两种印刷品有些地方非常相似。

检验排字材料和方式是进行技术检验的一个广阔领域，现在使用的字模种类很多，但并非所有的印刷厂都有各种各样的铅字字模。[①] 查明用以印制可疑文书的字模种类，有助于文检人员找到印刷的厂家。通过对印刷品进行仔细的检查，可以发现许多有关印刷方式及排版等方面的线索和信息，如印刷可疑文书的排版是手工操作还是用机器排版、排版和印刷的质量，而且，这些线索和信息对调查可疑文书具有重大的价值。许多由凸版印刷机和胶版印刷机印刷的标准印刷品都有其独特的印刷标志，即印刷条形编码或者印刷品系列号码，这是鉴别印刷品来源的依据（见图 3-28）。因此，在对可疑文书的检验鉴定中，有些问题仅凭某份文书的检验就能解决，但更多的问题还是通过与印刷机样本进行比较后才能得出鉴定结论。这一点在第十二章将详细阐述。

一　刻版印刷和平版印刷

在对可疑文书的检验鉴定过程中，常常会遇到鉴定雕刻版印刷物（en-

[①] R. R. 卡奇：《如何鉴别打字机铅字字样字面》（Bloomington：Mcknight & Mcknight, 1952），这是一本有关美国印刷铅字字符设计本源的书，在本书中还详细论述了对打印文件进行检验鉴定的系统方法。

图 3-28 印刷品上的条形码数字序列标志常常成为判断印刷厂家和印刷时间的根据。在本图中，第三组数字为"31"，表明这是 1931 年的印刷产品。

graved)、平版印刷物（lithographed）的制作出处和真实性问题。尽管这些印刷品与普通的印刷品非常相似，但印制方式却是不相同的。①

雕刻或蚀刻印刷技术（在图形处理技术中，用酸在金属板上腐蚀出图像的处理方法，也称为铜版印刷法）印刷的印刷品质量非常高，其方法是先制作一个可以多次重复使用的钢版或铜版，再用它们在信笺上端印刷相应的文字（包括姓名、商号名称、地址、电话号码等）、商业宣传卡片及类似物。钢版或铜版的多次使用造成的磨损，在刻版上可能出现细小的缺纹，但这种情况并不常见。在这种印刷品中，很难区分出印刷品是由什么质地的印版印刷的。现在，专用信笺（letterhead，即信笺上端印有抬头文字）、货币（currency）、股票（stock）、公债或债券（bond）等都是用刻版印刷方法制作的。

刻版印刷与平版印刷的印刷品是很容易区分的，因为刻版印刷物的墨迹凸出纸面，而平版印刷物的纸面手感和视觉感却是平滑的。平版印刷与胶印的印刷物品极相类似。出生证明书、结婚证书、洗礼证书（baptismal）以及有些印有抬头文字的信笺、空白支票（签字而没有填写金额的支票）通常都是用平版印刷方法印制而成的。在绝大多数情况下，最有价值的检验结果是在把可疑文书与各方面情况都已知的某些印刷物样本以及其他各种印刷品样本进行比较后得到的，而不仅仅是对可疑文书的分析结果。

第十七节　纸张检验

现在常见的用于书写目的的纸张种类很多。在生产中，一次就可生产出成千

---

① 刻版印刷和平版印刷都是使用印版进行印刷的，而不是像一般的凸版印刷（letterpress）那样使用铅字排版进行印刷。雕刻版（凹雕印刷，intaglio）印刷法是使用专门的印版进行印刷的，这种雕刻印版是在平面的印版上雕刻上字符形状；而胶版印刷是在光滑的印版上印刷字母，这种印版只有印刷区域才能吸收和和粘附油墨。

上万张同一质地的纸。然而，这些纸张之间也有极细微的差别，同一工厂的产品、同一天的产品或不同时间的产品都具有独特的鉴定性特征，因而能够通过一定的手段予以检验区别。而且，有些印刷文件的纸张并不仅仅用于书写目的，故而它们也有与其他书写纸不同的特征。因此，通过对书写可疑文书的纸张进行科学研究和检验，可以获取具有重要价值的证据。

要准确地鉴定纸张和区分两种相似的纸张样品，对纸张生产过程和纸张原料知识的掌握是必要的和至关重要的。经过实验室的检验，纸张鉴定检验专家可以查明它的原料成分和纸张在生产过程的细节特征。

各种纸几乎都是由编织纤维合成。我国的造纸原料主要是破旧布料以及经过特殊处理的木材纤维。前者常用以制作高级书写纸，后者的制成品较低档，如信纸。但是，许多质地优良的书写纸的原材料也是用合成纤维制成，如用破旧布料和木材纤维合成。用以造纸的其他纤维原料还有稻草、麦秆（straw）、茅草（esparto grass）、大麻纤维制品（hemp）。

造纸的木料大多数是通过亚硫酸盐化合物处理，将其化成木浆，其程序是将木料放在含有亚硫酸氢盐溶液的石灰池中进行烘焙，将其化为柔韧的纤维。处理木材的制造纸浆的过程还要经过另外三道工序，首先将木料用机械性的方法压切成极小的碎片，然后将木材大碎片放在烧碱或苛性钠溶液（碳酸钠处理）或硫化钠溶液（硫酸盐处理）中，烘焙成纸浆。

不管纸浆如何制成，要将木浆制成纸，还要加入大量的水混合物。木浆制成以后还要进行漂白处理，然后进行搅拌并且可能持续几小时，在这个过程中还要加入其他造纸辅料和染料。要加入大量的水直到搅拌的木浆中水的含量为99％，然后才开始将纸浆通过造纸机。进入造纸机后，含纤维的纸浆被送到一个大的平台上，水被迅速滤干，在网状的平台上留下潮湿但非常平滑的纤维纸网。纸网被拉离平台以后，经过滚轴进行除水处理变干，通常是将其烘干。不同的纸其生产过程的每一步骤都有细微的变化，并影响纸的最后质地。有些纸还要经过特殊的工序，如用压光机（calendaring）抛光（将纸通过又重又热的滚轴使其表面光滑），或者加入黏土（白土，clay）、明矾（alum），或淀粉（starch）使其变硬成适于特殊用途的纸。打字纸上有一种特殊的材料，它容易使纸在被擦掉后变薄，通过仔细检验能够用肉眼发现被擦刮的痕迹。

在实验室里对纸张进行检测的方法包括目视、物理检验、显微镜检验、紫外线及微量化学试验。除了最后一种方法，其他所有的方法都可以在不改变文件原状的情况下进行；如果要准确地确定纸张的原材料及成分，就应该进行微量化学试验，其方法是从可疑文书上切下一小块并溶解成纸浆。经验丰富的纸张显微镜技术检验专家（paper microscopist）可以根据纸浆中显现的木材纤维情况，准确地提供纸张的纤维成分及其造纸过程和工艺流程情况。

也有人反对使用对文件进行切块微量化学试验这种方法，因为这种方法破坏了检验样本的完整性。如果仅仅是对几种不同的纸张进行种类鉴别，常常不用这种损害性的化学试验方法而采用其他的检测方法。通过测微器或千分尺（micrometer）能够测定纸张的准确厚度，这本身就具有重要价值。对纸张的长和宽的精确测量有助于判明这些纸是否在同一次被切裁。另一方面，如果一叠纸是一次总切裁的，在显微镜下，纸的切边会显示出裁切时裁纸刀刀刃缺口所形成的条纹状的擦痕，这种刻痕是判断某一组套的纸锭是否同一次剪裁的鉴定性证据（见图 3 - 29）。在倾斜光的作用下，通过透光检验能够发现纸张表面的纤维构造形态和"迎光察看效果"（look through，即纸张的感光度）、纤维种类以及不同纸张的造纸技术和工艺流程特征。在紫外线作用下的荧光反应颜色和质量特征，[①]有助于区分不同样本的纸张类型，但这种检测试验过程和结果必须有详细的说明（见图 3 - 30）。

图 3 - 29　图中所示的是三包大小为 3 × 5（cm）的指示卡在裁切时所形成的条状刻痕的照片。该照片清晰地显示了纸叠切边的条纹状的刻痕，这种擦痕是当卡片被裁切时由切纸刀刀刃上的缺口所留下的。注意观察每叠纸刻痕的不同种类和形状大小。

将已经建档的文件卡片重新提取出来以后，逐份按切边痕迹的先后顺序拼成完整的一叠纸张卡片后，通过对卡片上切边痕迹显示的情况进行研究，能够对文件的建档时间做出比较准确的判断。

[①] O. 希尔顿：《紫外线在检验不同书写纸张缺陷（Pitfalls）中的运用》，《刑法与犯罪学》1949 年第 40 期，第 519~522 页。

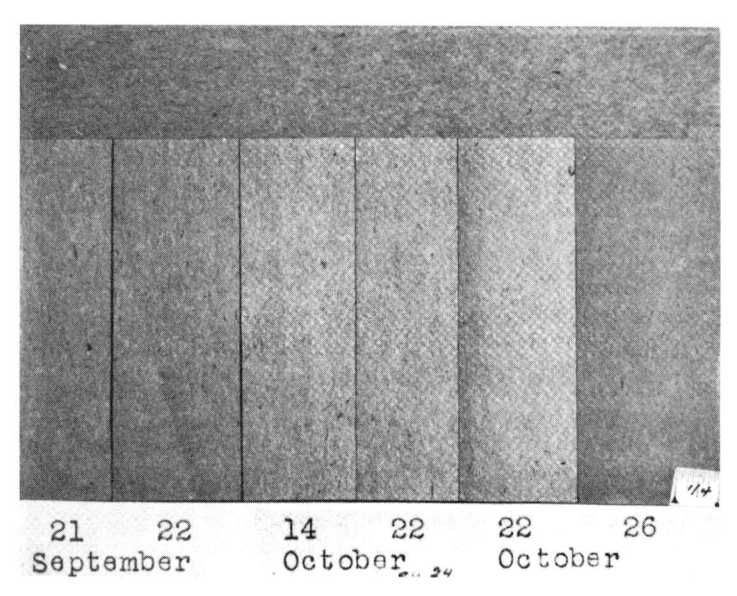

图 3-30　此图是将 6 种已知制作时间的文书纸张和第 7 种纸张样本（与前面 6 种纸张平置）以及可疑纸张（在这 7 种样本的顶端横置）在紫外线辐射下，进行照相所制成的照片。从照片上可以看出这些文件在视觉上和物理上的特征是相似的。但可疑文书的纸张和 10 月 26 日制作的文书纸张表现出的紫外线荧光是相同的，与其他 5 种不同，故可断定可疑文书的制作日期是 10 月 26 日。

对于质量良好的书写纸来说，纸上的水印是一个重要的鉴别标志，各造纸厂家产品的不同，其水印的分类标准也各不相同。① 纸上的水印不仅能提供有关造纸厂家的重要线索，而且还可以提供这种品质的纸张首次使用的时间。有些水印标志有独特的制作日期，其他的特殊纸张尤其是纸币，内藏秘密的水印花纹——一种小而无规则的着色花纹，它用以防止伪造以及便于鉴别真伪。纸张上的这些特征要尽早收集充分的对比检验的样本，将检材与样本进行仔细、全面地研究以便尽快得出鉴定结果。

至此，我们已讨论了纸张的许多特点，纸张本身通常就存在许多问题，如某种纸张最初生产出来以后是用做什么的？这种纸张的大小规格可能是与众不同的，它的主要用途是什么？用手工整理纸叠并对比纸边也可以得到一些结果。对两张纸片的孔眼边或剪切边口进行拼合可以判断它们是否曾是一组套的纸叠。纸张的抬头标题、标线以及任何被印在纸上的东西都可以成为研究的对象。各种纸折，特别是那些和文件表面不大适宜的折叠痕迹，都要进行仔细的检验。某件文

---

① 《洛克伍德纸业制造商姓名地址目录》，该目录每年出版一册，《纸品分类》（Oradel：Walden Mott）。

书中出现的有关情况可能成为最后做出同一鉴定结论的决定因素。

由于纸张的技术检验已变得非常复杂,现在有许多受过专门训练并潜心研究纸张的高级纸检专家,他们主要研究、解决嫌疑纸张制造的有关问题,他们的不断努力也使得可疑文书的纸张检验技术得以提高。①

一 信封

检验匿名信件时,信封通常是最重要的检验对象之一,它对检验结果的得出具有重要作用。曾经有忽视它的趋势,认为它仅仅是构成信件的一个并不重要的因素,这种观点是愚蠢的,因为在判断信件的制作来源和作者时,对信封检测的结果也能提供重要的证据,特别是在检验工作的最初阶段,信封上的邮戳、手写字迹、邮票和信封本身的一切情况都必须进行详细的检查。

特别应注意信封上姓名、地址的书写或者打印形式,它常具有典型的个性特征。信封上每一款内容的排列、字母的缩写、拼写、标点、书写时留下的空格、字母的大小,特别是写信人和收信人地址排列上的相对距离、回信地址的位置、书写字迹的倾斜程度,以及书写内容排列的疏密程度都要进行全面的研究。尽管信件和信封上的字迹都有可能进行伪造或者伪装,但伪装者按自己习惯的书写方式进行伪装的情况也常常发生。

检验得到的有关情况,像信封的出处、制作过程、信封上的衬底、信封纸的生产厂家都有重要的意义。对信封纸的鉴定无一方面可以忽视。另外,信封纸的裁切和折叠方式也利于弄清信封的生产和销售单位。各厂家生产的信封上用以封口的胶水也都不相同。某些信封上印有明显的生产厂家的名称或标志。以上这些情况可以用以确定信封的出处,也可以用以鉴定怀疑为同一品牌的两个信封是否是同一厂家生产的。②

自1839年密封信封首次使用以来,信封里装的重要的或者秘密的信件就成为伪造或者篡改的对象。③ 对信封盖口边的检验可查明由于开启信封和重新封口

---

① 坐落在威斯康星州阿普莱顿市的造纸化学研究所以及其他纸张研究实验室对纸张进行了大量的研究工作,他们所进行的基础性的检验鉴定研究为法庭科学研究提供了基础。格里夫发明创造的运用显微技术检验纸张纤维的方法是其中的典型代表,也是对可疑文书的纸张检验做出的最为重大的贡献。关于纸张纤维的检验和鉴定的详情,可参看约翰·H. 格里夫著的《纸浆与纸张的显微镜检验方法》第二版(阿普莱顿:纸张研究所,1942)。

② M. P. 伯图科奇:《通过信封的印刷特征确定其生产厂家》,《法庭科学杂志》1977年第22期,第827~834页。

③ W. E. 伍德沃德:《我们生活的方式》一书的脚注,第16页。

留下的细小的撕痕、褶痕、污点、松散的纸张纤维、过多的胶渍。在透射光线的作用下，可以显示信封内部的撕痕或封口上无规则的胶水沉积，荧光和化学试验法可显示当信封被第二次封口时使用了与第一次封口不同的胶水。[①] 如果在信封盖口上有笔迹或手印污迹，或者一个完整的邮戳出现缺损，都可能作为证明信封遭到拆封或者伪造的证据，因为对信封的开拆或重新封口很难不留下任何痕迹。

二　密封带和标签

并非所有的信函或邮件都是装在信封里邮寄的，有些是装在布包裹和各种匣子里，封口是由纸或其他胶带来完成。这些用以封口的带子可能被粘上一层可溶于水的胶，也可能是一种极薄的纸带。珀特尔和凯西先生已对鉴定这些密封带的出处的可行方法做了专文论述，并说明了它们的生产特点。[②] 另外，用以捆扎邮件的带子多半是塑料的或布质的，对各种密封带出处的研究结果在犯罪调查中有极大的价值。

布带检验也涉及纤维线质地的研究。如果它们被切断或扯断，可以将断处与另一些带子的断片相对比，查看被撕掉的捆扎绳索是否与邮件或者邮包上的捆扎绳索的断面相吻合。同时，对封口上的粘胶剂也要进行分析检验，通过对比检验一般能够确定它们的出处。[③]

珀特尔和凯西的文章还指出，用以制作不干胶贴纸的原料以及对不干胶标签的鉴定程序与它们的生产程序相同。许多标签上就有表明它的特征和制作出处的说明。诚然，带有回信人地址的邮件标签更容易被认定，但另一些特殊的邮件粘附物在寄信人和回信人的地址一栏都是空白。由于印刷形式、纸张原料、粘胶剂或尺寸大小的差别都会形成独具特色的封口标签。

遇见这些问题的机会不多，但文检人员和对某信件的来源有兴趣的人们会发现，对邮件上使用的密封带和封口标签的研究，是鉴定信件出于何处的一个内容。

[①] 卢卡斯在《司法化学与科学的犯罪侦查》（第4版，第338页）一书中详细论述了常见胶粘化合剂的化学检验方法，J. A. 雷德莱所著《犯罪侦查中的照相术》（查普曼和霍尔，1948）中的第71～72页和第41幅插图，详细论述了紫外线的检验方法。

[②] D. J. 珀特尔和 M. A. 凯西：《文书检验中经常遇到的纸带和标签》，《法庭科学杂志》1966年第11期，第496～506页。

[③] 凯瑟兰·克勒：《捆扎建筑物炸弹装置的胶带及其胶粘的比较检验与鉴定》，《刑法与犯罪学杂志》1938年第28期，第904～908页。

三 明信片

明信片上有大量的以非常明显的方式表明其出处和来源的信息与线索，但对表示其首次使用日期的信息和线索则不太明显。明信片的构制原料、书写墨水的颜色和具体的印刷特点都有助于确定它的使用日期。同时，政府发行的明信片也能通过邮票设计时间来确定使用日期，它首次出售的时间也是很重要的。① 在法庭辩论中，明信片成为辨认的焦点问题的情况并不常见，但在正常情况下，为有助于法庭做出正确的判决，也应当对它进行彻底检查。

四 纸板

各种纸板（cardboard）很少被作为一份重要文书的组成部分，但它有时可能被牵涉进犯罪调查中。如果判定它的制作来源和它最初的使用时间对侦查破案具有重要意义，那么，就必须对纸板的特征特别是它的颜色、厚度、表面纤维结构和纸板的原材料进行仔细的研究和鉴定。事实上，纸板是纸张的一种特殊形式，对纸板的相关情况的技术性调查和检验方法与对纸张的检验方法非常相似。

五 吸墨纸

圆珠笔的广泛使用实际已限制了对吸墨纸（blotter）的需求，吸墨纸现在已极少见。微孔渗水钢笔和滚珠钢笔使用的现代液体墨水在书写时只在纸上留下有限的墨水迹，吸墨纸的需要量并没有因为这些工具的出现而增加，现在使用的所有书写工具中，只有自来水笔由于书写时有较多的墨水沉积而需用吸墨纸。

使用吸墨纸可使刚写出的墨水笔迹的墨液去掉多余的部分，使留在纸上的笔迹清晰可辨。对文书或钢笔笔迹的检验不能得出是否使用吸墨纸的任何情况，只有对留在吸墨纸上的墨水污迹进行检测后才可以知道这张被使用的吸墨纸的各方面情况。使用吸墨纸轻轻覆盖在新鲜的墨水字迹上就可能在纸上留下各种字迹笔画的墨污，将沾染有墨迹的吸墨纸放在镜子前面，利用反转光线来检测沾附在吸墨纸上的内容，或者用摄影的方法先将吸墨纸上的内容拍摄成负片并增强底片的黑白反差效果，然后将检测所得的肯定性的结果与某份可疑的特定文书联系起来。

---

① 有关明信片的印刷和使用时间的问题，在《邮票及其传说》（第7版，美国华盛顿特区联邦邮政总署，1980）一书中有详细的论述。

第十八节 复写纸

在侦探小说家笔下，对复写纸（crab paper）上的印痕文字的检验结果具有令人惊奇的作用。的确，在适当的条件下，这种检验是有价值的，但它远远没达到小说家们描述的那种神奇程度。复写纸，特别是打字机上使用的复写纸每用一次都在上面留下印迹。这种印迹在斜射的灯光下或在经过仔细拍摄的照片上可以看到（见图 3-31）。对复写纸内容的检验结果对警方的侦查工作具有重要的参考价值或者为侦查工作提供有益的线索，将两张复写纸的颜色、复写油墨的浓淡进行比较，能够确定用于制作可疑文书的是哪一张复写纸，解决这些问题主要是对在可疑复写纸上发现的所有复写文字进行检验。

图 3-31 图中两张复写纸是警察抓赌时得到的。右边一张被使用过一次，从照片上可以看到，它被用作记录每日以数字打赌的彩票的变化情况；左边一张用过多次，从它上面得不到什么有价值的线索。

如果在文书中看到某一页是用复写的页纸所代替，而对替代的复写内容有怀疑时，可以发现原件和替换件在颜色、文件的制作状况或化学构成等方面都有区别。用目视、显微镜、各种化学试验特别是层析法都可以鉴别出这些内容。现代复写纸的色素和染料以一种蜡样薄层的形式出现，工厂生产的各种各样的复写纸和某些特殊用途的复写纸在染料、色素和薄层物质的成分及含量方面都有区别。[①] 复写纸在使用时，一部分染料薄层蜡样物质被印在纸上形成文字，这个过程同时也耗损了复写纸上的油墨。结果，这些文书上包含了使用复写纸以及这种复写纸的一般使用条件的证据。对这些重要因素的累积一直是证实使用复写纸或者其他复印纸的有效方法。

第十九节　图章和鉴别装置

在古代时候，蜡图章（wax seals）常被用来代替某个人的签名，因为文书或者文件的内容实际上是由有知识的人写作或者起草完成，而许多社会地位很高的人甚至不会书写自己的名字。现在，世界上仍有许多地方的人们，为了证明文书的真实性（authenticating）仍使用印章作为亲笔签名的补充。在美国，除了偶尔用于防止信件在寄送时被伪改的防护图章外，其他图章已很少出现。

然而，没有哪一种图章防伪装置不被某些人用各种办法加以伪造和仿制，蜡图章也不例外。刻制图章的方式有两种：第一种方式是先制作真实的图章的模具或者模型，其方法是用蜡印压出图章的凸凹字迹的轮廓。为了形成需要伪造的图章，模子必须填充热蜡，像制造金属印模一样将图章的文字和图案内容刻印在热蜡上。伪造的图章的线条轮廓没有原图章的清晰，或者还有其他的缺陷。第二种方式实际上是将印在文书上的原始图章印提取下来，重新轻轻地将它固定在热蜡的底部或用新蜡将它轻压在原图章上。对于破碎的图章，这种转移法是有效的，伪造者会耐心、仔细地用新蜡修补图章上的缺陷，这就会使图章出现由两种不同的蜡组成的情况，这种修补痕迹可以在红外线灯光和显微镜下显示出来。[②]

在美国最常见的图章是公证人（notary）所用的凸凹印章，社团的图章是另

[①] 对复写纸特征的综合分析的论述，见 R. R. 威森格著的《复写纸及其他复印纸张的鉴定》，载于 R. H. 莫西尔主编的《纸的特性研究》（布鲁克林：雷蒙森，1950）。

[②] 对制作图章的蜡进行分析检验包括判断和确定蜡制品的熔点、松香树脂的含量以及白蜡树的含量和特征等。见卢卡斯著《司法化学与科学的犯罪侦查》第 4 版，第 322 页。

一种常见的图章形式。将需要盖印图章的文件或者证书放在两个凸凹相反的金属印版中间，用力压下使图章在文件纸面的上面即正面形成凹下的刻痕，与此相反，文件的另一面即背面则留下凸出的压痕。伪造这类图章的情况并不多见，因为，模仿印模和用尖利的工具刻画图案的工作使伪造行为受到限制。通过与原图章进行详细的对比，伪造图章在印模、图案方面的缺陷能被检验出来。一种可行的伪造方法是简单地弄一个与原图章印迹很相似的模糊印迹，以期利用当事人的粗心、过错而蒙混过关。模糊的图章印迹可以在侧光照明的情况下清楚地显现伪造或者变造的痕迹，也可以用一个小滚轴将发荧光的纸贴在突出纸面的印迹上，然后再在红外线辐射下进行检验。① 实际上，很少人煞费苦心地研究图章的设计种类，它在文书中出现的图迹足以鉴别文书的真伪。

第二十节　粘胶邮票

作为邮寄标志和国家收入之一的各种邮票在文检中有一定的地位。它首先可以确定文书制作和邮寄的时间。少数情况下，对有特殊来源的邮票上的孔眼的比较能确定文书的来源。对邮政管理当局来说，已用过的邮票再次使用就形成了一个特殊的文检问题。② 对粘胶邮票的检验是邮票研究工作的一个扩展，集邮专家关心的大多数问题与可疑文书检验无关，但与特殊文书有联系的一些问题的思考却是必要的。

第二十一节　分类归档和装订

在对文件进行分类归档时，许多东西是有用的——纸夹（钢夹、回形针等）、别针、各种型号的订书钉、打孔机、橡皮带、金属的归档装订机、胶粘剂、弹簧夹，更不用说那种折纸角的简单方法了。它们大多数都会留下可断定是否被使用过的痕迹，特别是在长久的使用后，文件上遗留的各种痕迹

---

① 这种荧光技术最早由 J. 盖耶特所提出和推广，他在《叠加痕迹的照相方法在犯罪侦查学中的运用》一文中予以详细的叙述，《刑法、犯罪学与警察科学》1953 年第 44 期，第 384~386 页。
② 纽约市斯科特出版公司出版了一本世界邮票全册，这本书被认为是最标准的集邮工具书，其中也有大量的篇幅论述一些国家对邮票上的邮戳特征及其他可疑邮戳的研究。

清晰可见。

用别针和金属订装订的文件上都留下了这些归档用具的压痕特征及大小情况，除此之外，也有一些方法可以用来确定文件是否留下归档用具的特征。对别针的洞孔痕迹的仔细研究，可重现当时文件的归档情况，可判定某些纸页是不是在文件最初建档装订后又添加进去的。

纸夹和弹簧夹留下的使用痕迹通常很小（见图3-32），如果文件是用这些东西长时间地扎紧，文件上就会出现与这种夹子相对应的轮廓或会留下锈迹。根据这些痕迹判断某些文件是否同一次收集归档要比根据别针痕迹所进行的判断更困难。不过，留在某些文件纸上的夹子的迹象与一些后来被替换的纸张上的迹象是不同的。

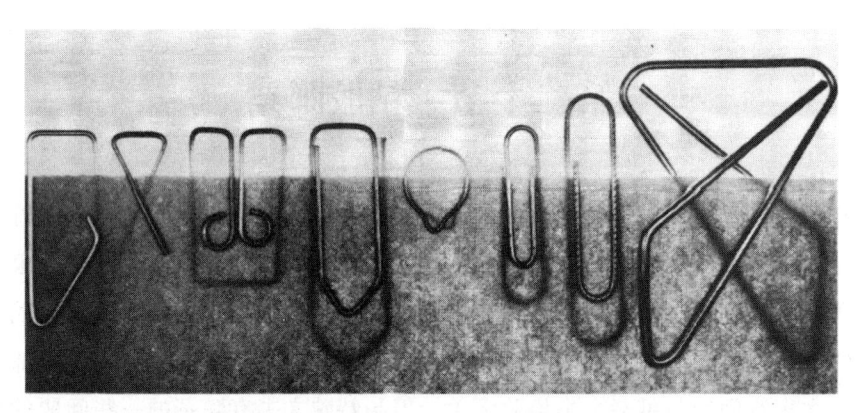

图3-32 图中是八种不同规格和形状的文件夹子（回形针）。在图的正下部，用透射光线显示在纸的后面夹子的轮廓影像和可见的夹子形状。

尽管至今还没有报道用什么技术手段正确鉴别用以装订文件的金属订书机的出处，但这个鉴定问题的确存在。现在常用的订书机有两种，一种是用压力将一个预先削尖的订书钉穿过纸后再机械地扣紧，另一种是通过一个金属圆轴用力削尖一个未成形的订书钉，使之成型后再将它推压穿过纸张扣紧（见图3-33）。通过运用比对显微检验技术来鉴定和检验装订痕迹，这种方法已被成功地运用于检验由于冲压或切边行为在物体上留下的微小的工具条痕。[①] 因而，用同一装订设备订成的文件上则留下相似的条痕或其他迹象。这一技术可以通过鉴定上述第二种订书钉的被削切的尾部，以及鉴别任何订书钉订住的那一表面部分，以确定可疑文件上装订用的钉书钉的种类及特征。要将某一嫌疑订书机上与可疑文件上

---

① 运用这种方法鉴定文件装订工具所留下的痕迹的案件可参见C.M.威尔森著《在煤矿炸弹爆炸案件中，导火线痕迹的比较和鉴定》，《刑法与犯罪学杂志》1938年第28期，第904~908页。

的订书钉联系起来，就必须有标准样本作为参照对象进行检验。这种检验和鉴定应当在可控制的光线作用下，运用显微检验技术方法才能得出鉴定结果。当然，可疑文书上装订工具的痕迹并不都具有充分的鉴定同一的特征点，也就是说并不都能得出肯定性的鉴定结论，但如果可疑文书上确实存在这种特征点，那么，运用这种方法可以明确地区别装订工具的种类和特征。

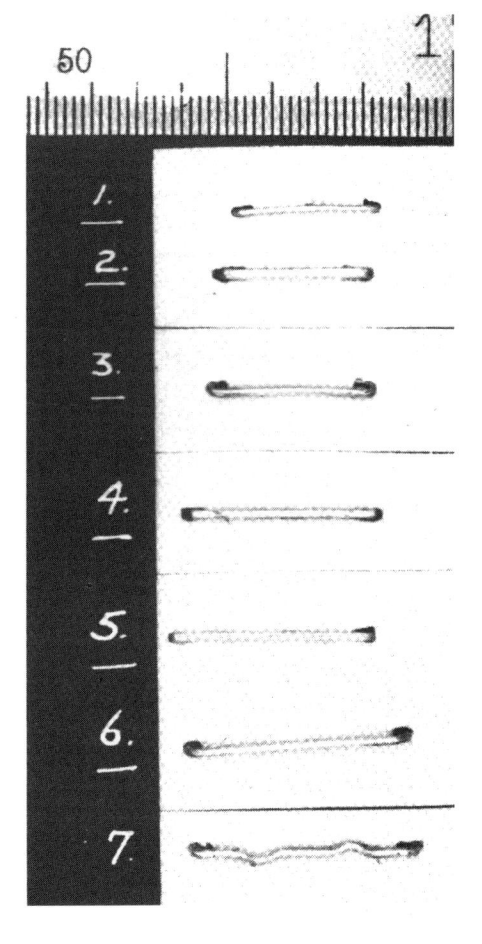

图3-33 图中是20世纪50年代纽约城内文具店出售的7种不同规格和形状的订书钉。①贝茨（Betes），0.31英寸；②箭牌（Arrow），0.32英寸；③托特（Tot），0.34英寸；④康曼德（Commander），0.41英寸；⑤B—80.44英寸；⑥斯坦达（Standard），0.51英寸；⑦斯各特（Scout），0.50英寸。贝茨牌订书钉是线形回形针，其他几种则是预先切削成的。

在任何情况下，如果怀疑某份已经用回形针或者订书钉装订好的文件中，有一页是替换插入的，就需要对每一张纸上的订书钉的洞孔进行仔细的检查（见图3-34）。如果一张纸上的订书钉的孔洞数与其他纸上的不相符合，或者纸上的洞孔位置与其他纸上的不吻合，那么很清楚，这些文件并不是一次装订而成的。

装订文件的各种胶水、糨糊、粘胶带，通常可以通过显微镜、化学法、紫外线、层析法或分光光度计分析技术（spectrophotometric）进行检验和鉴定，用这些方法可以检测出为了插入新的纸页而将原粘好的几张文件拆开后重新用新的粘胶剂粘贴的行为。

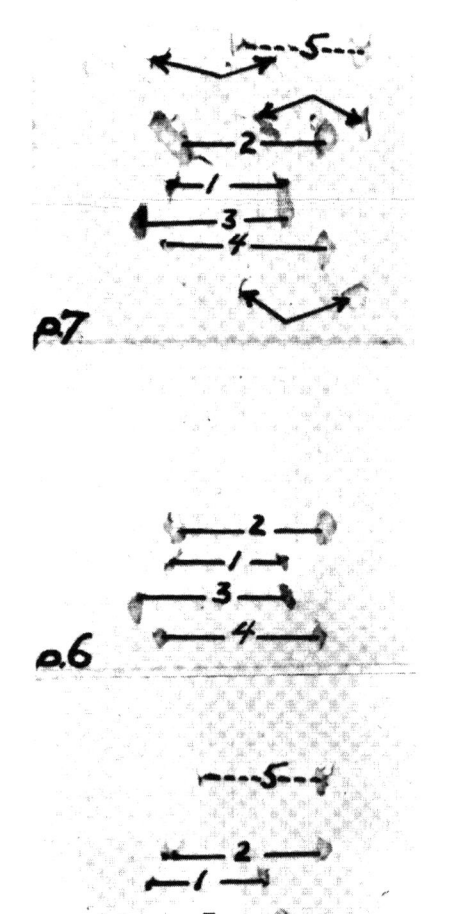

图3-34 检验一份7页纸张的遗嘱上的订书钉洞眼，文件上的背书表明这份文件已被拆过且多次重新订。在有签名的遗嘱的第7页上，有钻孔的时间表示为1930年8月。第4页的洞孔很清晰。第六页上仅有四组订书钉洞孔，第7页上也有相应的编号1~4的洞孔，第4页上除这四组外还有另外一组，背书页上有与第6页上相同的洞孔形状，而且它上面的印刷代号表明打印的时间是在1931年（此点可参看图3-28）。因此，后来替换的纸张是在遗嘱被执行后发生的，伪造嫌疑可以排除。

第二十二节　本章小结

首先，对可疑文书的检验是对它的所有构成要素及其显著特征和细节特征进行详细的分析，最后是将各方面的检验结果进行综合评断。个别特征的分析是综合分析中重要的组成部分，但它们中的任何一项又都是特殊的、唯一的，只有将它们汇总以后的综合分析才可能做出鉴定结论。在鉴定结论中对可疑问题的解答，除了本章论述的研究内容外，下一章所要讨论的其他方面也是不可忽视的。

第四章　变造文书

众所周知，很多情况下，文书在制作过程中或刚刚完成后，都有可能进行修改，但是，这种改变不存在欺诈的企图。然而，也存在另外的情形——不是少数人相信而是很多人认为——某些人违背公平正义与合法交易原则，故意地在原始文书上添加或变造（alterations）某些内容，以达到欺骗对方的目的。一旦这类行为实施完毕，或者怀疑存在这种欺诈行为，都可以将可疑文书提交文检人员检验，希望他们能够发现证据，揭露诈骗行为。事实上，这类请求并不是不常见的，因此，文检人员经过广泛的研究和实验，设计验证了不少有效的检验技术，这些检验技术不仅能够发现文书被添加或变造的证据，而且还可以揭示变造的内容以及文书的原始内容。

变造文书的方法有好几种。针对不同的变造手法，需要用不同的技术去发现原文、恢复原文、解读原文。① 最常见的变造手法有：通过擦刮将部分字迹清除、用浑浊的斑点（opaque mark）使文字模糊不清；通过在字里行间书写（infrared sensitive film）或者扩展文书的部分书写范围等方式添加文字。我们已经知道了各种欺诈的手法，以及检测这些欺诈行为的步骤。因此，一旦面临故意摆弄邮戳等印章以及凸显文字压痕的方式伪造文书，我们就知道该采取什么程序进行处理。现在，我们将要考虑那些最为常见的问题，即文书上的手写字迹和打印文字是怎样被消褪或以什么方式擦掉的。在这种情况下，检验的最终目的在于恢复文书上原有的文字，以便能阅读其全部内容，但有时也出现只能辨识或者解读部分原文的情况。

---

① 本章论述中涉及的一个术语"修复"（restoration）是用来表示能使变造文书修复至原始文书的各种技术总称。此外，还有个术语"解读"（decipherment）是指辨认、识别潦草字迹，解读原始文书内容的各种方法，尽管有时这种解读未必准确，但是通过细节特征清晰、高度精确的照相或照片（photographically）的展示方法能够显示书写的相关信息。

第一节　擦刮文书

具有一般常识的人都知道,可以使用化学药品、磨蚀方式将手写、打印或印刷的文字消除,或者使用像尖刀之类的锐器将文书上的文字刮掉。虽然不是每种方法都能成功地将文书上的文字墨迹或各种标记残迹完全消除,但在变造文书的检验过程中,这些问题都有可能遇到。

经过彻底检验,所有的擦刮痕迹最终都会被侦测到。只有在极少的情况下,技术特别熟练的人用化学药水消褪水溶性墨水书写的字迹,有时才可能不被侦测到。但是有两个因素综合起来会留下这种行为本身的证据。首先,化学药品与纸张发生反应会形成明显或不明显的污迹。而且,如果用自来水笔在擦刮部位书写文字,不管书写的纸胶最终是否受到水溶性墨水的影响,都会在擦刮或者消褪的地方形成轻微的扩散(洇渗现象)。即使是用软笔或纤维笔尖书写,也能观察到相似的结果。用化学药品消褪或漂白圆珠笔字迹是极其困难的,即使行为人非常具有耐心且极其小心地消除文书上的相应字迹,也会留下某些残留的笔画。用圆珠笔在墨水消褪后的字痕上重写文字,尽管看起来好像很正常,但可能仍会留下消褪痕迹的证据。在绝大多数情况下,借助侧光检验、显微镜检验、照相法检验,特别是用紫外线和红外线荧光检验,仍然可以发现文书上是否有变造的痕迹。与此相对应,即使是技术非常熟练的人用磨蚀或锐器等擦刮工具将字迹磨去,往往也会留下更为明显的痕迹,这些痕迹既包括纸张纤维的正常结构特征遭到破损,也包括一些未被彻底擦刮掉的原始笔画的部分残留。因此,这些擦刮现象还是比较容易发现。

尽管检验变造文书的第一步工作,是要查明可疑文书上是否确实存在擦刮现象,但是,对那些因变造文书而处于受骗境地的人来说,调查工作的第一步也是最为重要的一个步骤是恢复和解读被擦刮掉的文书内容。所谓恢复是指暂时或永久地在文书上显现原来的文字;而解读是指通过包括照相或其他方法等多种方式将被消褪的文字在文书上显现出来。至于具体使用哪种方法进行解读,主要根据被消褪的内容而定。恢复和解读能否成功,很大程度上取决于变造文书的书写介质及其文字被消褪和擦刮的方式。

值得注意的是,绝大多数擦刮文书都没有被人识破——即使是那些用化学药品消除含铁墨水字迹的文书也是如此——与此同时,被消褪的字迹最有可能被成功地恢复（见图 4-1）。显现消褪字迹的技术有好几种，而最有效的是用硫氰气雾法（sulfocyanic acid fumes）对文书进行烟熏显现消褪的字迹。① 由于书写文字的原墨迹只能被褪色灵（eradicator）消蚀，但在纸上仍然会留下铁基残留物质，硫氰酸气雾（amonium hydroxide）与墨水中的铁元素产生化学反应，导致被消褪的文字重新显现为字迹清晰的红色字迹。这种方法的优点在于被恢复的文字图像渐隐（即红色的文字会慢慢减弱，因而有时间进行观察和记录保存），但也可能在碳酸氢氧化合物气雾的作用下快速地消褪；如果确有必要，这个显现过程以后还可重复。这种含铁墨水书写的字迹若被磨蚀或锐器擦刮，也有成功恢复的可

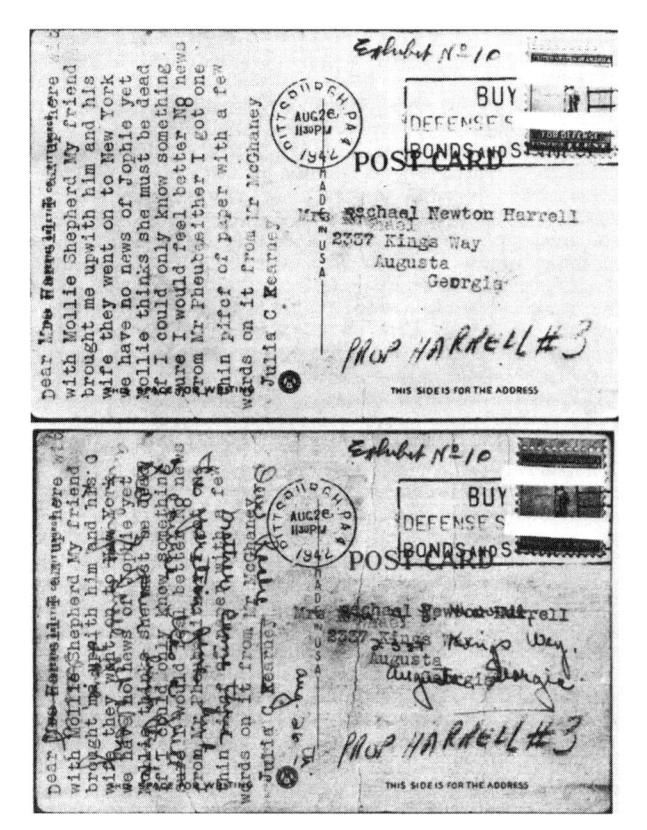

图 4-1 本图上面所示的是某人提供的一张明信片，作为声称自己有权继承房产的证据。下面是经过化学熏蒸法处理后明信片上所显现的内容。这个证据彻底地驳斥了原告要求拥有不动产的主张。原始文件上的字迹是用含丹宁酸盐铁（iron-tannate）成分的墨水书写的。

---

① 这种方法是由奥尼尔（M. E. O'Neill）创造的，在他的论文《消褪墨水字迹的修复》中有详尽的介绍，载《刑法与犯罪学杂志》1936 年第 27 期，第 574~577 页；另见 A. 郎赫蒂（A. Longhetti）与柯克（P. L. kirk）在《刮擦与消褪以及凸凹字迹的恢复和辨识》一文中，介绍了使用喷雾器（nebulizer）将特定化学试剂喷雾显现字迹的方法。参见《刑法与犯罪学杂志》1950 年第 41 期，第 518~519 页。

可疑文书的科学检验

能性,除非纸张在擦刮过程中受到严重破损。遗憾的是,此类破损文书经常都是由这种擦刮方法所造成的,因此,最好的效果也只能恢复部分被擦刮内容。在钢笔作为最普通书写工具的年代里,这类墨水曾被广泛使用,如今却很少见了,现代化的多孔钢笔和圆珠笔不使用含铁墨水。

使用其他不含铁盐成分的水溶性墨水书写的文字,要恢复被消蚀的文字就困难得多,一般而言,复原的可能性极低。如果要消褪使用合成颜料墨水的多孔尖笔或圆珠笔书写的字迹,不仅文书的字迹及其颜色全部消除,而且还有可能将墨水中的化学成分全部消除。事实上,还有一种情形,即使用非化学方法去除字迹,虽然容易发现这种痕迹,但却不易解读被擦掉的内容。对使用这些墨水书写的文书来说,采用照相检验法(见图4-2)、紫外线检验法(见图4-3)以及红外线检验法,都是标准的检验方法,尽管上述方法尚不能成功地辨识和解读所有被擦刮掉的内容(但这些方法能够有效地对含铁墨迹进行检验)。①

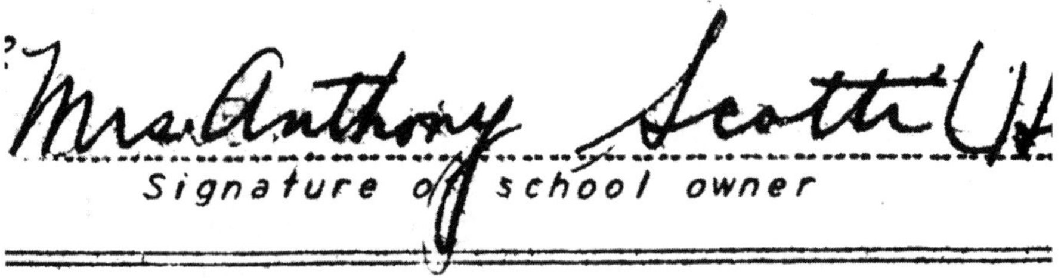

图4-2 安东尼·斯科提(Anthony Scotti)的原始签名已被类似金刚砂的研磨器磨蚀掉了。通过小心地控制光线拍摄照片的方式,能够达到解读磨蚀内容的最佳效果,这种照相方法能够显示磨蚀的全部细节特征,它显示了原始签名的残留笔画。安东尼·斯科提先生的原始签名是用蓝色颜料墨水书写的。

碳素墨水很难彻底擦掉,化学药水也无法将它漂白;但是与金刚砂类似的磨砂(abrasive erasure)或熟练地用刀刃或者剃刀,能够有效地擦刮掉书写文字的墨迹。要检验或辨识文书字迹的原始油墨类型,通常情况下是比较困难的,如果字迹被擦刮得一干二净,鉴定原墨水成分就更加困难了,也就更谈不上解决可疑文书问题了。然而,只要存在残留的原书写字迹,就可以用普通的翻拍技术或红外线感光胶片(infrared sensitive film)照相法显现,至少能辨识一部分原文内容。

---

① 埃尔布里奇·W. 斯坦(Elbridge W. Stein):《紫外光线与伪造文书》,1932年10月号《美国科学》,第204~206页,文中介绍了运用紫外线来辨识刮擦字迹的方法。

图4-3 本图是支票背书签名部位的一部分，背景图案的消失表明被化学消褪剂处理过。在对同一部位进行紫外线照相时，发现有第二次签名的不明显的轮廓以及签名下面的银行存折号码。

圆珠笔油墨字迹不易被消除，[1] 即使用商用的油墨褪色剂也不完全有效，虽然用磨砂纸用力摩擦能够去掉墨迹，但与此同时又会留下明显的擦痕。由于墨水会渗入纸张深层，并不完全停留在表面，所以想要彻底地去除墨迹，必须要加大摩擦力度且扩大范围，同时仍然会留下圆珠笔笔画压痕。照相显现法、紫外线显现法、红外荧光显现法等，虽然不是万无一失绝对可行的方法，但仍然是显现原来字迹的较佳方法。

辨识被擦刮的铅笔书写文字，无论书写人使用的是炭黑铅笔、彩色铅笔或者笔迹不易擦掉的记号笔，不仅非常困难，而且极其耗时费力。如果一个技术娴熟的人用软橡皮擦去铅笔字迹，结果几乎不会对纸张表面造成什么影响。即使这样，除非书写时用力非常轻，不然，即使彻底地擦去原始文字仍然会留下轻微的笔画压痕，如果擦刮不彻底，又会留下炭黑或色料痕迹。笔迹压痕和颜料残留物都可作为辨识

---

[1] 可擦掉的圆珠笔墨水是最近才出现的。用这种墨水写的字迹更容易被擦掉，但在文书上或多或少地会留下擦拭笔迹的证据。对这个问题进行最广泛研究的成果最早见于皮特·普菲菲利（Peter Pfefferli）与杰克斯·马瑟耶尔（Jacques Mathyer）合著的论文《'Eraser Mate' Un Strylo a Bille a Encre Effacable》，载于《国际犯罪学与警察技术》1979年第4期，第407~419页。同时，这类成果还可以参见威廉·弗林（William J. Flynn）的论文《新型可擦拭墨水笔》，载于《警察学与行政管理》1979年第7期，第346~349页，该文对此有更详尽的论述。上述两个研究都表明，在笔迹形成后1~2小时内，用这种墨水书写的字迹可被普通铅笔橡皮擦掉，主要根据纸张的情况而定，在某些情况下，即使在书写完成70~80小时以后，仍然可以用铅笔橡皮擦掉。一旦这种墨水书写的字迹定型后，它也像其他圆珠笔墨水一样难以擦拭了。

和解读文字内容的基础。控制光源条件下的肉眼观察和照相检验,包括用斜面光照明方法(oblique illumination)和低强度漫射光源(low intensity diffuse)照相检验法,都是辨识和解读被擦刮文书字迹的有效方法(见图4-4)。① 有时,可能需要使用反射光红外照相法进行检验(见图4-5),而彩色铅笔字迹能够用红外线荧光法显现出来。特殊成分合成的化学溶液②亦可以用来显现字迹的压痕(见图4-6)。对于不易擦掉的铅笔所书写的文字,用酒精喷雾稍加湿润就能够使某些没有被擦去的颜色明显起来。③ 如果在擦刮文书字迹的过程中,纸张表面被擦刮得非常严重而毛糙,问题就变得非常复杂了,因为人工控制的侧光光源照相不能清晰地显现被擦掉的笔画线条(见图4-7)。若检验条件良好,可以显现全部文字内容,但实践中常常只能辨认出一部分原来的文字内容(见图4-8)。

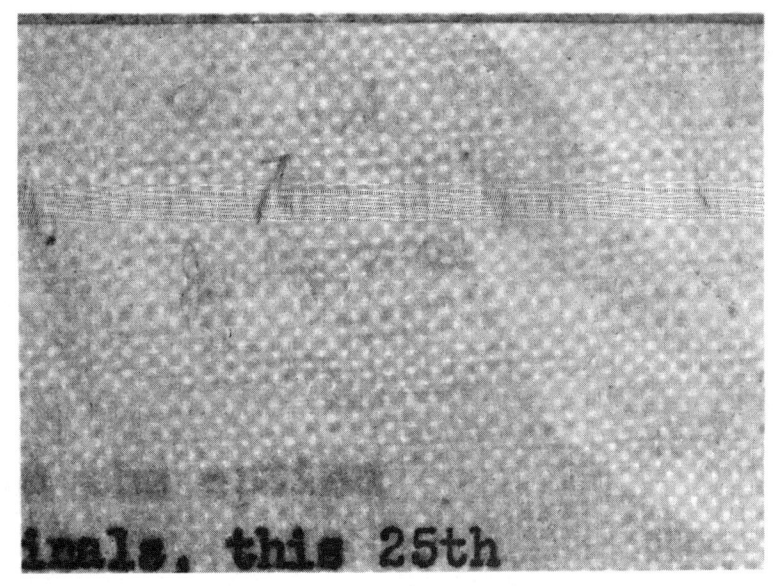

图4-4 部分受到擦刮的日期6月24日,原来是用红色铅笔书写的。在加装绿色滤光镜后进行拍照,这种照相检验法显现了纸张上残留的微弱笔画。

---

① 辨识和解读擦刮铅笔字迹的现代照相方法,包括探索利用新近开发出来的一种低强度漫射光源(low intensity diffuse)照相方法,辨识被擦掉的字迹,这种方法在笔者的文章《试论辨识和解读擦刮铅笔字迹的照相方法》一文中也有论述,该文载于1955年2月出版的第85期《国际刑警评论》,第47~50页。

② 有一种解决办法,即使用"笔迹检测仪"(grapho-detector),这种仪器是新泽西州穆尔斯敦市的Faurot保安系统公司经销的商用产品。与此相类似的解决方式,在罗兹(H. T. F. Rhodes)1940年出版的《司法化学》(化学出版公司,1940,第135页)一书中也有相关的论述。

③ 这种文书修复技术,可参见郎赫蒂与柯克合写的《刮擦与消褪以及凸凹字迹的恢复和辨识》一文,《刑法与犯罪学杂志》1950年第41期,第519页。

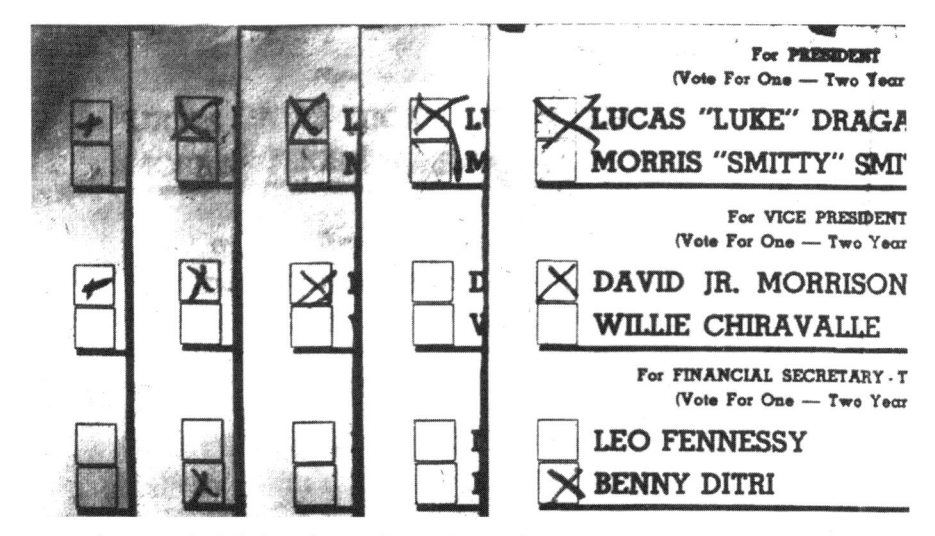

图4-5 在一次工会选举中，有5张选票被涂改，在倾斜光照明下，从红光线感光照片中，可以清晰地看见在原来第2位主席候选人名单前表决框内的"×"形符号被擦刮掉的痕迹。

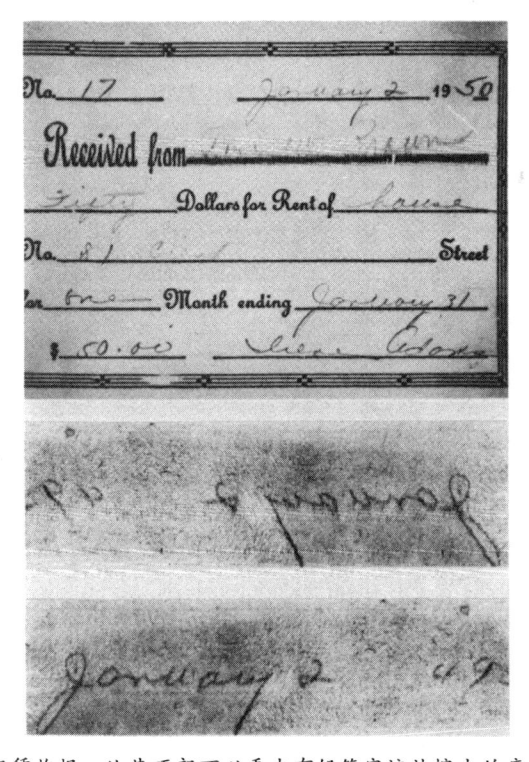

图4-6 这是一张租赁收据，从其顶部可以看出有铅笔字迹被擦去的痕迹。文书的背面有化学消褪剂处理过留下的污渍，通过照相法显现了文书背面图像（中间）和正面（下面）中被擦掉的日期字迹。

可疑文书的科学检验

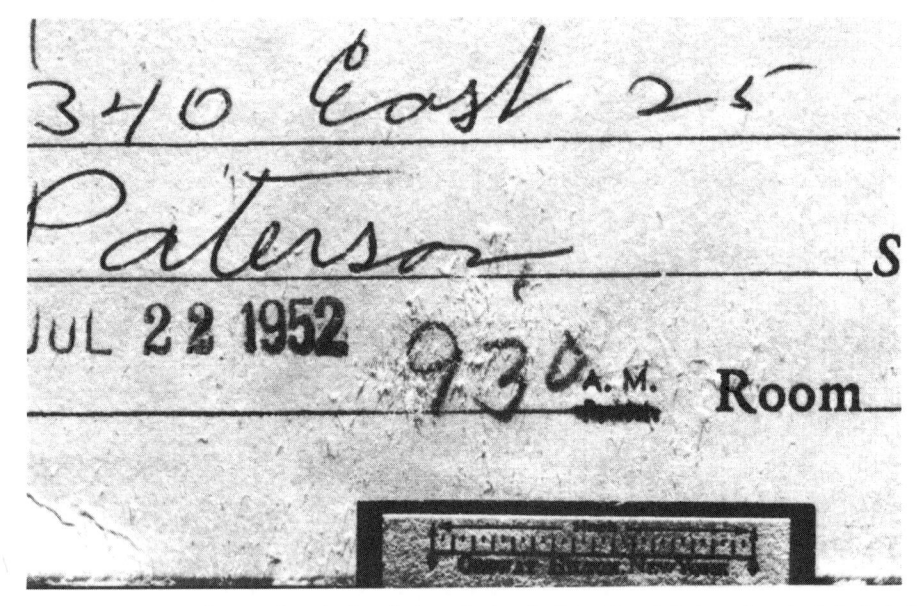

图4-7 这是一张酒店入住登记卡的一部分，表明入住登记时间是上午。在一起重大盗窃案中它被用作证明被告人在案发当时不在犯罪现场的证据，当时他在离犯罪现场几百英里以外的地方。用侧光照相法拍摄的照片表明，住宿登记卡的底色背景非常模糊。原书写文件上唯一能辨识的地方是笔画非常清晰表示时间的字母"A.M."，但是通过检验发现原文字迹是"P.M."（下午）而不是"上午"（A.M.）。根据文检专家的证词，在经过周末的休庭以后，法庭接受了被告人二级盗窃罪的有罪抗辩。

图4-8 这是一起民事诉讼案件中的日报表，该报表记载了卷纸机存在的缺陷。报表中的许多内容都有"卷轴停止工作"（down for reels）的记载，表明每天卷绕器（winder）的制造缺陷引发的卷轴故障所损失的时间分秒数。像这张报表一样，绝大部分报告内容完全是伪造的，在其余的部分内容中只是增加了时间误差范围。这张报表上，通过斜光照相法检验字迹压痕，能够清晰地发现被擦刮的铅笔字迹压痕以及涂改的痕迹。"Trouble getting paper over"（卷纸问题解决了）证明卷轴问题与卷绕器没有关系。

用标准色带打印的文字，很难在不严重损坏纸张的情况下被彻底地擦掉，但是这种打印文字一旦被擦掉，那就非常难以辨认。[1] 不管怎样，文书原件上仍然会留下残留字迹，这些残留字迹在照相法下能够得到增强，像处理擦刮的用碳素墨水或者铅笔书写的文书那样，可以用红外线感光胶片或比较乳胶照片等照相方法，将这种擦刮痕迹显现出来（见图4-9）。即使色带的所有色素物质被彻底地清除了，在很多情况下，字母的书写压痕仍会存留在纸面上。当将色带从打字机上换取下来以便矫正打印文字的时候，这种情况尤其常见。即使最终所有的色带颜料物质都被清除了，但是打字机打印的字母痕迹仍然很清晰。[2] 运用侧光照相法、塑料制模技术，[3] 以及显现铅笔字迹的化学溶剂能够辨识被消除的全部或部分字迹内容。尽管如此，确实也存在这种情况，即文书被擦刮得如此彻底以至采用所有检测技术都不能获得令人满意的结果。

图4-9 部分被擦刮掉的"安东尼·斯科蒂"（Anthony Scotti）名字的打印文字。在用一种高对比度的感光胶片照相后，打印文字痕迹非常明显。

因涂改或擦刮印章、印刷文字或擦刮复写纸等引起的检验问题并不是十分常见，如果遇到这种情况，最好的结果也只能辨识出部分内容。绝大多数这类案件，能否成功主要取决于照相检验方法在多大程度上能够增强被擦刮部分的文字印痕的明暗度（见图4-10）。用控制照明（controlled lighting）的方法，在某些情况下，采取反光红外线照相法、红外线荧光或紫外线照相法可以加强显现效果（见图4-11）。如果印章是被化学试剂消褪时，采用后两种技术往往效果更好；如果原始文书上的印章还残留墨迹痕迹时，前一种技术则更有效。与这

---

[1] 打字机色带生产厂家已经生产出"可清除色带"。有的色带墨水是用无碳的合成染料，有的色带则可以用褪色灵来清除打印字迹。不过，这种色带尚未被广泛使用，因此本节主要讨论常用的炭黑色带打印的字迹。

[2] 凯西（M. A. Casey）和珀特尔（D. J. Purtell）：《IBM校正选择打字机：可校正乳胶色带在变造文书中的运用分析》，《法庭科学杂志》1976年第21期，第208~212页。

[3] 郎赫蒂与柯克发明了一种用塑料制模复印书写或打印文书字迹印痕的方法，详见他们合写的论文《刮擦与消褪以及凸凹字迹的恢复和辨识》，《刑法与犯罪学杂志》1950年第41期，第519~522页。

些擦刮痕迹同时出现的其他特征，还包括纸张表面的纤维光洁度由于磨蚀擦刮而受到严重破坏的现象。上述情况以及其他常见的问题，需要用各种方法反复试验才能取得最满意的结果，但有些问题可能永远也不会得到彻底的解决。

图4-10 这是一张销售发票的副本，上面的复印油墨被擦刮过，在运用对比照相法照相后，能够辨识出发票上原来的名字是"Herman Heft"（赫尔曼·赫夫特）。

图4-11 用目视法和显微照相法检验"JUN"，在字母"U"部位发现有擦刮的证据，而且"U"是用铅笔写的，而不是用黑色油墨打印的。注意在显微照相下字母"U"右边字迹较淡一侧的肋拱，这是用铅笔轻轻划过纸面纤维的典型笔画。这张采用反光红外线照相法拍摄的照片揭示了"JUN"中字母"U"尖端部分被擦刮掉后留下的残留痕迹（箭头所示处）（图片来源于埃尔布里奇·W. 斯坦文检档案）。

尽管众多被擦刮的可疑文书检验问题能够得到圆满的解决，但也有不能成功地恢复并辨识被擦刮文字的情况。恢复和辨识的成效在很大程度上取决于具体问题的具体情况：被擦刮的文书材质及其使用的擦刮工具的类型，擦刮文书在恢复和辨识的保护和处理情况；文字的书写、擦刮及其提交检验恢复或辨识期间的时间间隔长短以及具体案件特殊问题的其他因素。每一次恢复和辨识过程都需要进行大量的实验和时间。上面几段内容表明，虽然照相以及其他先进科学技术在恢复、辨识及解读擦刮文书方面非常有用，但是，通常情况下，首先是借助放大镜进行肉眼观察，以及有些时候在各种不同角度的控制光线条件下，比如斜光或者柔和光线（subdued lighting），通过减少透镜的方法进行观察，有时也在中等强度的日光照射下用放大镜或者透镜进行各种角度的观察检验。因此，一旦怀疑文书有擦刮之嫌时，最好立即将可疑文书送交检验，这样可避免不必要的人接触该文书，接触或者不当处理可疑文书的人越多，越会降低成功的机会，同时提交检验的速度越快，还可以为彻底检验文书赢得充足的时间。

第二节　关联证据

虽然关联证据不一定与技术研究检验有关，但在辨识和证实擦刮文书和变造文书的分析解读结果时非常有用。关联证据可以是和被变造文书密切相关的任何其他文书（见图4-12）。一个明显的例子就是复写本（副本，carbon copy），擦

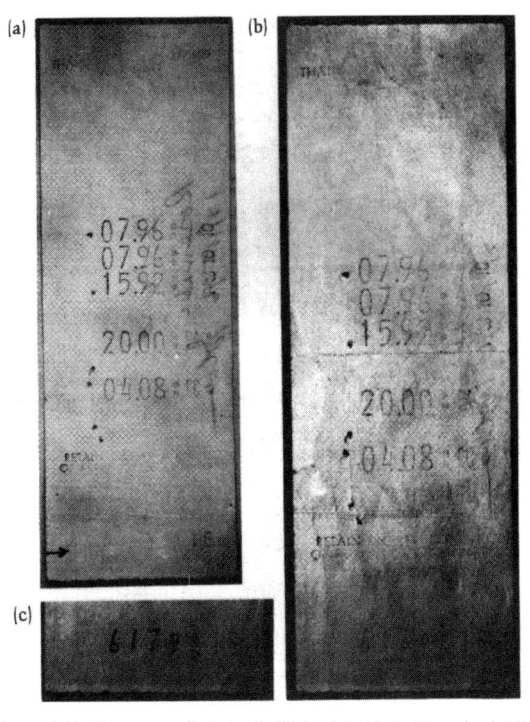

图4-12　这是一张变动过的K-mart商店的售货自动记录收据，它被用作偷窃指控的辩护证据。被告声称她确实在商场购买了货物，正打算将其退还商店，在正准备回家拿售货凭据的时候遭到拘捕。鉴定的关键号码以及右上角的两个字母"No"［见图片（b）的底部和图片（c）追查扫描出的号码数字］与商场内部的自动记录器记录带相符，因此确定购货时间是在犯罪指控发生以后几个星期的11月15日。在紫外线照相下，能够辨识出微弱的紫色墨水印迹。

刮或变造文书的人可能不会得到这个复写本或者改变原始文件，一旦发现复写本便能很快发现被擦刮掉的内容。其他种类的证据比如会计账册（accounting record），尽管账册里某一项记录被改掉了，但簿记系统（bookkeeping）的其他条目的记录还没有被改动。这样，只要熟悉记账方式的人能够找到与此相关的条目记录，就能够很容易重建原始记录。

一般而言，关联证据的部分内容被变造的可能性也是存在的。例如会计账册里，某一特定项目的内容被擦掉和改变了，必然要引起某项结尾或者某页结尾的总数的改变。虽然在擦掉或者刮掉关键性项目记录时非常小心仔细，在处理小计或总数的擦刮时，由于粗心大意或者只是改变或擦刮了部分记录内容而留下残余字迹的现象也是屡见不鲜的。结果，原总数目比被擦刮的关键性数目更容易辨识。这样，被擦刮掉的关键性项目就可以恢复重建了。类似的事例还很多，经常向文检人员请教，可以使你明白应当在何处去发现这类证据。

第三节　挖补剪贴

一些自恃技巧娴熟的人企图将文书的一部分剪掉（cutting away），然后再添加（inserting）新内容将缺口补上，用这种手法来变造文书，虽不多见却也屡有所闻。当然，必须得想出某种方法把剪下的材料在适当的位置上粘贴得天衣无缝才可能奏效。有些文书是贴在另外一张纸上，有的邮票或胶带常常贴在文书的背面。支票银码机盖印（check protector imprints）经常被以这种方法剪贴变造（见图 4-13）。① 仔细地检查文书可以发现这种变造手法，但是一些漫不经心的外行人员甚至是处理商业交易文件的专业人员，比如商人和银行职员，都曾被这种方法欺骗过。

如果纸质较厚，有的人只需挖掉纸的最上层，再把剪得刚好符合被挖掉部分的材料嵌贴上去。竞赛卡片（contest cards）、赛马赌博彩票（parimutuel tickets）的关键性号码被更改，据说都是以这种手法变造的（见图 4-14）。② 检测这种变造文书是完全可能的，但是很难确定文书原来的文字内容。

---

① 约翰·哈里斯（John L. Harris）：《目击证据》，《南加州大学校友周刊》1940 年第 21 期。
② 莫林·A. 凯西（Maureen A. Casey）的论文《赌博彩票的变造》，《刑法、犯罪学与警察科学》1971 年第 62 期，第 282~285 页。

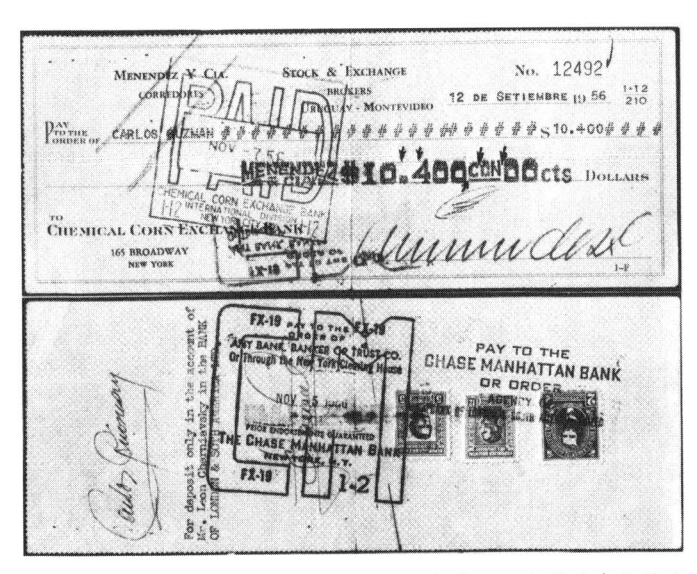

图4-13 这是一张用刀切割变造后增加面值的10元支票,一名伪造者熟练地操控支票数字打孔机(check writer)成功地通过了纽约城市银行的兑付。南美公司把支票退回纽约城市银行,声称支票是伪造的。经过技术检验发现,支票的两个小的部分被切割下来,并粘贴在相似的支票上。箭头所指的地方表明,在数字"10"和"00"之间以及后面两个0的上部被切割掉了。很显然,字母"CON"和"cts"被割除掉了。背面的印戳使支票看上去没有异样。

图4-14 这是一张面值1000美元的未中奖的彩票,中奖号码区域的数字号码被刮掉了,但只是彩票表面层被挖掉。另外一张同样面值的价值1000美元的中奖彩票的号码剪下来后粘贴在这张未中奖彩票的号码区域。通过仔细的检验,向法庭提交的照片显示,彩票表面有小刀剪切的划痕(如图中箭头所示),这足以证明这张所谓中奖彩票系伪造的。

第四节　行间书写与添加改写

在诈骗犯罪中，常见的欺骗方式是利用添写（addition）或者删除部分文字改变文书内容，两种方法都能达到欺诈的目的。在文件中修改某个条款或在字里行间加进一个修饰性句子，便可以彻底地改变原文的意思，其效果就像将文书的关键性部分擦掉一样。通过插入或添加文字修改文书内容的方法虽然因人因案而异，但是，揭露利用在字里行间书写（interlineations）或者添加文字内容改变文件性质的欺诈手法，也如同揭露擦刮字迹的有效检验方法一样，在检验技术方面已经有了很大的进展。

显然，在字里行间添加重要的条款或者句子，或者在边页空白处密密麻麻地添加重要句子，这种简单的做法会立即引起怀疑，并且我们也应当立即对此产生怀疑。然而，许多添加文字是根据文件的格式情况精心地嵌入段落文字里，尤其是当制作文件时粗枝大叶，在字里行间或者签名栏上方刚好留下足够插入或者添加文字或句子的适当空间，使人很方便地在这些地方添加文字。如果添写技术高明，就不会引起那些漫不经心的人（casual observer）的注意，但是，这些难以察觉的伪造内容，仍然可以通过对文书中存在的实质性错误进行适当的技术检验与研究，使这种欺诈行为被揭露。

揭露文件中的插入或添加文字需要对文件整体做全面的研究。前面几节讨论的文件要素具有特殊的重要性：墨水颜色不一致；使用不同的铅笔或打字机；文字堆叠间距拥挤、页边空白参差不齐，或者如果文件是打印的，文字修改部位的间隔空隙会出现异常，存在有使用同一台打字机或另外一台打字机对文字进行删除或添加的明显迹象；如果打字机使用纤维材质的色带，那么可能有使用一条以上色带的迹象，而且色带上的打印痕迹也会变化多端；通过纸张材质和装订顺序的研究，能够发现添加插页的证据；书写笔迹的明显变化；以及每个具体案件的其他事实指明，正在处理的争议文书可能存在添加现象。无论如何，在另外一种迹象即文书不是按照正常的次序进行装订这一事实中——书写笔画先后顺序或者交叉笔画的顺序，以及在文书上面折叠处或者穿孔处笔画交叉顺序——存在有不符合书写笔画的逻辑顺序的证据，可以肯定地表明某段文字或者某页文书是添加的，因为这些顺序特征应当与正常的文书或声称的文书制作时间和过程相一致。

一 笔顺

横断交叉笔画有其独特的形态模式，主要取决于书写文字的笔顺、先写笔画和后写笔画间的时间距离、两个笔画之间的疏密程度、所用墨水的种类、书写工具以及使用的纸张等因素。用双筒显微镜或普通放大镜，辅之以熟练地掌握可控光源和照相法，即使一个外行人也能发现文书制作过程中书写笔画的先后顺序。

有些看起来似乎是明显的检验结论，但实际上不一定都是正确的答案。例如某些颜色最深的线条通常出现在某个字母或者文字的顶部，即使该线条可能是最先书写的笔画。在做出结论前，需要进行仔细的研究和反复试验。以下几段讨论的是确定笔画顺序的一些比较常用的标准。[1]

如果我们仔细研究两个书写笔画的交错或书写笔画与打印文字笔画的交错现象，就会发现我们面临的最主要的问题是笔画覆盖或重合。两个真正的、反复的交叉笔画，比单个模糊不清的交叉（indifferent intersection）笔画，具有更大的成功可能性。譬如，一条很轻的笔画和另外一条或两条几乎不相交的笔画线交叉，就很难清楚地显示书写笔画的顺序。

由于液体墨水容易渗入纸张，因此，当用这种墨水的笔书写的一个笔画与另一支新鲜的墨水笔相遇时，或者在另外一种具有吸湿性的纸张上书写时，后写的第二个笔画就容易在交叉处扩散或者变粗（见图 4-15）。用鹅毛管尖笔（nib pen）或用多孔纤维笔（porous pens）书写也会出现这种情况。如果先写的第一个笔画完全干了，这种现象就不易发生。如果前面的第一个笔画是由坚硬的钢笔尖或圆珠笔书写时，用这种笔书写时通常都会形成一个小小的凹槽，比较轻的后写笔画可能会在与凹槽的交叉处微微变细甚至跳过去。还有一种可能性，即用那些可溶性极强的颜料墨水进行书写时，后写的第二个笔画的墨水会溶解一部分先写笔画墨水，并在原始笔画的边缘形成扩散渗泅现象。

使用非水溶性油墨的圆珠笔在纸上书写的文字，字迹的油墨不会流动。当这样两个笔画交叉时，由圆珠笔尖压力产生的笔画线条沟槽是判断笔画顺序是否应当重点考虑的关键因素。如果笔画线条沟槽边缘有中断的痕迹，那就表明这一笔画是先写的。如果先写笔画的沟槽很深，当后写笔画与沟槽相交叉时，可能使后写的笔画线条稍微变细或出现细微的跳滑现象（microscopic skipping）。当圆珠笔

---

[1] 林顿·高登（Linton Godown）：《论笔顺》（Sequence of Writing），《刑法、犯罪学与警察科学》1963 年第 54 期，第 101~129 页。这篇论文无疑是以最现代的方式来探讨并确定文检中的"笔顺"问题，它对文检人员面临笔顺难题时极有帮助。

图 4-15 一位证人作证时说他于 6 月 17 日在一位分析药剂师的笔记本上登记以后，就已在账簿上签字了。他的签名与 6 月 20 日的登记注册内容交叉重叠。他使用深色墨水渗洇了 6 月 20 日的浅蓝色墨水笔迹，这就证明证人最早也是在 6 月 20 日以后才签的字。

书写的笔画线条与铅笔书写的有明显槽沟的笔画线条相交叉时，也会产生同样的现象。

研究两条交叉圆珠笔笔画边缘的连续性还有另外一个方法：从纸上交叉点提取油墨。艾戈与雷诺兹对提取油墨建议采用以下方法：① 将 kromekote 指印提取纸②光滑的一面贴在交叉笔画线上，这样，笔画边缘上的痕迹就显得更加清晰，同时，如果用钝器有力地摩擦纸张背面，那么这种方法提取的字迹压痕会更清楚地显现两条笔画线中的哪一条在横穿过交叉点时没有被中断。为了加强提取陈旧墨迹的效果，譬如像几年前制作的文书上的字迹，高登建议先用 kromekote 指印提取纸放入麝香草酚酒精稀释液③里浸湿，然后用微热的平头熨斗烫纸张背面 5 秒钟左右，就能较清楚地发现陈旧墨迹交叉笔画线的先后笔顺情况。④

铅笔书写的笔画交叉线在两条笔画线中可能会有连续性的和间断的擦痕条纹或凹沟。偶尔情况下，第二个笔画可能还会拖拉第一个笔画的颜料微粒，尤其是

---

① 艾戈（T. J. Igoe）与雷诺兹（B. L. Reynolds）：《在圆珠笔书写文书的检验过程中，通过收笔及提笔（lifting process）特征的法庭科学检验判断笔画顺序研究》，《国际法庭科学》（待印）。
② kromekote paper 是一种高光泽度的底衬材料，被广泛地用作提取潜隐指纹的衬托纸（mounting）。
③ 麝香草脑（thymol），也称"麝香草酚"或"百里酚"，化学名为 5-甲基-2-异丙基苯酚，是从麝香草油或其他挥发油中制取的无色（或白色）结晶（或晶粉），用作制剂的稳定剂，并有防腐、抗菌及抗霉菌作用。麝香草酚酒精稀释液（dilute solution of thymol in alcohol）对陈旧墨迹的笔画线条具有稳定显现的作用。——译者注
④ 林顿·高登（Linton Godown）：《确定笔顺研究的最新发展》，《国际法庭科学》（待印）。

如果先写笔画和后写笔画是由两种不同颜色的笔芯所写的文字时，就更加容易观察到这种迹象。事实上，任何交叉笔画，如果第二条笔画线含有书写工具从交叉线上拖拉的颜料微粒，这就是证明该笔画是最后书写的重要依据。

当手写的文字笔画与打印的文字笔画交叉时，应当考虑到几种不同的情况。假如当液体墨水字迹与比较新近的打字笔画相交叉时，水质墨水易被打字油墨中的油和蜡所排斥（见图 4-16），因此，其结果是能够观察到液体墨水书写的笔画线条存在细微的中断或轻微的变细现象。水质墨水与圆珠笔新写的笔画交叉时，也会出现类似情形。如果打印文书与书写字迹之间的时间间隔较久，就不会出现上述现象，因为打印文字中的油性物质完全干燥。这种情况下，由于打印文字完全不存在水质墨水受到排斥的现象，似乎可以确定打印文书是先制作的，然而，事实上并不完全如此。鉴定实践中确实也出现过液体墨水完全渗入已经干燥的打印文字的现象。这种互相矛盾的情况毫无疑问是由打印文字损坏纸张表面所造成的。

图 4-16　新的重打的油墨横线排斥手写记数号的墨迹。这表明文书上打印文字先于手写字迹。如果打印油墨线是后来打印上的，那么手写记数号就不会出现笔画断离现象，并且被横贯的油墨线条所覆盖。

圆珠笔笔画与打字笔画相交叉时，可以用仰角或低角度（low-angle）光照射法或更方便的垂直面照明（vertical illumination）的光谱反射（spectral reflection）辨识交叉点的笔画顺序。[①] 如果没有这种光谱反射，这便是书写笔画先于打字笔画的有力证据。如果打字笔画和圆珠笔笔画在纸面上产生凹凸纹路，凹凸纹路边缘的状况有助于我们进一步确定它们形成的顺序。而且，我们还可以用提取技术对这种痕迹进行提取，即使用一种相对较薄而发黏的、"抽取式"（remov-

---

[①]　高登：《确定笔顺研究的最新发展》。

able）减压粘胶剂提取交叉笔画压痕。这种提取材料能够提取打印文字的笔画，除非在交叉笔画处打字笔画被书写笔画完全覆盖住。提取的图像能够完全显示打字笔画的连续线条轮廓，除了被墨水书写的字迹所覆盖的地方外。打字笔画的断裂现象清楚地表明，书写笔画完全覆盖在打字笔画上面，但如果在笔画交叉点上没有这种断痕现象，则可得出完全相反的结论。

更进一步的迹象表明，这种打字笔画在上书写笔画在下的笔画是可以从中提取出来的，当打字笔画在纸上产生凹凸纹路，钢笔书写的笔画线条表明在打字笔画线条的中心部位存在跳滑现象，因为钢笔笔画不能接触到打字笔画在纸张上形成的凹沟的最深处。这种情况还通常伴随有打字笔画线条边缘轮廓的损坏现象，这种损坏现象是由于在用钢笔书写时，钢笔接触纸张时运笔压力对打字笔画边缘造成挤压而形成的。

二　纸张状况及其顺序的确定

如果在书写时，字迹经过纸张上的折叠处或齿孔，通常情况下这就是笔画顺序的精确画面，并且能够为文书是伪造的或者是真实的争论问题提供有力的证据。液体墨水笔画留下的图像最清楚。用这种墨水在纸张上书写时，当笔画经过破旧的褶皱时，会在毗邻褶皱线的纸张纤维上形成可辨识的渗透现象，这种现象的出现使人可以当即得出结论：纸张褶皱痕迹形成在前，书写的文字笔画形成在后（见图4-17）。已经干了的墨水笔画线条由于折叠而形成的弯曲或者中断现象，不受这种方式的影响。与此恰好相反，它会保持不变，或者会形成更深的折痕，墨膜（ink film）还会出现细微的断裂（见图4-18）。如果是用圆珠笔书写的字迹，笔画线会在折痕脊线的另一侧形成跳滑，或在折痕凹面的槽沟底部形成跳滑现象。有时，墨水会擦掉在褶皱处的圆珠笔交叉笔画的外壳罩（ball housing）（见图4-19）。

墨水书写的笔画顺序与打齿孔的顺序具有相类似的特征。如果在书写完成后再对纸张打齿孔，水质墨水和圆珠笔油墨的笔画线都有很清晰的切断痕迹，如果书写者试图在已经打好齿孔的纸张上书写文字时，当笔画线横穿过齿孔时，水溶性墨水很容易顺着齿孔边缘流动（见图4-20）。如果使用圆珠笔书写，尽管圆珠笔油墨不会流动，但是圆珠笔笔端容易被齿孔勾住，会在齿孔边缘形成污渍。有的时候，笔画拥挤和扭曲现象能够揭示书写者想尽量避开齿孔的意图。

第四章　变造文书

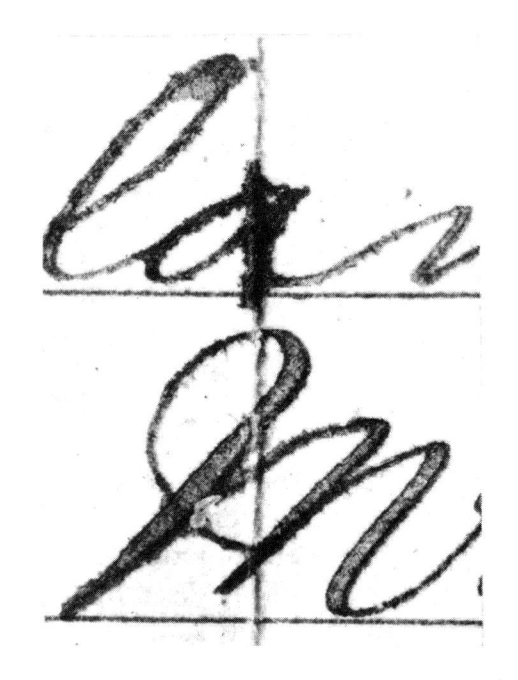

图4-17　"完全等值抵押"（in full balance of Mortgage）文书是一项有争议的记录。韦弗夫人（Miss Weaver）说她签字的时候文书上并没有这句话。

　　水质墨水容易在纸张的褶皱间流动。单词"balance"的字母"a"正处于纸张折叠线上中间，出现的这种墨水渗透现象表明"balance"一词是在纸张折叠后再添加书写而形成的。"Mrs"一词的"M"字母在纸折叠线上没有出现墨水渗透现象，但是经过对该部分的字迹进行放大观察发现（本图下半部分），字母"M"的笔画墨迹有细微的断痕。这种情况表明，该文字与纸张折叠前书写所表现出来的特征是一致的，笔画线的断裂是由折叠磨损引起的。需要引起注意的是，上面两个单词的墨迹均横穿纸张折叠线并出现渗透现象，但是具体的特征不相同（摘自埃尔布里奇·W. 斯坦的文书鉴定档案）。

— 113 —

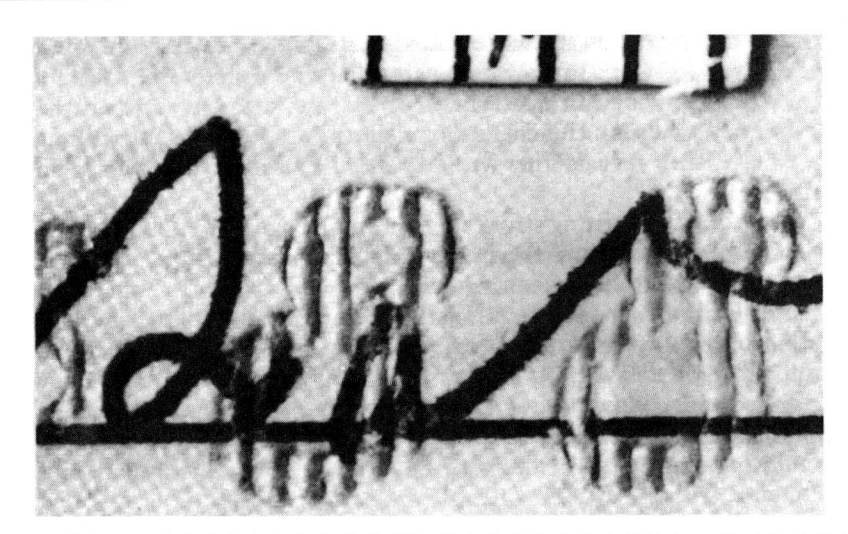

图 4-18 线向不正的支票打印机打印痕迹横切签名处时表现出来的特征。特别需要引起注意的是，支票打印机的打印线在几处地方冲断了墨水笔画线，特别是在第一个数字"8"的左边。显然，经过检验发现这张支票是先签名后再打印的。

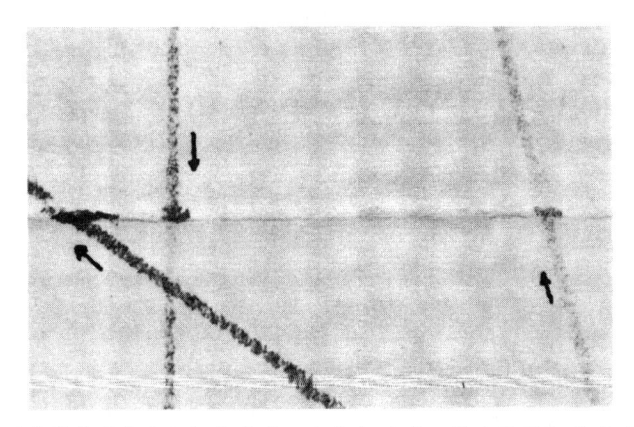

图 4-19 当用圆珠笔在事先已经折叠过的纸张上书写时，笔画墨迹经过明显的褶皱槽沟时，常常会在笔画线边缘留下多余的圆珠笔油墨，而当笔画线经过折叠的脊线时，又会在纸张脊线突起部分形成油墨擦抹现象。当圆珠笔书写的笔画线穿过折叠线后，会出现笔画线跳滑并加宽的现象。图中所示左手边的对角斜线笔画线加重变粗的特征非常明显。

铅笔和打字笔画经过褶皱、齿孔时也会留下笔画顺序的证据，但是要演示和证实这个事实，却比证实墨水书写笔画要复杂得多，也许受到的局限性也更大。因为，这些书写工具都不会出现墨汁渗入破损的纸张纤维的现象，而且书写笔画的连续不间断特性与褶皱的脊线存在根本的差异，尽管并非所有的情况都如此，但是仍能得出明确的结论。虽然，这些问题如同检验一切其他笔画顺序问题一样，经常需要在控制条件下进行反复的实验，才能证明根据文书表面做出的明白易懂的判断是正确的结论。

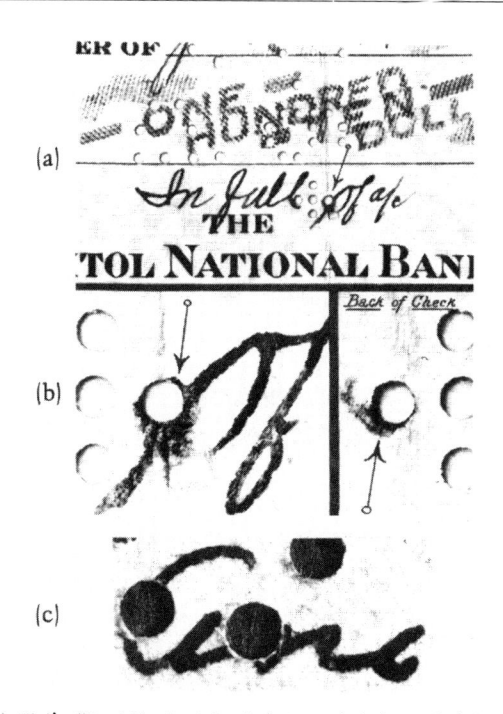

图 4-20 支票（a）上写着"In fall of a/c"这句话。这个标记是在银行办理完成支票承兑手续后才添加上去的。经过放大，字母"of"与银行承兑注销齿孔的横切交叉线上，可以清晰地看见有墨迹流动的痕迹（b）。甚至出现了水质墨水渗到支票纸张背后的现象，如右图所示。书写文字的墨迹已经干燥，齿孔及其内壁轮廓清晰整洁。（c）这也是由银行在承兑支票后打注销齿孔时切割形成的（摘自埃尔布里奇·W. 斯坦的文书鉴定档案）。

在适当条件下，通过这些检验就能够确定笔顺以及书写顺序。这种证据的证明力也是非常强的。根据客观事实（physical facts）及其检验，能够确定笔画的独特顺序，本身并不成为伪造的肯定性证据。相反，这些实物证据必须与案件中的其他证据和事实互相印证，才能权衡其证据价值。那些反对这一新证据的人们通常情况下就要承担举证责任，他们有责任证明这种情况确实存在，且与文书制作的内容或者原始目的没有冲突。

第五节 消褪字迹和涂污字迹

涂抹文字——也就是说，是用某种不透明的遮光涂料将文书中的某部分文字或内容擦抹或涂污——由于这种方法痕迹太过明显，所以，这种变造文书在欺诈案件中很少见。然而，在各种可疑文书的检验中仍会不时碰到这种涂抹现象。书写者本人在书写过程中，为了修改完善书写内容，通常会用同一种书写物质将部分内容彻底地涂抹掉；匿名信的书写者会极力企图将信封上仅有的可资利用的信息即打印好的回信地址涂黑抹掉；战争期间，所谓的信检工作正是以这种方式对信件（包括对书籍、电影等中被认为犯忌、违反道德或政治上危险的内容）进行审查删改的（censor）。

这些例子说明了问题的复杂性和多样性。事实上，每一种情况又有几种不同的分支，要求使用不同的技术，要得出精确的结论都充满艰难困苦，一般情况下难以预测哪种检验方法和技术才能取得最后的成功。即使是最好的解决方法，也需要进行大量的实验，因而是一个枯燥乏味的过程，同时，还必须意识到完全可能会遭遇失败。

能否成功地恢复和辨识文书内容，主要取决于原始文书书写时和涂抹时所使用的材料。检验方法有两种：一是用摄影法穿透覆盖层以显现下面的原笔迹。二是用化学方法或其他方法除去涂抹物质，同时不损害原笔迹。第三种方法很少使用，即运用没有被涂抹消褪行为损坏的原始书写或打印文字的笔迹压痕来研究文书中被涂污的文字。

照相检验法只有当原文字和涂抹材料在颜色或化学成分不同的情况下才能取得成功，一般采用与涂抹材料颜色相似的滤色镜头，能够将文书上涂抹层的消褪材料分离出来。这种方法可能奏效，但如果涂污材料是纯黑色，这种分离方法就会彻底失败。采用透光检验、红外线感光胶卷照相、紫外线以及加装滤色镜的斜光（oblique light）检验，能够增大成功的概率（见图 4-21）。一般说来，如果想要取得完全精确的鉴定结论，那么就需要在各种不同条件下，反复利用上述各种方法进行实验（见图 4-22）。

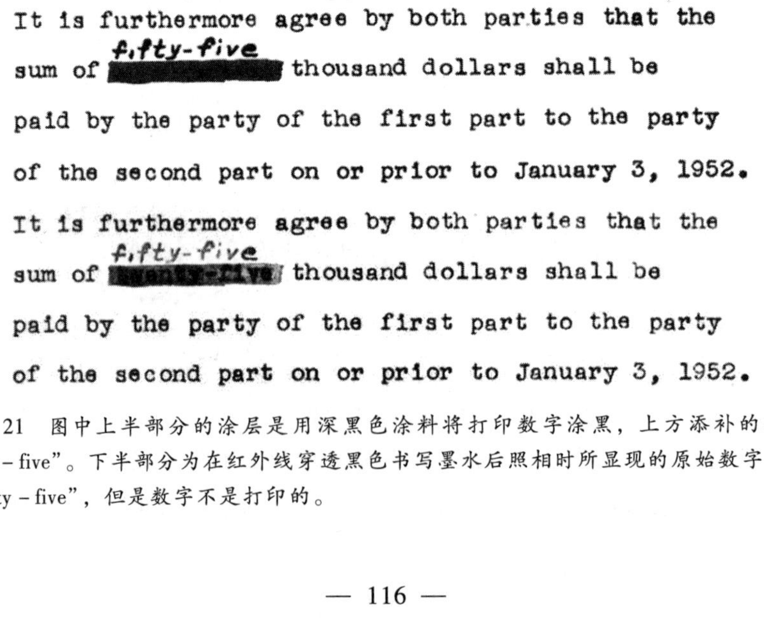

```
It is furthermore agree by both parties that the
sum of fifty-five thousand dollars shall be
paid by the party of the first part to the party
of the second part on or prior to January 3, 1952.
It is furthermore agree by both parties that the
sum of fifty-five thousand dollars shall be
paid by the party of the first part to the party
of the second part on or prior to January 3, 1952.
```

图 4-21　图中上半部分的涂层是用深黑色涂料将打印数字涂黑，上方添补的数字为"Fifty-five"。下半部分为在红外线穿透黑色书写墨水后照相时所显现的原始数字的内容"twenty-five"，但是数字不是打印的。

图 4-22 文书上的日期（上面部分）明显被以加粗笔画线条的方法改写变造过。下面部分是从文件背面进行红外线照相所显现的内容，它揭示了被浓墨涂改的数字"8"下面的原始数字应该是"6"，因为墨水无法渗透进对文书进行照相的那一面。

如果照相检验法不成功或不实用，有时也可以用化学试剂或机械方法清除或者减少涂抹物质。能否取得成功则取决于所用的技术是否只对消褪物质产生效果，或者至少对褪色灵等涂改材料的影响比对其覆盖的书写文字的作用要大。用蓝黑墨水或苯胺墨水能够消褪文书上的炭黑墨水涂改物，[①] 铅笔涂抹覆盖墨水字迹，以及用各种墨水或铅笔笔画掩盖打字笔画，都可以用这种方法处理。熟练运用常用的橡皮擦或普通书写墨水溶剂也能获得理想的效果。如果情况顺利，使用这种方法能够成功地解决问题。但是，由于该方法对许多混合物质不起作用，所以它也并非每次都能成功。

还有一种涂改法现在已经得到相当广泛的运用。这种方法就是取代擦刮的涂改液或修正液（white-out），特别是对打字文书进行涂改时，现在常常使用修正液。其中的一种涂改技术就是通过修正色带（correction ribbon）打字或者将纸张覆盖在色带的字母轮廓上平铺按压也能恢复已经打印的文字。一般情况下，新近打印的文字都在相同部位上。另外一种方法是将液体涂改液涂抹在要消褪的部位，然后在涂改部分上书写新内容。这两种情况，只要对文书进行仔细检查就不难发现。通常用透光检验法或用红外线感光胶卷和滤光镜对文书纸张背面进行照相的检验方法，能够辨认出文书的原始内容。有些涂改液可以用恰当的化学溶剂清除，或者减弱涂改掩盖物，显现下面的文字，但是有些溶解剂在溶解涂改液的同时，也会对打

---

① 苯胺油墨（aniline ink），主要是阿尼林色素即苯胺色素对其他墨水产生化学颜色反应。苯胺，也称阿尼林，是一种无色油状液体。商业上通过从煤焦油和靛蓝中将硝基苯还原而制成，稍溶于水，易溶于醚及酒精。与其他物质，尤其与氯及氯酸盐结合，可获得阿尼林色素或染料。——译者注

印油墨产生影响，因此，必须严格控制并掌握好溶解剂的使用范围与用量。

很多情况下，唯一的希望是原字迹上的涂改覆盖得不完全，原始文书的部分文字仍然能够辨识（见图 4-23 和图 4-24），部分残留笔画或未全部涂抹的字母的微弱轮廓能通过增强照片图片的对比度的方式加以辨识。总的说来，所有这些涂抹手段都需要综合使用各种技术方法进行检验，包括使用先进技术设备、进行反复实验以及坚持不懈的努力，但要保证检验取得最后成功，在很大程度上常常要看条件是否充分。

图 4-23 图中上面部分的两个单词先被"x's"完全覆盖，然后再用"h's"彻底地消退了原有的两个字母。通过对上下行的原始书写文字的残余字迹进行研究，然后通过显微镜照相法仔细地研究插入两个单词间的笔画线条，可以解读并辨识出原文的部分内容。下面是经过照相处理后显现的打印文字"handling of"。

图 4-24 这是一张经过仔细放大处理的日期照片，发现原始文书上的时期应当是"May17, 1947"，而不是"1949"。该日期数字的变造与图 4-22 所示的日期变造均由同一妇女所为，她变造的目的是打赢官司。

一 覆盖重写与添加嵌插文字

通过对某个单词或者句子的部分进行覆盖重写（overwriting），或者添加一个字符、一个单词或者一个句子，或者其他改变文字原意的方法，都可以改变文书的内容。有时候需要确定原来的文字内容。在其他情况下，只需要说明文书不是在准备过程中变造的。通过字里行间书写（interlineations）的方式添加文字也许太过明显，但如果能证明这种添加是用另外的书写工具完成的，或者是由另外一个书写者书写或由不同的打字机打出来的,那么,这对否定文件现有内容体现出来的价值,将有很大的帮助。

　　根据书写物质或书写笔迹的差异,可以揭露嵌插现象。与整篇文书其他部分的文字环境相比较,嵌插文字部分显得过分拥挤。通过显微照相能够发现书写的墨水或其他书写工具的差异。添加插入的笔画线条能够暴露笔顺错误。使用滤色镜照相法、紫外线照相法、红外线照相法可以有效地揭示这种嵌插的笔画,并发现不正确的书写笔画顺序。前面章节里讨论的许多检验技术方法同样也适用于这些问题的解决。

　　通过覆盖重写的方法变造文字内容,即使是非常不明显,但是仍然能够发现重笔的痕迹。那些不属于添加单词字母某部分的笔画往往很重要。如果覆盖重写的文字数量较大,就能够发现非文书原始制作人员的书写特征,这些特征不同于原书写者为矫正倾斜而恢复平衡的修改或者添加所体现出来的书写特征(见图4-25)。

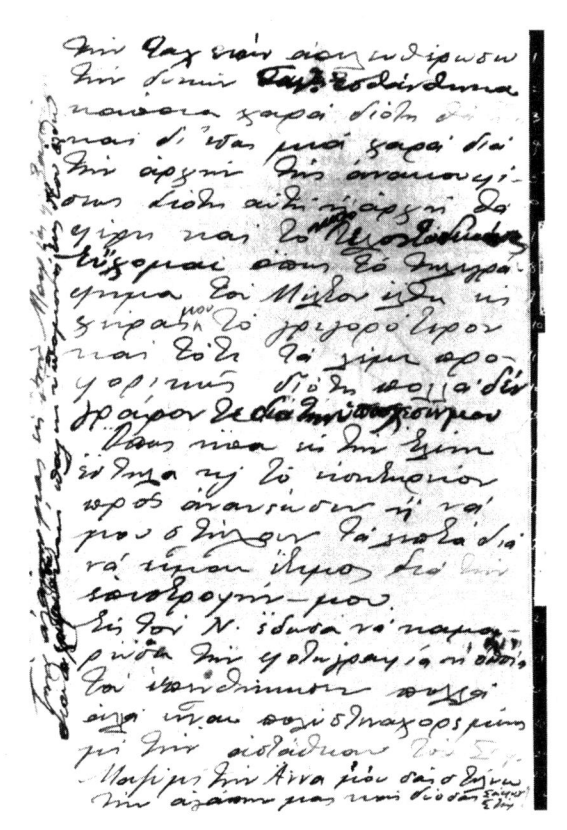

图4-25　这是一封叔叔写给侄女的私人信件,这位侄女用它来证明她的叔叔曾承诺给她和她丈夫一笔嫁妆。通过比较发现,这封长信的每一页几乎都有相似的变造痕迹;有些是叔父改的,有的是婶母改的。鉴于这种情况,根据墨水的差异就可以发现信件中的变造之处,那些添加了新字的地方,书写的笔迹特征不同。

可疑文书的科学检验

这种特征的案例一般不常见，但在伪造会计账册和支票案件中比较常见（见图4-26）。有时，它们只是性质截然不同的文检过程中的附带问题，然而确实是变造文书的另一种手法。除了它们显而易见的特点外，这种变造的性质经常在诉讼中被一方用来作为证据，因此，必须对此做出精确的评价。

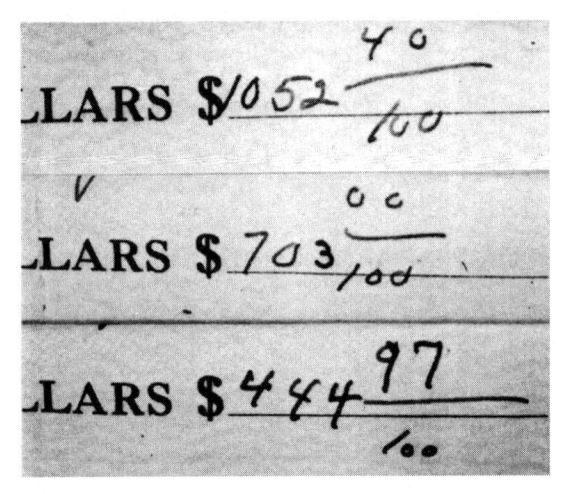

图4-26 墨水颜色的差异揭示了支票数额增值的假象。需要特别注意的是，数字"703.00"是在"70.000"的基础上添加数字变造而来的。图4-18中的支票也是同一案件的证据的一部分。

在多页文书里有人企图对文书进行整页的添加，对这种伪造或者变造意图的检验和侦测通常依赖于对文书装订痕迹的研究（如U形钉齿孔，若文书是用U形钉装订的话），对纸张的种类与规格、钢笔与墨水、打字或铅笔的研究。我们可以在下一页的压痕里找到解决问题的关键。插嵌页表面不能说明是否有嵌插，但相关利益方一定会对此产生怀疑，因此需要找到关键因素以确定事实。

第六节　涂改的影印文书

当代影印文书，如静电复印的文书，能被液体涂改液抹掉或部分删除。揭露此类变造文书的技术方法与其他文书检验的方法一样。伪造者往往在文书的间隙（voided space）处通过手写或打字机打印的方式添加或插入新的内容。如果是在原文件复制本上直接添加内容还有可能发现，但如果是用经过变造的文书再进行复印而成的文书，那么检验问题就非常复杂了。文检人员如何检验伪造的影印文书，这个问题将在第17章里详细讨论。

第七节　文书未被变造的证明

前一节讨论了揭露变造文书的各种技术手法。不过有这样一个问题：证明一份未被变造的文书可能吗？如果可能，又需要哪些检验程序？

证明文书未被变造是一个具有挑战性的问题，[①] 然而也是一个重要的问题。因为证明文书的真伪是文检人员责无旁贷的任务。为某些有争议文书的有效性提供证据，需要证明该文书是真的。事实上，这个过程不仅要进行单独试验，还要考虑到所有可能因素以便确定文书上是否有擦刮、替换和其他任何形式的变造。不管何种情况，发现的结果必须是：没有任何重大的变造行为，也没有发现对文书内容的原意产生任何影响的现象。这些试验结果就是确定文书没有变造现象的累积证据或者补充证据（cumulative evidence）。

因此，根据文书制作的方法，文检人员必须运用这些适当的检测方法以确定文件没有发生具有重大意义或影响的涂改擦刮现象，在制作文书过程中，即或是有细小的涂改擦刮，其目的显然也是更正文书中的错误如拼写错误。为了实现这个目的，需要进行各种适当的试验，这些试验能够揭露各种涂改和擦刮现象，每一次试验的结果都必须是否定的。综合分析各种试验结果，才能支持这种结论即文书中不存在任何伪造或者变造意图的涂改或擦刮现象。

由于同样的原因，要揭露文书是否被添加或者插入某些原文没有的内容，也必须考虑进行各种检测，这些检测或者试验能够发现文书使用的书写工具是否一种以上；是否有打字文字的添加现象；是否在交叉线上或与褶皱、齿孔相交叉的线条上有笔画顺序不正确的文字插入现象；对于手写文书来说，是否所有的文字都是用同一种书写工具书写的，是否出自同一书写者的手笔，文书的关键部分是否有过分的文字堆叠拥挤现象。因此，在处理某一特定页码的时候，文书鉴定员必须能够确信地说，没有任何证据表明文书中某个单词、某个句子、某个段落是事后添加或者插入的。

当然，对多页文书来说，还要考虑另外一个问题，即文书在制作完成后，是否有任何一页文件被移除并用其他内容的文件所替换或增加的现象。同样的道

[①] 更详尽的分析，参见奥登威·希尔顿的论文《未变造文书的证明》，《刑法、犯罪学与警察科学杂志》1959年第49期，第601~604页。

理，这样的检验当然也要认真细致地考虑文书制作的书写工具、打字机、纸张、装订方法等因素，以及是否有制作文书前一页时留下的书写压痕。还要确定文书是否一鼓作气地一次性连续制作完成的，这涉及需要仔细考虑上下页之间的页边空白、行距以及段落书写方式等因素；如果是手写的文书，还要考虑书写质量是否有任何突然的变化，如果发现有这种变化，可能说明文件的某些部分是在不同的条件下由其他人书写完成的。只有在完成这些检验以后，文检人员才能够自信地表明，没有任何证据可以暗示或确定，文书中任何一页的制作与其他任何一页不一致。

124　　事实上，未经变造的文书是一种不包含有任何擦刮、改写或任何页码被替换的现象的文书。为了肯定而明确地证明这种情况，我们必须考虑大量的因素。也许即使考虑了所有因素，文检人员还不能肯定地说文件是没有变造的，但是，他当然可以指出与变造特征不相符的有力证据。因此，文书内容及其相关条件所表现的客观事实本身，经常决定着这些问题的答案及其肯定性程度。

第八节　结论

无论文书被以什么方式进行变造——是通过吸墨水纸将墨渍吸干，或者是添加新的内容——对于那些处于受骗地位的人来说都非常重要，变造文书本身所包含的证据能够给他们带来曙光。如前所述，通过检验我们能够发现文书本身所包含的内在证据范围，同时也坦率地指出了存在的局限性。虽然偶有不足之处，上述检验技术却常常是揭露伪造文书的有力手段。在许多场合下，大量的可疑文书正是通过这些技术详尽地解释了客观存在的事实真相。

要证明文书是未被变造的真实原件，涉及非常复杂的研究。世上没有什么绝对唯一正确的、简单的检验方法。所有能够证明某一文书的字迹被擦刮、添加或以任何方式修饰涂改的检验方法都可以使用。只有综合使用上述所有方法进行检验，结果表明没有发现文书有什么人为的变化，我们才可能宣称文书是未被变造的真实的文书。

第五章　破损文书检验

粗心大意、事故或故意行为都容易损坏文书。随着时间的推移，可能会引发各种问题。被水浸湿的文书恢复后能阅读吗？因光照而褪色的墨水字迹能显现吗？怎样去除污迹？被撕碎的纸片能复原吗？被烧毁的重要文书的残片有用吗？我们如何鉴定它们？里面有什么内容？虽然这些问题各不相同，但文检人员有一个共同的动机，那就是需要恢复或再现那些似乎已被损坏的文书内容。

作为一个普遍规律，完全恢复文书原始状况的办法并不多，然而即使在看起来没有希望的情形下，文书的原始内容有时也能被精确无误地显现出来。尤其像遇到被烧焦的纸张或被水浸泡后严重消褪的字迹等极端案例，真的可以恢复原文内容。以下让我们更详细地讨论这些文检问题吧。

第一节　被水浸泡后字迹消褪而损坏的文书

圆珠笔最大的好处就是普通圆珠笔油在水中只被轻微地溶解。在有些情况下，字迹长久浸于水中会模糊或消褪。而圆珠笔的笔迹不会完全消褪。倘若需要，可用摄影法显现浅淡的笔迹。由于浸透过程通常会破坏或严重削弱这类书写工具经常伴随的压痕和凹凸纹路，假如圆珠笔笔迹几乎完全消褪，研究和显现这些压痕、凹凸纹路将于事无补。

从另一方面来说，液体墨水墨迹在水里长时间浸泡会彻底消褪。自来水笔和许多毡尖钢笔、纤维笔尖钢笔的墨水都属于这一类。水灾、水管漏水以及偶然引起文件浸水的其他原因，特别是文件持续浸于水中，都能去除许多明显的笔迹。然而，有些水质墨水会在纸上留下明显的痕迹，有时候纸的底层也会受到削弱，甚至严重损坏（见图5-1）。

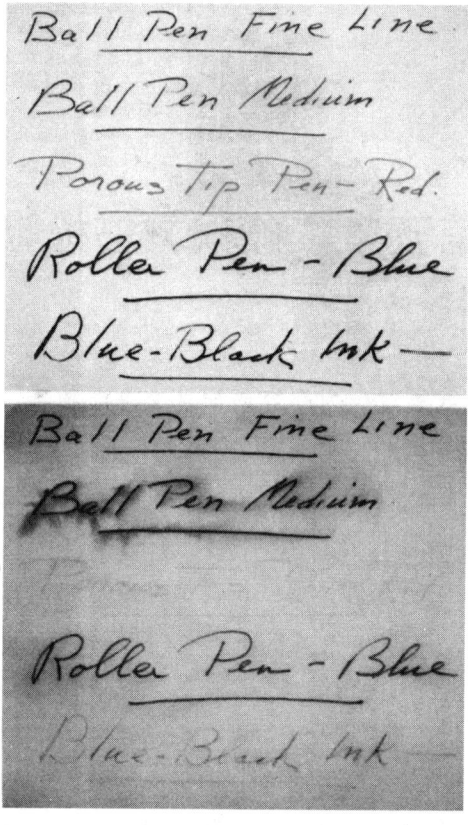

图 5-1 本图上面是用来试验的几种常用书写工具书写的笔迹。下面是墨水浸于水盘数小时后的效果。有些文字显现是通过照相法完成的。先通过两种圆珠笔油试验表明，圆珠笔油和其他墨水相比，对水具有更大的抵抗性。微孔笔尖钢笔书写的笔迹几乎全部消褪，含铁蓝墨水也一样，滚珠钢笔浓重的笔画被削弱，这些钢笔使用的墨水和微孔笔尖钢笔使用的墨水是相似的，但滚珠钢笔更浓重的墨水笔画也许会影响效果。

如果纸张本身受到影响，那就很难恢复被损坏内容，常常只能显现文件的一部分。假设纸张本身没有受到严重影响，偶尔几乎能够恢复全部文书。显现、恢复的模式和成功率很大程度上取决于书写人所用的墨水及其消褪程度。前面讨论擦刮墨水笔迹时所指出的技术及缺陷也适用这些问题。氧化严重的蓝黑墨水在一定程度上能抵挡水的渗散，含有铁质的试剂可以显现残留文字。在大多数情况下颜料墨水能完全消褪，除非含有荧光物（见图 5-2）。① 在这些情况下，紫外线摄影法能对文书进行全面的显现（见图 5-3）。

---

① 1955 年 2 月，犀飞利（Shaeffer）墨水公司在其生产的可洗墨水中添加了一种荧光添加剂（fluorescent additive）物质 RC35。一旦用这种墨水书写的字迹被水浸泡或抹擦而看不清时，却几乎不影响墨迹上的荧光添加剂的存在，在紫外线照射下，原字迹又依稀可见。

第五章　破损文书检验

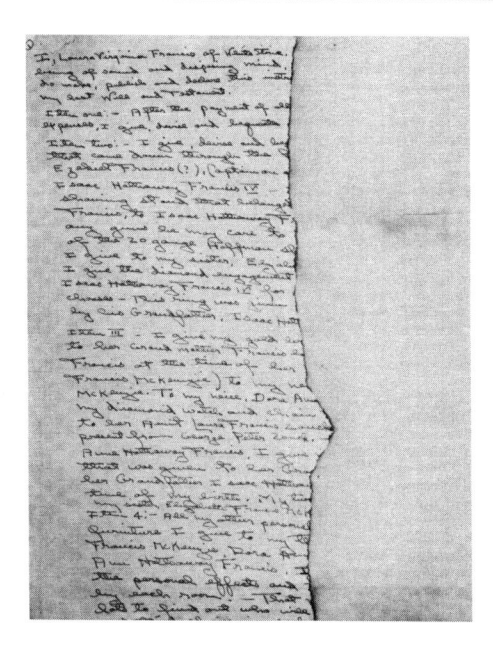

图 5-2　本图是劳拉·弗吉尼亚·法朗西斯（Laura Virginia Francis）的一页遗书检验后显现的文字。它是用绿色自来水笔墨水书写的。纸张右上角被水消褪的原因不得而知，这份遗书是在死者写字台抽屉里被发现的。每张遗书都在相同部分受到相同程度的损坏。

图 5-3　这是法朗西斯的一页遗书在紫外线光照射下显现的图像。遗书是用含荧光添加剂的犀飞利牌（Sheaffer）绿色墨水书写的。① 经过对文书的仔细检验，能够鉴定原文书大部分内容。绿色墨水的显现只有在墨水含荧光添加剂时才有可能。

---

① 犀飞利（Sheaffer）作为美国现存最古老的墨水笔公司之一，由华特·犀飞利（Walter A. Sheaffer）于 1913 年创办，针对当时墨水笔只能通过有滴孔的小瓶灌墨，犀飞利发明了一种带有吸墨水装置的墨水笔，这种笔直至 20 世纪 60 年代仍是工业标准。30 年代，犀飞利公司将墨水笔做成流线形，并开发了羽毛感双向笔尖、活塞式灌墨装置和可视墨水供给装置。1945 年联合国宪章最后定案，犀飞利为联合国指定签字笔，各国代表均以它签署文件，写下历史新篇章。——译者注

— 125 —

可疑文书的科学检验

第二节　因光照而褪色的墨水

光以不同方式影响着各种书写物质。某些质量比较差的合成染料墨水和圆珠笔油在长期光照下会褪色，虽然现代墨水比较不易褪色。其他的如碳素墨水、记录打字墨水几乎不变颜色。决定着褪色程度的光照时间和墨水颜料关系很大。光照褪色的结果跟化学褪色的效果相似。显现、恢复褪色字迹的过程跟处理擦刮文书一样（见图5-4）。除非字迹彻底消褪，该情况非常罕见，总能在一定程度上被显现。①

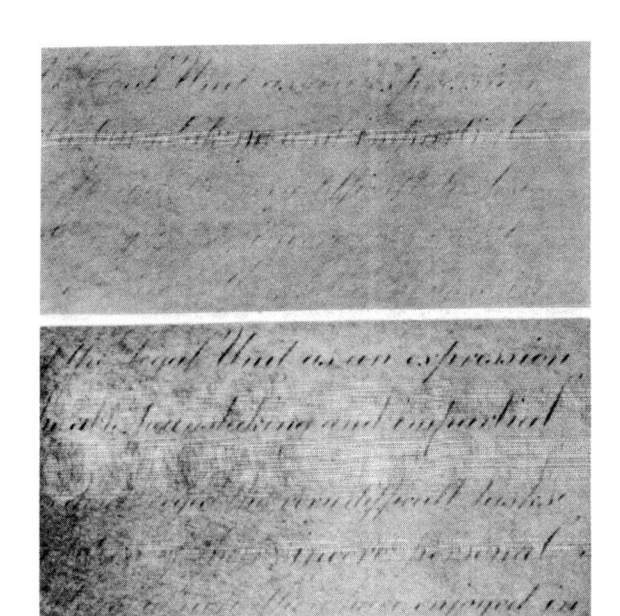

图5-4　本图上面是黑色颜料墨水书写的证明书纸卷的一部分。褪色是因挂在主人办公室里长期受光照引起的。下图是用紫外线照相显现的同一部分，有可能显现这张图的全部内容，恢复文书。

---

① 用以合成颜料制成的墨水书写的字迹，要完全消褪至不可辨识的情形十分罕见。强烈阳光照射而导致墨迹褪色，至少也得几个月甚至更长时间，用圆珠笔油墨写的字迹也是如此。

有一具无名尸体的身份，因其外衣上模糊不清的裁缝标签姓名被辨识后才得以确认。此案中的衣物标签姓名由于死者生前的穿用及污物而变得模糊不清。见爱得温·欧内尔的论文《褪色字迹的复原——根据衣服上的裁缝标签证实无名尸体的身份》，载《刑法学与犯罪学杂志》1939年第30期，第420页。

第三节　被污染的文书

文书偶尔会被许多物质玷污或损坏，如比较常见的是墨水、油漆、油脂和油。许多污迹虽然玷污了文书，但还可以阅读，因此没有特别的必要去消除它们。有的污迹玷污部分文书或严重地降低文书的价值，因此需要消除或透视。有此污迹可以用适当的化学试剂仔细地去除。其他的可以用照相技术透视或消除检验，如在讨论涂污笔迹的第三章里所描述的那样。当然使用化学药品的时候，试剂必须仅仅消除涂污物质而不使书写文字受到影响或留下新的污迹。

这里需要提醒一下，倘若对重要文书使用化学药物检验，应该由一个合格的文检人员或法庭药剂师来做。如果由本意良好的业余人员来处理或者使用"家庭药剂"只会造成文书比原来的污迹更严重、更难以弥补的损坏。还有一点值得注意，应该在对文书进行化学处理前拍摄一张尽可能清晰的照片。这样，即使去除污渍的尝试引起更严重的损坏，也能留下文书精确的原始记录。

第四节　被撕毁的文书

无须认为文书碎片、被撕毁文书的残片是失去价值的证据。只要有耐心和毅力，文检人员可以重新拼合，**恢复文书原状**。虽然处理这些问题的经验，毫无疑问会给拼合文书碎片提供捷径，加快拼全文书的速度，然而经验不是非要不可的因素。

恢复文书只是把许多不规则形状的纸片拼合起来，和玩拼图游戏有相似之处。它只不过是一个更慢更枯燥的过程。关于撕毁文书碎片分类方面的知识可能有助于拼合文书。但是只有在文书碎片是捆在一起而以前没有尝试过重新拼合的情况下才有可能。这种情况下，参加现场勘查的侦查人员若能按发现碎片时候的原来样子保存它们，那么对以后的文书检验工作会有很大的帮助。

为了证明纸片原同属一个整体，通常只要把它们拼接起来就清楚了。然而如果确凿无疑地证实某一纸片是从文书上撕下来的，就必须对文件的锯齿状和被撕碎片的凹凸边缘仔细地加以比较研究，然后把两个碎片边缘拼合起来。① 借助放大照片或低倍显微镜辅助检验可以结论性地证明两个碎片原来是否确属一个整体。显然，该证据的价值在很大程度上受到被恢复文书有关事实的影响，但对警察局，特别是对司法机关来说，掌握上述技术往往十分必要（见图 5-5）。

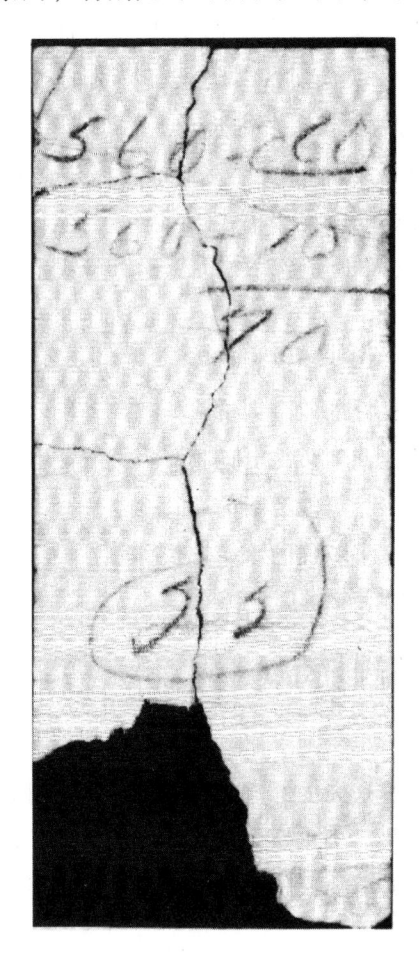

图 5-5 警察袭击赌博场所时在火炉里发现的被撕毁纸张碎片。把它们拼接起来，呈现为一张保险单。对相配碎纸边缘撕破口的笔画、褶皱连续性的检验证明这四张碎片属于同一张保险单的各部分。

第五节 烧焦的文书

文检领域最突出的几个方面之一是对烧焦文书进行照相显现。从外表看起来可疑文书似乎彻底烧毁，当它仅仅是一张黑色的、碳化纸张的时候，若有人提出

---

① 爱得温·欧内尔：《一起抢劫案中的一美元纸币的拼合》，《刑法与犯罪学杂志》1940 年第 30 期，第 941~942 页。

对此进行显现,那往往令人难以置信。当然,声称拍摄一份和烧焦前的文书面貌相似的照相副本似乎是荒唐的。然而,通过研究已经发现一种简单的技术能做这种工作。把一份刚刚烧焦的文件放在两个底片之间,把三者紧紧地固定在一起,保证它们贴得很紧,在不透光的贮藏器里存放15天左右,① 然后把底片拿开,用通常的方法加以冲洗,就会产生一张反映文书原貌的照相负片。② 根据这张负片印出来的照片很清晰,它与直接拍摄的原件照片极其相似。

许多文检人员还发明了其他方法,包括紫外线照相法、红外线底片照相法、侧光照相法以及反光照相法。③ 就最后显现来说,这些方法没有一种能超过接触照相的。有些效果甚至更差。有人提出了两种化学方法,一种是用氯醛水合物溶液,④ 另一种是用甘油和酒精的混合剂,⑤ 不管文件被烧焦时间有多长,这些方法都适用,有些还可以节省时间。美中不足的是,这些方法不一定都能产生效果。然而由于各些技术,烧焦文书通常是能够成功地加以显现的。⑥

处理碳化文书是一件很棘手的事,假如粗心大意,就可能会限制,甚至妨碍显现。被烧焦的纸张特别松脆,极易碎裂成碎片,只要原纸张是完整的,即使碎裂成几片较大的碎片,也还有很大可能取得令人满意的显现结果。一旦当它破碎成细小的碎片,恢复文件的可能性就不大了。因此在着手处理烧焦文件之前,经验不足的文检人员应该先学习第十五章中有关处理此类文书的部分技术,还要同合格的文检人员商量,或者找经验丰实的专家帮助,这都是有益的。

在结束该专题讨论之前,我们应该对第二个限制因素——时间,做一番简单的考虑。研究表明,用接触照相法显现,在文书被烧焦后马上处理效果往往最

---

① 15天时间应视为一个平均数,基于感光片上乳剂膜的感光速度高低,曝光时间的长短也有差异。碳化文书对感光乳剂的曝光作用显然会逐渐使感光板雾化,但是这种雾化会因原始文书上的墨水字迹而受阻。见约翰·泰勒的文章《碳化文书的辨识》,载《刑法与犯罪学杂志》1939年第30期,第236~242页;以及雷蒙·戴维斯的论文《利用感光板辨识碳化文书上的字迹》,后者指出:借助紫外线感光,会使碳化文书上的字迹显现效果更佳。参见《标准局的科学用纸》1922年第18期,第445~450页。
② 倘若不用感光底版,亦可以感光正片纸代替。参见泰勒的《碳化文书辨识》一文。
③ 见泰勒的《碳化文书辨识》一文以及朱琉斯·格兰特的文章《碳化文书辨识》,载《分析》1941年第67期,第42~47页。
④ 见泰勒与沃斯的论文《一种辨识碳化文书的新方法》,载于《自然》1941年第7期,第417页。但是大卫·布莱克等人却撰文《碳化文书的辨识》(载于《刑法与犯罪学杂志》1948年第38期)认为,使用上述方法的辨识效果不怎么样。
⑤ 布莱克等:《碳化文书的辨识》,《刑法与犯罪学杂志》1948年第38期,第542~546页。
⑥ 多纳德·岛的论文《碳化文书的处理与辨识》(《刑法、犯罪学与警察科学杂志》1953年第43期,第812~826页)和鲁卡斯著的《法庭化学与犯罪侦查》(1946年伦敦版,第126~131页)一书,都对如何处理和辨识碳化文书之类十分脆弱的证据做了详尽的描述。

佳。从事现场勘查的侦查人员通常决定着将检材呈送实验室的时间，他应该记住及时提取物证这一点，避免由于不必要的时间耽搁而妨碍文书检验工作的顺利开展。

第六节　结论

令人放心的是可以采取步骤修复并显现严重损坏的文书。显然，为了保护重要文书不受意外损坏，还应该采取各种预防措施把它们置于防火、防潮器具中。然而，必要的步骤有时候并没有履行。由于这个原因以及有必要对故意损坏行为采取必要的措施，我们应当学会掌握如何抢救被损坏的物证文书残余的各种方法。

第六章　文书上的附加痕迹检验

制作一份文书意味着实现一系列计划好的行为，但有时候某些文书检验的重要特征却纯属偶然行为造成，并非文书制作者和以后的文书使用保管者有意留下的。由此可见，纸页上的指印、因油墨未干而印染的污迹、书写时衬垫物上的凹凸笔画压痕等都不构成检材的原来内容，但我们发现、分析、研究文书上的这些附加痕迹有助于澄清事实、查明真相。虽然文书作者对这些印痕很可能一无所知，然而条件理想的偶然痕迹和附属压痕往往能为文书检验工作提供十分重要的线索。

第一节　潜在指印

纸上的潜在指印是接触文书者所留的，通常经过化学处理后才能被人的肉眼察觉。潜在指印很容易粘附纸上，所以这些看不见的指印在犯罪侦查中常有特殊的意义。如果将它显现成有鉴定价值的指印，然后与嫌疑人的指印比对，那么这枚潜在指印也许会成为认定犯罪嫌疑人的确凿证据。例如有人在被窃的兑换支票上伪造签名，冒领现金，我们便可以利用支票上的潜在指印来查找罪犯，认定同一。

目前显现纸张上潜在指印最常用的方法是茚三酮（又称"宁西特林"）显现法。[①] 这种试剂的优点在于能够显现其他试剂无法显现的陈旧指印。但如果还需要对可疑文书确定其是否存在变造和刮擦字迹，或者进行签名和笔迹等项检验的话，那么采用茚三酮显现法就有严重缺陷。首先，这种溶液会玷污损坏文书；其次，用一般的茚三酮试剂显现指印时，可能会导致文书上圆珠笔或某些钢笔墨水书写的字迹褪色甚至消失。不过这个问题可以通过配制无极性茚三酮溶液来取代

---

① 见安德·莫伊森的著作《提取指印技术》，1971年费城版，第122~126页。

普通的极性溶液的办法解决。① 虽然无极性溶液能使墨水笔画的损坏程度降至最低,但它仍可能使书写压痕和一些细微证据丧失。因此检验某些文书前,有必要确定应该先提取指印还是先做笔迹鉴定。

显现纸张上的手印常用的还有碘熏法,这种方法尤其对纸张上新鲜的指印显现效果颇佳。因为碘极易挥发,所以碘熏法还有个优点就是当它无法显现指印的话,接着还可用其他方法继续尝试。实际上用碘显现的指印消失得也很快。因此我们应该将显现的指印及时拍照固定。如果潜在指印已经遗留多天了,那么采用碘熏法就难以奏效。

硝酸银溶液显现指印也是一种有效的方法。整个过程是先将留有潜在指印的文书全部置入硝酸银溶液中浸透,然后拎出文书晾干,同时放在强烈光线下曝光,显现的指印呈黑色,但如曝光时间太久就会使指印变成黑块,所以当指印上的纹线显现得恰到好处时也应迅速拍照固定。

锇酸蒸气(osmic acid fumes)也可以用来显现潜在手印。② 因锇酸有毒,所以必须将检材放入蒸气罩内熏蒸或者在良好的通风条件下对它做显现处理。锇酸显现的指印纹线也呈黑色,但它的颜色不会加深并能持久不变。同时,需要指出的是每一种化学显现方法都会导致检材的颜色发生严重的变化,都会影响其他方法的检验效果。

孟森斯(Monessen)特别指出,用碘熏法(iodine)、硝酸银(silver nitrate)、(水合)茚三酮(ninhydrin)等方法在任何情况下,都可能使文书上严重褪色的笔迹得以显现。他认为在一些疑难案件中可以同时使用这三种方法,但是应当严格遵循使用的先后顺序,首先使用碘熏法,然后使用(水合)茚三酮,最后使用硝酸银溶液,这样先进行的化学物质反应才不会影响后来的化学试验显现效果,才不会破坏检材样本而影响其他各项检验。③

---

① 有关用茚三酮(尤其是无极茚三酮)溶液显现指印程序,请见大卫·科隆的论文《用茚三酮显现潜在指印的发展》,载《刑法、犯罪学与警察科学》1969 年第 60 期,第 258~264 页。近来有人建议使用带荧光物质的溶剂来显现潜在指印;参见布拉姆的文章《茚三酮荧光溶剂》,载《鉴定新闻》1978 年第 28 期,第 6~7 页。

② 有关用茚三酮(尤其是无极茚三酮)溶液显现指印程序,请见大卫·科隆的论文《用茚三酮显现潜在指印的发展》,载《刑法、犯罪学与警察科学》1969 年第 60 期,第 439 页;以及莫伊森的《提取指印技术》,第 127 页。

③ 见莫伊森《提取指印技术》,第 125 页。碘是一种有光泽的、灰黑色的、具有腐蚀性的、有毒的卤元素,有放射性同位素,特别是碘 131,被用作医疗上的显迹物和诊断、医治甲状腺疾病。碘化合物被用作杀菌剂、抗感染剂和染料。原子序数 53;原子重量 126.9044;熔点 113.5 = C;沸点 184.35 = C;比重(固体,在 20 = C 时)4.93;化合价 1、3、5、7。

甚至有人建议勘查犯罪现场采取的撒粉技术也可应用于显现文书上的潜在指印。但实践证明，即使采用特殊的粉末来显现文书上的指印，其效果也远远不如前面讨论过的化学显现方法。

任何时候提取文书上的指印都少不了拍摄高质量的、有精确比例的照片，这样做有利于以后对书写笔迹或打印文字的检验鉴定结果产生疑问时可以佐证。因为不管你是多么小心谨慎地处理文书，用上述方法显现指印仍然难免笔迹褪色或污损的危险。

由于潜在指印很容易被无意识地遗留在纸上，所以也常会产生一些对检验十分不利的因素。譬如文书制作者原先留在纸上的潜在指印会被他本人后来留下的手印重叠混淆而受到破坏。接触文书的其他人也可能遗留自己的指印。使用、保管文书的人次越多，文书上所留的潜在指印也就越多；各种各样的手印混杂在一起势必给鉴定文书原作者指印的工作带来不少麻烦。除此以外，文书检验时间拖得越长，陈旧指印显现的可能性也越小。因此，在限制、减少接触检验文书人次的同时，文检人员从事检验显现指印工作中亦应格外谨慎以免在检材上遗留自己的指印；① 文书检验要及时，进行鉴定越早越好，不宜拖延。

指纹鉴定是人身同一认定的常用手段，但往往由于侦查工作不细或具体条件限制而无法提取显现有价值的指印。首先要认清一点，提取的指印必须清晰可辨而不是残缺的污斑或是模糊的污迹。② 文书上的指印虽然各种各样，有残缺的也有完整的，但很少发现某人的十个手指印全部出现在文书上面，③ 所以我们不要指望从指纹档案上查找文书的指印遗留者。由此可见，潜在指印虽然有鉴定价值，但我们只有发现并提取到某嫌疑人具体的指印后，才能通过比对检验来实现其应有的价值。

---

① 提取疑有潜在指印的纸张，操作人员应带上手套或用镊子夹住纸张。倘若既无手套又无镊子，那么只好捏住纸张的边沿或一角，然后迅速地将纸张放入平整的透明塑料袋内，尽快送往实验室进行处理。目前各种规格的透明塑料袋到处都有，因此操作人员可选择与文书大小适当的塑料袋来容纳。采用这种取证方法，既能观察塑料袋内的纸张，又可避免纸张上的潜在指印受损。

② 可作为认定同一的指印，往往乳突线纹型清晰，它至少有10个以上相同的细节特征。这些细节特征应属于显现的指印纹型中的一部分。常见的指纹细节特征包括分叉、结合、终点、短棒和小点等。详见怀特与温沃斯合著的《个体鉴别》，1918年波士顿版。

③ 标准的指纹鉴定档案是根据十指指纹纹型派生出来的公式分类归档的。一整套的十指潜在指印可以与存档的十指指纹卡片进行比较鉴定，仅凭二三枚指印则难以按公式归档鉴别。现在有的警察机关也提取一些严重犯罪分子的某些纹型的单枚指印进行归档，但这些单枚指印档案数量有限，因此它们在一般匿名信案件的指纹比对过程中用处不大。

第二节　油墨污染的字迹

　　张纸接触在一起，其中一张纸上的墨迹未干，它便会在另一张纸上留下相对应的污迹。将文书存放在潮湿的地方，由于书写墨迹产生水溶现象也会形成污染字迹。文检人员要对这些污染字迹做出合情合理的辨认和分析，并且帮助法官、陪审员、辩护律师判断事实真相，实在不容易。只有当他们经过辨识，确信这些支离破碎的零星污染字迹为某原件字迹的反映时，文检人员所做的鉴定意见才能被认可。有时候情况特殊，经过精心辨析后的污染印痕几乎没有用处；但在有些场合，对污染字迹所做的鉴定结论却能成为查明证实字迹来源的可靠证据。

　　处理像污染字迹之类的微弱痕迹，按常规必须先采取各种方法对它们进行强化显影，然后将颠倒的图案"转正"，因为油墨未干所形成的污染痕迹总是呈"镜像"的。选择适当的文书照相技术，配备滤色镜、照明光、感光胶片及显影程序都可能有助于强化这些淡弱痕迹。对于每个疑点都不能轻易放过，可用同样的方法对某疑点进行坚持不懈的检验或者每次采用稍微做些修正的方法对它反复检验，以期获得最佳的鉴定结果。

第三节　抑压笔迹

　　只有仔细地发现和辨认书写压痕，才能把它们与有关文书相对应的字迹位置联系在一起。所谓抑压笔迹通常指由于书写运动过程的压力作用而遗留在衬垫纸张上的一种肉眼不易见的字迹压痕。条件理想的话，这些隐匿笔迹能使看上去平安无事的文书变为有罪证据，或者根据来历不明的压痕追查出其来源于何处。当然抑压痕迹不局限于书写笔迹，它也出现在打印文书背后的衬垫物上（见图 6-1）或者遗留的复写纸上。[①] 所有抑压痕迹形成的原理类似，因此对它们可用同样的方法进行辨认识别。

　　当两页或更多的纸张重叠在一起时，在上层纸张上书写就会在下层衬纸上遗留笔画的凹凸压痕。至于抑压笔迹的深浅及清晰程度主要取决于书写笔

[①] 有关这个问题的详细论述见第三章的"复写纸"一节。

图 6-1 衬垫纸上的打印文字压痕泄露了有损名誉的信件内容。抑压字迹可用侧光照射下拍摄的一系列照片来进行辨析,这封给秘书的所谓公文信件的开头称呼是"我亲爱的珍",因此引起了信件作者妻子的满腹狐疑。

画时的用力大小、衬纸数量的多少、衬垫物质地的软硬、纸张的厚度和品种、书写工具的坚硬和锐利程度等因素。由于上述因素影响,抑压笔迹的数量和质量差异甚大。有些抑压笔迹几乎可以反映文书原件的全部内容,有些却仅呈现片言只语,甚至只见几个不完整的单词字母。紧靠在书写页下面那张衬纸上的抑压痕迹往往是最清楚可辨的,但在第三层、第四层衬纸上出现的压痕偶尔也依稀可辨(见图 6-2)。

并非所有的压痕都能够辨认出来,反映不充分的抑压痕迹是无法辨认的。但这不是令人困惑的唯一难题。譬如,在一张受检的衬纸上面反复书写,因此形成重叠交错的各种笔画压痕也会大大影响辨认。原文的可见笔迹本身潦草不清也会影响检验抑压笔迹的效果,抑压痕迹实际上是由一系列小槽沟和褶皱纹组成的。如果褶皱或折叠总是出现在同一地方,那么这部分互相干扰的抑压痕迹就会变得难以辨认,并且可能因此缩小本应当发现的内容范畴。既然造成这些交错折痕可能由于接触该检材的人次过多,所以一旦意识到这种情况就应及时采取措施限制接触该检材的人员或次数,防止再形成新的纵横褶皱。①

借助侧光照射检验抑压笔迹,可以看得更清楚。文检人员检验抑压字迹不仅

---

① 参见第十五章,任何人提取疑有字迹压痕的文书材料时,都应当十分熟悉如何对待文书检材及如何操作。

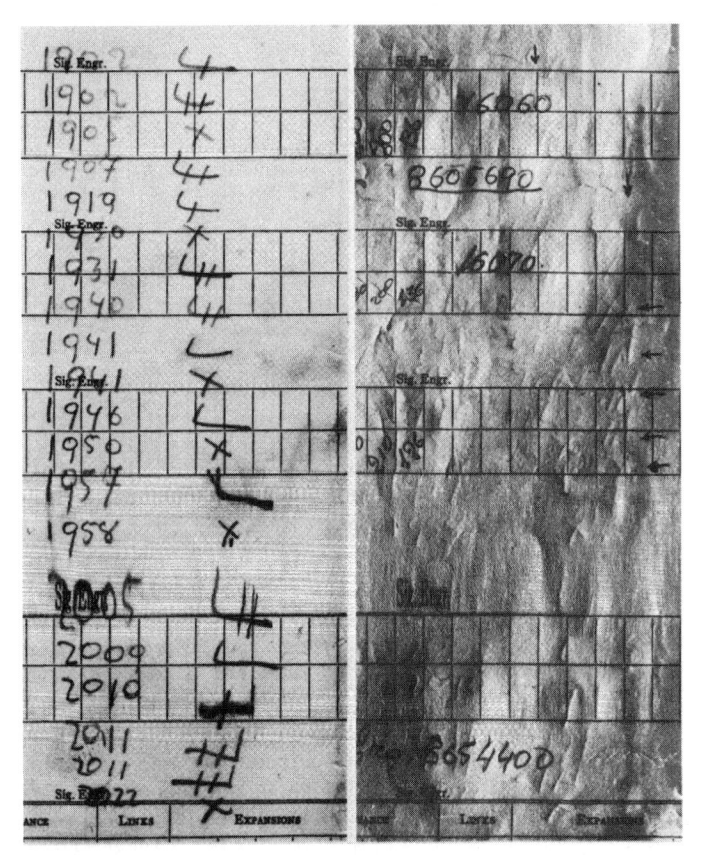

图 6-2 一艘船把另一艘船的船舷撞出 20 英尺长的裂口，肇事船上的嫌疑航行机器运转记录簿前页出现的书写抑压痕迹（本图右侧）可以证明有一页纸已被从航行日志上撕去并重新改写过。从本图左边能看出重写的那一部分有可能就是 2011 和 2022 栏目，这表明出事时该船的引擎全速倒转的时间达 11 分钟之久。

通过前面那页用铅笔写的数字一栏最后几个 0 可以看出（图中箭头所示）嫌疑船机器运转记录簿上的抑压痕迹。一连串的机动符号可以从这一栏右边第二个垂直箭头和五个水平箭头指示的地方发现。

是为了辨认，而且要将它们拍摄下来，在法庭上向法官、陪审员、辩护律师做出合理解释；因此一般情况下，检验抑压痕迹离不开严格控制的侧光照明和配备特殊的照相机。有人建议用一张透明的热塑塑料纸按捺在抑压痕迹上，便于检验和拍照。①

几位英国法庭科学家最近发现了静电成像仪器和技术来显现抑压痕迹，操作简便，效果较佳。它的优点在于能显现比较微弱的压痕文字而且不损坏文书，尤

---

① 采用热塑法提取字迹压痕，在安东尼·朗海地与柯克的论文《恢复并辨识刮擦涂抹笔迹压痕》中有介绍，载《刑法与犯罪学杂志》1950 年第 41 期，第 519~522 页。

其适用显现较大面积的压痕。其简单原理和方法是：将检材放在静电显现仪所附带的湿润器内 1~2 分钟（最长 5 分钟），使文书具有一定湿度，以增强导电性。然后将文书放在仪器的微孔金属台上，上面覆盖一张无色透明的聚酯薄膜，经开动真空泵抽气使纸张与薄膜紧贴一起并吸附在金属台上，手持电晕充电杆（杆内装有直径为 0.1 毫米的钨丝，通电后可达到 4500~5000 伏高压，产生离子放电），在距聚酯薄膜 2~3 毫米处，往返缓慢移动 1~2 次进行充电。此时文书作为电介质被充电后有压痕部位电压低（带正电荷），无压痕的部位电压高（带负电荷），纸张表面电位的起伏使感应聚酯薄膜形成一个稳定的电位图像。这时将黑色显影粉通过喷嘴喷在聚酯薄膜上或将金属台抬起呈倾斜状，将显影粉（加上小玻璃球载体）均匀地撒在薄膜上面（余者滑入显影粉回收槽内）。由于显影粉带负电荷，被无压痕部位的负电荷所排斥而被带正电荷的压痕部位吸附，因此聚酯薄膜上压痕的潜在图像就清晰地显现，最后在聚酯薄膜上覆盖一层胶纸，用电晕充电一次使其固定，即可完成照相，长期保存。各国不少文检人员通过实践证实：采用侧光照相法可获得极佳的压痕图像。[1]

第四节　外来痕迹

在检材上发现微小污迹和其他各种物质或许有助于重现可疑文书的历史。不少外来痕迹是在制作、使用、保存文书过程中，由于文书偶然与外来物质接触遗留下的。如果某些同种类的污迹斑点贯穿好几张纸，因而据此可推断这几页纸在某段时间内曾经归属同一份文件材料。打印文字的字体还能表明文书的制作年代。签名周围出现的复写纸污迹会使人们有理由对该文书的真实性产生怀疑（见图 6-3）。[2] 在匿名信的封口处或贴邮票处出现口红痕迹也足以推测该信的作者极可能是位妇女。在检验过程中，还常常会遇到文书上面粘附一些颜料、灰尘、油脂等其他污迹，只要弄清它们是何种物质就有助于我们判断这些污迹形成的原因及其意义。[3]

---

[1] 艾伦·福斯特、莫兰兹：《用静电显像法检验字迹压痕》，《国际法庭科学》1980 年第 15 期，第 53~60 页。
[2] 关于伪装签名笔画上含有复写纸成分的重要性，可连同第九章的"伪造文书检验"一起研讨。
[3] 1952 年美国诉希斯案中，高达德法官否决了再审的要求；他认为控方出示的文书外包装纸上的油漆溅痕与这些文书存放处——送菜升降机管道上的油漆成分同类。这一证据不仅确认了这些文书的真实性，而且进一步证实了控方证言的可靠性。

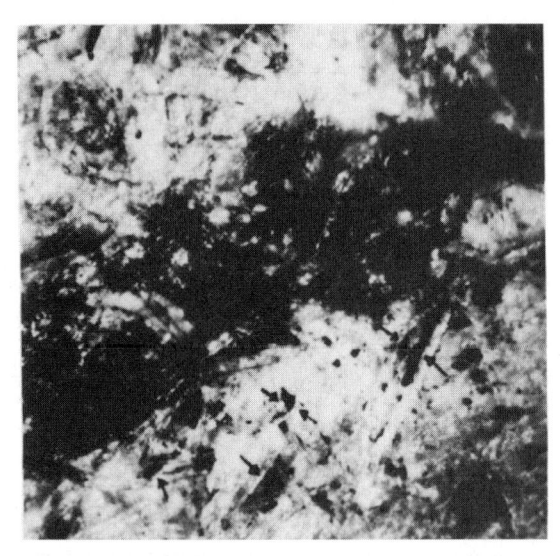

图 6-3 这是一张表明炭粉淤积在伪造签名笔画边缘的显微照相。横贯图中的那条黑色区域是笔画的一部分,可见复写纸颜料已渗透纸张并且污染了大部分纸张纤维。箭头所指处是纸张纤维缝隙的复写纸碎末。非活性炭不会渗到这些纤维中去。数量有限的炭粉说明仿写字迹的外围已被擦掉了。

第五节 结论

偶然遗留在可疑文书上的斑点痕迹,实际上它们的检验价值并不小。具体情况要具体分析,这是解决特殊问题的关键因素。如果文检人员力求揭示检材的事实真相,分析压痕和斑点与检材的关系,判断这些证据的价值以便得出可靠的鉴定结论,那么仔细检验并辨析这些附加痕迹就很重要。

第七章　文检中的调查线索

对文书做技术性检验往往有助于侦查人员确定调查方向和调查范围。虽然本章所讨论的侦查线索仅仅是启示性的预兆，但这些迹象在调查匿名信件和其他可疑笔迹来龙去脉的开始阶段却能发挥重要作用。识别出的模糊字迹，从"空白"纸上获取的事实以及辨析密写墨水制作的文书内容对于文检人员常常具有极高的鉴定价值。间或难免会出现一些新的问题，然而对文检中的附加线索做些技术性研究，有时可减少侦查人员的许多工作量。

第一节　指示性线索

从匿名信件中获取的线索（indicative information），即使不足以作为法庭上的证据，但只要侦查人员适当地利用它仍具有其特殊的价值。书写的笔迹形态、纸上的文字布局、信中的措辞用语都可能暗示作者的国籍、受教育程度、大致年龄、性别甚至职业。不应该把这些科学的推断与笔相分析的结果相混淆；笔相学是根据某人的笔迹来判断其性格、气质、才能等个性的一门艺术，但它迄今尚未确立科学的理论基础。至于可疑文书作者的年龄、国籍、社会阶层和职业等情况，文检人员只能凭检材所反映的书写习惯及其他笔迹特征来做出推测，这种推测性结论可作为确定侦查方向的参考因素，但绝不能把它们认为是证明了的事实。

文字和语言一样具有民族性。譬如一个在外国接受过初等教育的人，尽管他已离开那个国度多年但他依然会在自己书写的文章中保留着外国"口音"。而且他的孩子通过不断地模仿和被影响也可能形成这些特征。这类外文特征的出现往往能强有力地表明书写人具有居住国外的经历，尤其能证明他曾受过外国的教育。正如某些民族的语言十分近似一样，某些国家的文字体系也极其相似。这种因素却给文书检验带来了另一种结果：文检人员虽然可以根据书写人笔迹中的外文影响特征判断其来自某个区域，如中欧，但是要确定他原籍的具体地点，如中欧某国，则很困难（见图7-1）。

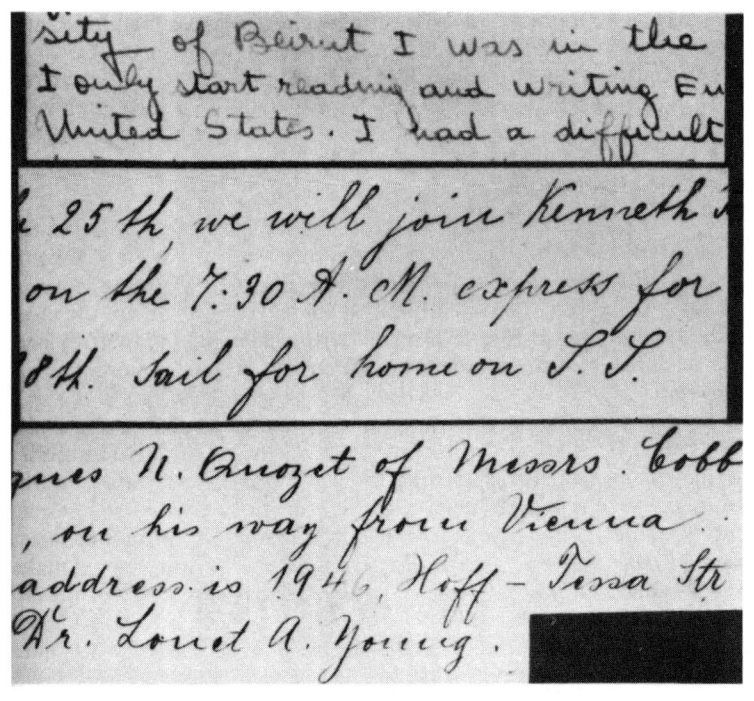

图7-1　其他国家文字体系所使用的字母形状与美国的英文字体不同。

上面栏的字迹是一位住在法国受过教育的人书写的。字母a具有典型的法文字体形状。该字母在书写时笔画不间断，但是它的收笔却朝着逆时针方向回收，最后在左上角封口（第一行中的"was"就是明显的例证）。连接下一个字母的笔画是间断的，起笔处位于该字母的右上角。

中间栏字迹的书写者在德国受过教育。大写字母的形状、字母t与下一个字母相连以及交叉的笔画，显然表明它们源于典型的德文字体系统。

下面栏的字迹是一位在意大利受过教育的人书写的。字母e的形状带有欧洲字体的某些特点。字母a与法文书写方式雷同，这表明某些字母形状在几个相邻国家的文字体系中是一样的。

由此可见，这些来美国定居多年的成年人虽然已经加入了美国籍，但他们在各自的书写笔迹中仍旧保留着外国"腔调"。

美国历史上的不同时期，都盛行过各种不同的书写字体。[①] 这种字体对个人笔迹所产生的影响可作为估测书写者年龄较准确的依据。然而字体影响也不是绝对可靠的标准，因为历史上任何一种字体承前启后的交替界限划分并不明确。

---

① 有关美国的书法体系简要而精辟的论述，最早见于奥斯本著的《可疑文书》（Albany：Boyd，1929，pp.167-204）中，该书出版后，一些学校就开始教导小学生如何掌握手写书法规范，这种早期教育无疑会给那些成年人的笔迹特征带来影响。

在特殊情况下，对年老无力的笔画和少年幼稚的笔画等特征的分析有助于估计书写者的年龄，但是这些因素也受条件的严格限制。有时候，未受过教育者或缺乏书写经验者的笔迹与未成年人的笔迹就很难区分；此外甄别重病人所写的字迹与老年人所写的字迹也较麻烦。

依据笔迹判断书写人的性别要比通常所认为的难得多，虽然某些笔迹中含有书写人性别的明显指示，然而多数检材根本无此暗示迹象。实践证明并非所有的"男性化字迹"都是男人写的，或者所有的"女性化字迹"都出自女人之手。在大量的笔迹中能显示书写者性别的征象简直微乎其微。如果分析书写人所用的墨水、纸张颜色、习语、措辞反而会比研究字体形状、大小、倾斜度更可能揭示其性别。

特定的职业也会对书写笔迹带来影响，并且形成某种职业习惯特征。小学教师的笔迹一般比较整洁，独特的字体和数字形态可以反映出制图员的职业特点，许多会计习惯书写字体小、笔画精确的字符，① 从事其他职业的人或多或少也会产生与其工作相关的书写习惯特征。根据这些迹象来判断职业应格外谨慎，因为各个行业也不是所有的人都能遵循其职业习惯特点进行书写，况且若干行业根本没有所谓的职业书写习惯。

因此，谁也不敢声称用上述方法来推测书写者的国籍、年龄、性别和职业会百分之百准确。实践中，按一些很显然的指示性特征做出的结论常被证明是错误的。然而，有线索总比无线索有利，文检人员不但要根据对上述特征的分析判断来确定可信程度而且还应该联系检材的其他线索进行综合评断。下面讨论的就是人们尚未充分利用的线索。

第二节　难以辨认的字迹

什么叫难以辨认的字迹（Illegible handwriting）？由于人们对阅读该字迹的渴望程度以及对该字迹的熟悉程度不同，所以人们对此的看法也大相径庭。一般情况下，倘若文书开头引言部分的笔迹难以辨认的话，那么它后面的内容阅读起来往往就相当困难，有位叫贺瑞斯·古日利的著名作家，他的字迹对绝大多数人而言几乎毫无意义，他的朋友却能明白它们的意思。②

---

① 见奥斯本《可疑文书》，第139页。
② 爱姆士在1900年出版的《论伪造》（纽约，第23～25页）一书中，曾对这种笔迹及其他难以辨认的笔迹做过全面的研讨和说明。

阅读检材中难以辨认的笔迹，首先需要耐心和锲而不舍的精神。有助于辨识的方法寥寥无几，但是如果文检人员熟悉一般的笔迹以及各人之间的异体字，兴许有助于理解识别某些难以辨认的字。联系难认笔迹部分的上下文内容来猜测某个字母或单词亦可能奏效。解释难以辨认的字迹时，也应当符合其上下文的内容并且合乎逻辑。某些难以辨认的字迹是被人小心翼翼写成的，它可能会暴露更多的可疑线索，但是作为规则或者唯一的解决问题的方式，文检人员对任何难以辨认的笔迹都应当作广泛全面的检验（见图7-2）。

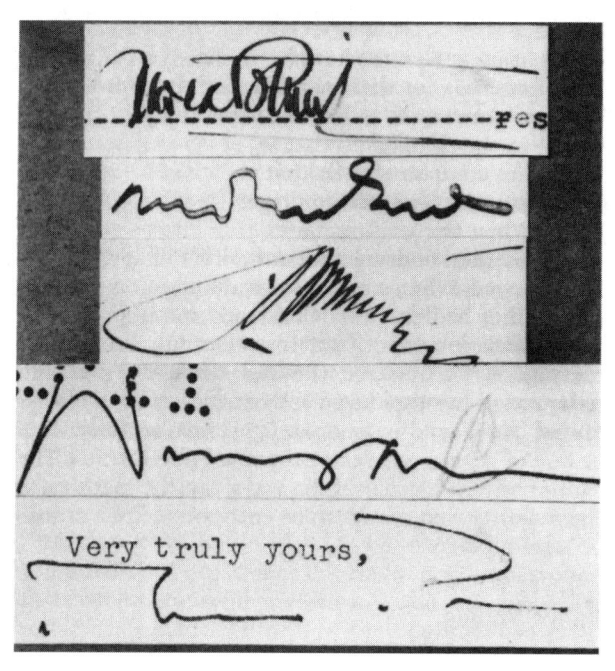

图7-2　多数签名都会不同程度地使人感到难以辨认。图中所示的5例签名相当难认，有些人觉得为了防止伪造有必要签署难以辨认的姓名；其实书写流畅、易认的签名反而更难被人摹仿。

最上面的签名在一场遗嘱争议中举足轻重，但不知道签名的这位证人到底是谁。尽管两位文检人员经过广泛的检验和细致的现场调查，仍然无法得出满意的结论，因此这场有争议的遗嘱诉讼终于被撤销了。图中最后的签名是一位参加此案审理的律师之作。

第三节　空白纸张

空白纸张（blank papers）作为证据甚至能成为侦查线索的设想，乍一听似乎觉得有点荒谬，但这些白纸未必没有内容。前面几章讨论的抑压痕迹等有关白纸的诸因素也会出现于任何文书之中，问题是如何将它们与案情联系在一起，然后加以解决。

白纸是否重要这要看它与案情的关联程度。检验有问题的白纸文书通常能获得下列三条线索：纸张来源何处，哪些人接触过纸张，以及其他隐匿于纸上的情况。根据纸张的结构和水印花纹能查明它是何处生产的。一张白纸的边缘往往会被撕、被剪、被打孔；根据这些特征也许能发现嫌疑人拥有的某张纸边缘正好与检材的边缘相吻合。一般人看来似乎"空白"的纸张，它实际上可能蕴含潜在指印、密写字迹、不显眼的字迹污染斑痕，以及刮擦、消退或抑压笔迹。一旦发现"白纸"上的这些因素有鉴定意义或有证据价值的话，那么这些白纸就可作为案件的诉讼物证提交法庭。

机警的侦查人员在现场勘查时能够留心一张看上去似乎无任何标记的白纸，这表明他预先知道空白纸张和写上字迹的文书一样都可能含有重要的证据，所以他认为必要的话应当及时将白纸提交给文检人员做进一步的技术鉴定。明白了这个道理，可使人们有效地利用一些似乎并不存在的侦查线索和证据。

第四节 密写墨水

自古以来，人们就知道使用密写墨水（secret inks）。调制密写墨水的基本材料既有像柠檬汁、牛奶之类的常见液体，也有成分相当复杂的化学药剂。[①] 这些写在纸上看不见的墨迹可以用多种方法来显现，使它能被肉眼观察；另一些隐写墨迹则需要按特殊的程序，在纸张上添加好几种溶液使其产生化学反应后才能看得见。检验人员只有事先了解书写材料是何种物质，然后才能有针对性地选用显现方法，确定添加化学试剂的程序。如果对密写墨水未知的化学成分有怀疑，那就无法采取化学检验的前后步骤。弄清可疑文书上是否有隐显墨迹这一点也很重要，如果有隐显墨迹就要设法将其显现以便获悉内容。除了间谍活动之外，常用的密写墨水多数都可以显现或者借助倾斜光、紫外线、碘熏法等其他化学显现方

[①] 卡瓦荷在1904年纽约出版的《墨水的四十世纪》一书的第135页上，曾提及罗马作家Ovid和Pliny有关隐显墨水的传说。最早将隐显墨水应用于军事活动，应追溯到美国的独立战争。参见布朗与史特因合写的文章《本杰明·汤普森和美国革命的第一封密写信件》，载《刑法与犯罪学杂志》1950年第40期，第627~636页。

法来辨析。① 虽然也有少数密写墨迹用上述方法仍无法显现,但是这些方法对解决绝大部分犯罪侦查所遇到的法律问题足以奏效。

第五节　虚假选票

通过文检人员的技术检验揭穿选举中的骗局(ballot frauds),依法揭露舞弊的罪犯,这类案例屡见不鲜。细致的文检工作还可以查明罪犯是如何在选票上弄虚作假的。②

众所周知,控制选举的方法之一是用假选票充塞选票箱。倘若这样干就需要动员众多的人在大量假选票上做记号,或者由某个人统一填写选票。一般情况下总是选择后者;由于这些假选票做记号之前总是推叠在一起,结果填写选票时往往会在衬在下面的选票上遗留抑压痕迹。这种现象在一人一票合法填写选票的过程中绝不可能发生。如果一系列可疑选票上出现特征相同的字迹压痕、铅笔记号或大量的十字交叉符号,那么这些虚假选票即可作为证明选举舞弊的物证。

选举舞弊的另一种手段是篡改计票数字,即凑足保证候选人当选的赞成票数目。显然,其结果往往导致统计票数与实际票数不相符的怪现象,但这种骗局只要不受干扰地再清点一遍票数即可揭穿。假如严格检查计票数字的话,就应考虑是否需要清点一下实际选票。在正常计数过程中所做的记录符号总是呈直线状不规则排列,因为票数是根据一张张实际选票上的记号而统计出来的,统计方法一般是在与候选人姓名相对的纸张空格处从上到下地列表计数。假如企图在实际统计数据后面增添假票数来保证某人选举取胜,那么所加的符号势必连续不断地穿过写有候选人姓名的那条格线,结果添加的统计数据往往呈比较规则、整齐的直线。了解了这些反常迹象,我们就不难识破选票上的骗局。

---

① 参见鲁卡斯的《法庭化学与科学的犯罪侦查》(1946年伦敦版)第99~105页,米歇尔的《文书及其科学检验》(1935年伦敦版)第八章,米歇尔与赫伯沃斯合著的《墨水》(1937年伦敦第四版),第336~341页。
② 凯瑟琳·基尔在其《关于选举舞弊的文书证据研究》一文中,首先提出这种揭露选举作弊的技术方法,载《刑法与犯罪学杂志》1934年第25期,第324~337页;另见基尔的文章《一起选举纠纷的文书证据》,载《刑法与犯罪学杂志》1936年第27期,第249~262页。

第六节 结论

综上所述，有效地解决文检问题，需要靠现场侦查人员和文检人员之间的密切合作。侦查人员提取的检材完整、样本可靠有利于文检人员鉴定；文检人员全面细致地检验可疑文书可发现必要的线索和证据来帮助侦查人员破案。至于如何才能充分、有效地利用文检人员的鉴定结论，同样离不开双方的相互配合。下面几章将详细讨论这个问题。

第三篇

利用样本进行比较检验以发现事实

诚然，透彻地分析研究检材自身的各个要素便可以获得不少破案线索，但通常情况下这仅仅是文书检验最初的步骤。更多的事实情况有待进一步检验才能发现。倘若利用从嫌疑人处搜集到的样本材料与检材做一番细节特征的比较检验，就可能查明不少有关的事实真相。如要确认检材的作者、区别签名的真伪、鉴定手写字迹、查清打印文书或其他机械印刷文书的来源都离不开利用样本材料来做比较检验，尽管解决上述问题的具体检验方法略有差异，但它们非得包括这样一个基本环节不可，即为了确定检材与样本是否一致，必须对它们两者进行仔细的比较核查。

第八章 笔迹鉴定

书写是一种有意识的活动。然而，反复地练习写字后书写每个字母和单词几乎会变成自动化的动作，所以书写熟练的人通常总是把注意力集中于书写内容而不是书写笔画过程本身。可见笔迹实际上是一系列下意识书写习惯特征的反映，笔迹的个别特征甚至可以与书写者特有的生活习惯或举止风度相提并论。但是，笔迹并非无数下意识书写习惯的简单组合，更不是人在复杂的神经和肌肉作用下机械的重复动作，任何人一生的笔迹总在逐渐地变化。每个人的笔迹形态一般要受临摹字帖上字体的规范性制约，同时它又受书写者本人的偏爱和模仿能力差异的影响。人在书写过程中，身体健康状况和神志清晰程度亦会影响其字形和笔画质量。虽然目前对于笔迹是否存在统一的特征标准尚有争议，但是每个人的笔迹都有自己的特征已成为公认的事实，总之，笔迹是可以被鉴定的；笔迹鉴定的基础是上述诸因素形成的笔迹特性。

检验任何人的笔迹都会有不少特征因素可供考虑。至于哪些因素更有鉴定价值，就要对具体案件做具体分析之后才能抉择。确定字迹的作者，一定要全面考虑检材和嫌疑人样本之间的所有特征因素。倘若两种字迹均出自一个书写者，那么它们的基本书写习惯的特征必然相符；假如两种笔迹存在某个明显不同的特性便可有力地说明它们出自两人之手；除非该差异点可以得到合情合理的解释，譬如考虑到当时制作检材的主客观条件等影响因素。如果两种笔迹反复出现基本特征的差异，那么无疑可以断定它们不是一个人所写的字迹。在任何情况下，只要检材和样本之间存在一处、两处或者好几处"异常"笔迹特征相同的现象，我们亦可据此做出认定同一的结论。倘若检材和样本上的字迹是一个人写的，那么它们之间必然存在大量的笔迹特征符合点，而没有任何基本特征差异（排除偶然巧合的因素）。经过比对检验，确认检材和样本笔迹之间的特性完全相符（这是肯定结论必须满足的先决条件）。同时证明两种笔迹之间不存在任何基本特征差异，才能做出认定同一的鉴定结论。

第一节　字体和字体特征

到底应该怎样认识作为笔迹检验基础的字呢？在外行人的眼里似乎检验字母的形态最重要。的确，这个因素值得考虑，但光靠它仍无法彻底解决问题。字母形态好比人的长相体貌，它是一种识别标志但不是唯一的。人除了外貌还有其独特的言行举止也可供鉴别，因而全面描述笔迹特征，揭示书写习惯特性才是保证鉴定无误的关键。

笔迹不是一种死板模式。任何笔迹样本都能栩栩如生地反映书写者的运笔规律和特征。例如，所见的字迹书写速度快，有节奏感，笔画流利、连贯，运笔优美、平衡，笔力轻重恰到好处，全面归纳上述特征足以表明该字迹是书写技能娴熟的人写的（见图8-1）。与此相反，有些字迹书写速度缓慢，笔画时而间断、停顿、迟滞，运笔呆板，不稳，这一切特征都说明该字迹为书写水平较低的人所写，写字对他来说似乎是件相当吃力、劳神的事（见图8-1），不能根据单字的起笔和收笔来判断运笔规律。有些书写者一次性运笔过程是从笔接触纸面开始一直连写到笔离开纸面为止。这种运笔现象往往可以从笔迹本身反映出来。当然笔迹检验中还会发现另一种截然不同的运笔现象，书写人书写时将钢笔小心翼翼地

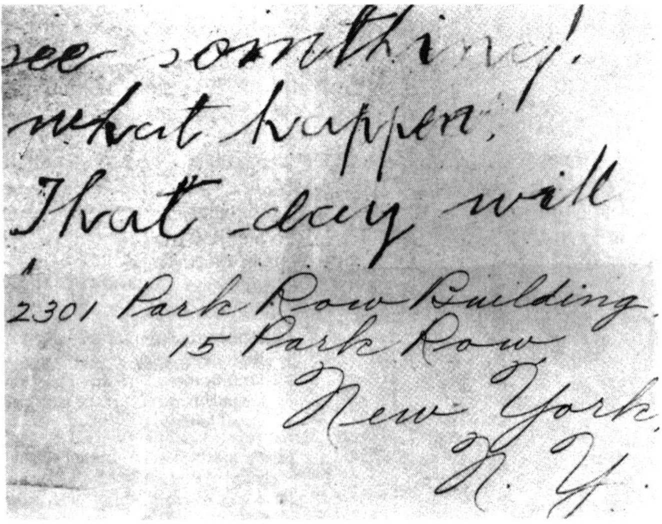

图8-1　表现书写技能高低的两类典型字迹。一种书写吃力，运笔呆板近似于盲人的笔迹（上面）与受过良好训练的人所写的娴熟笔迹对照；后者运笔流利，字体统一，笔迹清楚（下面）。

置于纸上，写完一笔画或一个字就提笔脱离纸面一次。虽然绝大多数人的字迹介于上述两种极端的运笔现象之间，但是他们的笔迹仍然会反映不同程度的书写水平以及某种运笔特征规律（见图 8-2）。

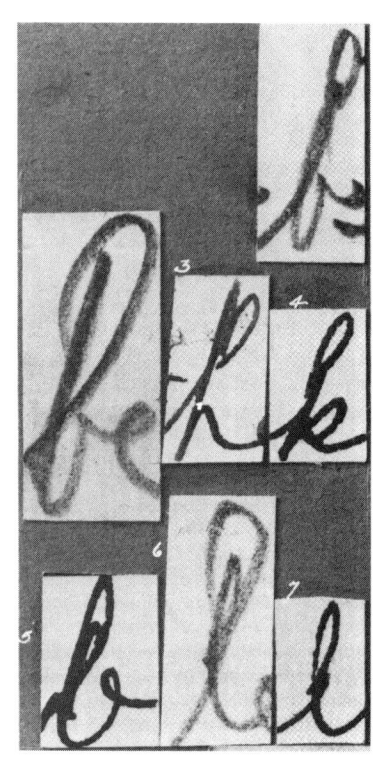

图 8-2 字母上出现的习惯性重描笔画可作为一种鉴别要素。该书写者的重描修饰笔画仅限于字母的上半部分。

字迹运笔是否显得活泼与书写动作过程有密切关系。受过良好的书写训练具有一定书写技能的人，写起字来其手指、手腕和手臂均能自动协调地互相配合。书写技能、书写速度、字体开头和运笔动作之间也都有关系。初学写字者缓慢、慎重的字迹往往出现笔力过重的现象，因为多数笔画是靠他动作还不十分熟练的手指来写成的。书写水平较高的人之所以能够运笔自如，书写流畅，是因为他的腕、臂、手指的关节和肌肉都能有节奏地协调转动、伸缩。全靠手指活动而写出来的字迹当然不一定出自初学者之手；同样全靠手臂调节写出来的字迹也不能肯定它出自书写技能高超者之手。由此可见，绝大部分笔迹都不是仅凭身体某肢体器官的单独运动而成，而是由书写人的臂、腕、指几部分动作协调配合才能形成。

握笔的方式及位置高低也可能形成独特的个人习惯，这种习惯自然会影响其书写结果。许多现代化的书写工具比如圆珠笔、软笔尖的笔、铅笔都无法像钢笔那样在纸上清晰地反映写字时所形成的那种固定角度；而用自来水钢笔，尤其是

可疑文书的科学检验

蘸水钢笔,在纸上写出来的字迹笔画往往能反映不同书写者各自特有的持笔习惯特点。① 如果使用圆珠笔等现代化书写工具写字,各人的持笔习惯特征就不可能从笔迹上充分体现出来。

书写者的字体特征主要是在他初学写字时受临摹字帖的影响而形成的,但有些字体特征则是书写者个人偏爱导致的结果。虽然笔迹不受遗传基因的影响,但是家庭成员的字体之间,无论他们的书写水平如何,确实存在相似的现象,这也许是初学写字者有意无意地模仿其家庭成员、崇拜的朋友或熟人的笔迹之故。有些人写的字棱角分明,有的人写字却比较圆滑;字体有瘦长型的,也有矮胖型的。每个人写的字母大小以及字母之间的距离都有所不同,比如 k 和 g,有些人喜欢选择艺术体或者哥特体的字形书写;有的人所写的笔迹字母间隔时而挨得很紧凑,时而分得很开,是否成比例要看字母相连的笔画如何。个别字母可能属于规范字体,也可能属于异常字体,有些笔迹中的字母还常常出现装饰性的笔画。这些都是笔迹鉴定应当考虑的因素。此外,书写字母的倾斜程度也是应进一步考虑的字形特征;有的人写习惯向左倾斜,有的人所写的字体则向右倾斜,而且每个人写的字迹倾斜度亦互不相同。只有全面地考虑到上述检验因素并对它们无一疏漏地加以研究,才可能描述出某人笔迹中字体的固有特性(见图 8-3)。

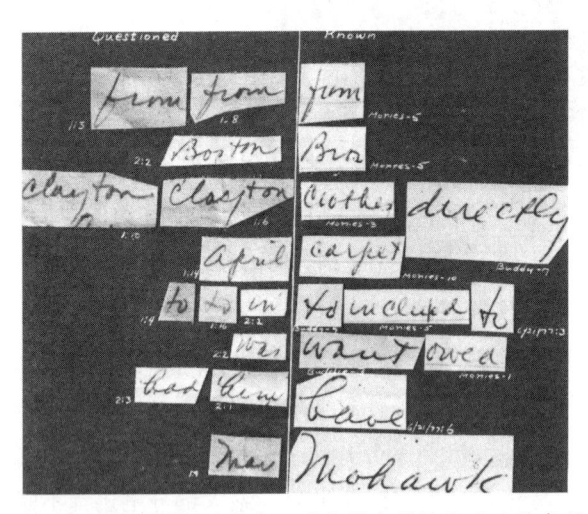

图 8-3 如果想确认嫌疑人就是检材的作者,那么样本笔迹所反映的书写水平、笔画特征、字体形状等是否与检材上的笔迹相符就是检验时首先应考虑的。当然,字体的个别特征也很重要。请注意图中首写字母 f 的简化笔触,它上部应有的弧形笔画省略掉了;还有字母的弧背和字母 t 连接下一个字母的横画等特征都显得别具一格,此外,图中还可以找到检材和样本间许多其他相同的书写细节特征。

---

① A. S. 奥斯本:《可疑文书》(第二版),Albany:Boyd,第 121~123 页。

— 152 —

第二节　文字布局

在一份篇幅较长的可疑文书中，除了纯粹的笔迹特征外还有不少其他因素可供鉴定时参考。比如，纸张上的文字布局也同笔迹一样具有某种习惯特征。文书制作者所安排的空白边沿、字体间隔、行距、插嵌字母、字行基线等方面都能反映他的个别习惯特征，这些因素不但检验手写字迹文书时应当考虑，而且在检验支票打印机等机械印刷文书时也要引起重视。① 还应进一步考虑的因素有拼写、标点、措辞、语法等，因为它们也能反映文书作者的个人习惯特征（见图8-4）。可疑文书中出现的上述诸因素都可能包含个别特征，倘若确实如此，那么它们就可以成为认定文书作者的重要证据。

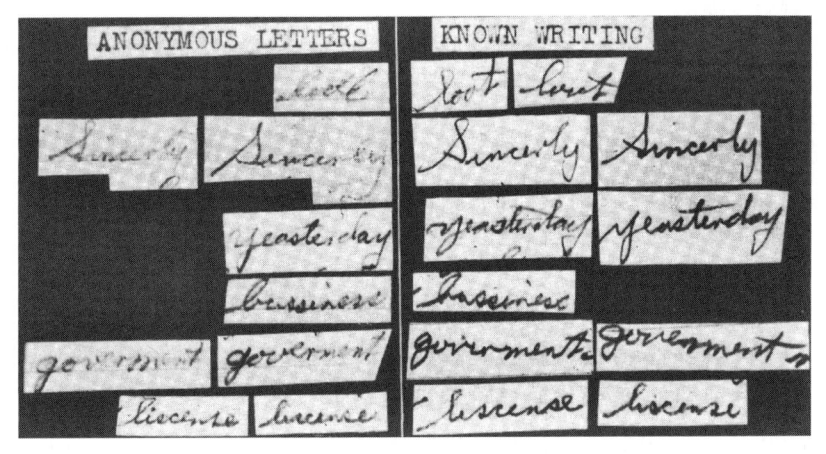

图8-4　在鉴定文书作者的时候，对于检材和样本笔迹中的一切有关因素都应加以考虑，图例中的不寻常拼写错误在检材和样本的笔迹中均反复出现，再结合其他各种笔迹特征即可认定两种笔迹为同一嫌疑人书写。第一行中的单词"loot"系单词"lot"的拼写错误。

第三节　笔迹的变化

鉴定笔迹主要是靠比较检材和样本两种笔迹所反映的书写习惯特性是否相

---

① 奥维利·里文斯顿在其论文《根据商标分类的伪造账单档案》（*Bogus Check File*）中认为，有许多支票书写的文字布局特征可以利用；载《刑法、犯罪学与警察科学杂志》1949年第39期，第783页。

同；当然比对样本材料来源必须可靠，通常是从某个已知的嫌疑人处搜取。但是下鉴定结论之前还应当考虑笔迹变化这一重要因素。因为书写任何两份笔迹样本都不可能做到在每一个细节上都完全相同，何况变异现象又是构成自然笔迹不可缺少的要素之一。笔迹变化的种类和特征数量也因人而异，所以这就为文书检验提供了又一个重要依据。有些检材和样本的笔迹变异只略微出现在细节特征方面，而另一些笔迹中的变化现象却到处可见（见图8-5）。笔迹变化主要是人体器官运动缺乏机械操作的精确性所致；但某些外界因素也常常引起笔迹的变化，譬如书写位置反常、书写工具更换、书写时心不在焉等因素。

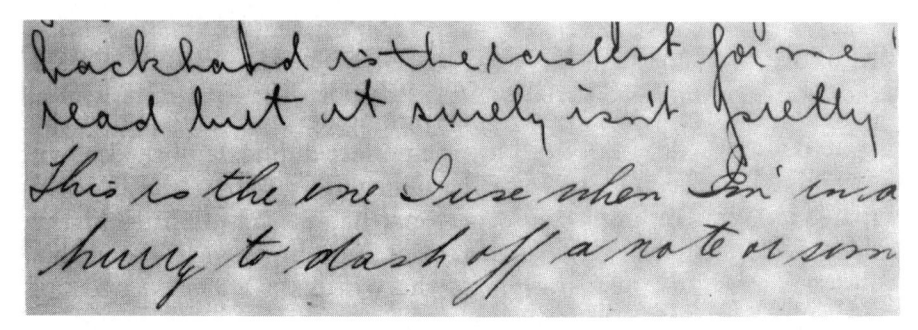

图8-5 字迹倾斜程度的明显变化不同寻常，但这种极端的变异现象在笔迹检验中还是屡见不鲜的。

书写时的身体状况和精神状态也会影响笔迹的变化，比如人在疲劳、醉酒、生病、紧张等情形下所写的字迹就容易产生变异，这些因素造成的笔迹质量下降程度往往与受干扰的严重程度相适应。此外，老年人所写的字迹与他年轻时写的字迹相对比，因岁月间隔太长它们之间也会有较大的差异。

笔迹变化并不排除鉴定的可能性。实际上，围绕着笔迹基本特性而产生的变化反而为鉴定笔迹的个别特征增加了一项检验因素。因此，只要制作检材和样本的条件是可供比对的，那么对笔迹就能够做出精确的鉴定结论。确定笔迹出自何人之手，其实也是根据笔迹的变化情况来对它的作者具有的书写习惯特性做出合理分析判断的过程。必须指出，证明检材上的笔迹和样本的笔迹书写习惯特性吻合的同时还应当确认两种笔迹的基本特征差异也类似，才能肯定它们出自同一个人之手。上述这一切表明，只要能够获取来源可靠的、与制作检材条件相同的样本，便能保证对它们进行科学的检验。

第四节　种类特征和个别特征

　　所有用来鉴定笔迹的特征因素都可归纳为两大类：种类特征和个别特征。所谓种类特征是指一些笔迹共有的性质标志。种类特征往往是书写者通过临摹同样的习字帖，仿写家庭亲友的字迹，受过相同的教育或职业训练而形成的。个别特征则是某人笔迹中与众不同的性质征象。虽然种类特征在认定文书作者方面作用不大，但是它可被用来确定并缩小涉嫌人的范围，尤其适用于否认嫌疑人。经验不足的文检人员常犯这样的错误：把某种罕见的字体看作嫌疑人的个别特征。其实这种无知的错误应当归因于他尚未见过该字体。毋庸赘述，笔迹的个别特征是认定人身同一的主要依据。通过比较检验，只要发现两种笔迹之间存在明显的种类特征和个体特征差异，文检人员就可做出它们不是同一人所写的否定结论。

第五节　肯定同一的鉴定结论

　　世界上只有一个人能与可疑文书的作者书写方法完全一样，即作者本人。文检人员应牢记，鉴定任何笔迹都必须以此为前提，然而肯定同一的鉴定结论有哪些基本要求呢？
　　首先要求用来分析比对的笔迹样本在数量上应当充足，来源上必须可靠，笔迹样本与检材的书写条件应尽可能类似。利用样本比较检验可以证明两点：①嫌疑人的笔迹特征与检材的笔迹特征是否一致；②精确地了解那些正常条件下书写所引起的变异特征。
　　利用已知来源的样本进行比对检验，两者特征需要达到何种符合程度，我们才能确认嫌疑人就是检材的作者呢？当然，样本和检材上的笔迹必须具备相同的鉴定因素。尽管不必指望同一个人写出的字迹一模一样，但文检人员仍有必要对样本和检材中反复出现的单词和字母逐一进行比较检验看其特征是否一致。总之，检材的笔迹中必须含有样本作者的书写习惯特性以及笔画特征才能认定同一，这点在本章的上一节已经论述了。此外，在样本和检材中的书写习惯特性和基本笔画特征相符的情况下，还应当考虑书写者笔迹的变异现象，换言之，可疑

161 文书的笔迹特征必须限制在样本书写者所反映的笔迹特征范围之内。如果检材和样本上的个别特征十分明显并且达到一定的数量，偶然巧合的可能性也被排除，两者的笔迹均未出现基本的或本质的差异，那么就可以确认检材和样本的笔迹是一个人写的。

常常有人询问文检人员：相符的笔迹特征必须达到多少数量才可以认定两种笔迹出自同一人之手？遗憾的是这一标准迄今尚未确立，从笔迹鉴定的性质上看，标准恐怕也很难定。因为笔迹鉴定不能光凭有关特征的统计数据来下结论，而且还要考虑书写笔画的质量、运笔是否自如、书写熟练程度，字行间隔和笔力轻重等情况。上述诸因素往往会影响整个笔迹鉴定结论，它们却又难以用数字来表示。[①] 因此，只有检材和样本的一系列笔迹特征相符，两种笔迹又不存在基本特征差异的基础上，文检人员才可以做出肯定的鉴定结论。

第六节　否定同一的鉴定结论

两个人所写的笔迹可能完全两样，或许非常相似但不相同，虽然许多书写者具有某种共同的书写习惯，但每个人形成的独特风格都会在各自笔迹中得到反映。文检人员根据这些个人笔迹的风格和特征，其中许多还是不显眼的细节特征，才能把两个人写得非常相似的笔迹区别开来。

除非有大量的相同特征存在，否则根据反复出现的细小基本差异就可以确定两份文本为两个不同的人所书写（见图 8-6）。此类问题最会引起外行人的迷惑，因为常常会出现这种情况，即笔迹某些特征的相同点在数量上超过差异点。其实内行人很明白，反复出现的基本特征是否有差异才是鉴定的关键。当两者笔迹特征存在大量差异，少数基本特征相符似乎不足以得出认定同一的肯定结论时，人们往往会倾向于这两种笔迹不是同一人所写的结论。然而，它们确实是同一人书写的。假如两种笔迹是一个人写的，那么它们之间就不可能存在基本特征差异。反过来，如果两种笔迹中存在一些基本特征差异而又无法对

---

① 这个问题在《皇家加拿大骑警评论》第五卷"犯罪侦查中的可疑文书"中做了深入的论述，参见 O. 希尔顿《为解决手写字迹鉴定问题引用数学可能性之探讨》一文，这篇论文在 1960 年渥太华召开的第五届加拿大皇家骑警学术研讨会上发表，并对上述问题进行了深入分析。渥太华女王出版社，1960，第 121~128 页。

它们做出符合逻辑和常理的解释，那么就可以认定它们是由不同人书写的两种笔迹。

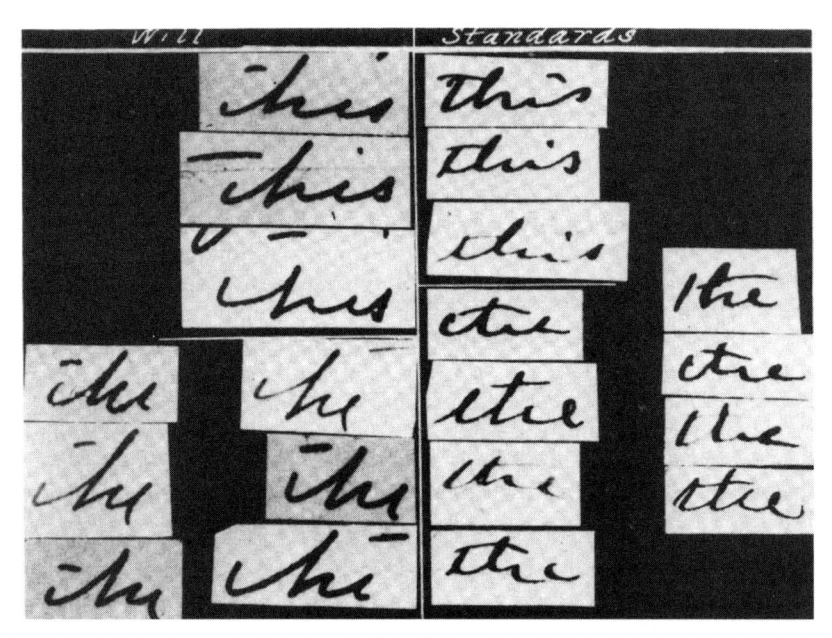

图 8-6　根据反复出现的一系列基本细节特征差异证明立遗嘱者并没有亲笔书写过他的遗嘱。从遗嘱上的单词"this"和"the"来看，其中字母"t"的竖画相当短，它与立遗嘱者本人所写的"t"相比完全两样，后者所写的"t"竖画稍高些。这一基本特征和大量其他字母的差异反复出现就足以确认此遗嘱并非立遗嘱者的笔迹。

第七节　笔迹鉴定中的特殊问题

情况在变化，但笔迹鉴定的重要性依旧存在，尽管目前打字机已得到广泛应用，可是人们在处理公务或私事过程中仍然会遇到手写文书的情形。所以常常会出现下列问题："这一页多的字迹是谁写的？"（见图 8-7）"在书写材料中插入的几个字是谁添加的？"（见图 8-8）令人惊诧的是有人竟会否认自己签名的文书上大部分字迹是他写的。文检人员碰到这种情况，关键就是要查明事实真相。倘若鉴定可疑文书是否由某位已经去世的人所写，那么就有必要获取他生前同时期的已知笔迹样本进行比较。此外，假如某人错误地被指控书写了犯罪材料，那也得根据他的笔迹样本再次进行比对检验才能纠正原先鉴定的错误。

可疑文书的科学检验

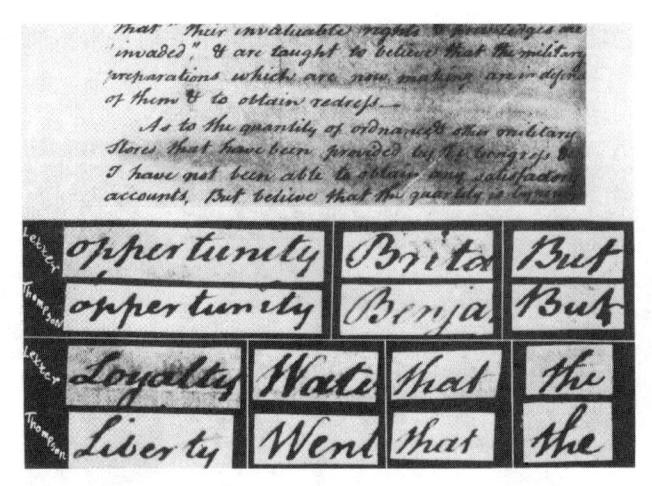

图 8-7　本图上面是 1776 年用密写墨水书写的一封三页信件的部分内容，它详细地叙述了一位爱国者的军事计划。

下面是将美国出生的科学家本杰明·汤普森的生前笔迹作为比对样本进行检验而发现他就是该信的作者。一些相同旧英文正楷字母的修饰笔画特征均在汤普森的笔迹和这封信中得到反映。字母 B、L 和 W 的书写字体以及单词"opportunity"中的字母笔画连写方式等都是极为重要的个别特征。有关这封信整个鉴定过程的详细内容可参见 S.C. 布朗和 E.W. 史特因 1950 年合写的论文《本杰明·汤普森和美国革命的第一封密写信》。

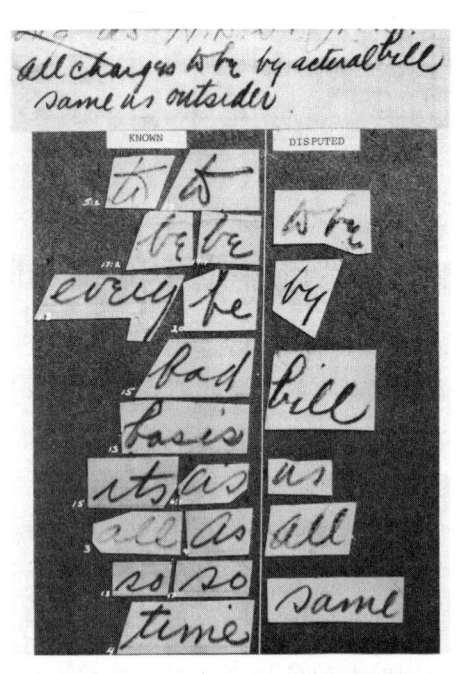

图 8-8　上端的两行字迹是在一张手写汇票中添加的内容。

本图示意鉴别该字迹作者的方法，字母"t"笔画不间断的连写方式，字母 e 的希腊字体及其倾斜度，单词"be"和"by"中的字母 b 底部笔画呈锐角，所有这些重要特征再加上样本和检材中的字迹书写运笔流利程度相似等因素，足以认定两者字迹均出自同一人之手。

— 158 —

像遗嘱、收据、协定、契约、票据、汇票、支票之类的重要文书几乎全部是书写字迹，由于它们常常作为审理民事或刑事案件中的诉讼证据使用，也许还是关键性证据，因此文检专家证明它们真伪的鉴定结论就显得格外重要（见图8-9）。在执法过程和刑事诉讼中也少不了鉴别敲诈信、伪造支票、匿名信等手写犯罪文书的作者（见图8-10）。可见有精确的鉴定书作证，才能强有力地推动审判顺利进行。

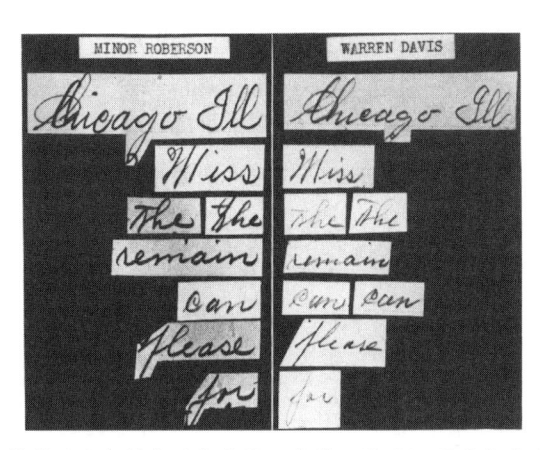

图8-9 罗伯逊和戴维斯两人都提交了失业求职申请，然后又因为批准逾期而先后去信抱怨。但是工作人员依据两个人提供的住址却未能找到他们，于是起了疑心。对这两人的书写字迹进行比较后发现书写技巧、倾斜程度、字母的形态、字母笔画的连写和间断都极其相似，从而得出一个人使用了两个假名字的鉴定结论。

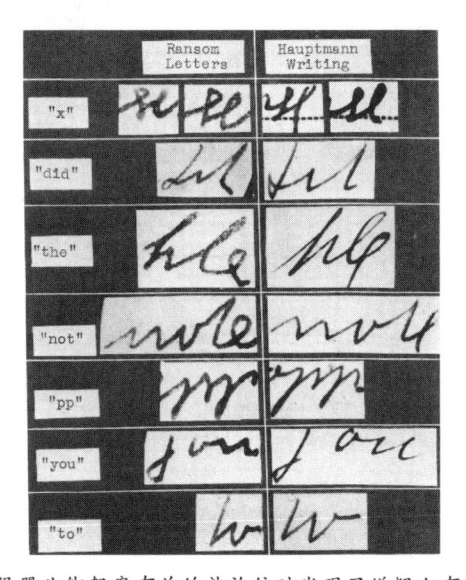

图8-10 检验与林德堡婴儿绑架案有关的敲诈信时发现了嫌疑人布鲁诺·豪普特曼十分独特的笔迹。嫌疑人自己创造的"X"字母书写形式，字母"t"和"y"结构的简化（并将"did"误写为"tit"），两个"p"字母的连写方式，再结合豪普特曼其他不熟练的书写习惯特征等因素，毫无疑问地确定嫌疑人就是该敲诈信的作者。

第八节　亲笔遗嘱

　　解决大量遗嘱问题都要涉及笔迹鉴定，而且此类问题通常也是文书检验最重要的项目之一。在许多司法审判中，亲笔遗嘱（holographic wills）可作为有效的法律文书；亲笔遗嘱作为证据无须任何其他证人。倘若对遗嘱的真实性产生怀疑，那就必须通过文检人员的鉴定才能确证。文检人员可以检验亲笔遗嘱全文以及签名，断定是否死者亲手书写了全部遗嘱等事项。如果遗嘱是在立遗嘱者生前身体十分健康的时候写好的，那么鉴定遗嘱真伪的问题不会太复杂。当然为了达到检验的目的，应尽量获取比对条件较好的笔迹样本（见图 8-11）。但偶尔也会有这样的情况：当立遗嘱者年老体衰的时候，甚至到他卧床不起的时刻才写下遗嘱。这种情况下书写的遗嘱，常常是老年病人用颤抖的手写出的字迹。往往难以获得与之相适应的变异笔迹比对样本而使鉴定工作复杂化了。因此，当判断变异笔迹的遗嘱是否为立遗嘱者本人的真迹时，很可能产生见仁见智、莫衷一是的局面。然而如果做出有推断性意见的结论，再辅之以其他有关方面的证据有时候也能够确认遗嘱的真伪。

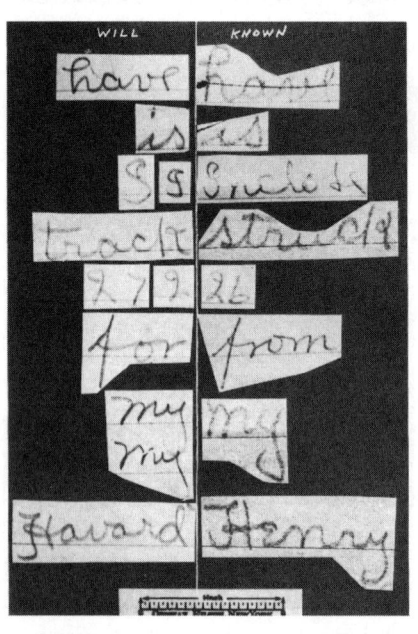

图 8-11　证明遗嘱为莎丽·基丝亲笔写的鉴定结论是根据图中的笔迹特征比对结果而做出的。她的字迹清楚、明确；字母的形态具有她的个人特点，字体也与遗嘱上的特征相符。比较字母 i、k、f、H，单词"my"中的字母 m 和 y 的相对高度，以及字母 a、o、r 的相似形状。综合上述互相一致的笔迹特征可以证实：该遗嘱是她亲笔书写的。

第九节　笔迹鉴定的不利因素

科学地检验笔迹通常总会得出肯定的结论，然而有时受某些条件的限制，往往使文检人员无法做出肯定的结论或者只能得出有保留意见的鉴定结论。譬如，比较检验中缺乏足够的笔迹样本是最常见的遗憾；再如有些样本与检材的比对条件相差甚远，也不利于做出明确结论。有时候用来与一份亲笔遗嘱相比较的样本只不过是几笔草书的便条。总之，鉴定寥寥数语甚至比鉴定签名还难，[①] 检验随便添加的几个草体字迹尤其困难。假使样本和检材上的字迹书写年代相差甚远，或者笔迹相当潦草，或者是在生病期间以及其他反常书写条件下所写的笔迹，都难以对它们做出肯定或否定的鉴定结论。如果获得的样本同检材的制作条件不同，那么就一般不能进行比较检验。但这些例外情况，与绝大多数可以得出明确结论的案例相比，毕竟只占少数。

第十节　笔迹伪装

笔迹伪装（disguise）是指一个人写字时故意掩饰其全部或部分的正常书写习惯。[②] 喜欢写匿名信的人常用伪装笔迹的手法来逃避侦查。不露破绽的伪装当然能起到保护作用，可是若要伪装得不露一点破绽，就极其困难。采取改变书写习惯的方法来避嫌，虽然书写者在开头几个字也许还能办到，但是他写的字数越多，维持伪装就越困难。有时候书写者自以为对整页的笔迹都做了伪装，而其实他掩饰的正常笔迹仅仅只有一部分。在检材上出现伪装笔迹较多的情况下，企图避嫌往往是徒劳的，尤其是在有大量的已知笔迹样本可供比对的情况下。[③]

---

① 签名虽然字数不多，但由于使用频率高，因此它往往比书写人其他字迹更能反映其个体特征。况且，提取应用广泛的签名样本要比提取嫌疑人的其他字迹样本更便利，所以签名通常较易做出同一认定。
② 本节的讨论假设书写人是用草写字母而不用印刷体字母来制作文书。有些人故意采用印刷体字母书写，以便掩饰自己固有的笔迹特征。然而这种伪装手法通常也不会成功，关于印刷体字母的书写问题，留待第十章再做详尽的讨论。
③ 倘若书写人制作几份假文书后过了一段时间，他还企图维持伪装字迹特征的前后一致，这种情况就会变得更复杂。假如书写人在这种情形下保留着每份假文书的复写样本，那么他还能在以后的假文书中写出前后有点一致的伪装字迹特征。但小心谨慎到如此地步的嫌疑人十分罕见，况且，完善的伪装十有八九是不可能的。

究竟为什么笔迹伪装会如此困难呢？为什么种种伪装的尝试会屡遭失败呢？因为书写者要使伪装得逞，必须逾越两项障碍。首先，他必须彻底了解自己笔迹中每个可供鉴定的特征。能够做到这一点的人并不多。假使他能了解自己的全部笔迹特征，只要不是笨蛋，他就得时刻想出新花招来避免这些特征被发现。其次，他还必须摒弃自己原来固有的一切书写习惯而采用一套全新的书写习惯，要做到这一点更加困难。实践表明，任何人已形成的书写动力定型都相当稳固，他企图在书写习惯方面完全弃旧从新势必困难重重。凡是做这种尝试的人虽然结果可能会掩盖一些明显的笔迹特征，但他同时又会无意识地遗留下不引人注目的细微特征。或许有人相信只要他将这些细微的笔迹特征也加以掩饰就算伪装成功了，其实关键的个人书写习惯特点仍然会从伪装的笔迹中流露出来，并可以据此来鉴别伪装笔迹的作者（见图 8-12）。

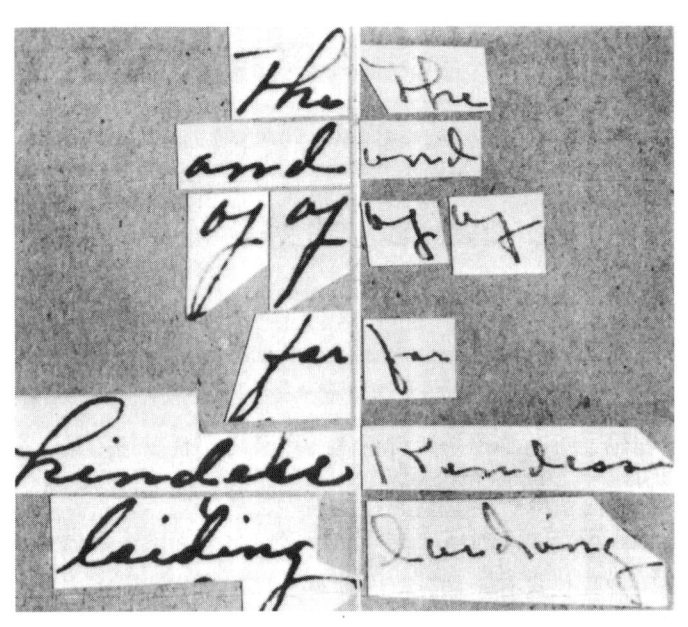

图 8-12　根据检材和样本所反映的字体和连笔现象，表明两种笔迹的个人书写习惯特征相同，差别只不过是书写者为了伪装而改变了字母的倾斜度。再参考两部分单词中共有的拼写错误即可确定这两种笔迹均为同一人所写（事实上嫌疑人已默认了自己的伪装笔迹）。

根据伪装笔迹时而出现的一些自相矛盾的运笔特点，可以将它与正常笔迹加以区别。伪装笔迹通常既有违背书写习惯的生涩笔画，又存在符合书写习惯的自然笔画。总之，伪装笔迹的运笔远不如正常笔迹那么流畅，而且笔画之间不协调的反常现象比比皆是。运笔迟疑呆板、倾斜度不一致、时而出现怪字体、笔画弯曲、重描等迹象都是伪装笔迹的典型特点。像大写字母和字体倾斜度等明显特征容易被伪装,但是其他不明显的细节特征仍会保留其原有习惯,它们同样是重要的鉴定因素。[①] 文书检验应全盘考虑所有这些因素,因为只有觉察并适当地估计不自然笔迹后,才能断定它是否伪装笔迹,与此同时,那些未加伪装的正常字迹仍可作为检验基础。

还有一种伪装方法是用与惯用手相对的那只手来书写字迹,我们通常称之为"左手伪装笔迹"。假如文检人员得不到供比对的左手笔迹样本,那么书写人使用这种伪装手法的企图就可能得逞。当然对于某些书写技能相当低的笔迹,我们首先应分析判断它是否左手伪装笔迹。在刑事案件侦查过程中,一旦抓获嫌疑人便应该设法从他那里获取左手笔迹样本。

还有一些书写者,他们无论用哪一只手都能轻而易举地写出流利的字迹。他们左右手书写的字迹不能被视作伪装笔迹,因为他们每只手所写的字均已达到相当熟练的程度。何况他们具备这种不寻常的书写技能通常是众所周知的,而且他们还必须经常花费大量时间来练习左右手写字以便使自己的书法水平"更上一层楼"。但他们中任何一个人用左手写的字与右手写的字相比较也略有不同。如果需要将他们的字迹与检材进行比对的话,那就必须同时获得他们左右手所写的笔迹样本。

第十一节 结论

笔迹鉴定主要是发现和检验所有可供鉴别的特性,找出那些异常的以及具有特殊检验意义特征之间的异同点,识别哪些是故意伪装的特征,确定哪些是个别书写者字迹的正常变化。倘若检材上的笔迹没有伪装,那么它一定包含书写者无意中流露的书写习惯特征。

认定同一的肯定结论既不要求检材和样本之间的特征全都吻合,也不允许两者之间的特征远远超过已知样本中的自然变化范围,而必须在检材和样本之间找

[①] 为了伪装笔迹,嫌疑人掩饰自己固有的拼音字母书写特征,常见的变化如字母的大小、倾斜程度、笔压、字形、字行线、运笔、笔画连接以及字母 i 上的小点;这些因素在琼·道奈的论文《书写字迹的伪装》中有详细的叙述,载《实用心理学杂志》1917 年第 1 期,第 368~379 页;约翰·哈里斯撰写的《伪装的书写笔迹》,载《刑法、犯罪学和警察科学杂志》1953 年第 43 期,第 685~689 页。据报道,有 100 个学生参加了一次伪装字迹的实验,结果表明绝大多数的字迹伪装均告失败。较常用的伪装手法包括改变字体的倾斜程度、采用哥特字体书写、走样的绘图式书写以及用印刷体字母一笔一画地书写等。

出足够数量的相同特征才能最终确认它们是同一人制作的。

　　准确地鉴定笔迹是文检工作的一项重要任务。获取数量充足、来源可靠、比对条件良好的笔迹样本材料是鉴定成功的关键。透彻地比较研究检材和样本，充分了解文书作者的书写技能和习惯，客观上要求文检人员既要有敏锐的观察力，又要对所观察到现象做仔细的分析。解决任何文检问题都应遵循在寻找特征差异点的同时，也要寻找特征相同之处的检验原则。做出否定同一的鉴定意见，必须完全排除外界偶然因素造成那些差异点的可能性和以已经获悉的各种检验结果为基础。反常的书写条件、老龄、疾病、故意伪装等影响字迹变化的因素都可能使笔迹鉴定工作陷入困境。总而言之，文书检验绝不是一项简单而草率的工作。

第九章　签名的鉴定与伪造文件的调查

一个人签署自己姓名所流露的自然字迹往往是他习以为常的书写习惯的反映。久而久之，签名便会成为最具有个性特征的笔迹，但签名的字形与书写人的其他笔迹相比又截然不同。每个人签名的笔迹形态与特征是由多种因素决定的。文盲、半文盲写出来的名字，笔画显得呆板、拘谨，运笔缓慢，缺乏自信，但是它们仍然具有书写人的某些个别习惯特征。绝大多数人书写的签名，运笔都比较娴熟、流利，而且签名字形一般总是接近书写人按字帖所学的字体。至于一个人具体如何签名，经常要受到许多相关因素的影响，譬如对肢体肌肉的控制、动作的协调程度、身体健康状况、年龄的大小、心情是否紧张以及需要他签名的次数多少等因素，在某种程度上也取决于他的个性特点。[①] 如果上述所有因素融合在一起对签名产生了作用，并且书写人在签字时又未特别留心这些因素，那么该签名同样能反映他书写习惯体系中的某些重要特征。反之，如果他明知受上述因素的干扰，却又试图避免在书写过程中暴露经过反复练习经动力定型所形成的半自动的笔画特征，即改变平常签名的书写习惯，其结果往往力不从心，事与愿违，和正常签名的样本材料相比难免会有一些差异。

[①] 作者在参考"个性特征"（personality）这个词时，可能会引起观点相反的争论。例如著名的侦查专家罗伯特·索迪克与当代最著名的笔相学专家 J. Crepieux – Jamin 就这问题进行过针锋相对的公开争论，尽管如此，读者也必须认识到每个人书写笔迹的习性癖好（idiosyncrasies）在某种程度上是他学习写字时所临摹的字帖的字体形态特征的再现，但是这是一种标准字帖化笔迹的变形。一个人的说话、行为、举止、行走姿势等突出的独特风格（mannerisms），以及其他癖性在某种程度上都反映了这个人的个性特征。尽管一个人的行为举止会反映其个性特征的原因并不完全为人所知，但是两者之间确实存在某种联系，这是不容置疑的客观事实。同样的道理，我们认为不同的笔迹特征在某种程度上也反映书写人的性格特征的差异性。例如，书法艺术家所书写的作品，与公务繁忙的公司行政管理首脑快速书写的、字迹潦草的签名就有某种相似性，两者所反映的个性特征就比较明显。

第一节 真签名

173 签名的鉴定形成了笔迹检验中一个特殊的分支。一般来说，虽然检验笔迹的基本原则仍适用于鉴定签名，但是某些特定因素则必须予以特别强调。收集到的签名样本中可能包括一些与平时书写习惯不同的罕见的笔迹特征。而且，在进行可疑签名笔迹鉴定时认真分析研究的某些鉴定属性，可能在常见笔迹的鉴定过程中并没有引起相当程度的特殊关注。

因为签名本身只是由数量有限的几个字母构成，故鉴定签名主要研究名字是怎样写成的。由于姓名在日常生活中使用的次数频率较高，所以对绝大多数人而言，签名已变成一种完全自动化的书写习惯动作。至于那些连自己名字都写不流利的人，其吃力的、有意识的运笔动作痕迹却反映了另一种重要的检验特征。还有，粗造签名也是笔迹检验中常会遇到的问题。总之，鉴定签名应立足于着重考虑运笔动作习惯特征，下面的讨论就涉及这一内容。可见签名字体的外部形态固然是引人注目的特征，然而准确鉴定的基点仍应放在与签名习惯动作有关的内在因素方面。

书写技能和运笔习惯如何，均可通过检验签名本身得出结论。在检验过程中，需要考虑和分析下列诸因素：运笔是否有连贯性；是否有因停顿、提笔而形成的不自然笔画中断现象；运笔是否有节奏感，或者显得生涩、呆板；书写笔力是否有轻有重、错落有致，或者笔迹的笔力是否匀称；签字时握笔位置的高低、角度；书写速度的快慢，字母之间的连笔和笔画转折处运笔是否自然；转折笔画是否呈圆形、椭圆形、钝角形或锐角形；最初开始书写时笔尖接触纸面的落笔特征，以及最终写完字或连写中断时笔尖离开纸面的提笔特征；还有习惯性的回笔重描特征等。只有综合评断上述因素才能大致刻画出书写者的笔势特征以及其他书写习惯特性。这种特性是基于签名者书写工具的移动，他的手指、手腕、手臂的连贯动作和他本人书写技能与运笔协调程度等习惯因素而形成的。

每个人签署自己姓名时，总是力求使其特征凸显，独树一帜，个性鲜明。因此签名最初的字体形态通常是由书写者用心构思好的，然后他按此模式一而再、再而三地反复书写从而使签名成为与众不同的字迹。任何人所塑造的签名字体一

174 般都包括下列因素：字母及其倾斜度的设计、大写字母的相对比例、小写字母的间距，低于或高于行基线的单个字母的行距长度、字母笔画点缀及其夸张运作的

笔画、外形轮廓的简化，以及为了看起来平衡美观而对签名字母结构各个部分比例的整体性排列。因此，在对签名进行鉴定时，必须结合个性化的书写习惯特征、书写质量及其外形轮廓进行综合分析判断。

如果送检的签名和供比对的签名均符合上述两方面的特征，那么即可断定这两个签名是同一个人所写（见图9-1）。假如检材和样本之间的运笔基本特征存在明显的差异，那么它们必然是两个人分别签署的姓名，因为它们的运笔特征是在基本性质上的不同而不是一个人写两个签名时所产生的那种正常细节差异。

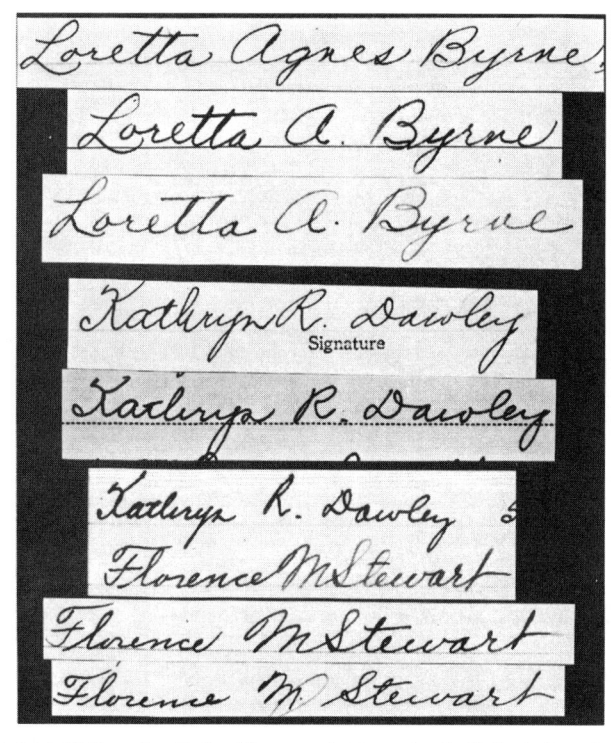

图9-1 有人对与洛蕾塔·A.拜伦（Loretta A. Byrne）遗嘱有关的3个见证人的签名提出了疑问。因为其中两个见证人先于立遗嘱者去世，所以就有必要在证实拜伦小姐签名真伪的同时确认两位死者凯瑟琳·R.多莱（Kathryn R. Dawley）和福洛伦斯·斯图尔特（Florences Stewart）的签名是否为真迹。将拜伦遗嘱上的签名字迹放在她的两例真签名样本之上进行比较检验；样本签名所反映的字体和运笔习惯特征与遗嘱签名相比几乎完全相同。

将见证人多莱和斯图尔特在遗嘱上的签名，分别放在两位小姐所书写的两份真实签名的字迹样本材料中进行比较检验。她们两人的笔迹与拜伦小姐的签名笔迹一样，书写笔画流利、清楚，并且具有各自独特的个性特征，比对检验结果表明遗嘱上两位证人的签名确属真迹，绝对没有问题。

同一个人所写的几个签名之间自然存在一些细微差异，在鉴定签名过程中这些自然差异往往也能起重要的作用。实践证明，没有两份签名样本是一模一样的。签名之间的差异大小完全取决于书写者本人的运笔习惯和当时的书写条件（见图9-2）。由于存在这种自然变异，因此，在鉴定未知签名字迹时必须有两个以上的已知签名作为比对样本。检验过程需要从几个已知来源的签名样本中准确地归纳出自然变化特征的范围，然后再研究检材签名所反映的变化特征是否在此范围之内。因而，鉴定签名的内容不仅包括证明检材与样本之间的相同特征是否同一，而且还要确认对检材做出同一鉴定的特征是以与样本相同的书写方式产生的，而且其自然变异的程度没有超出签名样本自然变异的特征范围。

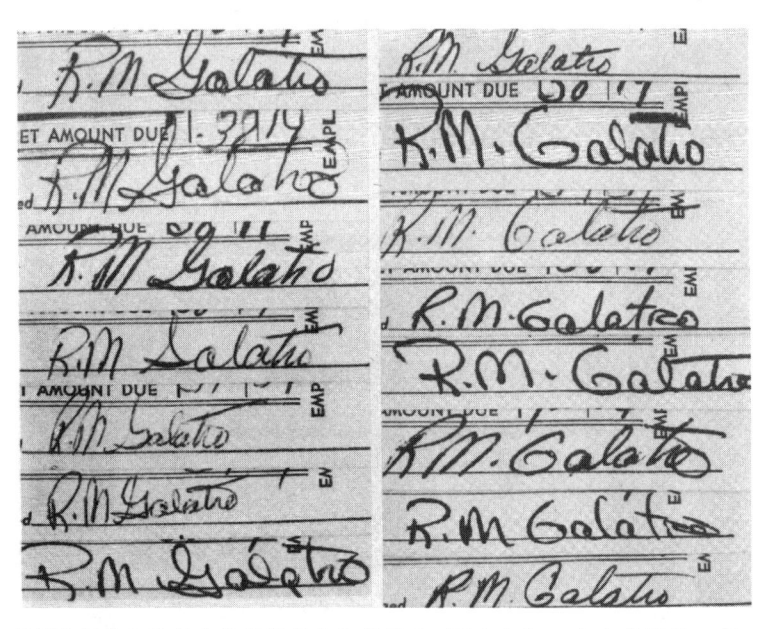

图9-2　领薪收据单上的这些签名都是由加拉蒂略（Galatio）一个人书写的，乍一看他的这些签名之间似乎存在较大的差异。字的倾斜度、字母的大小、与基线的相对位置、笔画的连写和字母的形态都有所差别。尽管笔迹的变异程度非常大，但总有一些特征变化属于全部笔迹特征的一部分。

若一个人的笔迹特征变化越大，那么获取比对样本的数量就应当越多，只有这样才可能鉴定出他书写习惯的本质特征。

从前面一段内容可以看出，检材与样本之间出现的差异通常都是书写者本人字迹的自然变化。普遍存在于绝大多数签名检验案例中的是这种自然变化现象。但有时也会碰到一种不太常见的变化现象，人们称为"偶然的变化"。因为它在签名中的出现率只有百分之一甚至二百分之一。虽然在一般笔迹检验中也会出现偶然性变化，但它给签名鉴定工作增添了更多的麻烦。尤其当文检人员对检材和样本的书写条件不甚了解的情况下，往往无法对偶然变化因素做出合乎逻辑的解释。假如检材和样本之间只有一个难以解释的变异现象，文检人员仍然可能最终做出该签名字迹是同一个人所书写的鉴定结论；但如果他同时又要说服他人相信该签名系伪造的（其实这并非伪签名），则并非轻而易举之事。总之，在正常情况下，签名字迹中单独出现某种偶然变化特征，一般不能证明该签名是伪造的。

第二节 异常的真签名

有关检验签名的真伪和鉴定签名作者的一些原理在前面已经论述过了。文检人员受理的检材一般总是正常的真签名。人们在信件、申请表格、支票、法律文件等其他正式或非正式的文书上签署的几乎都是真实姓名。但不容否认，偶尔出现的一些异常签名形式自然会给鉴定工作带来特殊的检验技术问题。尽管鉴定签名真伪的方法原则依然不变，但异常签名中出现的某些因素可能具有特殊的鉴定价值，或者产生特定的限制性的鉴定意义。由于民事和刑事诉讼案件中多次碰到异常签名的鉴定问题，所以文检人员有必要对这些特殊因素做出认真的分析研究。鉴定异常真签名的前提条件是书写者必须在主观随意（非故意伪装）的情况下签署姓名，我们才可以考虑签名显得不同寻常的原因是受到书写者签字时酗酒、吸毒或者年老体病等因素的影响。

一 收据上的签名

收据签名（receipt signatures）主要指在不良书写条件下匆忙签署的姓名，如在收到投递的包裹、挂号邮件或者货物时的签名。通常情况下，人们在这些收据上签名总是以手掌、膝盖或者墙壁作为书写衬垫物。不少人认为在收据上签字是一项例行手续，甚至有人将这种签名视为一件令人厌烦的琐事。因而这些人在签名时往往是潦草地乱涂一气就完事了。由于匆忙、粗心、不良的书写条件等因素可能会导致正常签名中原有的一些细节特征丧失。虽然一系列异常签名样本确实也能反映某人的书写特征，但是它们之间的差异性特征还是相当大的。若用正常的签名样本来同异常签名进行比对检验的话，恐怕收效甚微。因此解决这一问题的关键在于尽量获取与检材书写条件类似的样本（见图9-3）。检验大多数人的异常签名都应当采用这种方法，但是也有例外的情况，因为少数人在收据上的签名与他们平时的正常签名差异不大。只有根据运笔流畅的字迹所反映的几个典型特征，才能判断异常签名的真伪。异常签名与伪造签名不一样，前者应该没有任何企图掩饰笔画缺陷的迹象。异常真签名的唯一例外情况是它偶尔有可能被写得相当流利，因而不可能出现写得不好的字母笔画被修正的迹象。

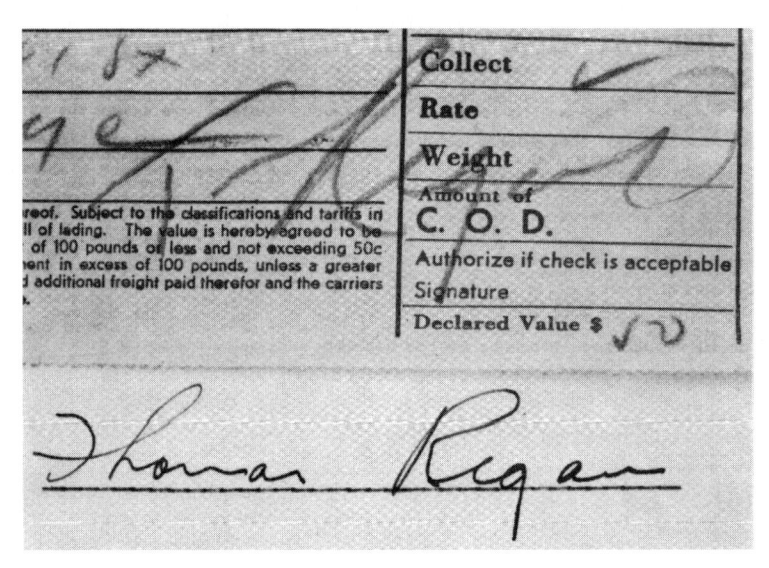

图9-3 本图上面的收据签名与下面的里根（Regan）的正常签名相比较，可以发现它们之间存在许多差异点。由于检材与样本之间出现的这些差异性特征点，几乎不可能做出该收据上的签名是由这个书写了许多正式格式签名的人所书写的同一鉴定结论。

二 受酗酒和吸毒影响的签名

毫无疑问，一个人在酗酒或麻醉品的影响下不可能以正常的方式书写和签署自己的姓名。但是这与每个人的个体条件有关。有些喝得醉醺醺的人，即使他们血液中的酒精含量已很高，仍能书写出较正常的签名字体；绝大多数人一喝酒就不行，他们所签的姓名字体结构极差，笔画飘忽不定，运笔迟疑抖动，与正常签名相比差异较大。[①] 类似情况同样发生在吸毒者身上。当然，酗酒或吸毒对签名造成的影响程度也是因人而异的。受酗酒或吸毒影响后产生的签名缺陷与伪造签名形成的缺陷实质上是根本不同的两码事。怎样鉴定伪造签名的问题，我们将在后面进行讨论。一般人处于麻醉状态时所签的字，最典型的现象就是字体结构差，运笔不流利（见图9-4）。签名看上去像签字笔摇摇晃晃地在纸上拖动后的痕迹。有些人即使血液中酒精成分含量较低，他所签的字也似乎要比正常签名的

---

① 有关在各种程度的醉酒状态下的笔迹变化情况的研究报告详情可参见 O. 希尔顿著《酒精等麻醉药品对书写笔迹的影响情况的研究报告》，载《法庭科学杂志》1969年第14期，第309~316页。

字体略大一些。假如能获取嫌疑人酗酒和吸毒后书写的签名样本，那么和检材进行比对时就可以发现更多的检验特征，文书检验员的鉴定结论就会更为广泛、明确和精确。虽然没有特殊的签名样本也可以进行检验工作，但是如果有在这些相同书写条件下制作的签名样本的话，不仅容易发现检材与样本之间的异同点，而且鉴定结论的说服力会更强。

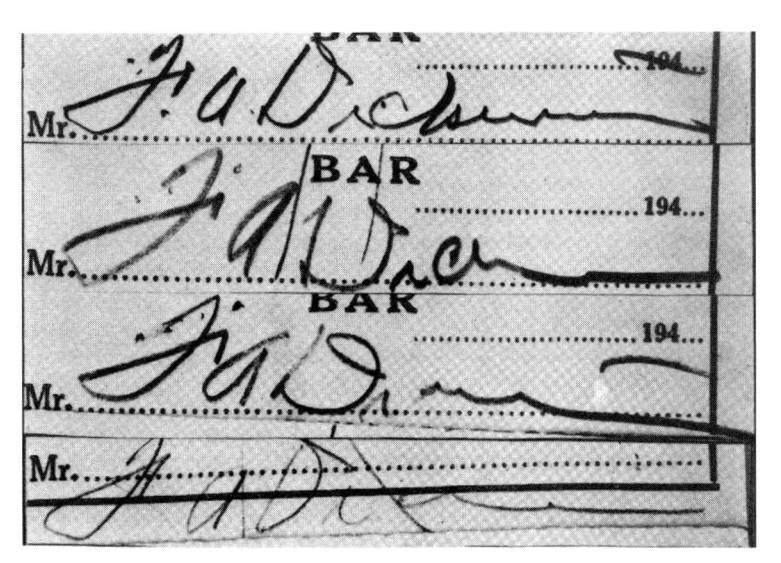

图 9 - 4　图为同一个人某晚在酒吧间酗酒过程中所签署的四份账单。注意第一张上的签名到第四张的签名（自上而下），其笔迹的细节特征和书写习惯特征逐渐淡化。

三　疾病与老龄对签名字迹的影响

身患重病的人所写的签名跟年老体弱的人书写的签名相比较，两者常会呈现某些类似的特征。虚弱的身体条件和协调能力的下降（运笔无力、不自然、连贯性差等迹象），往往是区别书写者早年流利的签名与现在质量严重下降的签名的重要因素。无论是重病还是老龄因素而造成的字迹变化，文检人员检验时都应该从签名字体的结构特征、笔画质量、运笔技能等方面来进行观察分析。受疾病或老龄因素影响的签名通常会出现笔画不规则、字母形态难看、基准线与字母间隔不协调等现象（见图 9 - 5）。[1]

---

[1] 作者在写作这个问题时参考了许多较早发表的有关在疾病和年老的影响下签名和书写笔迹的鉴定问题方面的文章。参见《严重疾病对笔迹鉴定的影响》，载《研究生医学杂志》1956 年第 19 期，第 36 ~ 48 页；《年龄和疾病对笔迹的影响程度的鉴定问题》，载《法科学》1977 年第 9 期，第 161 ~ 172 页；《在鉴定签名和鉴别伪造笔迹时应当考虑到书写人的健康状况》，载《法庭科学杂志》1969 年第 14 期，第 157 ~ 166 页。

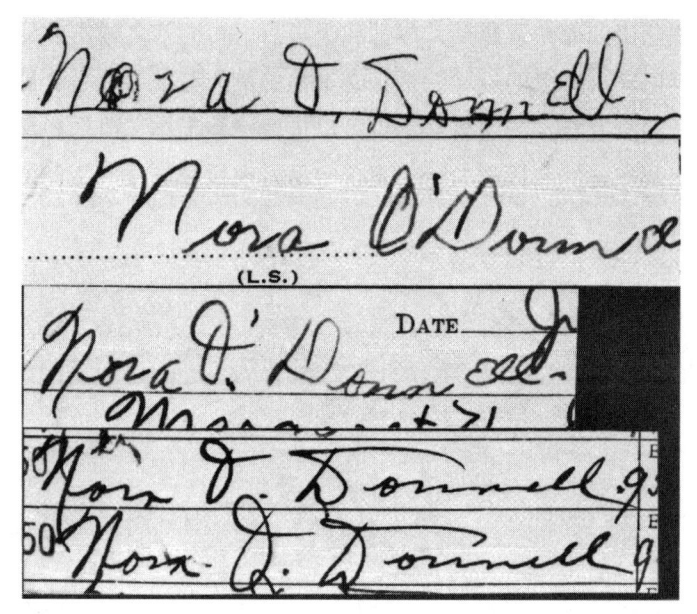

图9-5 最上面的一行签名是书写者患重病住院躺在病床上写的,中间两行签名是书写者病体康复9个月以后的签名。尽管它们看上去比第一行的签名字迹流畅、美观得多,但仍不如最后两行的签名那么流利。最后两行是书写者患病前一年签署的姓名。任何人生病期间的签名质量总会差一些,但是对大多数人来说,仍可能在病愈后恢复原有的书写能力或者至少会比起生病期间的字迹有所改善。

由于年老或生病体弱而产生的颤抖笔画是此类签名(并非全部)中常见的特征之一。不协调的颤抖字迹往往伴随着较差的签名字体结构出现(见图9-6),这一点与收据签名又有不同,前者字体结构差主要是书写人体乏力弱引起的,而后者则是书写人的匆忙或粗心所造成的。

此类签名还有一个特征是书写者起笔犹犹豫豫。在起笔处也许会出现一两个假起笔点,构成与后面整个签名没有联系的、无力的、漂浮的笔画。由于同样的原因,这种笔迹特征也可能出现在签名的笔画之中或末尾,有时候结尾部分的笔画突然变得相当流利。但上述现象也许只在某位病人或老人的个别签名而并非他的全部签名中出现。

熟悉此类笔迹的文检人员,一旦看见检材的字迹较差就自然会联想到该签名可能出自某位老人或病人之手,但他仍需要获取与检材同时期的签名作为比对样本,才能确认签名的真实性。同时还要考虑到样本和检材笔迹的书写条件是否相似等因素。因为对一位身患重病的人来说除非十分必要,否则他是不会轻易动笔写字的,所以实践中能找到比对条件较理想的签名样本为数不多。老年人的签名往往随着他们年龄的增长而出现某些笔画变异特征。收集比对样本时应注意某些签名中偶然因

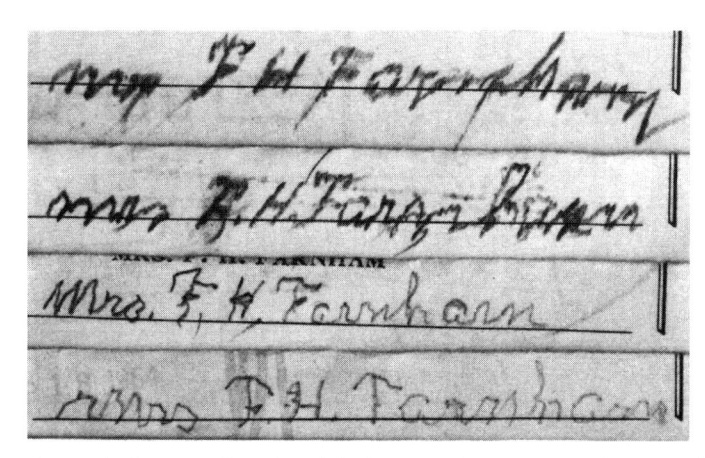

图9-6　这4个签名都是一位因中风瘫痪多年的妇女写的。开头两行是她1962年的签名，其他几行签名是她1964年在使用镇静剂（安定）很长一段时间后书写的。注意比较两者颤抖笔画的特征，尤其是笔画周期性地低于基线现象的递减规律。

素造成的变化，虽然老人的签名样本比病人的签名样本容易获取而且能收集到的样本数量相对来说也较多些，但是对有变异的签名真伪做出准确的鉴定结论，最终仍取决于文检人员对有关问题的理解和判断以及他们的工作经验（见图9-7）。

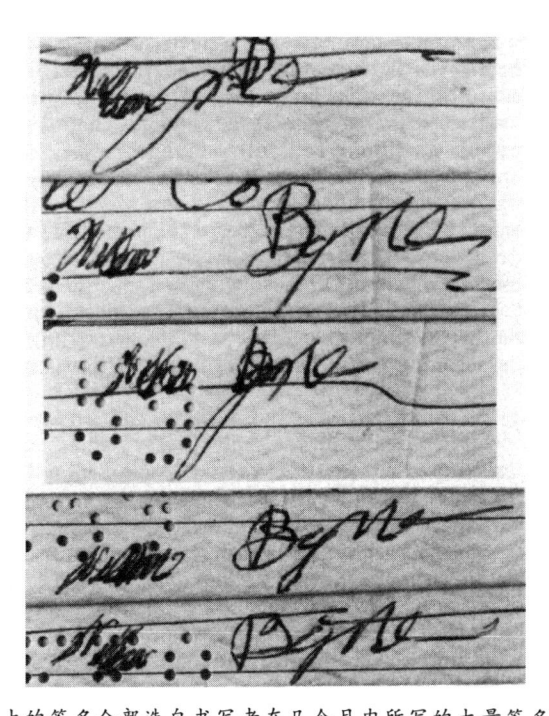

图9-7　这些支票上的签名全部选自书写者在几个月内所写的大量签名，前面3个姓名于同一天签署，它们比下面两个签名早签几个星期。后两个签名虽然也存在变异现象，但它们比起前3个签名毕竟有所改进。像这样的签名变异，在Byne书写的后两个签名笔迹中固然略有改进，但依旧看得出它们和前3个签名的变化特征类似。

第三节　伪造签名的检验

伪造的签名常使鉴定工作复杂化，因为文检人员必须对签名的每个因素都加以全面考虑。尽管在所有签名中伪造签名占的比例很小，然而它们往往在重要文件或有关钱财的票据上出现，因此检验伪造签名就显得极为必要。可见只有完全了解伪造的各种特征之后，才可能对签名做出准确的鉴定，否则将必然造成文检工作的失误。

如果某人带着欺骗的目的模仿他人的签名，那么他在进行一种引起个体在精神上和身体上的不协调和严重冲突的反常活动。毋庸置疑，伪造签名者书写时心里会产生不同程度的罪恶感（罪恶感的程度无疑因人而异），在遭受罪恶感袭扰的同时，他还要进一步遭受与艰难的体力工作相关的其他精神方面冲突的折磨以及其他杂念的滋扰。众所周知，伪造者试图掩饰他固有的哪怕是最简单的书写习惯，需要在相当长的一段时间内注意力高度集中。但时间一长，难免会出现精神松懈和疏忽，势必导致伪造签名中下意识地流露他自己原来的书写习惯特征。要养成一种新的书写习惯，除非他有意识地通过长期反复练习才有可能。

伪造字迹好比表演双簧，伪造者试图达到目的就必须彻底掩盖他原有的书写习惯（这些习惯大多指下意识的书写动作和运笔特征），与此同时他又得逼真地摹仿他人那些自己不太熟悉的签名特征。① 然而，笔迹并非一两种习惯性动作的简单反映，它实际上是由几十种错综复杂的书写习惯不断交替运用所形成的痕迹，因此伪造者企图以陌生的书写动作取代自己平素固有的书写习惯时，不仅面临精神上的压力，而且会感觉到动作习惯上的冲突，还会感到力不从心，事与愿违。实际上真正伪造成功的签名也的确不多。②

---

① 在正常情况下，伪造者自己也能意识到他对所摹仿对象的笔迹的个性特征的认识是没有把握的。对许多伪造的签名字迹进行研究分析的结果表明，伪造者既不理解也不懂得他们所要摹仿的笔迹的细节特征及其形成原因。

② 成功的伪造并不需要达到完美无缺的地步，就是说不需要非常准确地将一个人的书写习惯和书写水平（即神韵）摹仿到以假乱真的地步，以至于以后无论通过何种手段都不可能发现这个签名不是真的。但是许多伪造的签名，只要对其进行仔细的检验都能够发现其中的摹仿迹象，而成功的伪造者却有能力做到不引起人们的任何怀疑，甚至是受害人和被模仿者本人也不会对伪造签名产生怀疑。

为了达到目的，伪造者往往选择以下两种手段摹仿签名。假如有真签名作为临摹样帖，他可能采取仿写的手法；假如觉得自己不具备仿写必需的技能，那么他还可能将签名样帖作为衬底来进行套摹描绘，以这种方法来伪造签名。①

套摹也有两种方法。一种可以称为透视套描（又叫影摹，the transmitted light process），伪造者先将假文书直接覆盖于真签名之上，然后利用来自底下的光线，顺着投影对上面那张纸上的签名轮廓进行描写。另一种叫作复写套描（the carbon outline method），伪造者先把一张复写纸衬在真签名和假文书之间，真签名在上，假文书置下。然后用干燥的硬头书写笔尖沿着真签名的字迹描写，于是衬在最底层的假文书上便会出现复写签名印痕，最后用合适的墨水笔顺着复写下来的签名印痕再涂描一遍即可。② 但是常常出现这样的情况：因墨水笔描写时无法完全覆盖复写签名的印痕，而出现刮擦这些外露的复写笔画印痕现象。凡伪装得很像的签名一般都是采用这两种方法，但任何一种伪装方法的固有缺陷都会使假签名露出原形。

一　临摹伪造签名

尽管摹帖（imitations）的效果、练习的程度因人而异，但一般来说，临摹仿写（simulated forgeries）仍属于比较巧妙的伪装手法之一。如果伪造者试图写出逼真无瑕的摹仿签名，那么他必须在摒弃自己全部固有书写习惯的同时又能够惟妙惟肖地仿写出真签名的所有书写习惯体系特征才行。书写前他必须仔细观察研究真签名并通过摹仿来掌握它全部的细节特征，而且书写时他还要充分意识到自己原有的书写习惯特征以便消除它们对仿写笔迹的影响，③ 练习书写得像真签名

---

① 可以想象的是，"套摹签名"（model signature）可能包括"精神记忆"（mental recollection）或伪造者对真签名字迹的再现过程两个部分。当伪造者用一个真签名进行套摹描绘时，对真迹的重要而突出的书写习惯特征的"心理记忆"过程与在纸上复制出这种特征的过程，在理论上讲应该是相同的，但事实上并非如此。毫无疑问，在这种情况下，摹仿签名的精确度会有所降低，因而对摹仿和伪造的签名做出同一鉴定的可能性是非常大的。

② 这两种方法虽然不够完善，也不理想，但是这种方法还包括不需要使用复写纸，而直接将需要伪造的文书放置在真签名文书下面，用硬笔将签名的笔画轮廓重力描绘在下面的衬纸上形成签名的凹痕，然后用适当的墨水笔"覆盖"这个签名凹痕轮廓。同样的道理，伪造者也可以先用铅笔在纸上轻轻地勾绘出签名字迹的轮廓，然后再用适当的墨水笔覆盖描绘的铅笔笔画，制作伪造的签名。

③ 临摹伪造签名者一般情况下都是按照单个签名标本进行摹仿的，这种单一的真签名蓝本本身对临摹者来说就是不得已的因素，因为它只反映了摹仿者的部分书写习惯特征，而不能获得被摹仿者全部的书写习惯特征。而且，摹仿者所获得的真签名蓝本在很多情况下也可能存在各种各样的书写缺陷，这种缺陷可能使签名与文件上表明的日期和时间不相一致，因此，即使是摹仿得非常逼真的签名，只要进行仔细的检验鉴定，就能够发现临摹的迹象。

一样的自然流利,这是关系到他伪造成功的最后环节。伪造者对他本人和被摹仿者的笔迹特征了解肤浅或者伪造者的书写技能达不到被摹仿者那么娴熟的程度,均可能导致临摹的签名破绽百出,即使他防止了所有这些易犯的错误,然而,正如我们所知任何人想在短期内把他人的书写动作习惯模拟得完全与本人一样是办不到的,所以伪造者如愿以偿的可能性往往极小。

通常情况下,伪造签名由于摹仿书写过程中一些固有缺陷不可避免地会从字迹中反映出来,因而能够有效地对临摹伪造的签名进行科学鉴定和检验(见图9-8)。正常签名的结构形态与其书写熟练程度是一致的,它看上去笔力轻重错落有致,基本笔画自然流畅,运笔的节奏感和书写动作的连贯性都较强,笔画浓淡

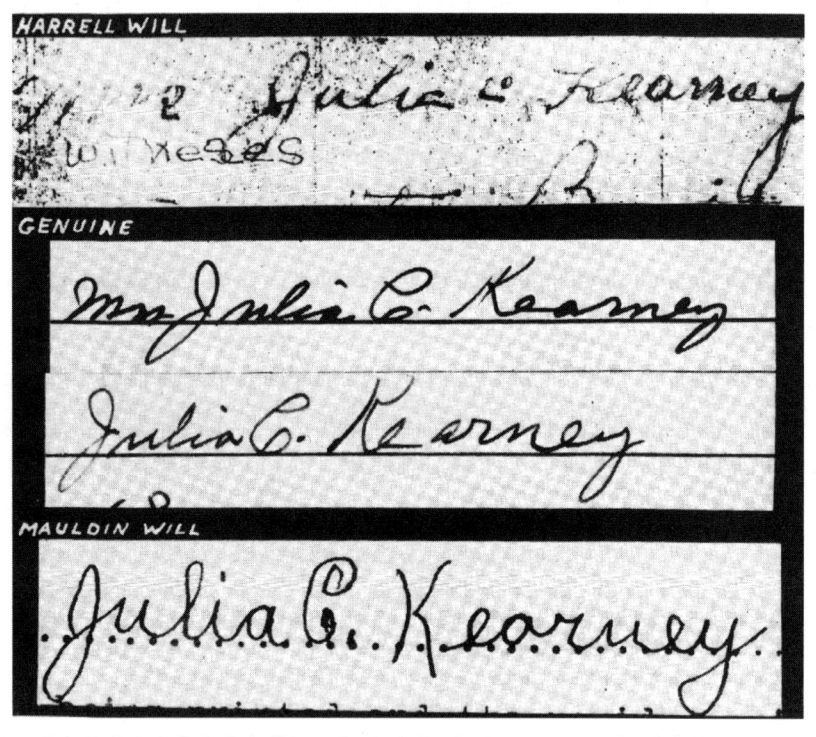

图9-8 图中间的两个签名是朱莉娅·C.凯尔内(Julia C. Kearney)的真签名。上面这个签名是一位名叫 Harrell 的遗嘱权利主张者出示的遗嘱,她声称这份遗嘱是 Julia C. Kearney 书写的并有她的签名。这显然是相当蹩脚的伪造签名;经比较检验发现不但检材的修饰、添补、重描等笔画伪造特征明显(见图9-9),而且连字体形态与 Kearney 的真签名样本也不像。

最下面的那个签名是一位名叫 Mauldin 的另一位遗嘱权利主张者出示的遗嘱,这位太太也声称该遗嘱是 Kearney 书写的并有她的签名。虽然这个签名看不出有故意摹仿 Kearney 的真签名的企图,但它与真签名相比较,在字体倾斜程度、大小字母的均匀间距以及签名方式等细节特征方面都存在明显的差异。

轻重的变化、笔的位置和舒展程度都非常协调。伪造笔迹却截然不同。摹仿签名者往往边看边描，小心翼翼，瞻前顾后，唯恐摹仿得不像；因为他本身书写动作不协调而产生起笔犹豫，提笔不自然，在笔画方向上突然变化处呈现迟疑、驻笔待摹的现象；运笔显得呆板，没有正常书写笔迹那么流利；笔画中出现停顿、颤抖、添改、修补重描等现象。这些特征都能够揭示伪造笔迹的实质（见图9-9）。其中的许多特征也可能出现在老人或病人的真签名之中；假如伪造者又企图摹仿这些特殊书写者的真签名，但某些特殊的摹仿障碍因素会使伪造签名露出新的破绽。所以，首先确认检材和样本之间的变异为某人正常书写习惯的反映或者伪造迹象的流露是至关重要的。一般人伪造签名，总是注重摹仿字体形态和签名方式而不太注重书写习惯和运笔特性。因此对检材和样本比较检验时，只要发现两者在书写格调和运笔特性方面存在显著差异即可表明签名系伪造的（见图9-10）。任凭伪造者摹仿字体形态时多么小心谨慎，这些书写习惯特征中的差异依然会出现。①

图9-9　图左边是Harrell所示遗嘱上"Kearney"的签名中字母"arn"的放大照片。图中箭头所指处是签名中两个分开的重复添写的笔画部分。

图右边是同一个签名中的字母"y"的两处放大部分。箭头所指处为两个添补笔画。这些特征和其他各处的带有临摹性的修补笔画都充分表明该签名系拙劣的伪造签名。

二　套摹伪造签名

用透视套描的方法伪造笔迹也有其自身的欠缺。即使用以套摹的纸张很薄并且透光性强，当伪造者沿着真签名的轮廓描绘笔画时，字迹上的一些不明显细节

---

① 有人认为通过倒置书写能够临摹出完美的签名，但这种观念是不真实的。因为通过这种方式临摹伪造的签名本身与真签名固有的笔迹特征有很大的反差，笔迹的质量如笔画的浓淡轻重、落笔的位置以及其他方面有明显的差异。

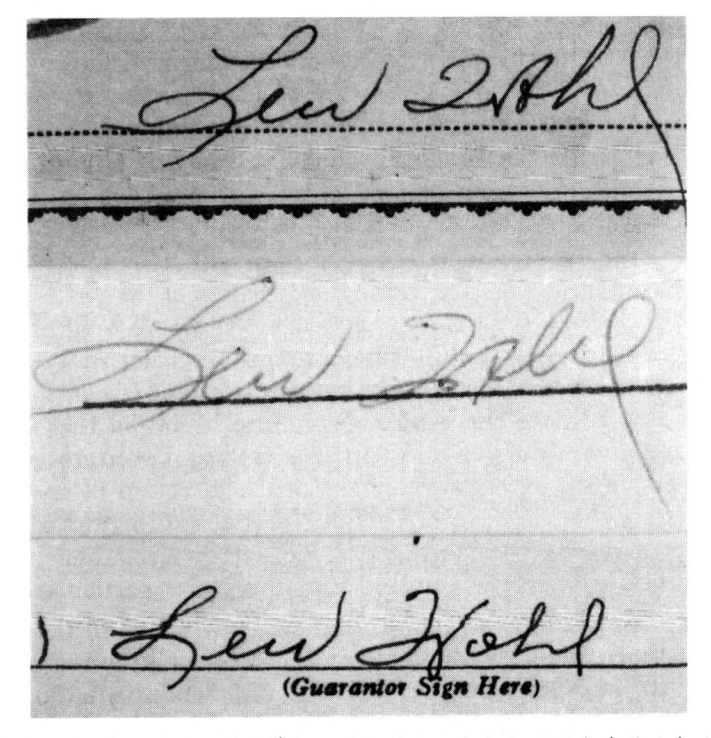

图9-10 本图的保证书上的签名是临摹仿写的假签名。它与上面两个真签名相比较，原来颇具个性特征的"wo"连写笔画断离了，最后的字母"l"结尾也显得短小而粗钝，没有表现出具有高度个性化的侨民的收笔特征。此外字母"hl"高度也与真签名中的不一样。

特征还是看不清楚；如果纸张较厚，透光性不强，再加上伪造者疏忽大意，那么套描出来的签名就会丧失大量的原有细节特征。这种伪造方式实际上不是写而是画的过程。只有不同寻常的人才可能以快速、自如的运笔，精确地勾描出原来签名的模样。虽然从描写字迹中也可发现临摹伪装的一些缺陷和特征，但典型的套描伪造笔迹最常见的特征是运笔迟滞、不稳健、笔力平缓，笔画会因书写突然停顿而产生墨水渗散现象，或者笔画粗细不匀的锯齿状。套摹伪造的字迹，一般来说，在套描时用力均匀但笔压偏重，缺乏正常书写时自然运笔节奏和恰到好处的笔力轻重。在这种签名中经常表现出因试图改正出错的字母形态而进行的修补、重描等笔画特征。伪造签名上的重描笔画的运笔方向往往与正常运笔方向相反。除了他在某些提笔处或笔画上仔细地添加拼接笔画外，伪造者还可能在书写过程中因某种缘故停笔犹豫一阵后又接着往下写，于是在他停笔处就会出现墨水溢散现象。每当伪造者决定如何运笔才能使字体结构协调或者考虑该怎样接着写下一个字母才好时，都可能暴露上述运笔特征。

用复写纸套摹的假签名充其量只不过是对真签名轮廓的一种粗劣仿制罢了。套描不准确不仅会产生笔画缺陷，而且这些缺陷因两次描绘过程而变得更加突出。实际上按真签名轮廓进行重复描绘也就等于给笔画出差错和描写不准确提供了两次机会。复印描写的签名往往可根据其轮廓线被复写纸所污染的痕迹来判断（见图9-11）。复写纸的轮廓线在墨水不能掩盖处容易被发现，在套摹签名中常常会在笔迹中多处出现此类现象。即使是第二次用比较浓重的墨水掩盖套描的痕迹，检验人员借助红外线照相仍旧可以透过掩盖的墨水观察到复写纸所印染的字迹轮廓线条（见图9-12）。另外用显微镜和特殊的摄影技术，[①] 也能即时将墨水描绘的笔画和复印描写轮廓线的特征显示出来。为了掩饰弥补复写纸污迹的缺陷，伪造者也许会试图用橡皮来擦去复印描写的轮廓线，尤其想抹去在墨水描绘时没有被覆盖住的部分线条。遗憾的是复写纸颜料随着描写渗透到纸张中去，即使污迹被仔细地擦除，其某些微量成分依然会存在于纸张之中。因此，文检人员可从被擦掉的复印轮廓线抑压痕迹中提取尚存的复写纸微量颜料成分检验。此外伪造者在擦除污迹过程中也难免会抹掉或破坏一些墨水描写笔画特征，这又给检验伪造签名增添了新的线索。在一定角度的侧光照射下，文检人员还可以用照

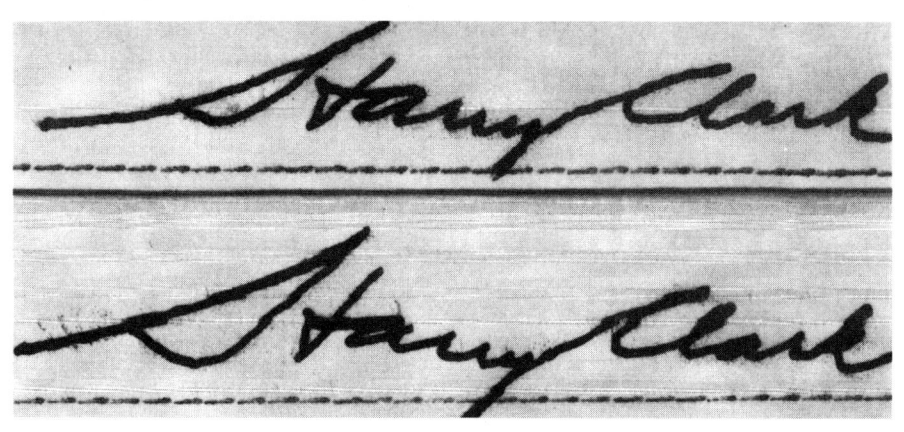

图9-11 这两个伪造签名都是以一个普通的真签名作为样本描写出来的。伪造者首先采用复写纸套描，然后用钢笔墨水覆盖铅笔套描的字迹，所以造成假签名笔画边缘周围呈现模糊的晕染现象。这两个假签名的形态和模式上的大量相似性，证明是共用同一个签名套描的。

---

① 对首先使用复写纸或者铅笔套描签名字迹的轮廓，然后再用墨水填涂掩盖字迹的伪造签名，使用红外线照相技术进行检验是一种非常有用的方法。因为红外线能够穿透许多种类的墨水，就是说墨水字迹在红外线照相的条件下是透明的，墨水痕迹能够被彻底地消除，因而复写或者铅笔的套描字迹轮廓能够被红外线底版清晰地拍摄下来，而且这种方法也便于观察和向其他人展示。参见奥·希尔顿《套描伪造签名与红外线照相》，载于《国际刑事警察评论》1962年第159期，第195~197页。

相的方法将这些印痕拍摄下来作为证实伪造行为的依据。由此可见，套描伪造签名的每一个步骤都会产生特殊的缺陷，因而伪造签名的缺陷本身就为我们研究笔迹伪造的性质和伪造的手法提供了可靠依据。

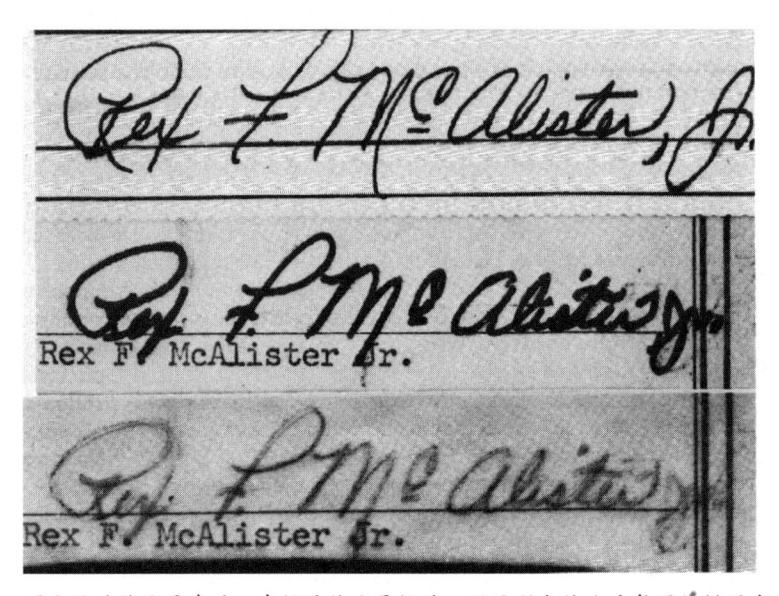

图 9-12　图上面的签名是真的，中间的签名是假的。下面那个签名为复写纸描写出来的签名轮廓线，它是用红外线摄影的方法透过假签名的墨迹拍摄到的原始签名的字迹轮廓图。

除了用复写纸描摹之外还有其他一些伪造签名手法。譬如有人利用纸张的透光性，先拿铅笔在纸上轻轻地描出真签名的轮廓线，如果需要，还可以很容易地及时修正，最后用墨水笔画覆盖在铅笔字迹上。另外更简单的方法是先把伪造文书要签名的部分覆盖在真签名上，然后用一种硬头尖笔在纸上画出真签名的抑压轮廓线，最后用钢笔沿着该抑压字迹描绘一遍即可。然而一般钢笔墨水也难以将这种抑压轮廓线覆盖完整，所以最后描绘出来的假签名仍旧不准确。何况消除抑压痕迹也不是件容易的事，因此文检人员检验时应积极主动地去发现文书上的压痕并对它们做出合乎逻辑的解释。还有人企图用针刺小孔的方法套摹签名，但这种伪造手法似乎缺陷更多。

不少案例表明，伪造者常常以一个真签名为样本而描绘出众多的假签名。这个判断可根据几个假签名形态几乎一模一样，还有它们的转折笔画一成不变等现象得以验证。此外假如我们未能找到伪造者用作套描样本的真签名，但是从不断发现的假签名均属同一模式的情况来分析亦可以明确地断定这些签名是如何仿制出的（见图 9-13）。

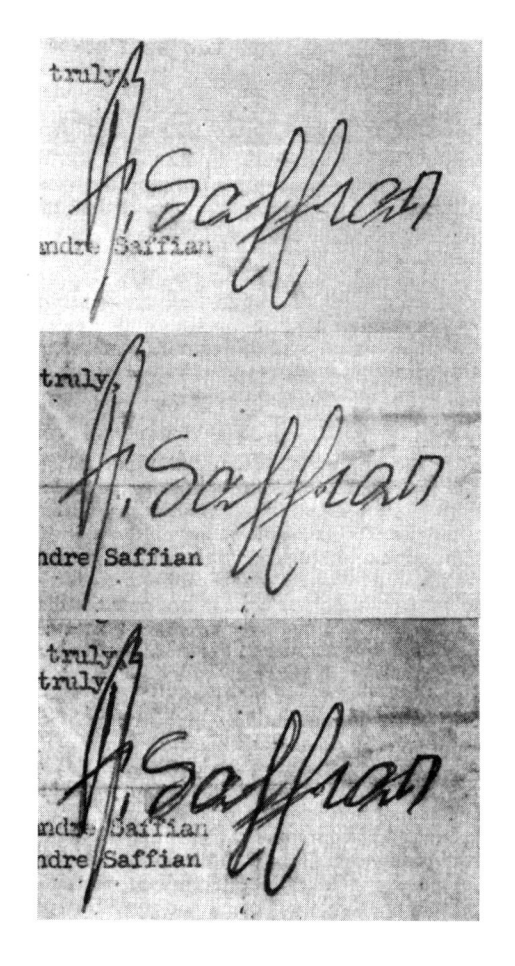

图9-13 上面两个签名都是根据某一封信的真签名伪造的。伪造者将自己事先准备好的信笺直接搁在真签名上面描写。只要把它们重叠在一起（最下面的图）便可发现，这两个签名中有一些共有的描摹轮廓线。

值得注意的是，有时签名周围会出现轮廓线或者轮廓线顺着签名的字迹从头至尾都存在，但仅凭这一现象本身不能断定该签名是伪造的。有位文检人员曾检验过一个签名，它看上去既有钢笔墨水笔迹又夹杂着铅笔轮廓线。经检验用钢笔墨水书写的签名具备了所有真签名的性质，但奇怪的是与墨水笔迹交织在一起的铅笔轮廓线则缺乏真签名应有的运笔流利特征。通过 Verifax 牌仪器扫描复印检查，只发现了微弱的签名字迹轮廓线条，后来查明，铅笔轮廓线是签名者的一位秘书顺着真签名描上去的，因为复印的副本上没有将真签名反映出来，销售复印机的售货员建议这位秘书这样做。该秘书曾经多次在失掉原稿签名的情况下用铅笔描摹出签名字迹的轮廓线。因此，在这种情况下，出现在真正签名字迹周围的描摹轮廓线条就有了合乎逻辑的和可证实原因的解释。另外，沃尔特斯（Walters）和弗林（Flynn）报道，他们曾经检验过这样的一个案例，在一份真的签名字迹周围存在许多明显的描摹引导线，这个签名是用圆珠笔写在含有氧化锌涂料物质的照相纸上的，它具有许多真签名的特性。试验和研究分析表明，这种现象是圆珠笔在照相纸上书写签名时，圆珠笔管套将照相纸的镀锌防腐涂层材料擦刮掉后形成的。① 这个案例表明签名字迹周围的轮廓线条本身并不能自动地证明签名是否伪造的。

在调查套摹伪造签名的案件中，寻找套描签名的样本至关重要。一旦怀疑受检签名是用套摹方法伪造的，那么对凡是可能用作套描样本的真签名都应该仔细检验以便确定两个事实：其一，通过真签名和假签名的重叠比较，再根据两者的吻合程度来确定后者是否以前者作为描写样本。实际上，伪造者永远描写不出与真签名轮廓线一模一样的假签名；套描字迹与样本也不可能完全吻合，有时候会出现描写笔画偏离样本上的笔画后，又回到与样本笔画共同的轨迹上来，在突出的笔画部位更是如此。如果在含有众多伪造迹象的签名与真签名样本之间比较后发现存在上述情况，那么我们就可下结论，该签名无疑是按这个样本套描的。其二，通过对大量真签名的仔细检验，亦可以发现其中哪一个签名被用作套描样本。因为在描写过程中，作为样本的真签名笔画边缘往往会遗留描写工具笔力作用后的波纹形抑压痕迹。此外，在真签名样本上还可能发现伪造者用铅笔或其他笔套描时戳穿复写纸而留下的擦痕。当然，即使没有找到真签名样本，我们同样也有办法证明伪造的签名。但是如能获取该样本就可使我们进一步了解伪造签名的过程，以便更有力地说服那些对鉴定结论持异议的人。

三 假造签名

有时候伪造者手头没有真签名可供仿效，但为了达到诈骗的目的他不是费心地去摹仿别人签字而随意伪造（spurious signatures）他人的签名，而是仅仅以自己的笔迹或稍加修饰的笔迹来冒充别人的签名字迹后，趁别人尚未认出他的明显欺骗手段之前，便设计用随意假造的似是而非的签名的文书去谋取不义之财（见图 9-8）。这是填写假支票冒领现金者的惯用伎俩。有的犯罪人利用工作之便在政府或企业部门支票上填写别人的姓名冒领公款；有的犯罪人则在偷来的私人支票上签名，然后用它来冒领现金。检验此类假签名，只要将它们与原支票持有人的真签名样本相比较就不难甄别其真伪。这种情况下假造签名与真签名之

---

① 阿瑟·沃特斯和威廉·弗莱恩：《在氧化锌照相纸上的套摹签名字迹的检验》，《警察科学与警察行政杂志》1974 年第 2 期，第 376~380 页。

间出现相同特征的可能性极小,即使有也纯属偶然。另外,通过比对检验笔迹,文检人员还能够鉴定出谁是伪造签名者,在本章的后面部分我们将讨论这个问题。

四 配偶摹仿签名

还有一种常常令文检人员头疼的摹仿签名:配偶相互之间的摹仿签名(spouse's imitations),即妻子摹仿丈夫的签名或丈夫摹仿妻子的签名。在许多案例中,此类摹仿签名不能被认作伪造,因为它们通常是在配偶一方明知并同意或默许的前提下签署的。情况一般是这样发生的,支票所有人忘了签名或者误以为手续已完备就将这张支票交给其配偶去附近商店购货物或者去银行兑换现金、储蓄,而妻子(或丈夫)到了商店或银行才发现其配偶未在支票上签名,她(或他)为了图方便,于是就凭自己的记忆摹仿其配偶的签名在支票上写了他(或她)的姓名。此类签名通常只具备一般性的摹仿特征;除了某些明显特征,摹仿者主观上也没有企图将假签名写得惟妙惟肖。

然而一旦夫妻间的婚姻关系出现危机时,这种签名就可能引起问题。因为有时候配偶在借贷、契约、股票过户凭单上摹仿其夫(或妻)的签名签了字,而其夫(或妻)也许知道此事也许不知道。当他们离婚或分割财产的时候对这些签名产生纠纷的话,那么不管签名被摹仿的配偶是否事先知道此事,文检人员都有必要对这些签名作检验。这种摹仿签名也可能产生在选举人请求书上,那些反复出现的被提名者姓名乍一看很像多位提名者的签名笔迹,实际上所有的提名人都是同一个人签名的。

鉴定这种签名的真伪一般来说并不困难,尤其当我们拥有可靠的真签名作为比对样本的时候。即使夫妻两个人受过样本字体的书写训练,他们的签名字迹看起来似乎没有明显的个体特征,但只要仔细地对两者签名进行比较研究还是能够发现它们之间的差异之处。的确,寥寥数字的姓名,极其相似的字迹,加上故意摹仿的一两个显著特征,在外行人眼里这两者签名看上去几乎是一样的。[①] 遇到这种签名,文检人员应郑重比较检验那些不显眼的细节特征差异,因为它们才是鉴别签名真伪的关键所在。

---

① 约翰·哈里斯:《签名的研究:人们写字时是如何写得相似的》,《刑法学、犯罪学与警察科学杂志》1958 年第 48 期,第 647~651 页,详细论述了不同作者的亲笔签名具有许多相似的书写惯性问题。

第四节　亲笔遗嘱文书的伪造

到目前为止，我们仅仅讨论了签名的伪造，这正是伪造文书中最主要也是最重要的问题。然而，在现实生活中，常常还有一些伪造者使自己置于这样的情境中，认为有必要追求超越自己能力极限的更为困难的目标——伪造整份手写文书或手写遗嘱文件。在绝大多数情况下，这类伪造文书都涉及遗嘱问题，尤其是在那些将没有见证人情况下的手写遗嘱（holographic documents）视为合法的司法管辖区内更为常见。最近几年就接连发生过这类著名的案例。例如已故的传奇人物霍华德·休斯（Howard Hughes）[①] 与作家克利福德·欧文（Clifford Irving，1971－1972）[②] 之间发生的一起轰动全国的诉讼案，该案争论的焦点在于后者被指控出版一些据称出自休斯之手的亲笔遗嘱信系伪造的。[③] 另一起与此案毫无瓜葛的案例是内华达州法院审理的伪造遗嘱案，该案涉及一份写于1978年的三页纸的手写遗嘱，这份被称为霍华德·休斯写的遗嘱，其实完全是伪造的。

伪造签名所涉及的字数相当有限。但若企图伪造整份文书，那么伪造者面临的不是一两个字的姓名而是要摹仿各种各样的单词、数字、大量的书写习惯特征，伪造的难度实质上增加了，所以成功的可能性更小了。也就是说他在伪造过程中更容易露出破绽，从而为检验工作提供了线索。多年的实践经验使一些文检人员相信，聪明的人在伪造一份手写文书而不是签名时总设法将字数写得越少越好，但"休斯诉欧文"一案则从另一侧面说明情况并非总是如此，长篇累牍地伪造文书也不少见。

[①] 霍华德·休斯（Howard Hughes，1905－1976），美国航空工程师、企业家、电影导演，是个将神话与怪异集结于一身的天才人物。17岁成为孤儿，辍学接管父亲的企业；21岁成为电影公司董事长兼导演；30岁驾驶自己设计的飞机创造时速567公里的世界飞行纪录；32岁以7个半小时飞越美洲；33岁创91小时环球飞行纪录；此后用5年时间制造一架设计载客750人的飞机飞行了1英里。45岁隐居，作为环球公司78%的控股者，因拒绝出庭丧失控股权；62岁出售公司5亿美元的股票。晚年因连续工作、吸食毒品而精神错乱，死后所有遗嘱都被证明系伪造。——译者注

[②] 克利福德·迈克尔·欧文（Clifford Michael Irving，1930年11月5日出生）美国调查记者与作家，他因于1970年代早期伪造霍华德·休斯的《自传》而名声大噪。在休斯公开揭穿他的真相并起诉制版商麦格劳·希尔出版公司以后，欧文承认所谓《自传》是一个骗局，他被处以两年半的监禁，并在监狱服刑317个月。——译者注

[③] 有关这个案例的问题有许多论述的文章，参见 R. A. Cabanne《克利福德·埃文在霍华德·休斯自传中的骗局》，《法庭科学杂志》1975年第20期，第5～7页。

制作假文书，伪造者也会碰到伪装自己原有笔迹的问题。无疑他在摹仿别人的流利字迹制作文书的同时又必须十分注意地克制自己固有的下意识的书写习惯。这些人伪造出来的笔迹往往呈现书写质量不佳、连笔不自然等反常现象。当然，字体形态也会走样，因为这些伪造者通常手头可供摹仿的笔迹材料数量十分有限。凡伪造签名时可能遇到的所有问题在伪造整份文书过程中也会不时地出现，所以成功地摹仿别人字迹的可能性实际上是不存在的。由此可见，伪造的文书越长，成功的机会就越少，因为伪造的破绽将会越来越多。①

一 霍华德·休斯伪造案

美国发生的两起有关伪造霍华德·休斯字迹的案件也不是首例伪造著名人物亲笔书信或亲笔文件的案件。② 然而休斯案件中居然有两个人不谋而合都企图伪造同一个人的笔迹，这倒是史无前例的怪事。这两份伪造笔迹作品形成了有趣的鲜明对照，比较结果表明伪造字迹都是以休斯的笔迹作为临摹样本的，但最终两者的摹仿均未成功（见图9-14）。有充分的根据说明这两份伪造文书字迹都与休斯的真迹不同，而且它们经过好几位文检人员分别检验，结果不约而同地宣称它们不是休斯的真迹。

但欧文声称他写作霍华德·休斯的自传已经得到授权。他伪造了各种文书和支票上的签名，他还出示了共达19页纸的6封伪造信件。欧文出示的文书字迹在某种程度上有点像休斯的流利字体，但也难免存在一些细节特征的差异。通过进一步仔细检验，可发现伪造字迹和休斯笔迹在流利程度上终究有质的区别，但如果不进行认真的比对还真看不出它是伪造字迹。

图9-14和图9-15展示了对所谓的"遗嘱文书"的简短分析，尽管这些分析并未穷尽遗嘱文件中的所有伪造因素，但从中可以看出伪造者的动机不同，其伪造的结果也迥然不同。图9-15展示的是几行典型的欧文摹仿字迹以及休斯写给切斯特（Chester）和比尔（Bill）信件中的节录。这封信曾于1971年1月22日在《生活》杂志上套色重印。它不但为两个伪造者提供了休斯笔迹的临摹样本，

---

① 著名诗人Precy Bysshe Shlley（雪莱）的私人文件中就有一些属于伪造的手稿，这也是最有名的伪造案例。罗伯特·M. 史密斯（Robert M. Smith）、M. M. Schlegel、T. G. Ehrsam 以及 L. A. Waters 通过对《雪莱传》（The Shelley Legend）的分析研究认为，其中有大量的伪装和伪造笔迹的证据。
② 在1880年的总统竞选过程中，新闻媒介发表了一封，据说是加菲尔德（Garfield）总统写给马萨诸塞州林恩的莫莉莱的情书，这封信给当时的总统选举带来了很大的麻烦。笔迹学专家威廉·汉根（William Hangan）在《论可疑笔迹文书的鉴定》这篇论文中（纽约·班克斯，1894，第220~224页）指出，经过详细的检验，发现这封信是摹仿总统加菲尔德签名字迹伪造的。

可疑文书的科学检验

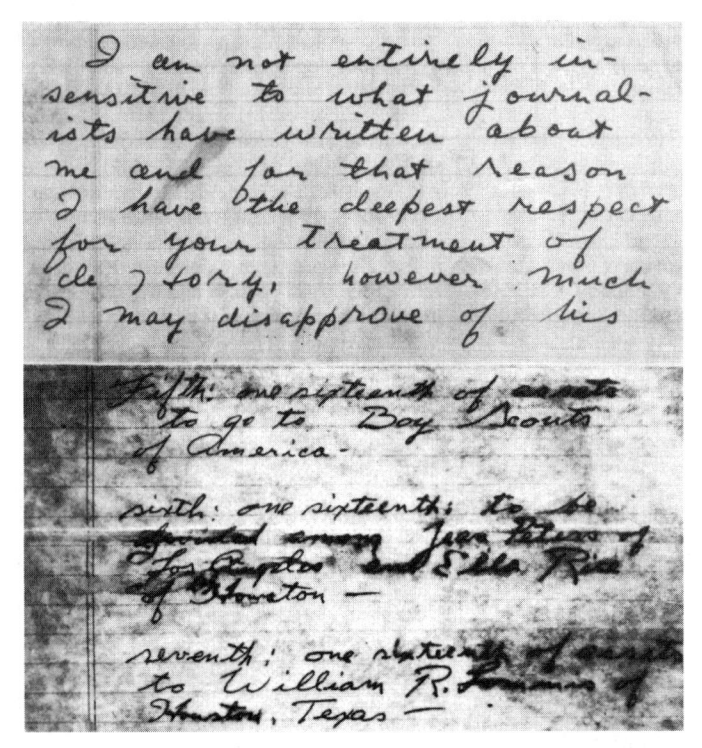

图 9-14　本图上面是欧文伪造霍华德·休斯遗嘱的部分字迹。下面是伪造休斯遗嘱的节录，图中某些变色的字迹是由于墨水渗浸扩散而形成的，遗嘱有被水浸泡过的现象。

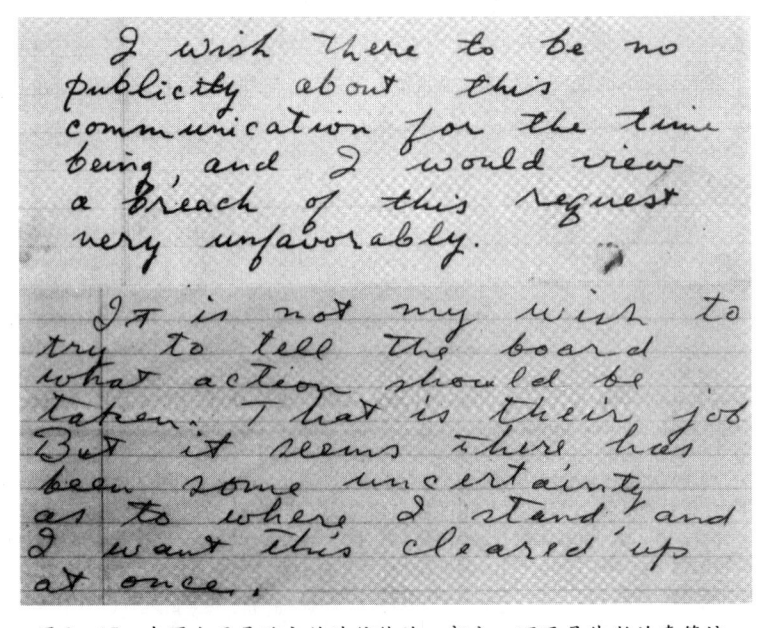

图 9-15　本图上面是欧文伪造信件的一部分，下面是休斯的真笔迹。

而且也成为文检人员的比对样本。后来欧文坦白说这封信在伪造字迹过程中主要是根据这些文字进行临摹的。通过仔细检验证明欧文的伪造字迹的确没有像休斯写得那么流畅。休斯的笔迹常出现许多习惯性的笔画中断，虽然伪造笔迹中也有类似的笔画断离现象，但是后者反复出现的字形细节特征与休斯的明显不同。其他一些典型差异可参见图 9 – 16。

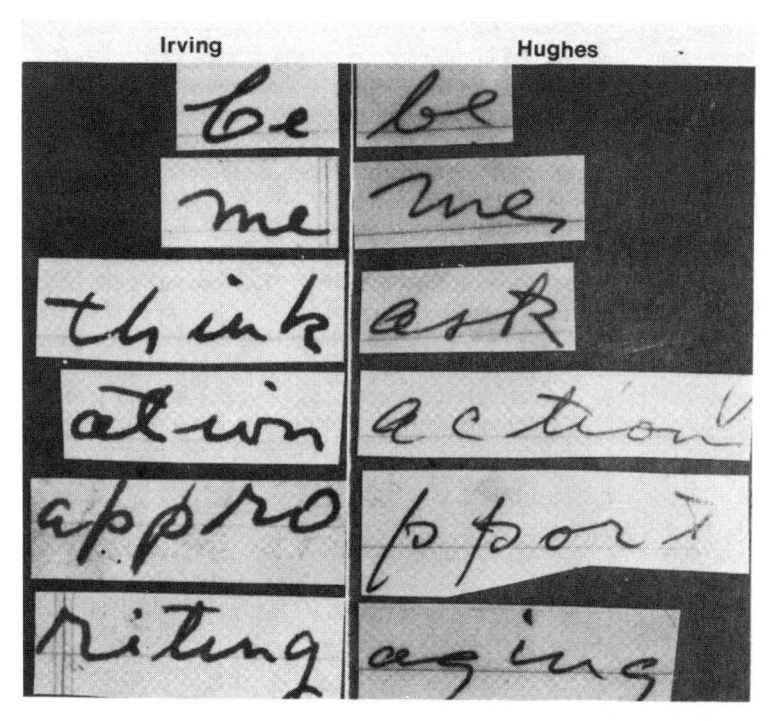

图 9 – 16 欧文伪造的笔迹中的缺陷包括：字母 "b" 的起笔总比休斯的高；字母 "m" 中间的笔画不像休斯写得那么开（即字母 "m" 中间的笔画是在底部回折而不是拉开后转折）；字母 "k" 的字形不同；欧文写的 "o" 上面是开的，休斯写的 "o" 不开口；字母 "p" 欧文是连写的，休斯的却不连写；还有字母 "g" 的上部封闭处也有差别。

相对来说所谓的休斯遗嘱，尽管用词不多，但也不能算少，仍旧是长篇遗嘱；它由每页都有签名的 3 页纸的文字和一个含有手写文字笔迹说明的信封所组成。

对这份遗嘱所做的简短分析，可参见下面 3 帧图例。图 9 – 17 中间的 4 行字取自这份伪造遗嘱的第二页，图上和图下的字迹均是休斯的真迹比对样本。上面那几行字迹取自休斯的亲笔文件，它与伪造遗嘱的书写时期相同；下面几行字迹取自休斯写给切斯特和比尔的信件，它的制作日期比伪造的遗嘱似乎晚两年。遗嘱中 "be" 这个词中的字母 "b"，起笔迟疑而生涩、不自然，书写 "is" 这个词的笔画显得太重，这两个特征在伪造文书中都多次出现。整篇遗嘱中的非习惯性提笔现象隐约可见，例如，单词"spruce"中的 u 和 e 之间，c 和 e 之间的连笔都断离了（见图 9-18）。单词"the"中的 t 笔画较粗，显然是重描的笔画。字母的形态只是大致相似，譬如"spruce"中的字母 c 与休斯真迹（下面一行）中的两个 c 相比较，形态有明显的差异。图 9-19 中展示了更多的差异特征。很清楚，这份遗嘱是一个不老练的伪造者制作的。

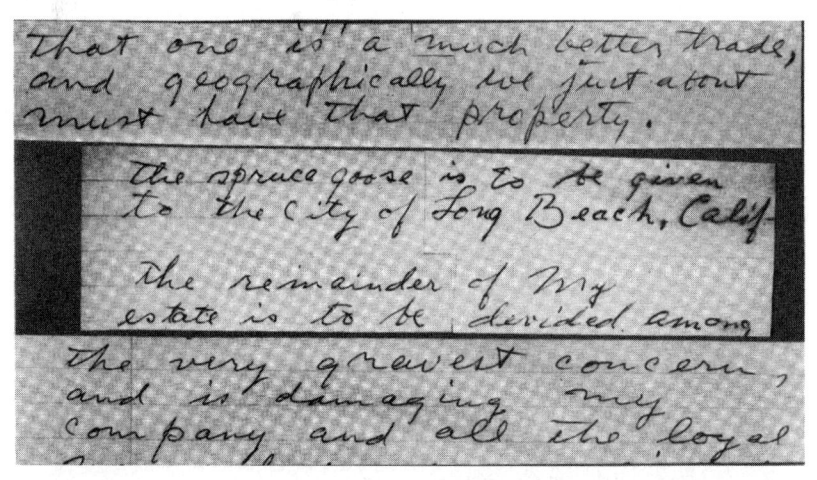

197

图 9-17　图中间部分选自伪造休斯遗嘱中的 4 行笔迹样材，最上面部分是休斯同时期写的笔迹样本，下面部分是休斯两年后写的笔迹样本。

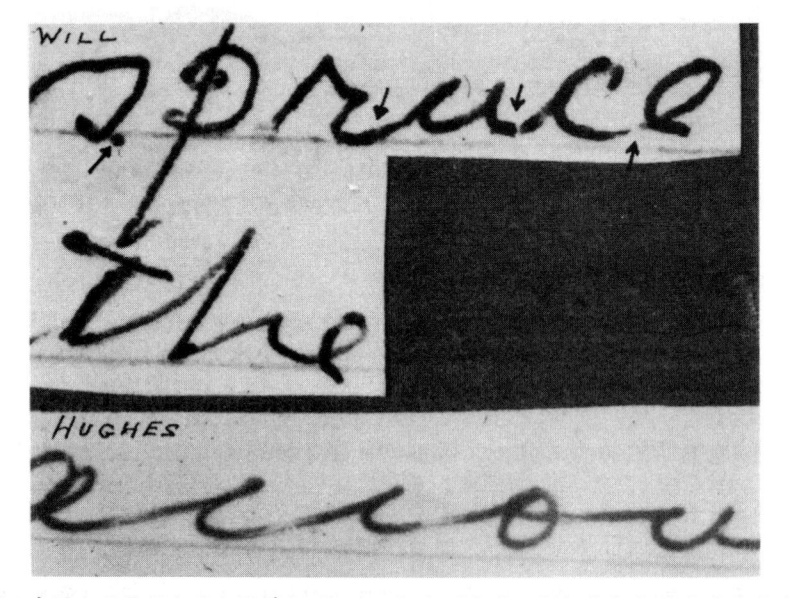

图 9-18　本图上面是两个放大的单词"spruce"和"the"，它们均取自伪造的休斯遗嘱，隐约可见的笔画断离点，还有字母 t 中的笔画添补重描现象。下面是休斯的字迹，注意字母 c 的形态和运笔特征也与伪造的笔迹不同。

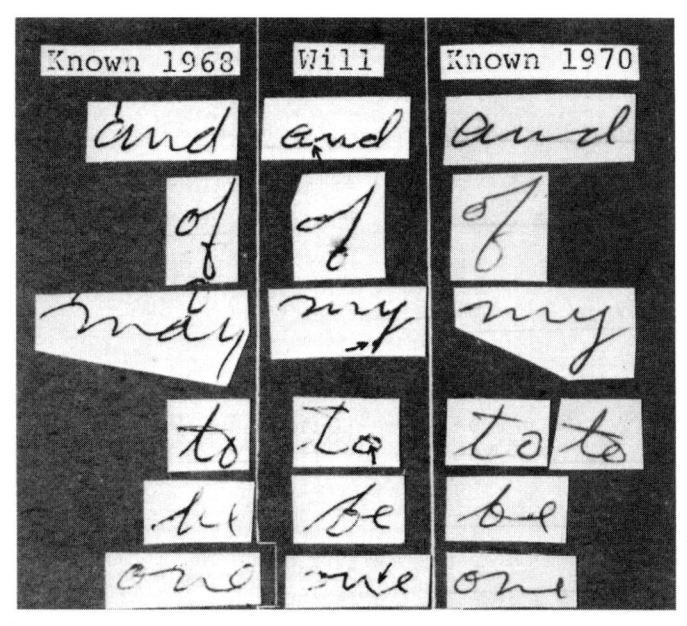

图 9-19　中间一栏选自作为检材的伪造遗嘱中的一些单词，旁边两栏均为休斯的真迹样本。单词"and"中字母 a 和 n 连接处笔画断离（如箭头所示），单词"of"在形态上差异明显，单词"my"中的字母 y 的最后笔画有添补现象（如箭头所示），单词"to"中的字母"o"的运笔方向相反（如箭头所示），单词"be"中的字母 b 的起笔及连笔特征不同，单词"one"中的字母 n 的形态以及 n 与 e 的连笔之处也有差异。可见休斯的字迹流利自如，然而伪造笔迹无法模拟到这种程度。

任何人企图用十全十美的自然书写习惯来模拟几页他人的字迹实际上是不可能的。因为伪造者的书写水平各异，而且他们在仿写过程中对那些重要的笔迹特征看法也不一样。这些因素和其他因素也许已在上述两个案例中得到反映。

二　伪造的手稿和自传

还有一种十分特殊的伪造文书，即伪造昔日名人的手稿（manuscripts）和（亲笔手书或者签名的）自传（autographs）。伪造这种文书不仅要摹仿笔迹，而且要考虑到当时的纸张质量、书写格式、用词规范、墨水颜色及其变化等与文书制作年代相适应的因素。[①] 文检人员应该对有嫌疑的古老文书进行严格的科学检

---

① 最有名的伪造古本文书的案例是 1796 年威廉·亨利·爱尔兰（William Henry Ireland）伪造威廉·莎士比亚（William Shakespeare）以及与其同时期的剧作家的手迹，他伪造了大量的莎士比亚的手迹，这些赝品首先被埃德蒙·马龙（Edmond Malone）所揭露，见 An Inquiry into the Authenticity of Certain Miscellaneous Papers and Legal Instruments（Landon：Baldwin，1796）。其后，伪造者本人也著书坦陈自己伪造手迹的事情。见 Ireland，The Confession of William Henry Ireland（Landon：Ellerton and Byworth，1805）。

验和广泛细致的研究,包括分析纸张、化验墨水、确定书写工具(类型及特征)、检验笔迹以及寻找任何与文书年代不符的迹象。与伪造现代文书相比,伪装文物、文献文书的手段要略高明一些,但是它们仍会出现某些自相矛盾的明显差错。譬如伪造者使用铅笔而取代了羽毛笔,或用含铁墨水来代替染料墨水。一些臭名昭著的文书伪造者不得不承认,即使他们能够避免上述这些易犯的错误,但用一般方法伪造的文献或文物文书,在当今如此高超的文书检验技术面前,其价值也终将分文不值。

第五节 鉴别伪造者

文书检验最困难的问题之一是根据伪造笔迹分析推断出谁是书写者。这个问题常常无法解答,因为伪造笔迹本身就是一种杰出的伪装形式。即使对于很一般的签名赝品,文检人员仅凭笔迹检验来确定它的伪造者也不太可能。但在实践中,确实也有例外,假签名中残存的伪造者书写习惯特征足以供比对鉴别之用。如果假签名中遗留的一些细节特征具有某人十分典型的书写习惯特性,那么,文检人员也许能据此鉴别伪造者,然而这种情况实属罕见。同时,必须明白仅仅依据嫌疑人笔迹和伪造签名中一两个相似特征,绝不能轻易地得出认定同一的肯定结论。

可疑的或者非摹仿性的假签名,尤其是那些书写者未改变或伪装自己正常笔迹而写成的假签名,用来作为比对检验的样本,那么,确定该签名的伪造人就要容易得多(见图 9-20)。但是最大的困难在于收集到充分的嫌疑人字迹比对样本。仅仅收集到一些嫌疑人的签名还不行,必须收集和发现嫌疑人书写的大量的真笔迹。一旦解决了比对样本的量的问题,文检人员的主要工作就应回到检验可疑文书与对比样本的相似性问题上来,通过比较检验往往能发现两者字迹之间是否存在共同特性(见图 9-21)。通常情况下,两者的相似性是通过单个字母、单词甚至句子体现出来的,当然,应当考虑到伪造者可能是用被摹仿者的特定书写技巧书写可疑文书或者签名的。有些时候,文检人员还可以要求嫌疑人反复书写被伪造者的姓名,并以此作为比对样本来进行鉴别[①](见图 9-22)。

---

① 对这个问题,O. 希尔顿在其《通过笔迹鉴定伪造者》一文中做了详细的论述,该文载于《刑法学、犯罪学与警察科学杂志》1952 年第 43 期,第 547~555 页。

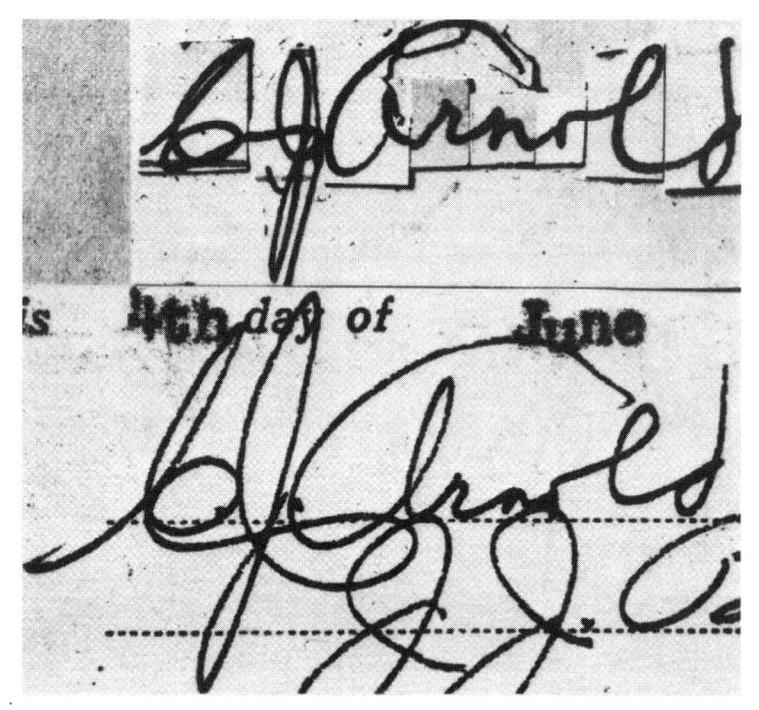

第九章 签名的鉴定与伪造文件的调查

图 9-20 本图上面是选用被告平时笔迹中的字母拼接而成的"签名"。下面是他冒名填写的一份纽约州营业执照上的 3 个假签名之一。按当地法律规定真正的经营负责人才有资格在它上面签名。

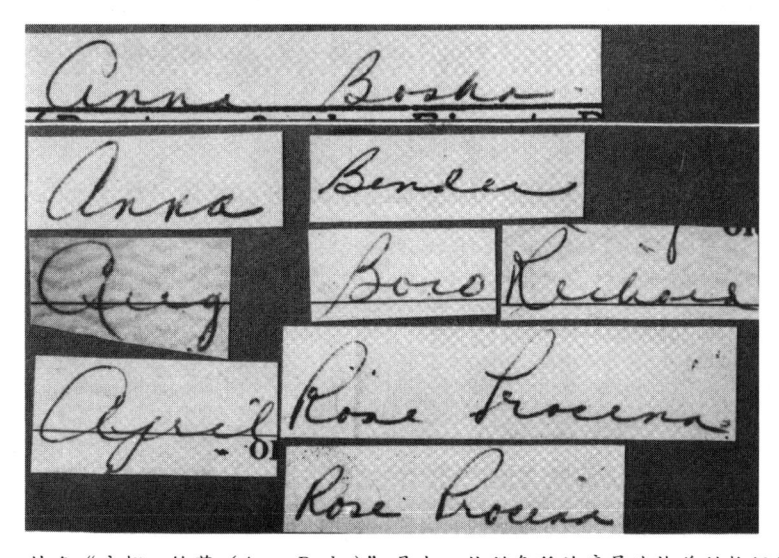

图 9-21 姓名"安娜·鲍莎（Anna Bosha）"是由一位税务所的雇员为掩盖税款短缺而冒名签署的。本图是被指控的雇员的签名笔迹，它表现了与可疑签名很明显的相似点。陪审团据此对被告的伪造行为做出有罪判决。

图9-22 要求嫌疑人书写指定的签名来获取比较检验样本，以便鉴别伪造者。被告本来想通过书写来"证明自己无辜"，结果他却在字母h和n之间的连笔上出现了不寻常的习惯性"中途停顿的特征"，反而原形毕露。

我们已经了解到伪造笔迹有好几种手法。如果伪造者企图谋取某种程度上的成功，那么他得千方百计地让文检人员发现不了伪造的破绽。这就要求他必须把真签名的所有细节特征都摹仿得惟妙惟肖，甚至出现的极细微差异也应被视为偶然因素造成的或者被认为是书写真签名者也会出现的正常偏差，在允许范围之内。要求准确无误地复制出的不仅是字母形态还包括运笔特征；而且不能一个特征一个特征地逐个模仿，必须一口气仿写出签名的一系列特征才行。总之，完成这项任务极其困难，因此实际上一切伪造签名都有其典型的错误：即便某些摹仿得很成功的假签名，也只是在使用冒名签字的初始阶段未被发觉，并不是因为它们本身不存在伪造的破绽，而是因为人们主观上未对其产生怀疑，故没有能够仔细地检验它们罢了。所以只要是假签名，一旦引起我们的怀疑就可用适当的鉴定方法对其进行检验，那么它本身不可避免的某些典型错误必将会彻底暴露。证实伪造也离不开检验假签名本身固有的伪造特征因素。

第六节　协助签名和引导签名

有些情况下，身患重病卧床的人或临终的老人往往在他人协助下签署姓名。提供协助的方法是多样化的，在签字过程中有些人只是扶稳签名者的手或手臂协助他自己书写，有的则干脆控制了签名者的运笔动作手把手地引导他书写。前一种情形称为协助签名（assisted signature），后一种情形就叫作引导签名（guided signature）。[1] 但是严格划分这两种签名类型的界限很难，并且根据检验的样本结果来看协助或引导在签名中所起的作用大小之区别也不明显。虽然他人协助仅仅在形式上给予帮助，但也可能抑制书写者的运笔自由，结果导致签名上出现一些与书写者本人平时正常字迹相矛盾的运笔特征。[2] 如果是他人手把手地引导书写者签名，那么辅助者书写的字体形态、运笔习惯特征就可能反映在书写者的签名之中（见图9-23）。由于两个人事先没有配合练习过签字，书写时却又都力图运笔一致，自然会导致签名呈现不规则的字体形态以及显而易见的运笔不协调、笔画结构紊乱等现象。虽然法律规定签署有协助签名或引导签名的文书是有效的，但是由于某些文书的性质和反常的签名字体形态往往会引起人们怀疑。[3]

对文检人员来说，解决这类签名的技术性问题是比较棘手的，他们所做出的鉴定结论远不如其他类型签名的鉴定结论那般精确。因为，首先只有当书写者本人写字确有困难的时候才需要助手，但有时候他可能先是不要助手帮忙而试图自己签名，结果却因写不完该名字又求助他人帮忙。如果检材文件中包含这种尝试的迹象，那么这种附加的迹象常常有助于文检人员正确分析形成该签名的整个过程。然而问题在于总是难以确定助手到底帮了他多大的忙。助手是否仅仅扶稳书写者的手或臂，还是手把手地帮他创造出新的字迹？书写者的身体是否真如此虚

---

[1] 埃德蒙·罗卡得（Dr. Edmond Locard）博士将引导签名分为三类：受援之手（assisted hand），即书写人因为身体的原因能够将笔握住而不能完成书写或者签名行为，但有某种程度的书写行为；施控之手（forced hand），即书写人因受外力的完全控制违背自己意愿而完成的签名或者书写行为；无力之手（inert hand），即书写人只能够将笔握住而不能完成签名，也没有任何参与书写的行为（参见《无力之手：一种特殊的伪造形式》，载于《国际刑事警察评论》1951年第45期，第45~47页）。有关这三者的区别这里不再做详细的探讨。

[2] 该问题可参见波比·G. 富雷（Bobby G. Foley）和詹姆斯·凯利（James H. Kelly）《辅助签名笔迹研究》，载于《警察科学与行政管理》1977年第5期，第227~231页。

[3] 奥斯本引用了几个直接涉及辅助签名和引导签名的法律地位相关的案例，见A. S. 奥斯本《可疑文书检验》（第二版，Albany：Boyd，1929），第743~745页。

可疑文书的科学检验

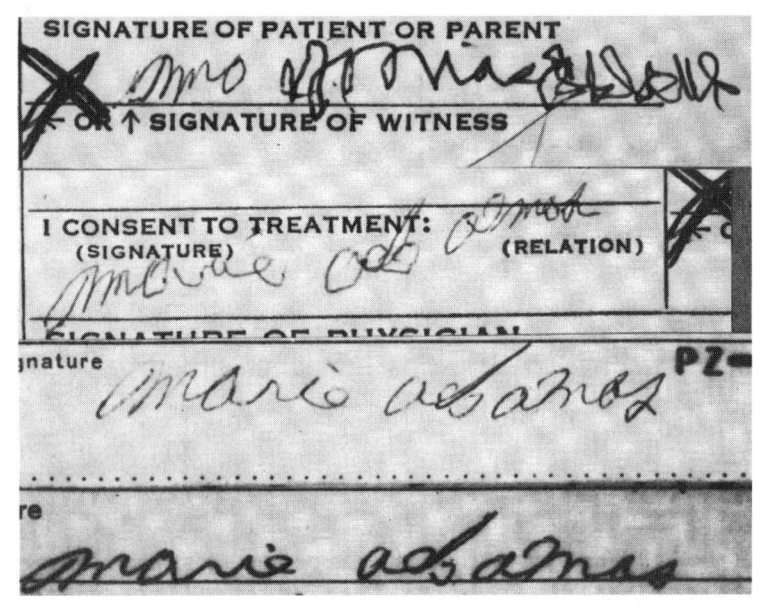

图9-23 图中第一行的签名字母是由玛丽·亚当斯（Marie Adams）书写的，但她写完两个字母后却停了笔。签名的后面几个字母都是在一位不知名的医院护理协助下写成的。从这些证据上看，签名似乎在玛丽·亚当斯本人不十分情愿的情况下完成的。

弱而需要别人帮助非在床上硬撑着签名不可呢？这种书写姿势对一个健康人来说，写字也会受影响的。上述诸因素，助手的证言以及检材上所反映的书写特征，文检人员都必须加以全面考虑。当它们互相印证、没有矛盾时才可下结论。遗憾的是在与检材类似的书写条件下，助手给书写者帮忙而签署姓名的比对样本很少。即使能获取这种签名样本还存在一个难以解决的问题：样本和检材受助手帮忙的影响程度是否也相同呢？

多数情况下协助签名或引导签名看上去都很像伪造签名。其实，这两种签名受主客观制约的因素以及与自然笔迹相矛盾的特性均存在本质的区别。况且实践中有不少声称是引导签名的文书，经过仔细的检验，结果发现却系伪造签名。

引导签名中出现的与正常签名相矛盾的特征一般是由各种因素综合而成的。签名者用力大小和书写技能、助手用力大小和书写技能、签名者和辅导者签字当时所处的位置、他们两人的互相配合协调程度、书写时文书支撑物的类型等因素都可能使签名产生反常的迹象。① 偶尔也会出现书写比较流利的引导签名，但是

---

① Persifor Frazer：《文书研究手册》（Philadelphia：Lippincott，1894，p.148），作者在此书中引用了系列的辅助和引导签名的样本，其目的是通过对这些辅助签名和引导签名的字迹进行摹仿，以研究辅助签名与摹仿签名两者之间的差异，为鉴定摹仿签名和引导签名提供理论基础。

实际上的签名笔迹只不过是有轻微变化的辅助者的笔迹；在签名者写字能力丧失殆尽并由其家庭成员帮助他签名的时候，这种情况很容易出现。在这种情况下，如果签名者非常信赖帮助他的家人，他也许仅仅是形式上持笔，实际上手的关节和肌肉几乎完全放松，整个签名过程全凭辅助者用力握住他的手和笔进行书写。因此对于那些仅仅用手握住笔甚至没有握住笔，而主要依靠辅助者帮助而签字的文书或者签名，在有些法院的审判过程中也被认为是"所谓的签名者"（so-called writer）正常完成的签名。在此类案件中，文检人员或许只能得出这样的结论：这些签名看似辅助者所书写，而法庭则必须根据辅助者提供的证据的真实性程度来判断文书签名的有效性。读者会意识到，这种签名的每一个具体问题都比较特殊，故本节阐述的检验规则仅仅为评断文检专家的结论提供指导。

第七节　缩写签名与文盲"姓名符号"的鉴别

姓名的起首字母（initials）（也称缩写签名，即以首写字母代替名字的一种签名形式）与文盲的姓名符号（illiterate's marks）被认为是特殊类型的签名。在当今许多商业活动场合，人们常常用姓名的起首字母来简化签名，并逐渐以此来代替签名。后者则充作文盲的签名。既然有人对两种特殊签名真伪提出质疑，那么对它们进行鉴别和深入研究也是理所当然的。

一　姓名的缩写签名

多数人，尤其是那些常常应邀在文书上签署缩写姓名的人，各自都会形成一种签署姓名缩写的独特方式。[①] 有时候，真签名会被否认（见图9-24），在有些情况下，某人的缩写签名也可能被他人摹仿或者伪造（见图9-25），而如何书写姓名的起首字母是解决问题的关键因素。然而，文检人员虽然能够澄清事实却往往无法彻底解决问题，主要是因为难以获得大量的签名者平时的缩写样本。如果签名者习惯于以自己特有方式把这几个缩写字母连写在一起，那么找到此类签名比对样本就更显得重要。如果找到的样本是他将这几个字母分开书写的签名形

---

① Nanette G. Galbraith：《一个新的鉴定问题：缩写签名》，《国际法庭科学杂志》1981年第18期，第13~16页。

式，那么它们只能在姓名起首字母连写的签名样本数量不足时作为比对检验的补充参考样本。由于这种签名缩写形式的字母数量太少，因此检验它客观上要比检验完整的签名更为困难。

图9-24 本图中间栏是签署在某张建筑设计图上的两个有争议的缩写签名，它们被认为不是图纸设计者的签名。作者却只承认图中其他的姓名缩写是他亲笔签署的。经比对检验，所有的姓名缩写形式，笔画连写流利，字母形态相同。可见，原先被否认的签名，仍属作者本人的签名。

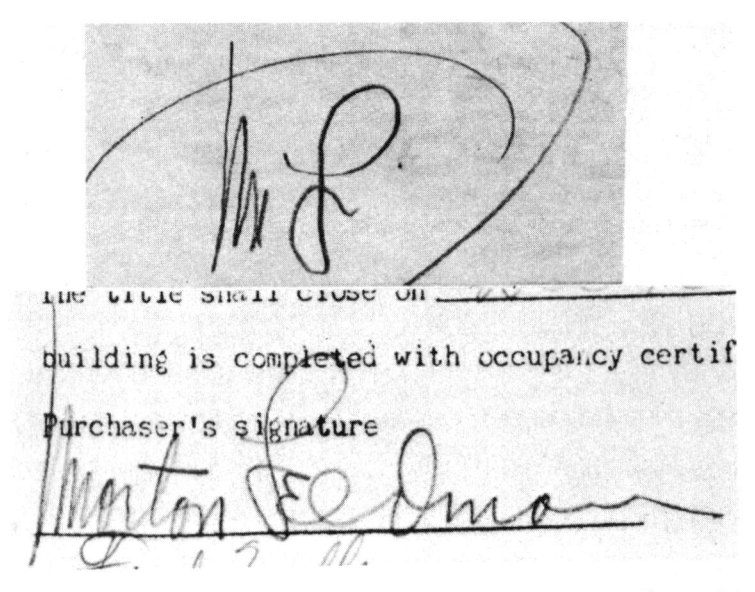

图9-25 本图上面是签署于一份蓝图上的两个姓名缩写字母，它们显然摹仿了菲尔德曼真签名的两个起首字母。检材的两个字母书写缓慢，运笔呆板，有停顿、犹豫的痕迹。而菲尔德曼的签名样本（下面）则运笔自如，书写流畅。两者形成鲜明的对照。根据检材和样本所反映的书写习惯和运笔特征差异即可断定该姓名缩写系伪造的。

二 姓名符号

法律规定，只要有适当的证人，"姓名符号"（coss marks）可以作为一个文盲的签名标志；这种约定俗成的习惯已经有很长的历史了。[①] 偶尔会有这种情况，一份文书被证实是濒死者临终前用"姓名符号"签署的，但他正常情况下则完全能够签署完整的姓名字母（见图 9-26）。一般情况下，只要由当时在场的证人证实这些"符号"的真实性，此类问题便迎刃而解了。但有时候由于当时没有证人或证人的诚实程度和品格令人怀疑，解决此类问题就不那么容易，因此，需要文检人员努力地回答这个问题。

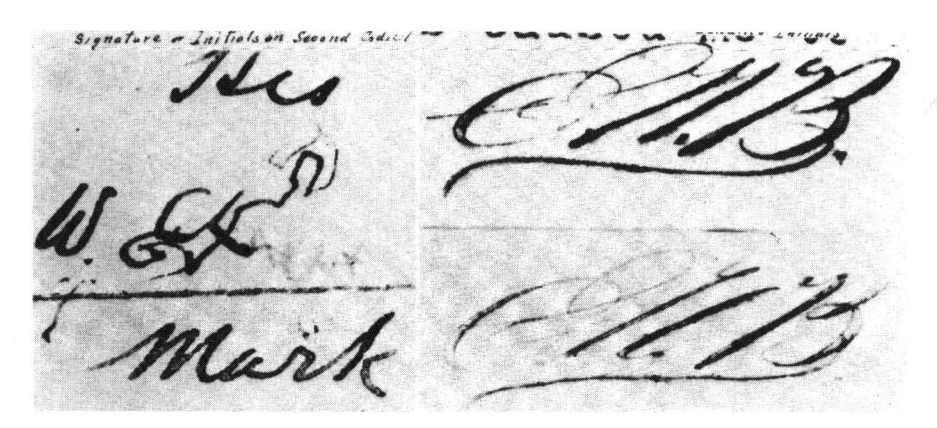

图 9-26 本图左面是有关伯朗宁（Browning）处理不动产遗嘱的第二份附录上（codicil）的签名，该签名由姓名起首字母和姓名符号组成。右面是伯朗宁先生生前流利的、书写技能娴熟的缩写签名。第二份遗嘱附录是他临终前签署的。当此份文书送达他身边时，他已经不能写字了。鉴于他用自己的姓名缩写来签署文书已无能为力的情形，再加之他所画的"姓名符号"质量，文检专家作证时说伯朗宁先生在第二份遗嘱附录上签名时，实际上已丧失了立遗嘱的能力。出庭作证的护理医生向法庭陈述了医疗过程后，也得出了类似的结论。根据他们的证言，地方法官（surrogate，即遗嘱检验法官，在纽约或其他州有权检验遗嘱及房地产处理的法官）拒绝将遗嘱的附件作为主张遗嘱权益的证据（该判例引用自埃尔布里奇·W. 斯坦案件的档案）。

常见的"姓名符号"是一个简单的"十字交叉符"（cross），任何符号都能在不同程度上反映个别特征。实际上，不但文盲用来表示各自姓名的"符号"不一样，而且那些选用同类型"姓名符号"的人也不可能形成完全相同的固定模式。通常这种"符号"仅仅由两三条笔画构成。因为它们结构简单所以也容

---

① 见 Tagiasco V. Molinari's Heirs, 9 La 521 (1836), *Osborn Cites the Pertinent Portion of the Decision in Questioned Documents*, 2nd ed., p.944.

易被人摹仿。伪造这种"符号"通常会出现以下常见的毛病：笔画顺序不对，书写技能超过被摹仿人本身的书写水平，运笔有缺陷，书写时用力过重或过轻，持笔的位置与被摹仿人的习惯不符等。尽管"姓名符号"结构很简单，然而它本身仍有许多因素可供检验鉴定。当然，实际生活中遇到的真"姓名符号"要比伪造的"姓名符号"多得多，对于那些有嫌疑的签名"符号"，文检人员都有责任进行细心的检验，这样才能确保公民的合法权益不受侵犯。

第八节 结论

对签名真伪的检验和鉴定在澄清众多的法律纠纷事件中占有举足轻重的地位，人们否认自己曾签署过一份文件、合同、契约、收据或其他法律文书的情况屡见不鲜（见图9-27）。也许有人还会提出签名是伪造的质疑或者说："看上去这像我的签名，可是我从来未在这张纸上签过字呀。"如果签名确实是真的，那也应当证实这个事实（见图9-28）。调查过程中我们可能发现此案没有证人或者证人已去世，但是对于签名的真伪仍需要得到证实（见图9-29）。审理那些有争议的遗嘱或谁有权利继承遗产的案件常常会碰到此类情形，其中任何一种法律文书都可能会出现可疑签名需要鉴定的情形。有时候结合案件的具体情况，文检人员不但需要通过技术鉴定对签名的真实性做出结论，甚至还要将鉴定结论提呈法庭作证。

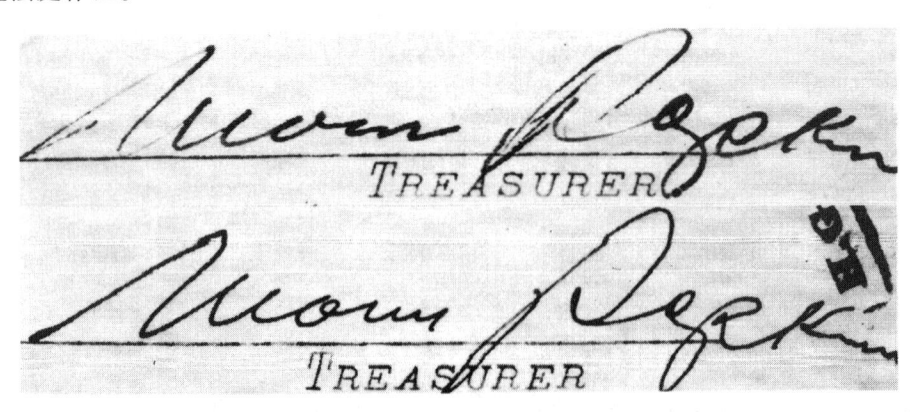

图9-27 在法庭审理过程中，一位证人否认自己曾在某份协议上签过字（本图上面）。获取他的大量真签名作为比对样本后（下面就是其中样本之一），经比较检验确定：协议上的签名为证人的真迹。因为检材和样本两者的运笔方向、流利程度、连写习惯、书写技能、字体倾斜程度、各个字母组合的大小比例等特征完全相同。

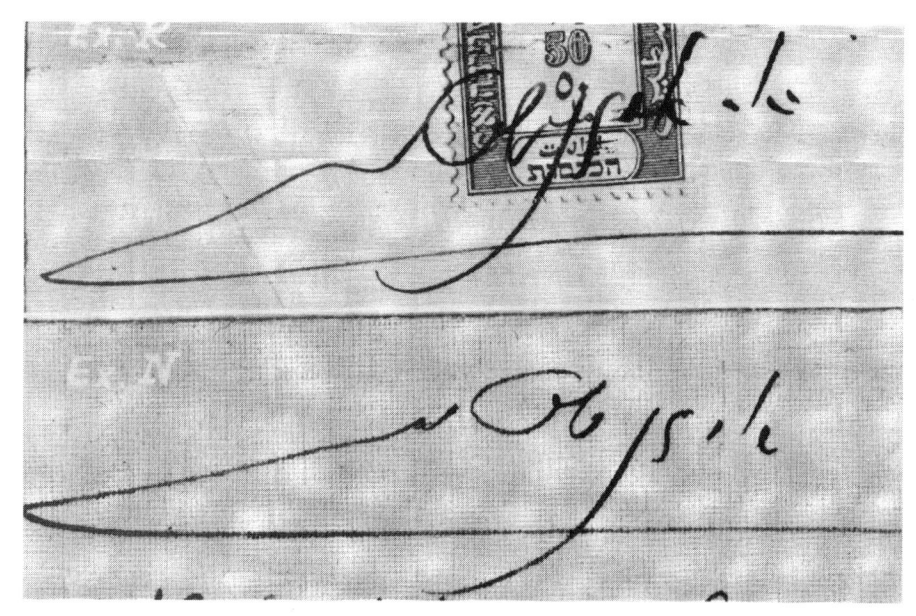

图9-28 本图上面是某案一份关键性文书上的签名,而书写人却否认他曾在该文书上签过字。但他承认其余一些签名是自己写的,包括图中下面那个签名。赫布鲁(Hebrew)习惯于从右到左书写签名,所以每个字母间互不相连。拒绝承认的签名中含有名字的首字母,位于邮票右侧,其余部分是姓。下面所示的样本中没有这个首字母,但是其他样本中有。样本和检材的笔迹所反映的书写技能均比较高。签名中间那流利的长的笔画很独特,接下来的两个字母相连,最后3个字母用连线的形式含糊地一笔带过,拖长但流利的收笔先向左折然后在姓名下方又向右折回等特征都别具一格。根据上述两者的共同特性,显然拒绝承认的签名仍系赫布鲁的真迹。

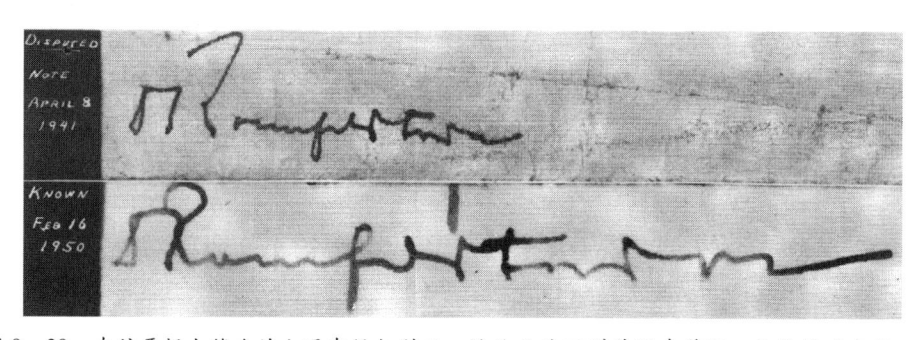

图9-29 在该票据上签名的人现在保加利亚,故他无法回到美国来作证。他的签名包括一个字母"D"(博士衔头),并且它与姓名的第一个字母相连,他书写姓名的习惯是一笔连到底,中间不提笔。检材和样本除了字体大小明显不同外,两者的字母形态、运笔习惯等特征完全一致。无疑票据上的签名是真迹。

在检验签名过程中,文检人员还可能得出签名系伪造的结论。有时候得出此类结论,甚至连与此文书有关的人士都始料不及,或许还会坚持认为这是无稽之谈。但是事实告诉我们任何文书都有可能出现伪造的签名,只不过遗嘱、契约、票据、合同、支票上的伪造签名出现率比其他文书更高些罢了。查明这种欺诈行为的主要方法就是对签名进行科学的检验。

　　对签名的真伪能否得出精确的鉴定结论，通常取决于获得真签名比对样本的数量和质量。如果检材是正常条件下书写的并且确系书写者自然运笔习惯的反映，那么只要获取的真签名比对样本数量充足，就不难对检材的真实性做出明确的结论。假使检材是随意书写的签名，譬如是在收据上用铅笔快速签署的姓名，那么检验结果往往形成带有或然性意见的鉴定结论。检验最大的障碍是获取的与检材书写条件相似的样本材料的数量有限，有时甚至无法获得。还有一些签名检材书写得过分潦草，可供鉴定的特征因素也很少。至于那些身患重病或年迈临终的人所写的签名，亦常因难以获得比对样本而给检验工作造成一定的困难。遇到此类情况，文检人员通常只能做出有保留的鉴定结论。幸运的是大多数嫌疑签名仅属于重要文书的一部分内容，而且鉴别它们的真伪亦可通过对文书做全面技术检验来确定。

第十章　手写印刷体字和数字的检验

在前面几章，我们已经讨论了关于签名和常见字迹的检验问题。也许有些读者认为掌握笔迹检验的一般原理便足以适用手写印刷体字（hand lettering）和数字（numbers）的检验。然而，这两种书写符号的结构与常见笔迹的形态截然不同。两者不仅在用途上存在明显差别，而且它们与草写笔迹相比也有迥异之处。

第一节　手写印刷体字

自从人类发明字母以来，手写印刷体就作为一种特殊的字体被人们广泛地应用。所以古代文章典籍都用互不相连的印刷体字母书写而成，实际上这种字体也是那个时期唯一的书写形式。草体字（cursive hand lettering）其实是最近几个世纪才发展起来的现代字体。尽管如今草书应用十分广泛，但是手写印刷体仍旧随处可见。各行各业的人们每天都会同这种字体打交道，[①]甚至有些学校还专门教授此类规范的字体系统。近几年多数小学在教学生练习草书之前，总是先教学生认识印刷体字并要求他们学会用印刷体书写，因为，他们假定即使那些从来没有接受过书写训练的人也能用印刷字体写字。申请表格和其他各种表格常常注明："请用印刷体填写！"由于各种文书中都可能有印刷体字，因此，有关印刷字体的书写者的同一鉴定问题自然就随之出现。

[①] 有些职业几乎只能使用手写印刷字体，如绘图师、建筑师和机械工程师在绘制图纸时只有使用印刷字体写时其他人才能认识和看懂他们的字。成千上万的读者每天在报纸上看到用印刷字体出版的连环图画（漫画书，comic strips）和卡通漫画（cartoons），而这是一群印刷字体的使用者，但是，他们也仅仅是现代印刷字体运用者中的一小部分而已。

211 　　与其他各种字体相反，用纯粹的印刷体书写的字母之间都互不相连。① 各种书写系统都是通过教授和练习获得的，它们的主要区别在于字体的种类、字母形态和倾斜程度不同。通过笔迹检验可以发现，虽然所有的书写人都会或多或少地更改原来所学的书写系统的字母形态，但是难免仍会遗留一些规范字体的基本特征。这种现象在印刷体字迹中也很常见。不管一个人是否受过书写印刷体的正规训练，几乎任何人都相信自己有通过练习来打印或手写印刷体字的能力。结果是许多检材和样本都表现出高度个性化的书写特征，并且反映不出任何正规训练的影响，而只在打印文书中会出现大、小写字母（uppercase and lowercase letters）不加区别地使用的混杂现象。

　　在笔迹检验中参照的绝大部分因素，同样适用于检验印刷体字迹（见图10-1）。检验印刷字体的形态要比检验草体字形态更加重要，因为前者的字体互不相连，形态细节特征比较多，当然也要考虑运笔动作习惯因素。字体结构形态特征包括：笔画的数量；书写笔画的方向和顺序；字体的倾斜度；字母之间的大小比例、间隔等。而且，尽管用印刷体书写的笔画常常中断，但写字时用力的轻重和书写的速度、节奏、流利程度及技能等书写质量都带有明显的个体特征，都是应当予以充分考虑的因素。此外，在鉴定印刷字体的文书时不考虑运笔特征是不完善的，例如，字迹中有无书写明确流利或迟疑踌躇（certainty or hesitancy）、颤抖振动或刚劲有力（tremor or vigor）、笔迹清淡或者浓重（shading or emphasis）、添补回折或拖曳（retracing and pen dragging）、润饰重描（retouching）、滞笔，以及书写速度和方式等诸因素。应当着重检验书写的连贯性（continuity），也就是说，要注意观察每个字母的结构笔画是相连的还是分离的。事实上根据这些运笔特征便可以区分两种貌似而神异的印刷体字迹。同样原因，在一篇文章中如果有两三个或者更多的连写印刷体字母，这种违反印刷体字母不相连原则的基本特征，往往具有较大的鉴定价值。但同时必须注意到这些特征对某些书写者来说，字母是否连写只是区别他平时正常的书写习惯还是他偶然不正常的或者马马虎虎书写的笔迹特征的标志。

212 　　一旦笔迹中出现异常的不同字体组合和字母形态变换现象，往往可以为做出科学的鉴定结论提供有力的依据，但是仅凭这一个依据还不能得出肯定结论，只有根据大量笔迹特征所反映的书写习惯特性才能够得出最终的结论。这些特征包

---

① 每个人在小学练习写字时临摹的蓝本都是单个的规范的印刷字体，随着年龄增长和书写技能的提高，儿童开始将单个的连接起来进行流利的书写。这些儿童时期的训练无疑会对每个人的书写习惯有较大的影响，并在鉴定印刷字体的过程中表现出来。

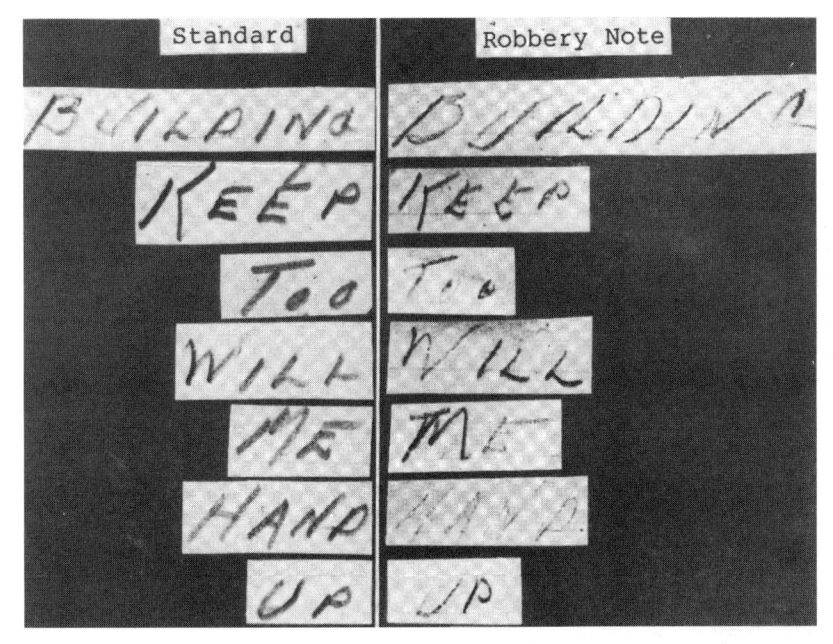

图 10-1 经检验认定,某份敲诈勒索信件中的笔迹与某嫌疑人的手写印刷体样本笔迹均出自同一人之手。作案者用大写印刷体字书写,使得检材和样本中某些词的起首字母写得比规范字体略高了一点,如 K、W、M 和 T。两者的字体倾斜程度相同,还有字母 M 和 W 折笔画都是连写的。

括各个字母的大小、笔画弯曲的程度和形成的角度(curvature or angularity)、每个字母的结构和间隔比例,以及美术字体、传统字体或者独特的字体形态等。除此之外,还有某些书写者用印刷体写了一两张纸后,偶尔也会用草体连写出两三个字母,乃至整个单词或词组(见图 10-2)。正确的鉴定结论依赖于仔细、全面的比对和评价检材与样本。除了检验字母形态的细节特征外,也要检验运笔习惯特征。

任何人用印刷体写字和用其他字体写字一样,也会产生自然变异现象,但是检验其他笔迹所适用的基本原理可能在检验印刷体字时要稍加一些变通才能适用。若做出一个人书写两种字体的结论,必须确信检材中所有的习惯特性都在样本中得到充分反映才行。同时,这两者之间出现的差异特征均可以从他的书写习惯所可能产生的正常差异中得到合理的解释。此外,检材和样本必须能充分反映出作者独特的书写习惯特征,而且只有两者都具有出自同一人之手的相同特性,才可以认定嫌疑人即检材的作者。同样道理,如果检材和样本的笔迹存在根本差异,尤其是一些书写基本特征差异反复出现,那么就可断定这两种字迹出自两个人之手(见图 10-3)。

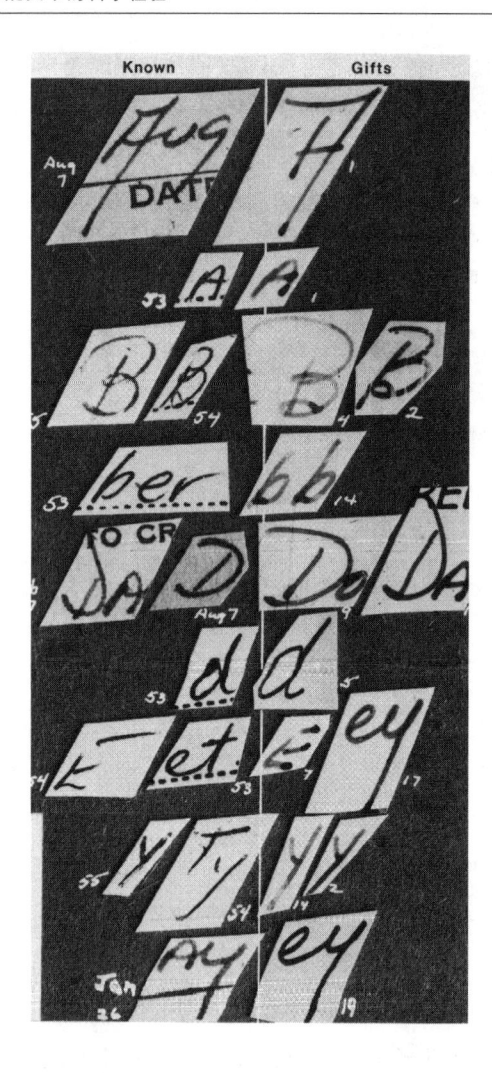

图10-2 某赌博集团头目的礼物中夹带着一些卡片，上面写的字既有大写印刷体又有连笔的小写草体字母，注意字母"et"、"ey"和"d"。检材和样本上出现的这种混合字体相同的特征是鉴定书写者同一的有力旁证。

在某些情况下，作案者可能企图用印刷体来伪装笔迹。尤其在写那些较短的字条时，作案者利用印刷体不连贯的笔画特点能很容易地掩盖他固有的某些书写习惯特征；但如果伪装较长的信件或文章，那么在他书写的印刷体字迹中仍会呈现一些自相矛盾的书写习惯特征。奇形怪状的字体，过分拘泥于笔画细节，异常的笔画等书写特征常常会使伪装的笔迹露出破绽。如果文检人员有充分的根据相信笔迹中存在伪装共性，并且有足够的同类字体比对样本，那么只要通过科学的比对检验便能得出伪装的结论，进而再做检验认定嫌疑人是否为作案者。

印刷体字迹并不像许多人认为的那样没有什么检验价值，其实它和草体字、签名等笔迹一样具有明显的个体特征，因此印刷体字是值得我们研究和鉴别的。如今手写印刷体字的人越来越多，与它有关的鉴定问题势必出现得越来越频

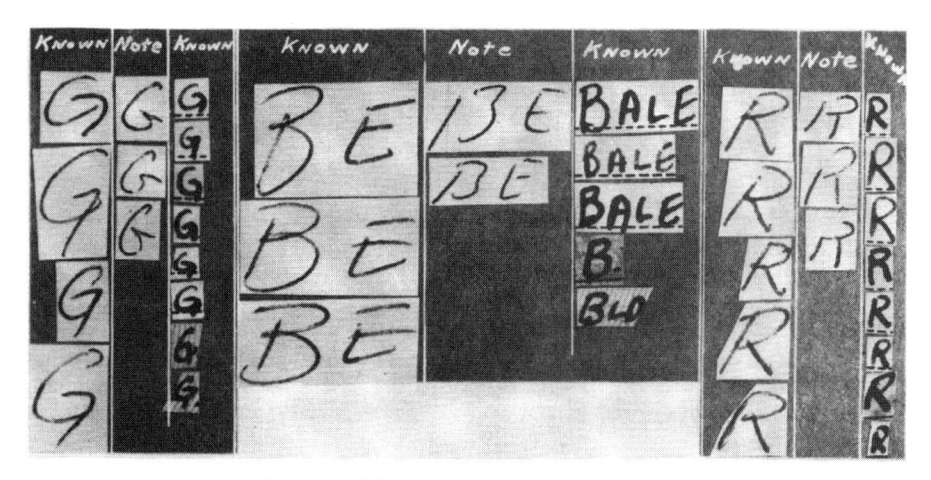

图 10-3　4 个目击者指认被告人克利斯朵夫·E. 贝尔史泰罗（Christopher E. Balestrero）就是那个递交勒索信的武装强盗。图中所示勒索信的字迹，左边一栏是嫌疑人被逮捕时获得的字迹样本，右边一栏系发案前他的字迹样本。

经比较检验，检材和样本中反复出现的基本特征差异证明贝尔史泰罗不是勒索信的作者。他写的字母"G"由两个笔画构成，而检材中的"G"则是一笔写成的。被告写的字母"B"，中间笔画的弧线回笔交叉十分明显，可是检材中从未出现过这种形式的"B"。还有，他写的字母"R"右半部分是一笔写成的，但检材中的"R"右半部分则由两个笔画构成。

在法庭开庭审理此案的前几天，警察逮捕了一个正在实施武装抢劫的犯罪人，他供认上述案件也是他干的，经检验证明他的笔迹特征与勒索信上的笔迹特征一致。于是，无辜的贝尔史泰罗被排除嫌疑并获释。

此案全过程，在 1953 年 1 月 29 日美国《生活》杂志上已做过完整的报道，同年第 10 期的《读者文摘》杂志也以《一个案件的鉴定》为题转载了部分内容（pp. 86~90）。另外，1954 年出版的第 45 期《刑法学、犯罪学与警察科学杂志》（pp. 207-212）还刊登了奥德威·希尔顿写的论文，题为《笔迹鉴定与目击证人辨认的比较研究》，此文对该案进行了更深入、细致的探讨。

繁。[①] 故意书写印刷体字来企图掩盖其固有的书写习惯特性的人，在调查匿名信案件中屡见不鲜。不少人觉得只要采用这一手法就可逃避笔迹鉴别，所以他们很少试图对印刷体字迹再做进一步的伪装。许多重要的案件，都涉及对印刷体字迹的鉴定问题。例如，旅馆住宿单（见图 10-4）、银行存款单、人事档案表格，以及其他诸如此类的文书上的印刷体字（见图 10-5）。检验印刷体笔迹所遇到的最棘手问题，常常是无法获得这种字体的比对样本，若采用嫌疑人的草体字作为样本，检验收效甚微。一般来说，只要能够获取适当的比对样本，有关印刷体字迹的检验问题便可迎刃而解。

---

① 对这个问题，可疑文书检验专家詹姆斯·V. P. 康威（James V. P. Conway）曾经在《刑法学、犯罪学与警察科学杂志》（1955 年第 45 期，第 605~612 页）上发表过一篇著名的文章进行论述，其题目是《论手写印刷字体的鉴定》，在这篇文章中他引用了 3 个案例来论证鉴定中应当考虑的特殊因素。

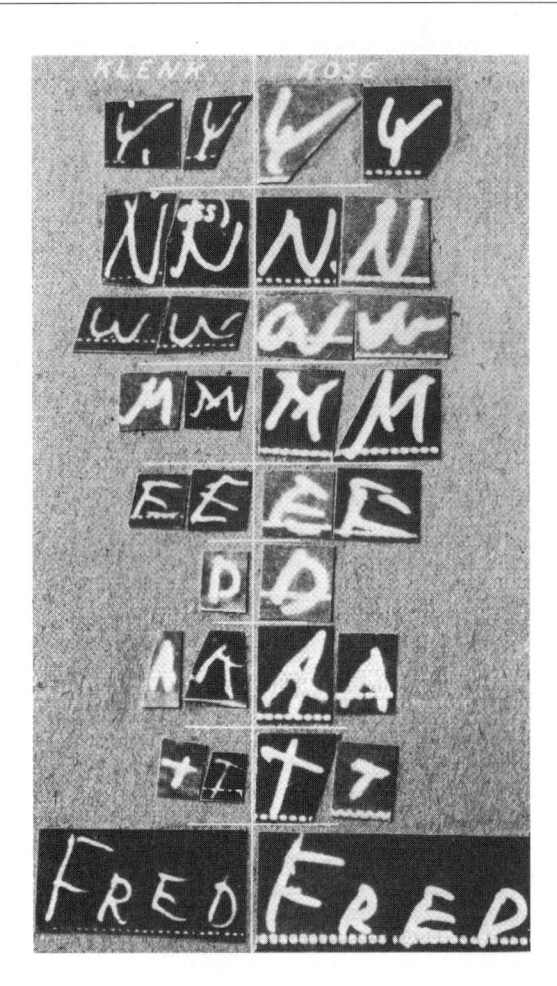

图 10-4　图为克伦科（Klenk）的印刷体笔迹和旅馆住宿单上化名为罗斯的印刷体笔迹相比较的照片。这两份检材上的字母书写速度较快，但它们的笔画都具有一笔一画、断断续续的共同特征（字母"M"即由 4 画组成）。此外，相同的书写动作，相同的字体倾斜度，单词"FRED"中的大写字母 F 格外大，它们都是两者共有的笔迹特征（因囿于此案的客观条件，故只能凭笔迹的照片进行检验）。

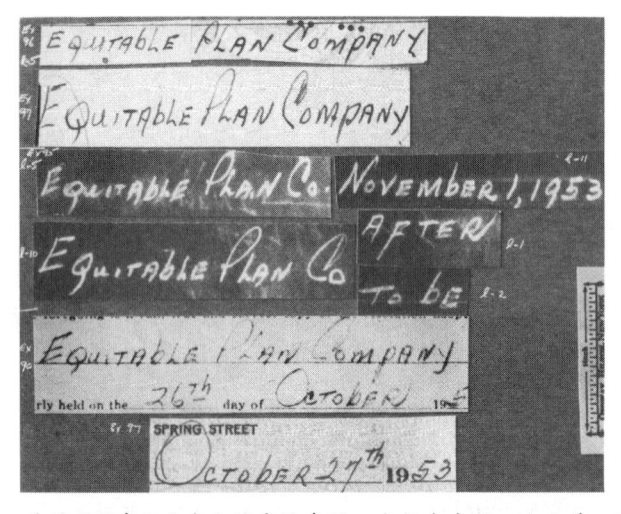

图 10-5　图中一系列不同商业文书上的字迹表明，它们出自同一人之手。这种印刷体字迹由大小写字母混合组成，而且在单词需要大写的地方，起首字母总是写得格外大。

第二节 数字的检验与鉴定

检验数字和检验印刷体字有着密切的关系。因为文检人员都是针对这两种笔迹互不连写的性质特征来进行检验的。由于数字的笔画特征比印刷字母更少，所以检验数字显得更加困难，然而实践证明数字是能够检验的，并且同一鉴定的效果显著。

尽管数字只有10个，但是检验的对象并不局限于此，有些文书上即使没有一个字母仍然可以检验。各种不同的符号常常与数字的特定用途有关，例如，表示金融单位的美元符号"＄"，以及对不到一个本位币单位（fractional）的分币的书写方式。如果文书中涉及货物价格或者股票和证券单位等内容时，也许会出现表示数字单位的符号如"#"以及"at"（@）。其他各行各业在进行数字统计时也会将各种符号与数据混合使用，小数点（decimal points）和斜线符号（slashes, diagonal strokes）就是常见的辅助符号（adjuncts），因此，在检验数字时应当考虑到这些特殊符号的各种特定性因素。

数字检验包括3个主要内容，它们也是检验其他各种笔迹的基本因素：字体形态特征、书写或运笔特征，以及变异特征。如果数字样本是一个人书写的，那么上述3个因素融合在一起就会形成一种独特的笔迹，它们是奠定检验工作的基础。根据每个人书写的数字形态及运笔特征异同点，一般就可以鉴别出不同的人所写的数字。

数字检验不仅要研究它们的基本形态，而且要全面分析其形态的各种细节特征（subordinate factors）。当然除了数字1和0之外，应当考虑数字笔画的开头和结尾特征、装饰性（ornamentation）笔画特征、字形简化特征（simplification）、数字倾斜程度（overall digits），以及笔画结构之间的相互关系。在检验时，文检人员还必须考虑以下因素：数字结构中各部分之间的相对大小关系；数字结构中的椭圆部分或直线部分的倾斜程度；数字结构中交叉笔画（intersecting strokes）所形成的角度如何；数字间连接笔画是通过小环线（small loops）相连还是通过折回线（retracting）相连；某些笔画是否呈直线或者弧线；某些数字与其他数字相比是否总显得大些或小些（见图10-6）。数字6、8、9和0的笔画封闭部分往往会暴露出书写者各自的习惯特点，有些人书写这部分数字笔画时有特殊的闭口或者开口方式。由此可见，任何人书写数字都会留下可供鉴别的笔迹特征。有时候某些人书写的数字太独特反而导致我们难以辨认。

在检验数字结构大小特征的同时，还需要进一步研究多位数字的位置安排特点。除了数字相互间隔的差异外，数字沿基准线排列高低不平的现象亦应引起注意，尤其当数字中包含小数或涉及货币单位的分币的时候，有些人习惯把小数点以下的数字或元以下的零头数写得高于基准线或者写得低于基准线，甚至有的人还在这些数字下画上一条横线（underscore），这一切都充分反映了个人书写数字的习惯特征。[①] 因此，通过分析检验某些特征别具一格的数字，可以鉴定出书写者是谁。

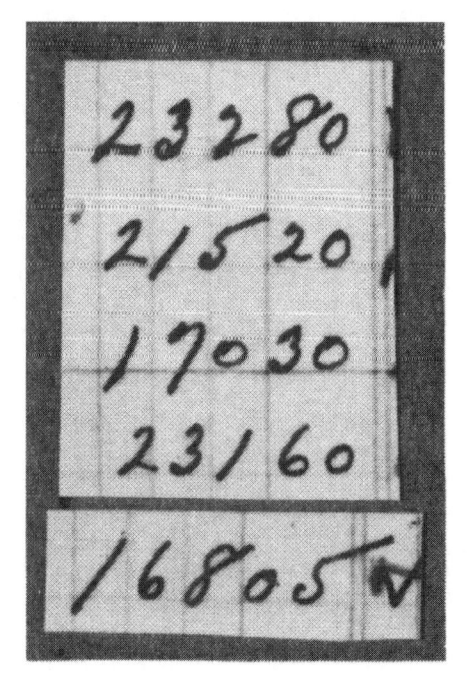

图10-6 检验样本取自某记账员的账簿，他所写的"0"，总显得比其他数字要小一些。

数字的形态各种各样，它们的形成往往受书写者过去教育训练的影响。一般来说，人们各自书写的数字形态都是他以前在学校里念书时学会的。接受美国学校教育的人所写的数字形态就和欧洲学校培养出来的人写的数字形态不同，建筑师、工程师、制图员由于职业的需要，他们必须学会书写第二套数字形态系统，但无论如何，每个人总是按自己独特的书写习惯来写数字的，所以既可以根据这些数字形态特征看出每个人最初所学的数字系统，又能根据书写习惯特征与其他人的字迹相区别。

无论怎样，书写数字笔迹的特殊性超过了共性，个体特征不囿于数字的形态，书写数字时的运笔特点往往可以从每个数字最后的收尾笔画中反映出来。不相连的数字常不像相连的数字那么容易判断出作者的书写技能、运笔速度及流利程度，但是研究特定的书写特性时，上述所有因素都应当综合加以考虑，通常根据书写技能的差异即可区别两种看上去形态十分相似的数字。在评断书写技能之前，必须检验书写笔画的流畅性、运笔的舒展程度和自动化或者勉强书写的迹

[①] 支票诈骗案件的犯罪人在填写假支票的金额时，其书写的数字形态会有各种各样的变化。参见 Orville B. Livingston, "Bogus Check file Classified by Trademarks", 载于《刑法学、犯罪学与警察科学杂志》1948年第39期，第782~789页。

象，当然还要结合数字形态是否美观等因素。

　　检验数字笔迹的其他运笔特征包括：笔力的轻重、浓淡变化、笔画匀称或者中断的现象、弧形笔画或棱角笔画写得是否匀称、书写是认认真真的正规书写还是漫不经心的随意书写、笔画的开头与结尾，以及运笔方向等（见图 10 - 7）。

图 10 - 7　根据赌博账单和其他账簿上的数字认定了字条的书写人，做出同一鉴定的特征包括：数字"8"显得比其余数字的倾斜度更大些，"8"的收尾封闭笔画呈重叠状态，数字"7"的折角笔画明显呈圆弧状，数字"5"的形态变化多端，还有数字"3"中间部分的笔画右侧呈开口状。

　　尽管每个数字都应该分开书写，但仍有人常常习惯于将两三个数字连写在一起（见图 10 - 8）。这是怎样形成的呢？当某些人分开书写数字时，数字之间可能仍旧存在某种拖笔现象，这也能在一定程度上反映书写人的个体特征。综上所述，数字检验所涉及的鉴定因素中，绝大部分依然离不开书写者笔迹所反映的个人习惯特征。

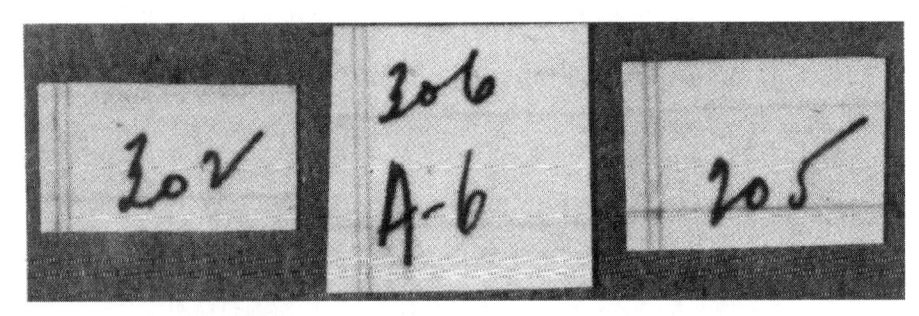

图10-8　书写人在书写"30"和"20"这两个数字时，习惯于连写。

第三节　书写变异

任何人的笔迹形态中都包含变异因素，数字也不例外。变异主要考虑两个方面：一是书写速度和注意力变化引起的变异，二是字体形态本身产生的变异。也许这两方面因素并非完全无关，但还是把它们分开考虑为妥。

匆匆忙忙或马马虎虎书写的数字与心平气和的时候书写的数字相比较，当然有所区别。漫不经心的书写常会造成同一个人不同时间书写的数字之间产生的变异较大，数字变形，某些细节特征丧失，乃至它们与书写者平时所写的数字相比较时无法做出同一认定的结论。即使在细心书写的正常笔迹样本中也会产生变异，例如，将同一个数字认真地多写几遍，然后对它们进行比较检验，不难发现它们之间也并非完全相同。一种数字形态到另一种数字形态的笔迹变化范围限制了笔迹自然变异的程度，因而，只要获取了真实可靠的具有代表性的已知笔迹样本，书写人书写的任何数字的变异程度都不会超出已知样本的笔迹变异范围，从而为鉴定提供依据。

数字形态的变异通常有两种：一是改用另一系统的数字形态，二是对同一系统的数字形态加以修饰。某些人在书写时习惯变换一下数字的原有形态。例如，有的人在书写数字"5"的时候，第一笔下来向右转折之前，喜欢先停顿一下或者稍微回笔然后再写下面部分。但是他加快书写速度时，就可能把数字"5"一笔写成近似英文字母"S"的符号。第二种修饰性形态，无疑常常出现在匆忙书写的数字当中，但也有部分人交替使用这两种形态变换的数字。在检材和样本中某个数字只出现一种形态，或者存在两种形态，我们在做出鉴定结论时，都必须考虑到 10 个以上的数字形态，对各种类型的变异做出全面的综合评断。①

一般情况下根据数字来确定书写人的案件，多半涉及有嫌疑的账目、股票、银行存折、工程设计图表，以及与时间、距离有关的数据记录等内容（见图 10 - 9 和图 10 - 10）。调查刑事案件时，也可以通过对某人的数字笔迹检验来鉴别赌博账单的持有者是否就是犯罪人或者犯罪嫌疑人。与其他的笔迹检验相比，数字检验较为少见。然而我们不能忘记在检验其他笔迹过程中会遇到数字，如果对数字也进行仔细的检验，也许有助于得出正确的最终鉴定结论。

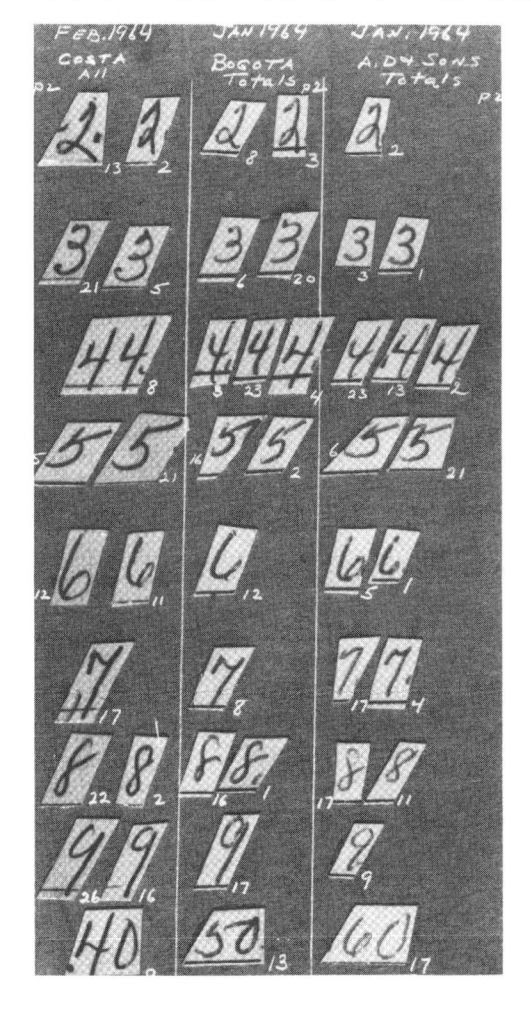

图 10 - 9　通过对某个记账员的数字进行检验，发现她同时为 3 家公司编制了投标价目表，另一个同谋者的字迹可参见图 10 - 10。该记账员书写的数字 "4" 有两种形态，这可以从 "4" 字左下角折笔特征加以识别；数字 "7" 上面一横的书写特征明显；数字 "8" 与 "3" 相比较，前者显得狭长，后者则呈圆圈形状。

---

① O. Hilton 对这个问题做过详细的论述，读者若想进一步地了解有关这个问题更多的内容，可参见他的论文《论对数字的鉴定》，载于《国际刑事警察评论》1970 年第 241 期，第 245～250 页。

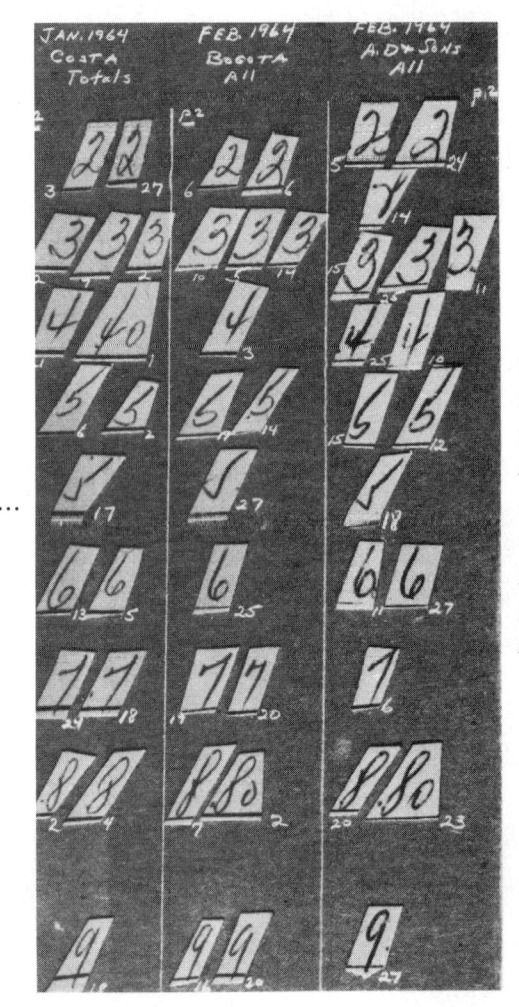

图 10-10 根据数字"5"的两种不规则交叉笔画的形态和数字"0"比其他数字小的特征，就容易将这位记账员的字迹与她同伙的字迹（见图 10-9）区别开来。书写数字"8"时最后的左收笔习惯十分独特。虽然两个人的字迹可以鉴别，但是要确定每个人的明显书写特征还需要大量的比对样本。

第四节　结论

印刷体字和数字这两种特殊形式的笔迹，均可单独作为笔迹鉴定的一种手段。在检验草体手写笔迹过程中，它们也不失为辅助性鉴定依据。除了考虑笔画分离、字与字之间不相连等书写方式差别外，检验印刷体字和数字的方法总的来说与检验其他笔迹的方法没有什么两样。基于印刷体字和数字个体特征而得出的鉴定结论，如同对签名或草体字迹所下的科学结论一样令人信服。不少只涉及印刷体字或数字的重要文书检验结果表明：事实完全可以澄清。

第十一章 打印文书的鉴定

第三章已经指出，不仅所有的打印文字均不一样，而且确切地说每一份打印文书样本在某种情况下都可能表明打字机的制造厂家和生产时期或年代。把一份有争议的打印文本同嫌疑打字机的打印字样本进行比较，我们便可以分析推断出打印检材的嫌疑打字机。事实上，即使没有看到嫌疑打字机本身或者没有确定文件是何时何地打印的，文检人员也可以对检材和样本做出同一鉴定，这种鉴定的基础是每台打字机的个体特征。

人们常说，打字机打出的东西像机器一样精确。我们先来考虑一下"像机器一样精确"（machinelike precision）这个短语的含义。显然，这句话的含义是指有精确的规律性（regularity），那么不同条件下对这种规律标准的要求也不同，况且任何机械装置都会产生不同程度的变异现象。打字机的调节和配合公差并不十分精密，所以，辨别一台新打字机所打印出来的文字符号差异也是可能的。然而，必须承认，目前的现代化机械如单体打字机和电子打字机同以前生产的打字机相比，机械性误差已经大大减少了。像任何机械仪器一样，打字机的使用也会引起零件磨损，因此，最终将导致每台打字机打印出来的文书都会反映打字机自身缺陷或打印文件上出现打字机的个体特征。

事实上，根据打印文书来鉴定嫌疑打字机必须依赖对各种检验因素的综合评断。铅字型号和字体种类以及字符集（font）① 是首先应当考虑的基本因素。多数打字机一般都可按铅字型号做出基本分类，而与此同时，每种铅字型号里又有几种不同的字体。况且，各打字机生产厂家在每一种铅字型号里也会制造出几种不同型号的铅字字体。最后应当考虑的因素是比较正常的打印文书和有缺陷的打印文书之间的特征差异点。综合所有这些因素，检验便使某台打字机具有个性从

---

① 字符集（font）：印刷技术中一种给定尺寸、字形的字符集，它包括小写、大写、小型大写字母、数字、连字、标点符号、参考标记、符号和空格。——译者注

而形成了对它的鉴定结论。铅字型号、字体、某一特殊缺陷或特殊印刷特征这些因素中，哪怕其中有一个因素出现基本差异，即可否认该文书是其他打字机打印的而不是在嫌疑打字机上制作的（见图 11-1）。

Page 1　　Page 2　　Page 3　　Page 4

图 11-1　第 4 页的文字是用不同于第 1～3 页文书的打字机打印的。因为第 4 页中字母"m"的中间笔画的底部缺少衬线，这个字体显然与前几个不同。

打字机的鉴定是对它的操作特征的功能进行鉴定。对普通的铅字连动杆打字机（type bar machine）打印特征的鉴定不同于对单元球体打字机（如 IBM Selectric 牌电子打字机）或单元轮盘电传打字机（type wheel typewriter）（如 Xerox800 静电复印机）的特征鉴定。然而，尽管在每类打字机中它们各自的功能特征的出现频率和重要性不同，但在所有的送检文件中都存在相同的类别特征，这是据以进行科学检验的基础。

鉴定打印文字需进一步考虑的因素有：许多鉴定特征是随着打字机的使用而逐步显现的。因而，一台刚装配完成的新打字机可能只有很少的个体打印特征，但当打字机用了几年之后，其他的缺陷或特征就会渐渐地显现，一般无法预料打字机上的缺陷何时会改变，但不少缺陷一般会保留很长一段时间。例如，如果打字机铅字符本身金属受损，这种缺陷特征就会持久保存，而其他种类的缺陷可以通过调节打字机的机械装置来校正，尽管这种修正也不多见。我们首先应当考虑打字机可能出现的基本缺陷，然后再查明这种打字机的缺陷是如何形成的。

在打印文书检验过程中，常常会碰到一些不同种类的缺陷特征的鉴定问题，一组与字母特征、字体特征和它们的打印特征（打印缺陷）有关，另一组则与打字机操作方面的特点（机械缺陷）有关。根据打印的文书还能够发现打字机的变异因素，最后还要考虑一些暂时性缺陷特征。上述几种类型的鉴定问题，我们将做更深入细致的讨论，因为每种缺陷特征中还可以细分为各种不同的小类或者子系统。

第一节　打印缺陷

传统上，打印文书中所反映的字母压痕特征和缺陷是对打字机进行同一鉴定的主要基础。这些缺陷或特征又可以分成两个基本的种类：定位调节缺陷（alignment defects）和字模表面缺陷（typeface defects）。

打字机的设计是为了使每一个符号都能在一条无形的基线上和指定的空间中印出平整一致的压痕，但那只是人们的愿望而已，实际上基线和字母间隔比例总是很不容易调准的，有些字偏上或偏下，有些字偏左或偏右（见图11-2）；其他字体东倒西歪与中心轴线构成一定角度的倾斜（见图11-3）。还有一些因铅字头位置不正（off their feet），以致铅字落到纸面上不平衡形成一边或一角产生比其他部分更重或更黑的压痕，而不是正常打印字母着墨均匀的印痕（见图11-4）。某些现代打字机的铅字字符，设计出来就是一边宽一边窄的，因此虽然可以将它们的印痕与因"铅字头位置不正"而形成的印痕区别开来，但相当困难（见图11-5）。有时，一个字母因不断连续打印而呈现太重、太轻或者反弹叠印的附加压痕（见图11-6）。上述特征一般与打字机的定位调节缺陷有关。

图11-2 上部分表明水平基准线定位调节不准确。如果"r"打印正常，那么它位于两个"e"之间的距离就会相等。下面部分表明"N"和"n"偏离垂直准线，它们的位置与字母"i"、"e"以及其他打印字母的基线相比，都打印在基线的上方。该张相片是在玻璃打字机试验板下摄制的。

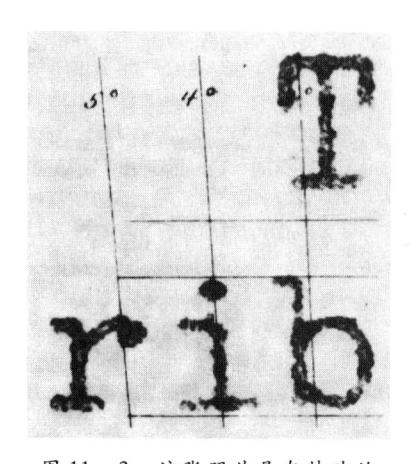

图11-3 这张照片是在特殊的打字分度规（量角器，typewriting protractor）下摄制的，字母"i"向左倾斜了4°，测试板水平线与打字机基准线平行。因此，利用垂直线就能测量出打印文字的偏斜程度。

另外，打字机字模表面缺陷是由印痕的各种实际缺损构成的，而这些缺损则是由铅字面本身的金属碎裂（chips）或受碰撞挤压（bumps）而形成的，或者铅字符本身受到损坏使字面印痕呈现不规则的锯齿状（dented）而形成的（见图11-7）。这两种情况所形成的缺陷也许都不明显，所以要求用放大镜仔细检验，

可疑文书的科学检验

图 11-4　这幅图里所有字母都因"铅字头位置不正"而形成尾部笔画压痕很重，较黑的地方有"t"和"s"的顶部、"a"的底部、"m"和"M"的左边、"h"的右边。在"a"和"y"尾部的一角打印的字母压痕最重。

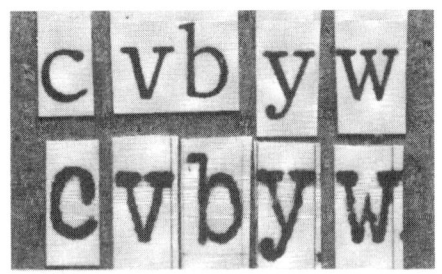

图 11-5　上面一行字母是现代打字机模印。压痕较宽、较重的部分是由于铅字字面图案本身造成的。与此相反，下面一行字母是标准十二点活字的字模样本；原来字母所有笔画都一样宽，因此，油墨浓淡不均的现象是字符定位调节不正形成的。

如果是因基准线定位调节不准确，就要借助准线测试盘（alignment test plates）来检验。总之，通过细致、彻底的检验，任何缺陷都能发现。

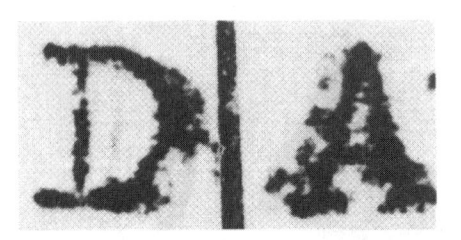

图 11-6　上面两个字母都出现反弹重叠印痕。它是手工操作的铅字连动杆打字机容易形成的特征之一。字母"D"的第二次反弹印痕出现在原来印痕的右侧，而字母"A"反弹印痕则出现在左上方。

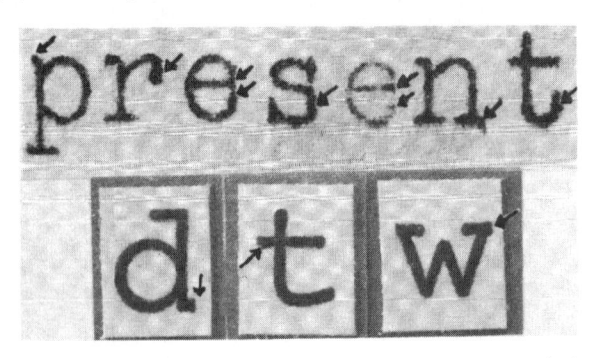

图 11-7　组成单词"present"的 7 个字母中，每个字母的铅字面都有缺陷（箭头所示处）。字母"p"左上方的衬线压痕部分断裂是由于被损色带造成的。图中下面 3 个字母是用现代的新式字模符号打字机打印的，这些印痕是通过炭膜色带打印的，并且也显示了十分细微的字模缺损。字母"d"的后面有轻微的破损，就像"W"右边的衬线一样，"t"的交叉横线左尾端上有一点缺口。这种自然的细微缺陷即使是用更高级的纤维色带打印，也同样会模糊不清，存在细微的缺损。

第二节 打字机缺陷

偶然情况下，打字机操作过程中出现的其他特征可能对同一认定有所帮助。以下是一些不太常见的缺陷：持续不断的字距和行距间隔的轻微变化；因打印纸张的滑动（slippage）而产生的接续行线（successive line）不平行；某些字母打印后出现的空白跳格现象（skipping）；色带使用不当。这些因素都可能影响了打字机印痕（见图11-8）。字左边的空白留得过多，或者容限停止键（margin stops）的操作不当或运转失灵而导致字符在右边界上叠印（见图11-9）。如果这种不规则的缺损特征在大量的检验样本中反复出现，那么，它肯定就是某台打字机的鉴定特征。

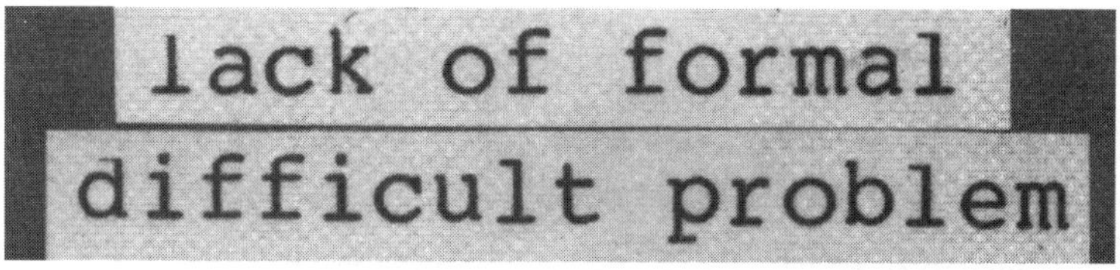

图11-8 打字机色带移动不正常造成"lack"中的字母"l"的顶部打印不出来。

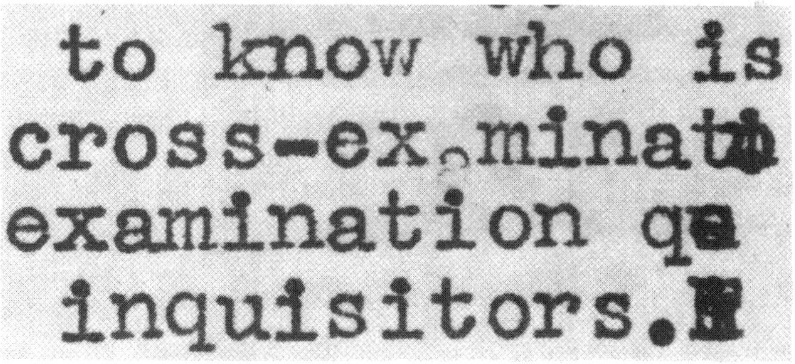

图11-9 在这份样本材料中的最后3行打印文字显出右边缘字母堆积重叠，是横向连界容限定位键功能不良造成的。如果一系列的样本材料上反复出现这种现象，它就有助于鉴定该打字机。

第三节 变异

虽然同一台打字机的打印文字的变化程度比人的手写笔迹的变化程度小得多，但同一字符的反复打印痕迹中并不是一定都能反映同样的缺陷特征。任何打字机产生变异的种类和数量不外乎由以下几种因素决定：打字机的正常工作状态，特别是陈旧打字机的活动部分是否运行自如；破损压纸卷轴粗糙的表面；色带上含的油墨量，击键的方式，也就是说，操作者在使用手动打字机时是用力均匀、速度适中或者是毫无章法；击键的力量大小，以及一些难以预料的变异特点等。①

变异很容易影响定位调节缺陷的产生，但同样也会影响某些铅字符的缺陷（见图11-10）。不规则的打字节奏，特别是使用手动打字机反复打印同一字符时，可能引起同一字母在每次打印时位置的细微变化。然而，更常见的是，当击键过重时，原来"铅字头位置不正"的字母好像打印得很正常。如果压痕通过色带时着墨均匀，则有轻微倾斜和损坏的字模打印出来的字迹也许无明显缺陷，这两种情况中，击键较轻的字母印痕能较清楚地表现出字符固有的缺陷。

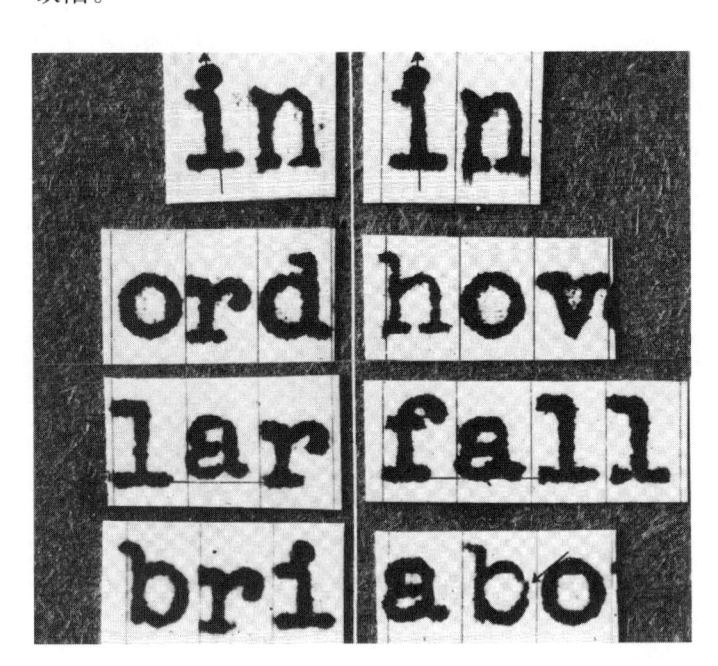

图11-10 图中两栏所示的字母都是用同一打字机打印的文字，有些字母反映了不少变异因素。打印的字母"i"有的歪斜，有的正常；字母"c"有的偏左，有的偏右；字母"a"的位置有的高出基线，有的刚好在基线上；字母"b"有的偏左，有的居中（箭头所示处的该字母墨迹微弱或明显断裂痕迹都是色带缺陷造成的）。

有的打字机，某些字母的连续打印会出现反复无常的变化——这不是由于偶然原因而造成的反常印迹（见图11-11）。因此，变异也许会被视作一种偶然反常压痕现象的解释。但它可能是由色带油墨的变化而形成的，或者，当这种现象重复多次后，就可能在最终的鉴定中起作用。在任何情况下进行的任何鉴定中，都必须考虑这些变异因素。

---

① O. 希尔顿：《论打印文书鉴定中的变异的影响》，《刑法学、犯罪学与警察科学杂志》1959年第50期，第420~425页。

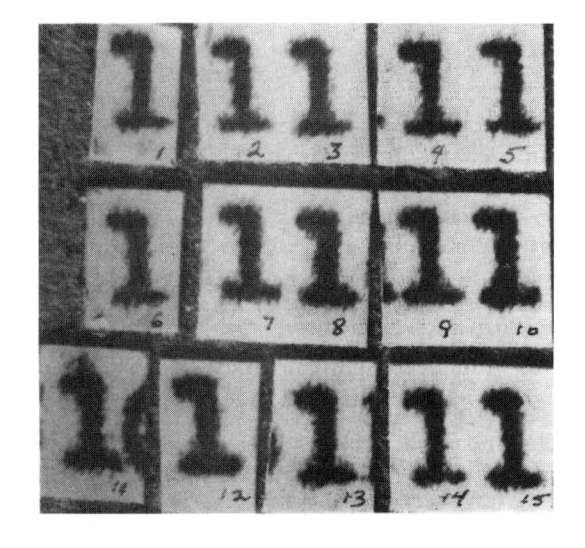

图 11-11 这是在一份遗嘱复印件上出现的字母"1"的变异印痕。底线条左下部在样本 3 和样本 14 中很短，而实际上，样本 7 和样本 9 中底线条左下部又长得多。这种笔画长短的变化有时是该字母连续打印造成的。

第四节　暂时性缺陷

除了这些相对持久的缺陷（permanent defects）外，① 那些诸如铅字面太脏以及色带磨损等暂时性缺陷（transitory defects），在一定条件下也有助于鉴定打印文书。既然铅字面能被污物以各种方式填充，与检材几乎同时完成的文书样本，也可能包括这种有鉴定价值的因素和特征。然而，如果对铅字进行清洗，就会立即破坏这些鉴定特征，并很快开始形成另一种新的字面堵塞或者污垢特征。因此，如果样本和检材是在间隔较长的不同日期制作的，那么，铅字面粘附的油墨污物特征不同，并不影响基于定位调节和铅字缺损特征相同而做出明确的同一鉴定结论。

在鉴定打字机打印的文书过程中，纤维色带可能起着十分重要的作用，但是，其局限性几乎与利用铅字面的污物堵塞特征进行同一认定时完全相同，主要是因为它们都属于暂时性缺陷。然而，它们之间的差异性可能只能说明文书制作的日期不同，而证实某份特殊的文件并不是由特定的打字机打印的，则对比样本和检材之间就必然存在不同类型的永久性缺陷。

---

① 我们所说的某种定位和字符缺陷是鉴定打字机的特征，其真实含义是指这些鉴定性特征都是打字机本身所固有的、稳定的特征。正如人的笔迹特征或者说个性是通过长期的反复练习而形成的。同样道理，打字机的鉴定特征则是获得性的。打字机在长期的使用过程中，它本身固有的缺陷则可能会慢慢地发生细微的变化：在出现新的缺陷的同时，原有的缺陷则可能会更加明显或者显著突出。其结果是在特定的情形下形成了打字机特有的个性特征（事实上，特定的情形可能是一段很长的时间范围：可能是几个星期、几个月甚至几年，这主要取决于操作者使用打字机的状况和环境）。

第五节　鉴定的依据

最后的鉴定意见要根据在已知的样本和检材文件中的打字特征进行综合评断后才能做出。供检验的样本和检材通常必须具备三个基本条件才能确定检材和样本来源于同一打字机：相同的字符规格和类型；① 相同的字模设计图案；字母之间缺陷、校正打印字母及大小写的种类特征相同（见图 11-12）。另外，这些条

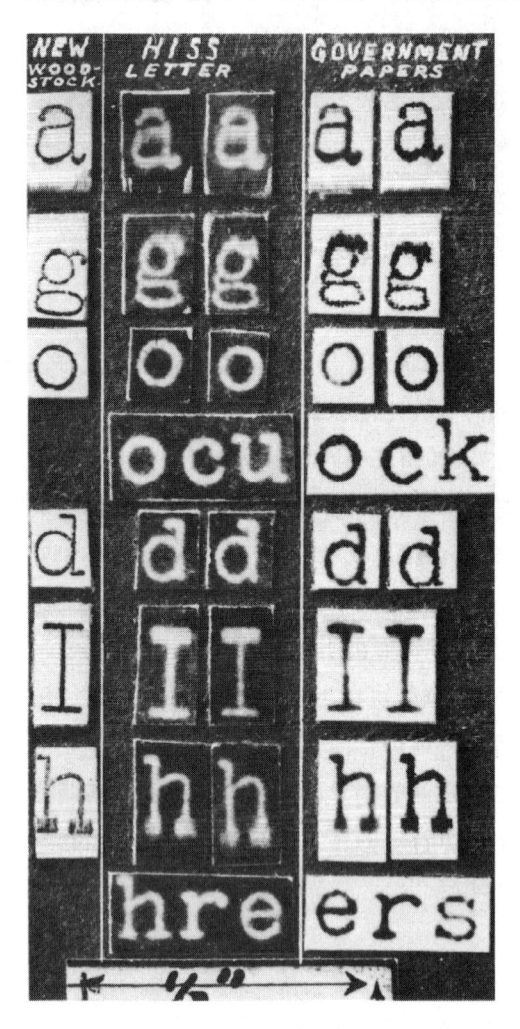

图 11-12　图中间一栏是阿尔杰·赫斯（Alger Hiss）私人所有的伍德斯托克（Woodstock）牌打字机打印的文书，图中右边栏是怀特·钱伯斯（Whitaker Chambers）作证时说他从赫斯那里得到的政府机密文件副本的打印件。最左边的一栏是赫斯使用同一时期生产的相同牌号的新型伍德斯托克牌打字机字模打印的样本。该影印（photostat）检材是赫斯用打字机打印在他专用信封上的，该信是他写给一家保险公司的，信封和信笺上有他的亲笔签名。这起案件是由 20 世纪 80 年代国会成立的一个调查委员会（House Un-American Activities Committee）的侦查员侦破的，并提出鉴定要求。

赫斯的打字机打印文书的特点十分显著和独特，而且伍德斯托克公司近期才开始使用这种特殊的铅字字符。图中所示的特殊缺陷是在 60 多页政府文件中发现的仅有的几个鉴定特征。检材和样本的缺陷特征相同点包括字母底部打印痕迹较重，字母"g"的下面一个圆环圈的右侧弧形笔画变平了（flattening），字母"o"右边打印痕迹较重，字母"c"打印低于基线，字母"d"有两个缺陷：顶部打印太重和下方衬线受损。

---

① 所有的打字机制造厂家都要向用户提供几种型号的铅字字符集。最常见的是十二点活字（pica，即每英寸 10 个字符的间隔）和厄里特字符间距（elite，即每英寸 12 个字符的打字机规定间距），较大和较小型号的字模是每英寸 6~16 个字符间距。

件中的任何一点有偏差（divergence），都表明检材不是在已知的打字机上打印的（见图 11-13）。

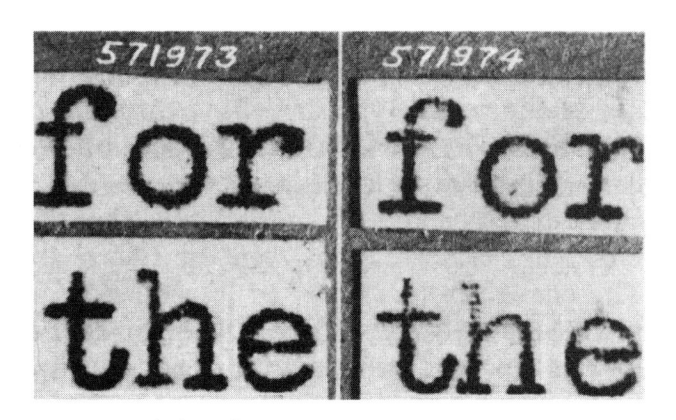

图 11-13 从两台标有产品序列编号（consecutive serial numbers）为 571973 和 571974 的雷明顿（Remington）无声打字机所打印的文字样本中可以看出它们不同的打字特征。571973 号打字机打印的字母"f"右上方印迹太重，而另一台打字机所打印的字母"f"右上方则较轻。还有字母"h""e"的间隔距离，右边的样本看起来比左边的样本宽。这些样本都是在两台打字机使用期还很短的时间内提取的。

第六节 铅字连动杆打字机

前面几段里讲到的所有铅字面的打印缺陷都会在标准铅字连动杆打字机（standard type bar machine）打印的文书中遇到。铅字连动杆打字机代表了制作打印文书的原始方法，这些年来它已得到充分的改进和完善，直到今天，性能优良、打印速度快的电子打字机等现代办公设施普遍运用。如今虽然电子打字机在美国占绝对的支配地位，并且世界上许多公司都在生产电子打字机，但现在办公室里仍然使用手工操作的铅字连动杆打字机，还有电子控制的铅字连动杆打字机。

打字机中发展最早的是手工操作的打字机，它由一系列从打字键到实际的铅字打印杆等机械传动装置组成，铅字打印杆将字符击向色带和打印纸，从而形成打印文件。如在键盘上所标明的那样，现代打印机的每个铅字连动杆上包括两套铅字符（一套大写字母和一套小写字母）以及数字和其他印刷符号。因此，在一根铅字打印杆上的两个符号字母之间存在某种关系，从大写字母到小写字母的选用是由字形转换键（shift key）的移动完成的，字形转换键使携有字符的扇形铲头或字符程序线段（basket or segment）上下移动，或者使滚筒托架（carriage,

打字机或其他打印设备的控制机构，能自动控制走纸、空格、跳格以及弹出打印纸或表格纸等）上下移动，以便字符的上部或下部对准打印位置（type block），打印出铅字连动杆上的字符。

电子打字机的打印原理在很大程度上与手动操作铅字连动杆一样，所不同的是电子打字机的铅字连动杆的驱动，是通过电力驱动滚轴或其他电动机械动力装置驱动的，而不是直接地通过击键或者打字员施加的压力来驱动字符连动杆。电子打字机打印文书可能比手工操作的打字机性能更稳定，除非使用不当。但经验丰富的打字员使用手工操作的打字机打印的文字，可能很难与电子打字机打印的文书相区别。

便携式手提打字机是铅字连动杆打字机的另一种类型。这些打字机的操纵不同于标准的办公室打字机类型，但除了结构紧凑、重量较轻以外，手提式打字机和普通打字机的性能没有什么两样。手工操作型和电子手提式打字机都得到了发展，在许多情况下，特别是对于那些价格低廉的打字机，就不如那些价格昂贵的打字机的构造好，因而也就没有价格高的打字机型号所具备的许多优异的操作机能。因此，手提式打字机的打印文书的特点更不稳定，其变化在很大程度上主要取决于打字机零部件的精密程度和坚实程度以及打字机生产厂家进行技术改进的特征。价格便宜的手提式打字机往往没有能使打印工作保持高质量的许多装置和性能，而且它的结构强度也要比价格昂贵、体积重量都较大的便携式打字机或者办公室用的普通打字机小得多。因此，打印同一字符的定位调节差异也更明显，出现其他缺陷的可能性也更大。

近几年，几家公司已经改进了一种中等的电子打字机，这些结实的打字机并不打算造成手提式的，但设计上要求既能用于办公室，又能用于家庭。打字机的体积为中等，它们的大小和重量介于又大又高级的精装手提式和标准办公室打字机之间。需要再次强调的是，即便它们结构优良，也会比那些高级的性能良好的办公用打字机的磨损要快，尤其是在长期的操作不当、过度使用以后。然而，在许多情况下检验人员将很难区别这种便携式打字机与标准的电动办公型打字机打印的文件。当然，对于铅字连动杆打字机，检验人员有希望发现使用时间不长的打字机具有的轻微的定位调节缺陷和某些其他缺损。

第七节 均匀间距打字机

20 世纪 40 年代和 50 年代初，美国国际商用机器公司（IBM）研制并成功地占领市场的世界上第一台均匀间距打字机（proportional spacing typewriter），这就是众所周知的 Executive 牌（总经理）打字机。这种打字机的显著特征是打字机上的每个字符不再像以前老式的传统打字机那样占有同样的水平空间间隔。取而代之的是用每英寸 32 个或者 36 个字符间距的基本位移制动装置（basic escapement unit）（打字机上托纸架和打印位置之间平行于打印行的一个字符间隔的相对位移）。每个字符占据 2 个、3 个、4 个或者 5 个单位的空间间距，也就是说并不是每个字符都占有同样的空间间距单位。因此，打印的字符集像铅字印刷一样，根据特定字符的大小，确定其所应当占据的空间间距，如字母"i""e""f""j""t"通常情况下都需要占据两个字符空间；而大部分小写字母如"a""o""e""n""h""k"等可能要占据 3 个字符空间；诸如字母"w""m"则需要占据 4 个或者 5 个空间。而且绝大部分大写字母比与它们相对应的小写字母占据的空间间距要大得多，但是，最大的也只能占有 5 个空间单位，最小的至少也占有 2 个空间单位。[1] 这种打字机也是利用铅字连动杆打字机的工作原理完成打印行为。

20 世纪 50 年代期间，美国其他厂家生产了许多种有竞争性的打字机。雷明顿兰德公司（Remington Rand）继 IBM 公司之后，也开始在均匀间距打字机中使用 1/32 和 1/36 字符间距的位移制动装置，安德伍德公司（Under Wood）引进了不同字符间隔空间的打字机，它使用 1/10 英寸基本位移制动装置，并提供了只占 1/2 间距单位的宽字母和 1.5 倍间距单位的宽字符。所有这些打字机都属电子打字机。

不久，意大利奥利维蒂公司（Olivetti）生产了一种手工操作型的均匀间距打字机，它使用的字符设计特征非常独特。但是最近几年，这种品牌的打字机已经被采用标准 1/32 和 1/36 英寸位移制动装置的电子均匀间距打字机所代替。

其他两个欧洲公司，即奥林匹亚（Olympia）和赫尔墨斯（Hermes）打字机公司，最近几年进入了均匀间距打字机生产领域，但后者于 1974 年停产了。当均匀间距打字机非常普遍（特别是美国商业界的行政管理阶层、通信领域以及在某种程度上法律界对这种打字机的频繁运用）的同时，单体打字机的迅速发展和它可以选择多种铅字字符的优点日益显露出来，大有代替均匀间距打字机的趋势，一些铅字连动杆打字机已经被逐步淘汰了。

用均匀间距打字机打印的文书可以鉴定，其他铅字连动杆打字机的某些缺陷在该种打字机的打印文书中也能看到。铅字面使缺陷更加明显，特别是在这一领域占主导地位的 IBM 公司生产的打字机。人们发现打字机经过一段时间的使用之

---

[1] O. 希尔顿：《均匀间距打字机的鉴定问题研究》，《法庭科学杂志》1958 年第 3 期，第 263~287 页。

后，许多铅字面都被损坏了，形成了许多特殊的鉴定特征。许多铅字符是用成型的活字造的，那就是说，字母笔画的某些轮廓线比其他部分宽。这个特点使人难于认出打印压痕不均匀的字母，但必须懂得这些缺陷就像其他连动杆打字机一样，在均匀间距打字机中很普遍。另外，由于字母笔画宽度的变化，必须使用不同于用作标准打字机的铅字符定位调节测试盘（alignment test plate）（见图 11-14）。最实用的改进似乎是与基本位移制动装置相一致的间隔镶嵌线（Lines spaced）。①

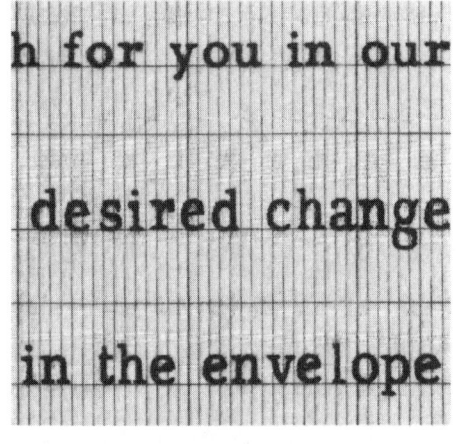

图 11-14 定位调节盘下面的是 IBM 公司生产的现代字模图例。图中字母"i"和"l"各占两个空间单位，而其他字母如"o""r""e"和"s"占三个空间间距单位，占三个间距单位的字母最宽，而有些字母则需要四五个间距单位。

在对均匀间距打字机的打印文书进行同一鉴定过程中遇到的某些限制，与铅字连动杆打字机的检验过程中所遇到的问题完全相同。最后的鉴定结论要依靠铅字设计图案和铅字类型的评断以及在样本和检材中有缺陷和无缺陷的字母和符号的独特特征进行综合评断才能得出（见图 11-15）。

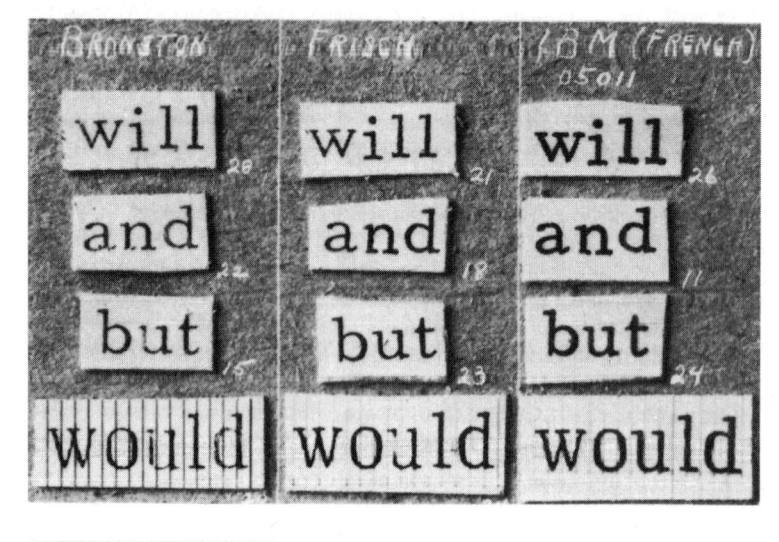

图 11-15 本图取自两个不同的人事档案中的两封信件，据说它们是原告用租来的同一台打字机打印的。字母"i"低于基线；字母"n"的左下角的衬线损坏了；字母"u"位置有点偏左；"w"也是这样，这几点和其他的缺陷证实了两封信是同一台打字机打印的。

---

① 由作者研究发明的检验测试平台已经成为打印文书检验的标准工具，参见 O. 希尔顿著《论均匀间距打字机鉴定的检验测试标准》，载于《刑法学、犯罪学与警察科学杂志》1956 年第 47 期，第 257~259 页。

第八节　单元球体打字机

　　随着1961年IBM公司"Selectric"牌打字机的推出，检验人员又面临一种全新种类的打字机，这就是众所周知的字球式单体打字机（type ball 活字印刷棒）或者称为单元球体打字机（single element typewriter）。直到1974年，Selectric牌还是市场上唯一的单元球体打字机，但自此以后，其他几个公司也开始生产经过改进的该种打字机。与IBM公司共有某些专利权的雷明顿兰德公司，正在生产非常类似于Selectric牌的打字机。1979年，银色和日本精工株式会社（Silver Seiko）公司开始产生银色里德（Silver Reed）SR223C型球体打字机。打字球元件在这三种型号的打字机之间可以互换使用。阿德勒（Adler）、凯旋（Triumph，德国1974年产）和罗依尔（Royal，1975年生产）牌打字机，都是一家美国公司在德国的厂家生产的三种不同品牌的打字机，这三种型号的打字机的核心部件磁芯（cores，一种供存储器使用的磁性材料，其形状通常是环形曲面体）即活字印刷棒可以互换使用，这是第二代字式球单体打字机。1975年瑞典的菲赛特（Facit）也开始生产能够处理多达88个符号的第一代铅字球体打字机。赫耳墨斯（Hermes，瑞典）和奥林匹亚（Olympia，德国）利用各自的打字机设计技术联合生产出铅字球体打字机的第四代改进型，其中关键技术活字印刷棒上的字符球体（spheres）是他们自己设计制造的。奥利维蒂公司（Olivetti，1975）设计制造了一种风格独特的球状单体打字机，活字印刷棒上的字符球体是用他们自己的专利技术设计制造的，与此同时，他们最早生产了手提式单体打字机。1978年这种打字机的生产厂家将专利技术转让给了美国的SCM公司，两家公司以各自注册的商标生产和在市场上销售这种打字机。但是，Olivetti公司生产的便携式打字机的活字印刷棒上的字符球体设计最具有独特风格，打字机使用的铅字球元件不像商用型奥利维蒂牌或任何其他品牌打字机的铅字球体。1978年日本的布拉特兄弟制造公司（Brother）首先研制生产了Select－O－Ritter牌打字机，然后又推出了Correct－O－Ritter牌打字机，这两种打字机的字符球体的排列序列非常特殊，是另一种的字母组合类型。除了标明的外，每种构造的打字机都使用该机专用的字球元件。由于这些字符球体元件的供应商是同一家公司，因此，这几家打字机生产厂家便对几种字符球体元件的设计采取了特殊的防卫措施，以此区别各自这一系列的字球式单体打字机在市场上竞争的繁荣景象，是由著名的 Selectric 牌打字机在世界范围的率先推出和普遍使用所开创的。

这种单元球体打字机产生了一种全新的打印模式和效果，与此同时，也给打字机打印文件的鉴定带来了新的问题。就作为所有字球式单体打字机原型的 Selectric 牌打字机来说，检验员不再对特定的打字机进行鉴定，而是对可疑打字机的打印元件进行检验鉴定。② 所有的活字印刷棒在同一厂家生产的各种品牌的打字机之间可以互换使用，也就是说几种不同的铅字球体，包括那些不同的铅字设计可以用于特定的打印元件，或者这些铅字球体中任何一个都可以在几种打字机上使用。对打字机的同一鉴定问题，既取决于所使用的特定字符球，也取决于操作打字机的特定打印元件的功能，因此，这两种打字元件的配套组合及其变化又会产生新的鉴定问题。

为此，目前打印文书鉴定的第一步工作就是，确定检材是单元球体打字机打印的或是其他种类的打字机打印的。③ 绝大部分球体打印机都有与铅字连动杆打字机不同的特殊铅字设计，最常见的 IBM 公司的 Selectric 牌（即字球式电动打字机，也是商标名称——译者注）十二点活铅字与众不同。其他公司使用与任何铅字连动杆打字机都有区别的铅字符设计图案。正常情况下，铅字球体元件并不会使纸凹凸不平，就像铅字连动杆或铅字打字机元件一样，有些铅字球体打字机打印的文书中有像头发一样微弱纤细的制动器拖动线，这有助于铅字球体打字机区别于其他打字机（见图 11–16）。很可能最通常的观点认为，铅字球体打字机打出的文书，其字符及痕迹能够达到均匀一致的效果，事实上，只有电子打字机才能打印出这种整齐均匀的文书。

为了更好地理解单体打字机元件的鉴定，最好首先了解一下该种打字机是怎样工作的。铅字球体表面被分成两个半球，一边是所有的小写字母、数字和当没

---

① IBM 公司在美国本土和欧洲的厂家生产的打字机，其活字印刷棒即磁芯是自己的专利技术。但是这家公司的两个生产厂家生产的同样的字符设计也略有差异，具有各自独有的特征。瑞士的 Characters S. A. 公司是另一家字符磁芯的主要生产厂家，它向所有的打字机制造公司提供除 Olivetti 公司自己设计生产的活字印刷棒产品。由于 Characters S. A. 公司向不同的厂家提供产品，因此 Characters S. A. 公司根据不同厂家的需求设计出不同特征的字符磁芯球体，这些元件不能互相替换使用。

② O. 希尔顿：《IBM 电动打字机打印文件的鉴定问题研究》，《法庭科学杂志》1962 年第 7 期，第 286~302 页。

③ O. 希尔顿：《电动打字机打印文件鉴定的几个实用建议》，《警察科学与行政管理》1975 年第 3 期，第 59~65 页；该文中作者几幅照片说明如何对球体式单体打字机的打印作品进行鉴定，这些论述成为鉴定此类问题的指南（第 249~250 页）。

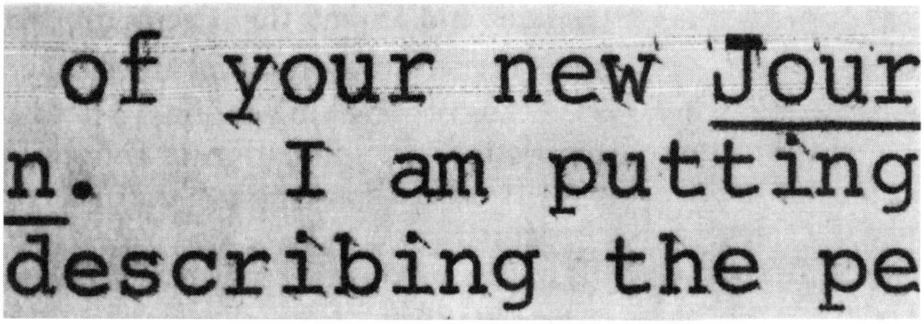
of your new Jour
n. I am putting
describing the pe

图 11－16　图中若干个字母笔画中出现的轻微的、倾斜的、像头发丝般细微的划痕，是球体打字机打印文书的标志。如果文件中出现这种痕迹，显然可以断定该文书是用单元球体打字机制作的。

有按下字型变换键时打印的其他印刷符号，要打印大写字母和键盘上的其他字母，就要按动字型变换键，转动元件180°使铅字的另一半球面向纸面击下，字型变换键的运行完全是打字装置的一种功能。

IBM公司的Selectric牌打字机上，打印元件的铅字每个半球有4排水平的字母和符号以及11列纵行：Remington、Silver Reed和Alter－Royal牌打字机也采用同样的排列规则。在打印任何字母以前，将要打印的字符球体定位于顶端一排、中间列的字符中心，即对准打印位置的中心。在IBM公司生产的Selectric、Remington和Silver Reed牌打字机上的字母“Z”占据着这个静止的位置。打印一个特殊的字母需要3次快速移动，首先球体必须转动，纵轴字母才能被置于打印位置的中心；球体必须翻转运动，横轴字母才能被置于打印位置的中心，上面两次运动的结合才能把特殊字母移到打印位置，然后第三次运动引起球体向前移从而撞压色带在纸上打出字形。打印完成以后，字符球体立刻回到它静止的位置，整个工作流程在几分之一秒内就完成了。

准确的字母调节定位并非铅字杆转动（rotation，在打印过程中，图形字符代号相对页面坐标的旋转运动）和翻转运动（tilt）的简单结果，而是由打字机槽口（notches）中心的两个定位器装置（detents，打印子系统中特定间隔上的一条细沟，用它可以准确地确定送纸器、修整部件、引导部件或纸宽杆的位置）或刃形支承（knife－edges）决定的。它们是打字机本身固有的进行翻转或基线定位调准的功能元件，它们安装在打字机的转动或左－右调节定位器的准线周围。有些打字机（不包括Selectric牌）虽然改进了最终完成旋转和翻转运动元件工作的方法，但最后的打印结果仍然包括类似的协调运动。因此，打字机球形字符的定位调节方法有两种：一种方式基本上依靠打字机本身，另一种方式既依靠打字机

240　　　　既然每个字母基准线的定位调节都是依靠同样的定位器槽口装置的运动来完成，这就意味着在同一排的 22 个字符相对于其他字符的基线定位来说，具有特殊的基线定位特征。同样的道理，在任何一个纵轴上的 4 个字母的旋转方向和方式，都是由打字元件上同样的定位器槽口装置控制的，并且这 4 个字母具有相同的左 - 右定位基准线。因为我们发现，在字球式单体打字机元件上，若干特定字母与基准线的定位调节缺陷有直接的互动关系（direct correlation）；而对铅字连动杆打字机来说，只有特定打印区域的两个字符（通常是大写和小写字母）与基准线的定位缺陷有直接的关系。对于单元打字机来说，由于两个不同字母的定位器旋转选择行为是在不同的字符槽口中完成的，因此，在大、小写字母中就不会出现基线调节缺陷（见图 11 - 17）。然而，在所有情况下，测量到的基线定位

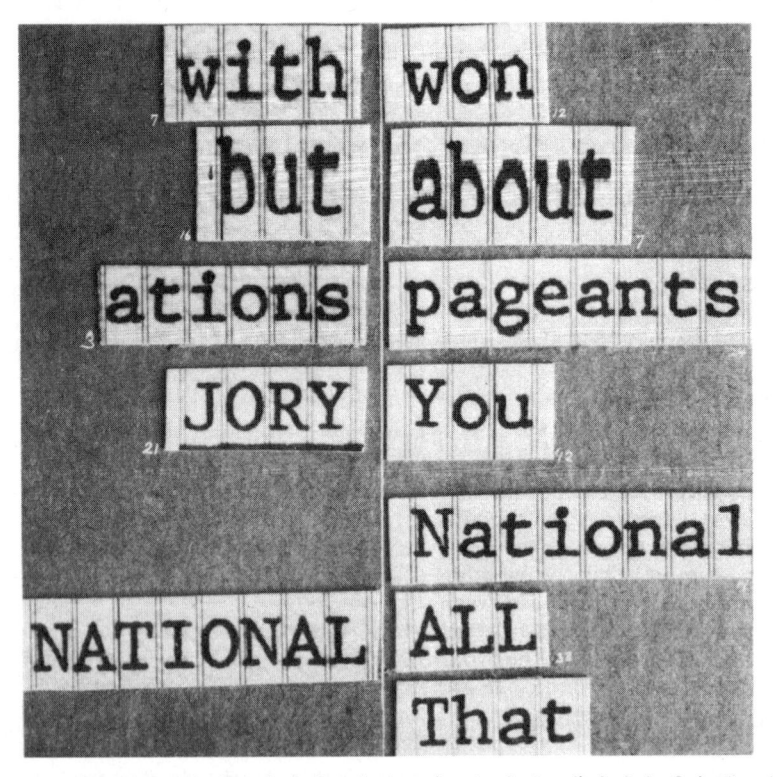

图 11 - 17　本图是两份打印文书的对比检验照片，经过同一鉴定它们是由同一种 Selectric 牌打字机打印的。这种打字机上出现的准线调节缺陷虽然特征很微弱，但是只要有这种缺陷特征重复出现，就可以做出同一鉴定的结论。从图中可以看到，第一行字母中的"w"位置有点偏左，第二个字母中的"b"也有点偏左。这种单体 Selectric 牌打字机出现的独特定位缺陷是由同样的机械原因造成的。其他缺陷还有像字母"i"位置有点偏右，字母"s""T"有点偏左。

误差只有细小的前移增量（increments），如果与早期的铅字连动杆打字机上的这类特征相比，几乎可以认为这种缺陷是不存在的。对单体打字机来说，这种微小的定位缺陷则当然被看作明显的同一认定特征。

在鉴定过程中偶尔也会碰到打字元件缺陷引起的鉴定问题，它们与在单元球体打字机上发现的机械缺陷相似，其中最常见的问题是这些打字机元件的相容部件的间距（consistent unit spacing，输入与输出为同种变量的相容的字符间距）与十二点活字制移位（pica escapement，打字机上托纸架和打印位置之间平行于打印行的一个字符间隔的相对位移）相比较而言，每英寸少于或者多于 10 个字符，其结果就是在一页文书中所有的左边的字母与处于中间或者右边的字母相比，其页边间距的定位调节都不相同（见图 11-18）。只有在极其特殊的情况下，由于打字机左侧页边定位键失灵（left-hand margin malfunctions）才会产生不规则的空白（见图 11-19），更换打字机的元件并不会改变这些缺陷。

图 11-18　上面的单词"and"的左边空白较大，下面的"and"则右边的空白较大。定位格线（alignment grid）的不一致表明这台打字机的字符间距比标准值要小。这种机械缺陷具有重要意义，是进行同一鉴定的重要特征。

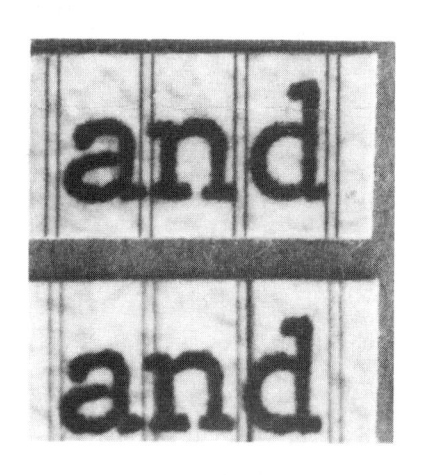

字面缺陷很少见，而且出现这种缺陷极其偶然，其原因是生产过程中的微小误差致使打字元件受损坏，也没有及时发现字模表面的瑕疵，[①] 或者是安装字符的过程中被撞伤而形成的。这些缺陷如果被及时发现还能够改正或完善，而一旦将有缺陷的字符安装到打字机上以后，则发现的可能性就非常小。对于 Selectric 牌打字机和所有其他通用的铅字元件打字机来说尤其如此，这些打字机的电镀金属字符元件（plated elements）是由远离字符区域的定位键槽口的旋

[①] A. G. 莱斯利（Leslie）:《单体打字机及其打印元件的鉴定：第一部分，打印元件的鉴定》,《加拿大法庭科学杂志》1977 年第 10 期，第 87~101 页。

可疑文书的科学检验

图 11-19 图中所示是在 Selectric 牌打字机上打印的几份文件中出现的偶然性的左边页定位缺陷。这种缺陷有助于做出同一鉴定结论，另一些鉴定特征如图 11-18 所示。

转翻动行为所直接控制定位的。在 Selectric 牌打字机的发展过程中，IBM 公司发现非电镀的塑料字符球元件的损耗速度比他们想象得更快。因此，IBM 公司改进了他们的塑料字模球生产工序以便延长字符元件的使用寿命。他们和其他厂家生产的打字机都受售后服务合同（service contracts）的制约，修复或者更换损坏的字符球元件，这样，服务代理商一旦发现有缺陷或者破损的字符球元件，便立即予以更换或者淘汰。莱斯利（Leslie）的研究报告极具典型意义，报告指出他们在 Olivetti Lexikon 90C 型（商用型）打字机上发现的字模球轮廓破损，是有缺陷或者破损的定位键（defective detent）在相邻字符空间（adjacent letters）内的机械运动造成的。① 而且，Olivetti 牌、SCM 牌和 Brother 牌打字机不使用非电镀的塑料字模球，因为人们发现该种塑料打字机字模球元件在使用过程中比其他类型的字模球面的损耗速度更快，但到 1980 年为止，文检人员还没有发现此种情况的报道。

对其他单体打字机来说，虽然各种型号和品牌的打字机的字母和符号在打字元件上的位置各不相同，但同样的因素还是起作用的（见表 11-1）。因此，某些

---

① 莱斯利：《单体打字机及打字机的鉴定：第一部分打印元件》（第 97~99 页），详细地论述并用大量的图片展示了在 Olivetti Lexikon 90C 型打字机上的字模球缺陷及其特征。

表 11 – 1　字母和符号在字符球体上的排列顺序及特征

图中所示是在字模球体上从中心向左右两侧排列的字母顺序及其位置。在每一组图中，从中心位置向左排列数字的旋转值表明，要打印特定纵行上的特定字符时，字模球体向右旋转所需要的空间间距。所有的打字机元件在打印完毕某一个字符以后的静止位置，都会回挡到上一排的中心部位。

5 4 3 2 1 0 1 2 3 4 5 9 0 6 5 2 z 4 8 7 3 1 b h k e n t l c d u x w s i ' . ½ o a r v m - y q p = j / , ; f g	1. IBM、Remington、Silver Reed 牌打字机的旋转值（Rotation）
5 4 3 2 1 0 1 2 3 4 5 t f d z q y ' p o i j g r e w a b ½ ; l k u v c x s 2 h = . , m n 6 5 4 3 1 7 / - 0 9 8	2. Adler 和 Royal 牌打字机的旋转值
6 5 4 3 2 1 1 2 3 4 5 6 ½ ' n v u t r e 3 2 1 ; = th k h l d s x 4 , 9] ¶ w b o i c m f . 5 0 y - z j g p 8 7 6 a / q	3. Facit 牌打字机的旋转值
6 5 4 3 2 1 1 2 3 4 5 6 z f g u n e t l v / ½ y w p d r s i q j ; ' = k b c h o a . m x 0 3 ¶ 2 4 , 5 6 7 8 ± - 9 1	4. Hermes 和 Olympia 牌打字机的旋转值

5 4 3 2 1 0 1 2 3 4 5 / 9 0 ; 8 2 3 4 7 5 6 ½ k o = u a s d b c t ' m l . n 1 w e h r v - i , p j q z x y f g	5. Brother 牌 Correct－o－Riter 型和 Select－o－Riter 型打字机的旋转值
4 3 2 1 0 1 2 3 4 3 k c a o i z / l = 9 h r e t m f 4 8 0 v 1 n s u 5 ' , ; . b x d 2 w 7 j p q g - 6 y ½	6. Olivetti 牌和 SCM 牌便携式打字机的旋转值（注意观察这种打字机上数字 5 的斜移位置）

当按下打字机上的换挡键（shift key）时，上述所有的字符球体都旋转 180°。大写字母与那些作为小写字母打印的数字和其他字母，在字模球体上的位置与大写字母所处的位置相对应。

Olivetti Lexikon 90C 型（商用型）打字机，是一种独具特色的打字机，它与字球式打字机截然不同。这种打字机的打印元件是以 90°的旋转轴线中心进行安装的，与其他打字机的字符安装旋转轴线完全不同。当打字机的旋转轴线以 6 个等级的步进制（six steps，计算机例行程序内的一次操作）进行左右旋转时，就能够获得相等的斜功能（tilt function），而旋转运动是由 8 个打印元件完成的。而且，在两个字模半球上的大写和小写字母的位置也各不相同。因此，两者的表现如下图所示：

小写字母	大写字母	
3 2 1 1 2 3	3 2 1 1 2 3	
¨ z 2 y k 4	! [_ Z H ⅞	
′ f 1 x b 9	" V J U R &	
' r 3 m ½	: T L C B K	
- e i j d g	, A C S E Q	字母倾斜角度
, o t a p 0	. P I O M X	
. n c u h 6	/ ? Y ç N $	
; s v w q 8	+ * (# D @	
/] = 5 z è	^ F) ¢ W ¼	

打字机上字母与符号间的相互关系因打字元件球体表面上的字母排列顺序的不同而不同。例如，像 Facit 球体打字机一样，有些打字机的纵排字母较多（columns letters），而有些打字机如 Olivetti 牌和 SEM 牌便携式手提打字机字符元件横排（rows letters）字母比 Selectric 牌打字机元件上的字母多。

Olivetti 牌办公室式打字机的机械排列和打字元件，不同于与它竞争的其他打字机。然而，它们的工作原理是相同的，即字母的选择依靠搓合（twist）和旋转运动来完成。相对于其他种类的打字机来说，这种打字机字符的球座旋转轴线是以垂直角度安装的，因此，字模球的旋转运动是左右转动而不是像其他打字机一样的上下转动。当打字杆是上下而不是左右转动时，旋转轴完成了字母的选择过程。正因为字母的左右位置的正确调准或基线的调准是由几个而不是单个字母的同样的机械装置控制的，所以，在鉴定问题中，还要考虑到字母组之间的相互关系。因而，对于所有的单体打字机来说，在确定同一鉴定规则的过程中，还必须考虑到若干字母缺陷之间的相互关系。

第九节　均匀间距单体打字机

1972 年，IBM 公司研发生产了磁卡指令打字机（mag card executive typewriter），这种打字机作为磁卡码字词处理技术[①]（mag card word processing units）系统中的一部分投放市场，是围绕单体打字机概念发展起来的最早的均匀间距打字机（proportional spacing single element machines）。这种打字机的输入/输出部件可以作为文字处理系统的一部分，用作储存卡（memory cards）或其他可能使用的贮存系统，或者作为独立的打字机。

Olivetti 公司继 IBM 公司和 Xerox 公司（将在后面部分加以论述）之后推出了自己的新产品——单体均匀间距打字机，它的基础部件设计遵循并继承了 Olivetti 牌标准办公室式单体打字机的显著特征，该种打字机的旋转轴和搓合轴是不同于其他球体打字机的上下垂直转动方式。打字元件的配置（configuration）不同于所有其他单体打字机，字符集是典型的 Olivetti 牌设计图案。

这些打字机的鉴定问题，可以遵循与标准单体打字机同样的鉴定原则和模

---

① 磁卡码字词处理技术（mag card word processing units），指计算机、系统或处理机提供的功能：①有效的文本输入技术（人工键入或机器读入）；②文本和控制字符串的串行处理；③为商务交往提供最终格式的文本表示（打印或显示）。——译者注

式。然而，对于均匀间距打字机来说，字母的间距和符号的变化产生的打印效果可以与传统的精美印刷文书媲美。IBM 型打字机的字母间隔建立在一系列的间隔单位上——基本的位移单位（escapement）是每英寸 72 个字符，狭窄的字母占 4 个间距单位；大多数字母和符号占 6 个字符单位；有些大写和小写字母需要 7 个字符单位；大多数大写字母占 8 个字符单位；M 和 W 各自的大写和小写需要 9 个单位。像其他字球式单体打字机一样，这种打字机的字母在字球（两半）上的位置仍然呈纵行和横行排列。因此，这种打字机的鉴定问题，体现了球体打字机和早期的均匀间距打字机的共同特点。

第十节 电子打字机

246 　　电子打字机（electronic typewriter）标志着最先进的打字机设计技术，这类打字机是作为各种高速文字处理系统发展起来的。早在 1974 年，Xerox 公司研制生产出了使用一个由电子控制的轮形打字机（type wheel typewriter）或打印机的文字处理器（word processor）。打印轮（或者字符轮，type wheel）的概念是由 Diablo 公司研究制定的，该公司现在已成为 Xerox 公司的全资子公司。1978 年 QYX 公司根据轮盘打字机原理，又研究发明了电子存储式打字机装置———一种单体打字机，几乎与标准电子打字机一样灵巧而结实，并且由于它有功能复杂的电子元件，还具有进行文本编辑的功能（text - editing functions）。[①] 当将打印材料输入该种打字机的贮存元件以后，该种打字机能打印出它的复制品，而且当取消输入贮存器的命令以后，还可以当作打字机使用。作为电传打字输入输出设备的同一台打字机，可以自动地直接通过存储器进行最后的文档编辑并打印材料，也可以直接将材料贮存起来。贮存器可以是磁带（magnetic tapes）、磁盘或者软盘（disks）、固体芯片（solid state chips）等各种形式。Olivetti 牌电子打字机虽然不能制作原始的打印文书，但是像其他众多的文字处理器一样，当打字机工作

---

① 1978 年中期，IBM 公司和 QYX 公司开始研制和生产电子打字机，尽管有关电子打字机的特征在正文中已经做了详细的论述，但是，与其他打字机和文字处理器相比，这种精巧的台式电子打字机的记忆存储特征与文字处理元件相似。到 1980 年中期为止，（笔者所能够接触到的）已经研究和观察了 4 种型号的电子打字机。Willoughby Ann Webster：《选择文本编辑设备时应当注意的事项》，《美国律师协会杂志》1981 年 2 月第 67 期，第 45～49 页。在这篇文章中作者研究了最近研制的最新的电子存储记忆打字机：Adler - Royal；A. B. Dick；Olypia；Savin。笔者对这四种新的电子打字机没有做过研究。

时，即在进行打印、编辑和最后通过一个独立的打印轮输出设备进行存储或打印的时候，可以利用电视荧光屏显示正在处理的文字。

在 QYX 公司推出其打字机的前几个月，IBM 公司利用字球式单体打字机的原理，制造出另一种电子打字机。它与 Selectric 牌打字机相比有实质性的改进，所使用的字球增加了字符的数量而且具有与 Selectric 牌打字机不同的字符排列特征（character arrangements）（见表 11－2）。Royal 公司也生产了一种字球式单体电子打字机，这两种打字机都能打印原始（硬纸）拷贝（打印文书），又能避开贮存系统而直接作为打字机使用。

表 11－2　IBM 电子打字机的字符元件示意图

6 5 4 3 2 1 1 2 3 4 5 6　　Rotation	
z ² 7 5 2 0 6 4 8 9 3 /	字母或符号在打印字模上的位置。
; ' i s t e c b k u § =	注意：铅字球面的位置与 Selectric 牌打字机的字模的差别（见表 11－1）
v m w d o r n a x h ½ ±	
- 1 . j q p y f l g] ,	
Z ³ & % @) ¢ $ * (# ?	
: " I S T E C B K U ¶ +	
V M W D O R N A X H ¼ °	旋转值
_ ! . J Q P Y F L G ['	

在电子打字机中，靠机械装置进行传动的功能很少。对于各种型号和品牌的电子打字机来说，它们的打字轮盘或打字球体都是能相互交换使用的，制造厂商们为用户提供大量的不同规格的字符集，这些字符既可以是每英寸 10 个或 12 个空间间距，也可以是均匀间距的字符集。绝大多数制造商在设计他们的产品时，都考虑到可以互相使用的 3 种不同类型的打字机印轮和字符球。当给打字机安装上某种类型的字符球时，或操作人员手工设置打印模式时，字符的步进间距（spacing）就会自动地进行调节。

这种型号的打字机甚至不同于最先进的电子打字机，因为在这种打字机里，在打字键和打印符号字母之间没有任何机械性联动装置，它的功能是由电脑控制完成的，当自动进行打字时，轮盘打字机比球体打字机要快得多，在字母处理系统中，它们构成了文字处理系统元件的极重要部分。

整个电子打字机在字距、字母选择、基线调准、行距和色带的进退等方面都是由基本电子元件进行控制的，也就是说，由打字机本身来控制的。它们通过微处理器（microprocessors）给予指令，然后由螺线管（solenoids）和高级电子启动器（motors）执行打字活动。对于轮形打字机来说，实际的打针行为是在铅字面被正确地定位以后，通过滑阀撞针（plunger）击打铅字面的背面，使字符撞击色带在打印纸上形成铅字压痕。打字印轮是打印元素的一部分，它最容易形成独自的特征或者缺陷，这些个体特征和缺陷对文检员来说是鉴定最重要的线索。铅字面可能会磨损变形，打字印轮的条幅可能会弯曲，因而容易形成基线调准倾斜或打印缺陷。由于每个轮幅（spoke）内部都包含一个字母或一个符号，因此，在特定轮幅上的字母和符号的缺陷与其他字母和符号之间的缺陷没有任何关系。制造打字机的工程师们知道电子打字机的这些工作原理，他们认为这种打字机产生缺陷的机会是很少的。然而，打字缺陷仍不时以某种形式出现。不过，由于这些打字机都有售后服务合同的保证，电子系统的任何机械故障都能被及时发现，大多数缺陷都能迅速地通过通知服务部门得到及时的更换或者矫正，因此，这些缺陷很可能是非常短暂的鉴别特征。在写作本书的时候，由于文检人员使用该种电子打字机的经验非常有限，尤其是那些即将被广泛使用的电脑打字机，因此，对这类电脑打字机的所有的鉴定因素都还没有充分而足够的认识。然而，正像球体打字机一样，电子打字机的机械容错度（tolerances）非常小，文检人员需要建立一套比早期的打字机特别是铅字连动杆打字机鉴定更为精确和科学的方法。

第十一节　同一认定问题

由于打字机广泛地应用于办公室或家庭，所以，各种各样的文书基本上是用打字机打印的。它们中的任何一种文书在正常状态下都可能受到怀疑。与每一种文件如遗嘱、协定、契据（deeds）、商业和私人信件、账单或声明书（statements）等有关的文书以及如图 11-20、图 11-21 所示的文件，都经常被怀疑。

在鉴定中最常见的问题是可疑文书是否用某一特定的打字机打印。通过发现充分而适当的样本，此类问题往往能迎刃而解。一般而言，获取单体打字机打印

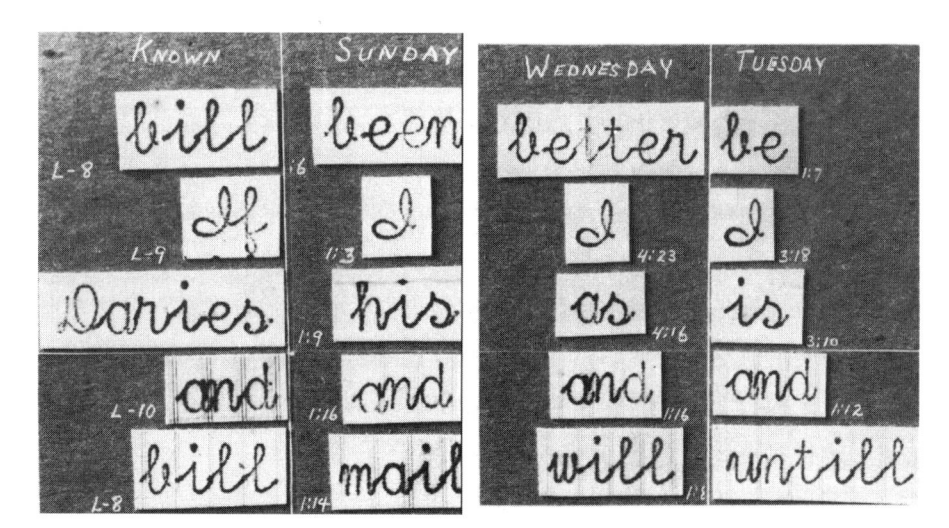

图 11-20　根据手写字体铅字的打字机进行同一鉴定，查明三封能证明有罪（incriminating）的信件与诉讼当事人一方有关。该打字机的字模设计使每一个字体都相连，只有"bi"没有相连，字母"i"左下部压痕比较重，字母"S"的最后一笔收尾处，有一个细微的断口。还有其他的缺陷，比如字母"n"打印偏左。

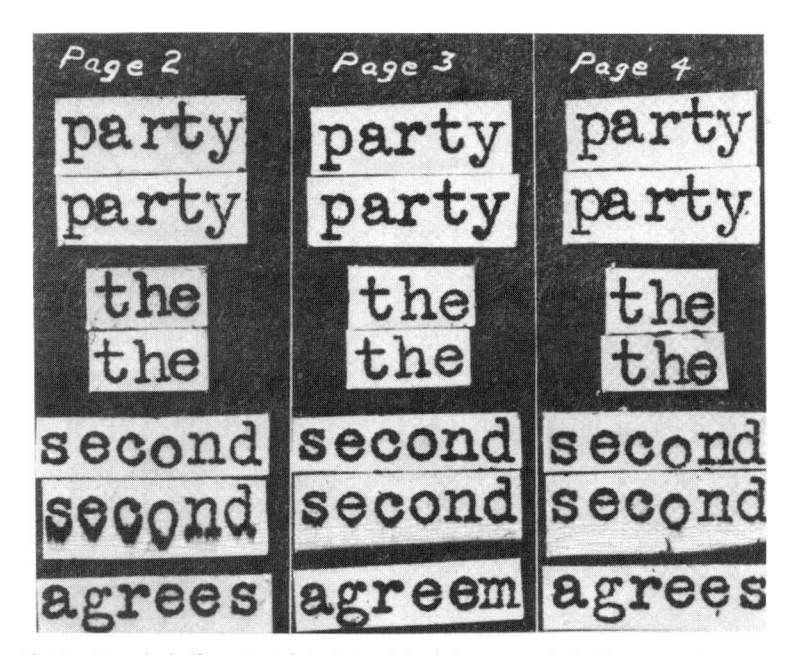

图 11-21　打印第三页（中间栏）的打字机不同于打印第二页和第四页的打字机（左、右栏）。第三页文书上的字母"par"和"the"之间的字母间隔与第二页和第四页文书上出现的"o"的间距不同，此外字母"o"的基线定位调节上也有明显的差异。

出来的文书样本的需求量比球体打字机打印出的已知样本材料要广泛得多。这些文书样本不仅能够确定和表明用不同的打字机打印同一份文书上的某一页或几页,而且,如果有必要的话,两种打字机的字模都能进行鉴定。曾经有过这样一个案例,某份文件中有几个单词是用第二台铅字连动杆打字机添加的,在这种情况下,要证明这种添加现象就要比鉴定第二台铅字连动杆打字机容易得多,除非这种插入添加内容的打字机具有很独特的个体特征,否则,仅凭打印出的两三个字母则很难对所使用的打字机做出同一认定,特别是在鉴定单体打字机打印的文书时更是如此。然而,在所有这些鉴定问题中,发现并确定所使用的某台特定的打字机和获得符合检验鉴定要求的样本,要比做出最终同一鉴定结论困难得多。

第十二节　对打字人的同一认定

进行打字机的同一认定通常还不能满足侦查活动的要求,因此,还要提出进一步的侦查要求,即谁操作该台打字机,或者文书是谁打印的?因为现代打字机都要求采用标准的打字方法操作,以及尽管不同打字员的打字技术各不相同,但许多现代打字机都有打印统一格式和均匀一致的文件的趋势,所以对打字员的鉴别很困难。鉴别打字员所依据的大量的个体特征由于打字机的不断使用而消失,这样,单体打字机、电子打字机和所有现代的办公室型打字机,尽管在不同的打字员操作打字机时打字技术各不相同,但他们所打印出来的文书都趋于一致,每个打字员的打字技术和打印特征,可通过手工操作打字机打印的文书表现出来,但还是应当具体案件具体分析。一般情况下,打字时的环境条件(如打字员的技术水平、打字机型号和类型、纸张种类等)对打字员的鉴定都很重要。有时,在可疑文书中出现的大量独特的个人习惯特征可能有助于对打字员进行鉴别。但是,如果打印文书中反映出打字员这种独特的打字习惯特征的话,在调查中的可疑文书也常常只能发现少量的个体特征。

打字员的训练情况和他的操作方式,与对他所打印的文书进行鉴定的可能性之间有着非常重要的联系。一般而言,自学打字、"按一下打一个字"(hunt - and - peck),或者两个手指头操作的打字员在他们所打印的文书中都有独特的打字特征。而与此同时,那些熟练现代触压式打字机操作技术的打字员,他们打印的文书中就很少有个人习惯打字特征,即使有也不明显。然而,对一大批曾经受过良好训练的打字员使用同样打字方法打印的大量文书的研究结果表明，在打印文书中仍能发现某些个体习惯特征。显而易见，随着这些个体习惯特征在数量上的增多和打印文书中呈现更独特的个体特性，对打字员进行同一认定的可能性就更大。

鉴别打字员的有关因素，也是随着每个人打字习惯的不同而有差别。有的根据个人的操作动作偏好，有的根据他反复出现同样的打印错误。最有价值的鉴定特征是不当使用换挡键而造成的基线调节不规则和特殊字母组合的重叠或部分重叠，这些缺陷也是铅字连动杆打字机（尤其是手工操作型铅字连动杆打字机）常见的鉴定因素，还有常见单词中出现的习惯性字母位序交换（interchange letters）或位置互换（transpose letters）的可能性。这些大量的个体打字习惯特征，只有在缺乏技术训练的打字员打印的文书中才会出现，但这些特点并不是每个打字员都有的，除非他们使用的是手工操作型铅字连动杆打字机。受过良好训练、技术熟练的打字员一般很少犯这类错误，与一般观点相反，即使是在手工操作的打字机打印的文书中，接触打字键的方式和节奏的变化在打出的文书里也表现得并不明显，但在单体打字机的打印文书中则可能不完全是这样，很少发现有固定的一成不变的模式。然而，对所有的打字员来说，考虑到他们在打印材料的布局排列、标点符号的运用、拼写方法、用大写字母开头的方式、可替换符号的选择、连字符号连接方式（hyphenation，在排版与字词处理技术领域中，当一个字在现在的一行中无法排进时将该字分为两部分的操作。在字词处理系统中设计有各种处理连字符的方法，其中的一种需要使用一种例外字典）、措辞或者术语（phraseology）表达方式、改正的方式、速记签名特征（stenographic signatures）、打印文字的重叠等习惯特征都可能表现出打字员的个体特征。

在样本文书材料中要有许多能够用于同一认定的细节特征才能够做出鉴定结论，同时，由于打字员们在打印纸上对文件内容进行布局的方法，都受过非常标准化的训练，绝大多数的打字员都有相同的习惯特征。许多习惯特征受他人模仿或故意伪装的影响，而且，那些在操作过程中出现的错误并不是在每次打字中都会出现的。因此，如果要确定每种错误和出现频率的话，获取样本材料的范围就必须非常广泛。这些事实都说明，对打字员的鉴定必须基于获取大量的样本材料和检材文书，在这些材料中，打字员的个人独特习惯反复地、充分地体现出规律性的特征，才能保证鉴定结论的正确。可以保守地这样说，如果潜在的嫌疑人的数量实际上非常众多，而且疑问不能得到澄清，打字员的技术一般或技术高超亦无法确定（在现代的社会中能够打字的人所占的百分比相当大），如果这时做出鉴定结论，就要收集许多个嫌疑打字人的样本文书，认定打字员的同一，一般而言只能得出保留性的意见或结论。

根据侦查时所发现的其他事实，当已知的打字嫌疑人范围比较小时，辨别出打字员和他所打印的文书任务就比较简单，并且在一般情况下，鉴定结论是令人满意的。在这种情况下，不管习惯特征的种类和普遍性如何，在完全排除其他人的嫌疑之后，只要在可疑文书和嫌疑人打印的文书中发现了这些特征，就可以将嫌疑集中到这个特定的人，并对他提出指控。于是，嫌疑打字员中的某一人由于他所特有的那些与其他嫌疑人相区别的习惯特征而被鉴别出来，因此，打字条件和环境状况改变了进行鉴定的基本可能性因素和要求。

第十三节 打字机色带的鉴定

在检验打印文书的过程中，有时候还可能对打印可疑文书的嫌疑打字机进行检验。如果打字机使用的是一次性的碳膜色带（许多现代的打字机目前都是使用这样的一次性的碳膜色带纸），这种色带纸就成为用来确定该打字机最近打印的文书的一种手段。

碳膜色带（carbon ribbons）是由在聚乙烯基膜（polyethylene）上涂抹的一层碳-蜡覆盖物质组成的。打字键敲击在色带纸上，使铅字面通过色带纸时碳蜡涂抹在打字纸上留下该铅字的清晰轮廓，由于该种色带纸只能在打字机上使用一次，因此，凡是打印过的铅字都能在色带纸上留下清晰的字迹。给打印过的色带纸加入适当的色带油墨，再次打印别的文书时就不会出现字母重叠的现象。色带纸上的内容可以在透光条件下或者在白色背景的衬底上观察到（见图11-22）。

打字机上的新色带如果是从正面装入打字机的，那么，色带上的铅字迹就比较容易辨认，字母间隔必须由读者来辨别和区分，但是其他单词只能按正常速度阅读出来，在文书中所有的标点符号都会出现。然而，有些打字机的色带是从左面装入打字机的，所以，所有的字母都是反向排列的，这样要辨认出色带上的打印字母就非常困难。不管怎样，在这两种情况下都可把打字色带上的内容和打印的文书拿来进行比对检验，以确定该文书是否在这部打字机上打印的。

在做这些检验时，如果在打印的文书上有印刷上的排版错误（typographical errors），即使该错误已被修正（见图11-23）也要获取并发现附加证据才行。如果曾经修改过，那么，在色带上就会既出现原有的印刷错误，又出现修改后

第十一章　打印文书的鉴定

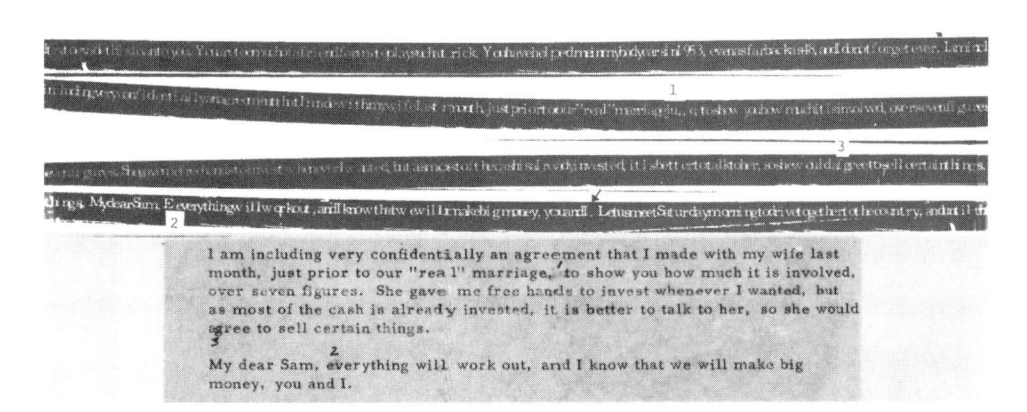

I am including very confidentially an agreement that I made with my wife last month, just prior to our "real" marriage, to show you how much it is involved, over seven figures. She gave me free hands to invest whenever I wanted, but as most of the cash is already invested, it is better to talk to her, so she would agree to sell certain things.

My dear Sam, everything will work out, and I know that we will make big money, you and I.

图 11-22　图中上面部分是时间标示为几年以前打印过嫌疑信件的打字机色带纸的一部分，两个箭头所示之处就是打印信件中的一部分。在这封信件中有 3 处打印错误，标有相应号码的内容与放大的图 11-23 的内容相同，在预审听证前几个星期才将这张色带纸从打字机上取下来，它能说明这封信是用这张色带纸打印的，因此，它完全是一封伪造信件（因实际打印的时间和文件上标明的时间并不一致）。

图 11-23　在一封用于进行诈骗的信件中，有 3 处经过修改的印刷错误和两个错误拼写，可以断定该张色带曾经打印过这封信件。（a）处"marriage"后面的"，"在两个已经写好后又被擦掉的"，"中间，并将原有的"ju"擦掉。色带上的情况表明在"marriage"后面的这些符号特征与第二次打印的字母"e"后面的符号特征相同，这个"e"显然是为了修改而被消除掉的。（b）处最先打印上的字母"E"被擦掉，改成现在所见到的字母。（c）处"agree"曾经是以"aft"开头但被擦掉了，装在这部打字机上的色带由于操作不当，导致信件中的字母在色带上的排列不齐，有相互重叠的现象。

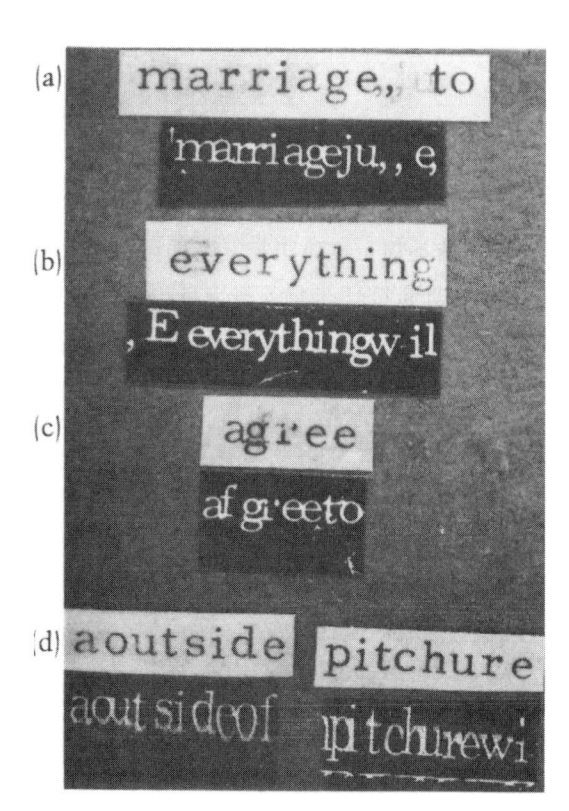

— 241 —

的字迹。① 如果在原始文书上发现修改过后的字母和原有的印刷错字母，这就可以作为非常有说服力的证据。如果在打字机上安装有标准的隔离色带（lift‑off ribbon）或乳白色胶带（white‑out tape），这两样物质都能够进行检验，并能使其与打印文件上的改正字母联系起来。

这些技术在纤维打字色带上则不适用，因为纤维色带纸在色带上的油墨耗尽之前能反复使用多次。当色带从头至尾前后反复移动时，当铅字重复打印在色带上时，铅字的印记也留在那上面。双色色带也许能显示在单色色带上打印多次的字母的轮廓，然后打印在第二种颜色的色带纸上，特别是当第二种颜色比第一种颜色更浅淡时，所显现的字母轮廓更清晰。② 同样，IBM Tech Ⅲ型色带，在打字部分的色带油墨耗尽之前，色带的局部可能被连续重叠打印5次，即有5个字母笔画，这种色带纸就不能用于这些方面的研究。这些色带一旦慢慢地通过打字机就不再重卷，但是字母的痕迹特征由于多次重复的打印而被严重地歪曲和损坏。

第十四节 打字机的伪装

255　　组装或者改装一台打字机，要使其能够准确地再现另一部打字机所打印的文书特征，这不仅是一项非常复杂而困难的任务，而且其成本极其高昂。打字机上的84个字母和符号（有的打字机可能还要多）中的每一个都必须经过精确的设计和拼装，这样才能与仿制的打字机在制造年代和型号等方面基本一致。同时，它们的调节精度和磨损程度也必须完全相同，以便使仿制的打字机打印文书时，能产生出与原打字机（被仿制的打字机）打印的相同的正确或错误字母符号印迹。特别重要的是不能出现不同种类和性质的缺陷。由于每台打字机在打印文书的过程中，出现的个体特征都是由耗损、基线调节、铅字面和机械部件的偶然损坏所造成的，因此，现在人们已经开始认识到了这些特殊问题的复杂性和困难程度。铅字连动杆式打字机的旋转枢轴（pivots）或轴承座（bearings）耗损程度上的细微差别，以及辅助机械装置所产生的各种各样的缺陷，都是极其不易发现和

---

① O. 希尔顿：《新技术在可疑文书检验中的运用：通过对打字色带的鉴定确定打字人》，《刑法学、犯罪学与警察科学杂志》1972 年第 63 期，第 137~42 页。
② W. 霍夫曼：《通过文书检验为犯罪侦查提供证据》，该篇文章曾经于 1975 年在瑞士苏黎世举行的第七届国际法庭科学大会上宣读过，也是由 John F. McCarthy 提供的私人通信信件。

控制的。实际上,伪造打字机与伪造签名非常相像,其失败的原因是伪造者无法仿制原打字机中的许多非常精细的细节特征,也无法仿制原打字机打印文书中的细微变化。

在司法实践中,曾经报道过 3 个试图仿制(伪造,forged)打字机的案例。第一个仿制打字机的案件是发生于 1911 年的纽约州人民诉里斯莱案(People of the State of New York V. Risley),① 只有两个单词出现了争议,里斯莱所拥有的打字机打印的文件中出现的"the same"是添加上去的,文书检验专家在作证时明确指出,伪造者在仿制里斯莱的打字机时出现了错误。在该案中,失败的原因是仿制者对原打字机的观察不精确,以及由手艺不精的学徒进行仿制。②

第二个仿制打字机的案件发生在 1950 年,一直到 1952 年 7 月才审理完结。这个问题是在美国诉阿格尔·希斯(U. S. V. Alger Hiss)的答辩书中提出来的,1950 年美国地方巡回法院、纽约州南区法院在准备一次新的审判以便给希斯定罪时,被告人的宣誓陈述书中详细地讨论了案件涉及的打字机仿制问题。一份公开出版发行的杂志详细地描述了仿制者为达到目的所采取的仿制步骤以及所做的大量工作。尽管机械技工公开声称他的仿制工作是成功的,然而,听取本案争论以便进行新的审判的美国巡回法院法官 H. W. Goddard 明确认为这台打字机的仿制并不成功,③ 他认为要达到完美的程度,仿制者必须具有

---

① 214 N. Y. 75,108 N. E. 200 (1915).
② William J. Kinsley 在里斯莱案件中作为专家证人,他在自己出版的小册子《打印文件的鉴定》中详细地描述了有关仿制打字机的问题,有关该案的报告书后来又在《打字机世界》中重印(纽约,具体时间不详)。
③ 法官的这个裁决涉及在每个阶段被告人答辩中声称的新发现的所有证据。

有关仿制打字机的问题,H. W. Goddard 法官在裁决评论中指出:"被告人的假定——这是没有任何证据支持的推测——可疑的打字机是钱伯斯(Chambers)根据希斯打印信件中的字母特征来仿制的,或者是由钱伯斯的共产党朋友组装的。被告人争辩说他是为了准备希斯针对他提起的诽谤诉讼的答辩书,打字机是他在国会于 1948 年 8 月至 11 月 17 日举行的为期三个月的听证会期间制作的,信件也是他自己打印的。如果真是这样的话,那将意味着他在三个月内仿制成了一台打字机,而事实上它需要被告人雇用几位专家花上一年的时间才能完成,而且仿制的打字机还不足以达到完美的程度。"

被告人的有关文件是在 1948 年"制造"的假定是不成立的,由于缺乏相应的证据支持以及钱伯斯文件制作的整个环境证据,特别是文件和打字机的包裹纸都说明了这种假定是无根据的。当 1948 年 11 月 20 日第一次将这些文件及其附属物提交技术检验时,客观存在的各种证据表明,该文件及其包装纸在没有任何保护措施下于备用仓库中存放若干年之久,没有任何人工促成老化的现象。钱伯斯陈述说在 1938 年他与共产党组织决裂时,这份文件由他的妻弟(brother-in-law's)保存在(楼上下之间)送饭菜的小升降机的换挡机内(dumbwaiter shift)。H. W. Goddard 法官在他的裁决中还参照了其他几位政府专家的宣誓证言,以进一步地论证文件上的变化属于自然老化的变异,专家证人们的宣誓证言还论证了包裹纸上沾附的油漆污点与升降机的油漆碎屑的一致性(U. S. V. Hiss, 107 F. Supp. 128, 1952)。

256

充足的时间、雄厚的财力支持、一个设备完整的工厂和经验丰富的机械技工。与里斯莱案件相比，本案中的仿制者为仿制打字机所做的努力要广泛和彻底得多，仿制打字机的机械技工不仅用一年多的时间来完成打字机零部件的仿制工作，而且，还经常与那些在打字机检验方面非常有经验的鉴定专家们就相关问题进行商讨，从中得到了许多关键性的帮助和支持，公开的舆论报道和那些检验过这台打字机的鉴定专家们都一致认为，即使它仿制得不完美，也是最好的复制品。当将仿制的打字机打印的文件与原机打印的文件进行比较检验时，便不难发现两者存在许多细节特征的差异。其失败的原因与其他任何形式的仿制或者伪造相似，不管这种仿制是用手描摹还是用其他方法完成，它们都是共同存在的。

第三个仿制打字机的案件是本书笔者亲自承办的案件，犯罪人对打字机进行了精心的仿制和改装，其打印的效果几乎可以以假乱真。与前面两个案例不同，这次的仿制打字机不是仿制打字机的打印元件，而是仿制者将原打字机的部分零部件，主要是打印程序相段（segment）和装有铅字的连动打印杆（type bar）拆卸下来，然后又安装在第二台打字机上。这台打字机的伪造者在法庭的延期审理期间匆忙地用两台打字机进行组装，其目的是证明提交法庭的几封信件是真实的，以达到证明起诉方鉴定专家的证言或证据不可信，并使其指控诈骗罪的证据失去效力的目的。①

有关打印文件鉴定的专家证言，结合打字机购买的日期，都证明所有时间标明为1967年打印的关键性文件是在两台打字机上打印的，其中一台打字机在当时是通用的，而另一台打字机到1969年中期才开始使用。在一张销售单据上，发现了打字机的序列编号和购买时间，再加上在那个办公室打印的大量的标准文书样本，不必直接比对检验两台不同的打字机，就能够准确地（pinpoint）确定每台打字机所打印的具体文件。

257

控诉方律师在反驳被告人辩护律师引用老式打字机（C）作为证据时，指出这台旧式打字机的产品系列序号与在办公室使用的那台1967年生产的打字机完全相同，因为它的打印文件中包含有1969年才开始使用的打字机（D）的所有字符损耗特征。被告人的辩护专家证言声称，打字机（C）所打印的文件与检察官已经认定是打字机（D）打印的文件完全相同，通过对打字机与打印的书信文件进行仔细的比较研究，便可以证明这种证言是不正确的（见图11-24）。从放大的对比图

---

① 有关本案仿制打字机及其专家证言的详细情况，可参见 O. 希尔顿《有效地改变和交换两台打字机的打印程序元件：一种独特的犯罪防卫欺骗》，《法庭科学杂志》1974年第19期，第841~851页。

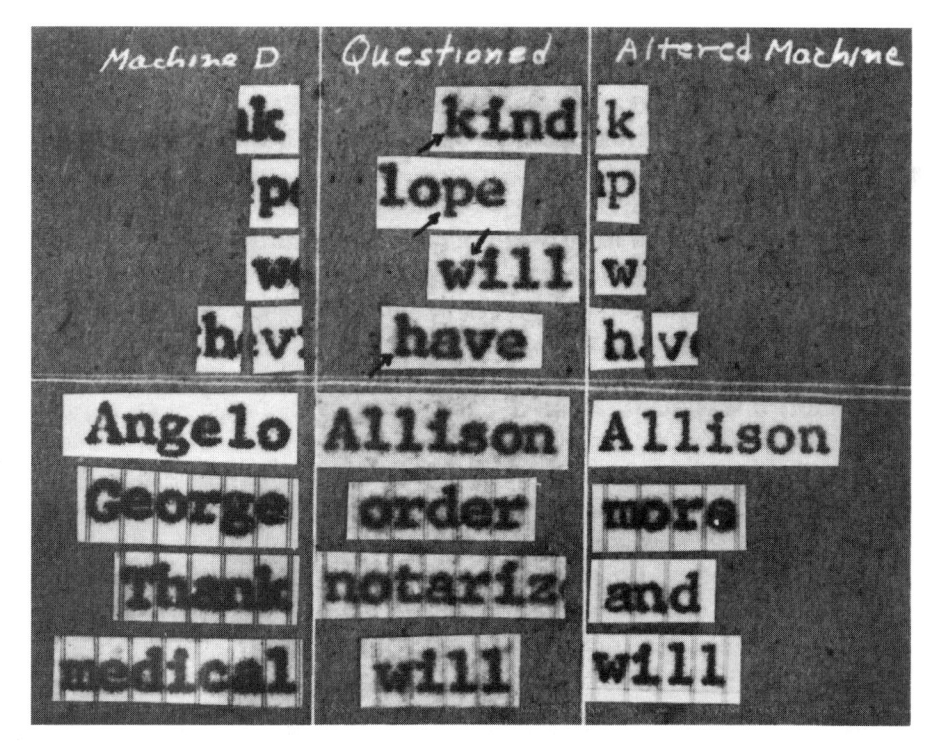

图 11-24　图中最上面部分是在可疑文件和打字机（D）上打印的信件中出现的 4 个铅字字符缺陷特征。这些字符缺陷特征，是在法庭审判时提交到法庭作证的经过改装后的打字机上发现的。图中下面部分是在改装的打字机与可疑信件中出现的一些基线定位调节差异特征，而在打字机（D）与可疑信件之间则没有这些差异。

  可疑信件中的单词"Allison"中的字母"n"，打印痕迹的压力均衡一致，而在改装后的打字机上，字母左边的打印压痕比右边的要轻得多。在改装的打字机打印的文件中，标准控制测试板（rules test plate）加重了单词"and"底部的字母倾斜扭曲（twisted）形态，在单词"Allison"中也能辨认出相同的特征。但是在可疑信件的单词"notarized"中的字母"n"则没有出现类似的倾斜扭曲现象。单词"more"中的字母"r"的纵轴线（staff）向左倾斜，而在打字机（D）和可疑信件中，纵轴线与垂直格线平行。经改装后的打字机打印的文件中单词"will"的字母"l"打印的位置在垂直格线中偏向右，而不是处于两条纵轴线的正中间。文书中的打印缺陷特征证明打字机（D）上的打印元件被拆卸下来后又安装到另一种打字机上，但是原打字机的基线定位调节被破坏了而且没有进行准确的校正，因而改装的打字机不能打印出与可疑材料完全相同的文书。

片中可以看到，这两台打字机的基线定位特征和其他缺损特征有很大的不同，检察官及其专家证人都认为这台打字机是改装的，这个结论得到了打字机制造厂家的工程技术人员的支持。打字机制造厂家的工程师检验后作证时认为，可疑打字机的字符杆的型号在组装打字机（C）的年代还没有生产过，它是在打印文件所签署日期之后才开始生产和投入使用的。检察官用传票提取（subpoenaed）了打字机（D），检验结果发现打字机（D）的铅字连动杆，在该打字机出厂以前已经停止生产和使用至少有一年的时间了。而且，尽管这台打字机的成色较新，尚在保修期内，但是可以发现许多明显的维修痕迹。打字机（D）的字符特征与打字机（C）的损耗特征相同，铅字连动杆的型号是在打字机（C）中所使用过的型号，以及其他许多反常特征都表明这两台打字机的打印元件及移位装置曾经相互替换使用过。企图伪造或者仿制打字机的努力再次彻底失败。

尽管仿制或者伪造打字机的案例十分罕见，但仍然有人不断地进行尝试，即使这种工作非常困难和极其复杂，在目前的条件下完全成功地仿制打字机的可能性还比较小（至少迄今为止还没有成功仿制打字机的案例的报道）。在今后的司法实践中，仿制的努力可能比现在做得更好。谁也无法保证，在知道这些失败的案件之后就没有人再进行打字机的仿制和伪造了。也许，随着科学技术的发展以及伪造者不断地吸取失败教训，某一天会有人成功地仿制或者伪造打字机。

第十五节　伪装的打印文件

伪装打印文件的案例十分少见，部分原因是许多人并没有意识到打印文件是能够用科学方法予以鉴定的，尽管有些人也想对打印文件进行伪装，毫无疑问，由于伪造的方法和程序通常包括对打字机本身进行一系列改装和熟练操作的过程，其难度是可想而知的。迄今为止，法国里昂警察技术实验室的盖伊特（Gayet）曾经报道过两个这样的案例，这是目前公布的、唯一的有关伪装打印文书的报道。[①] 这两个案例都成功地鉴定出打字人及打字机。据报道，最彻底的伪装打字机及其打印文件的案例是，犯罪人在打印完成匿名信件以后，将打字机的每一个字符都锉掉（filing）。这种行为在特定的环境条件下可能会取得成功，但是，一旦发现了这种活动的可疑迹象，通过对打字机本身的检验就能发现打字人对打字机所采取的行为及打印过的文件内容。如果检材文书是在对打字机进行改装或者打印文件进行伪装之前打印的，这台打字机的早期打印样本材料就能够作为进行同一认定的依据。对伪装的打印文书的鉴定需要进行仔细的分析研究，通过科学的对比研究才能识别伪装，进而只有采取适当的步骤才能对打字机进行鉴定。如果第一个任务成功地完成了，第二个任务才有可能实现。

[①] 金·盖伊特（Jean Gayety）：《伪装的打印文件的检验》，《刑法学、犯罪学与警察科学杂志》1956年第46期，第867页。

第十二章　支票打印机等其他机械印刷品的鉴定

现代社会有许多种办公和商用记录机器，由于它们的使用范围不同，这些记录机也有各种各样的类型，因此对各种打印记录的来源和它的真实性就可能产生疑问。由于人们已经知道文检人员擅长于打印文书和笔迹的鉴定，因此理所当然这些人在今后也许被聘请来解答这些问题。在本章内，将具体介绍几种类型的这类记录机打印结果的鉴定原理，但到目前为止还没有人试图对这些大量的原始文书中所潜在的鉴定问题做出彻底而详细的论述。

第一节　支票打印机和支票打印系统

人们已经采用各种各样的技术来制作和保护支票。这些机械设备有的是以保密技术措施为基础而设计的；同时，其他技术措施则是为了在日常商业活动中，处理大量的支票打印工作而设计的。前一种类包括支票打印机（check writers），说得更确切些，通常称为支票保护器（check protectors），以及签名板（台）（signature plates）；后一种类包括几种型号的计算器（accounting machines）和配置有支票制作设备（check – preparing facilities）的电子计算机系统。每种类型的机械打印装置都能导致鉴定问题和其他可疑文书问题。

关于支票打印机的最常见的问题是：这台支票打印机打印过那张用于诈骗的支票吗？这种鉴定在刑事案件的侦查中较为常见，但在民事诉讼活动中偶尔也会出现此类问题。在第三章里，我们已经论述过支票打印机的制造特征是能通过打印结果来查明的，即通过对打印的支票的鉴定，能够确定支票打字机的种类特征和个别特征，但是，问题的关键是能否通过支票的检验，对打印支票的具体打字机做出同一鉴定。①

对于打印过检材支票的可疑的支票打印机，必须具备两个基本条件，除了在支票上的数字及符号设计图案与那些可疑支票保护器的数字和符号相一致的要求外（就是说，两者必须具有相同的种类特征），在可疑的支票打印机打印的支票上，还必须出现相应的个体缺陷特征或者特殊特征。对大多数支票打印机来说，字母和数字所打印的压痕并不是一个实心的印痕（solid impression），相反，字符的表面是由大量的凸缘棱纹（ribs）和小圆点（dots）组成的，在打印数值和符号的同时，也对支票纸打出齿孔或穿孔（perforate）或者切碎支票纸（shred the paper）。在实际生产打印机字模的制造过程中产生了个体特征，在打印一系列相同的字母时，这些字模特征会有轻微程度的变化。在打印机的使用过程中，印刷字模有时也可能会出现损耗或破坏，并进一步使铅字面轮廓特征个体化。除了这些外表形态上的细微差异之外，并不是所有的字母和数值都以相同的强度和密度打印，尤其是当压痕着墨微弱的时候。另一种缺陷是印痕着墨不均衡——打印的铅字墨迹一部分比另一部分要浓重（见图12-1）。正是由于对出现在特定支票保护器上的缺陷特征和非缺陷特征的综合评断，才使它打印的支票特征个体化，从而使它有可能与所有其他种类的支票保护器的打印痕迹区别开来（segregation）。

图12-1 两张支票打印样本清楚地表明是在同一台支票打印机上打印的。这台支票打印机的个体缺陷特征是印痕不均衡，诸如数字"2"的顶部就比底部的印痕着墨要稍微浓重些，字母"p"和"t"（箭头所示处）轮廓线出现间断的现象，以及字母"I"比它后面的数字"3"的打印压墨痕要轻淡些。

---

① 对支票打印机的鉴定原则及其鉴定设备的详细论述和具体案例，可以参见《纽约州警察局公告（报）》1950年第15期的"支票打印机"部分，第3~7页。对这个问题更为详细和广泛的分析研究，可以参见大卫·J. 布特尔（David J. Purtell）《论支票打印机的鉴定》，载于《刑法学、犯罪学与警察科学杂志》1954年第45期，第229~235页。詹姆斯·T. 米勒（James T. Miller）：《支票保护器的鉴定在执法工作中的作用和角色：检验样本与对比鉴定问题》，《警察科学与警察行政杂志》1975年第3期，第259~266页。这几篇文章不仅详细论述了对支票打印机的鉴定问题，而且还提出了如何从可疑打印机上获取最佳的对比检验样本的具体建议。

用于影本签字（以签字机或橡皮图章代替手签姓名，facsimile signature）的签名台（signature plates），一般情况下，都设计有某种特殊的背景图案作为签名整体的一部分，并以此作为签名的一种保安措施（见图12-2）。因此，要判明某张支票是不是用某个特定的签名盘签署的，既需要研究签名式样，也需要研究签名盘的背景图案。字母本身是签名盘的一个与众不同的独特（distinctive）部分，具有重要的比对鉴定价值。成功伪造这些签名图盘标记的案例很少见，但是也不能完全排除这种可能性。另外，在某些情况下，清楚地确定某一特定的签名标记图盘就是盖印有争议的支票签名标记的那一个，这是极为重要的。

图12-2 在许多支票打印机上，支票签名标记图盘盖印的痕迹不仅包括签名字迹，而且还包括有重要鉴别价值的背景花纹（附加的辅助花纹）设计，图中所示的签名板背景花纹图案是由许多小圆点和细长的波浪形线条（wavy line）组成的。

随着计算器（accounting）和记账器（bookkeeping machines）技术的发展与广泛运用，它们能够按照设定程度（programmed）打印支票，并把打印的结果转化成永久性的会计记录。使用特殊元件打印的支票有其独自的个体特征，并能够与同一制造厂家所生产的其他型号的支票打印机打印的支票区别开来，计算器或记账器的鉴定原理与打字机的鉴定原理一样。这些支票打印机所打印的支票引起的问题并不常见。在司法工作中遇到这些问题时，文检人员可能需要检查打印机以研究这种型号的打印机是如何打印支票的，并进一步研究可疑支票上的鉴别性特征与支票打印机上的某个特定的打印元件之间是否有某种特殊的关联性（见图12-3）。然后，他就能够区别支票上的哪些特征是由嫌疑打印机造成的，哪些是由其他办公设备造成的。每个符号、数码、单词或者个别字母的印痕，它们在使用过程中都会形成有鉴别价值的个体特征，因而，它们中的任何一个字符都以各自所特有的方式打印。使用这种类型的打印机，知道每个打印痕迹中的哪一部分特征是由某个特定字模形成的，哪些特征是由几个字母或符号的部件共同造成的，在鉴定过程中就显得非常重要。例如单词"month"的缩写字母可能是由一个基线三角架支柱的铅字模块（solid block of type）构成，而支票金额的阿拉伯数字单位（digits）是由单个铅字模打印的。此外，对于某些打印机在支票和支票存根（stub）上重复打印的数字，可能是由同一打印元件形成的。无论如何，对于从事可疑文书鉴定的人来说，明白各种计算器打印的支票是可以鉴定的这个道理极为重要，而如果知道在打印支票的过程中哪些信息被自动地记录在其他记录元件中，这才是最有鉴定价值的线索。

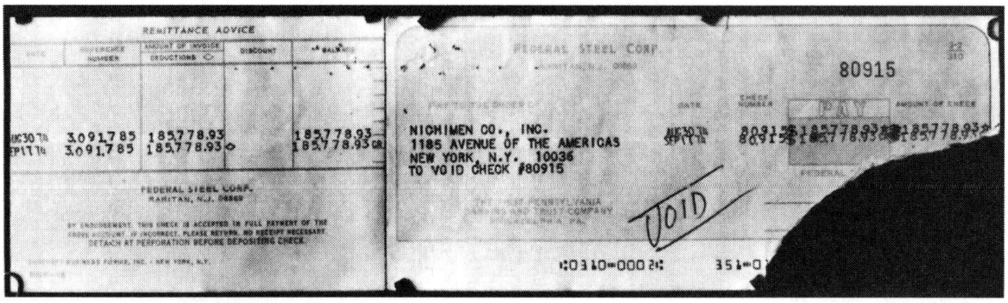

图 12-3　图中所示是一张支票和它的汇款数额（remittance device），它是由 NCR 牌支票打印机或计算器制作的。该打印器上包含一个日期打印装置、记录数字号码和金额数量单位的各种不同类型的数字栏（或小点），以及插入有收受款人姓名和地址的打印部分。所有这些内容都打印在支票上面，同时，这台打印机也为会计部门打印了一份记录卡片。这种型号的打印机同样也能按设定的程序进行其他种类的工作。

第二节　加法机纸带和现金收据

在日常工作中，办公室和商业用途的记录打印机种类繁多。在老式的加法机（adding-machine）普遍被现代的电子计算器（electronic calculators）所替代的同时，这些计算器都能打印计算记录，这些电子计算器的记录和其他计算装置的记录，在司法实践中引起了人们对它的真实性的怀疑。通过将特定机器的打印内容与可疑的检材记录进行简单的比对检验，就很容易地鉴别出这些记录是否从某一特定的打印器上打印的。特殊结构或者型号的加法器或计算器上的数字和字母符号有独特的设计特征，这些特征具有很高的鉴定价值，而且，随着机器的不断使用，打印痕迹的质量和特征也随之产生特殊的变化，从而又形成有鉴定价值的特征。对加法机（tapes）的鉴定取决于文检员对加法机卡片的制印过程的知晓程度。因为打印机的构造决定一个数字纵行和不同纵行字母印痕特征的相互关系。必须对嫌疑打印机打印的支票进行研究，以发现与打印机打印的文书和其他机械印刷特征相类似的个体特征。这种情况在文检人员的日常工作中相当少见。但是，对文检人员鉴定方面知识水平的要求和其他可能供比对的打印机为文检人员提供了进行这项鉴定的科学基础和物质材料。

种类繁多的现金出纳机和用于记录买卖情况的电子计算器，它们能以打印方式表示计算机计算结果，不论进行买卖时是使用现金或使用信用卡都可达到此目的，这就给文检人员展现了一个不断变化的鉴定领域。旧式电子计算器设备既可以用手，又可以通过电力，机械地操作打印机使其运转，而新型的现金出纳机产生的现金收据（cash–register receipts）以及电子设备的机械装置要复杂得多。另外，为顾客打印一张出纳卡片，卡片上的许多信息通过与计算机储存元件相连接的打印机而被储存起来。再者，在现金出纳机打印的卡片上发现的铅字图案设计、设计的个体特征或破损缺陷、打印机的一般操作方法——所有这些因素都有联系，对是否产生特殊的滑动或卡片个体特征以及原资料的鉴别都会产生影响。①

第三节　其他记录机

刻度仪或流量表（scales）（见图 12–4），诸如那些安装在加油器上给汽车加煤油、汽油和其他润滑液的计量器（meters）（见图 12–5），在打印结账卡片

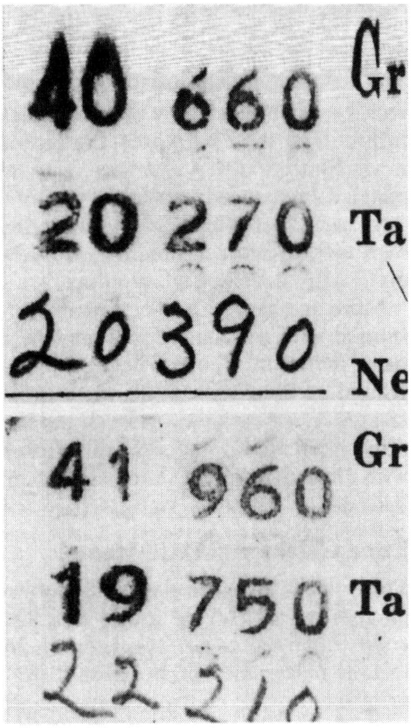

图 12–4　两张用刻度仪记录的重量卡片是用不同的刻度仪打印的，可以从数码上看出它们的差异。把数码 40660 与 41960 相比，特别是把数码 6 与 0 相比就更容易发现这两张重量卡片是用不同的刻度仪打印的。

---

① J. 沃伦（J. Warren）：《现金收据与现金收款机的鉴定》，《皇家加拿大骑警评论》，渥太华女王出版社，1958 年第 5 期，第 89~99 页。

可疑文书的科学检验

时偶尔也会出现需要鉴定的问题。① 事实上，许多专门化的记录器所打印的凭证很少引起争议并要求文检人员进行检验。在第一个图中已经表明，标有数码的金属盘原始资料能够通过那些用于更为规范的文件鉴定相同的方法加以确定。②

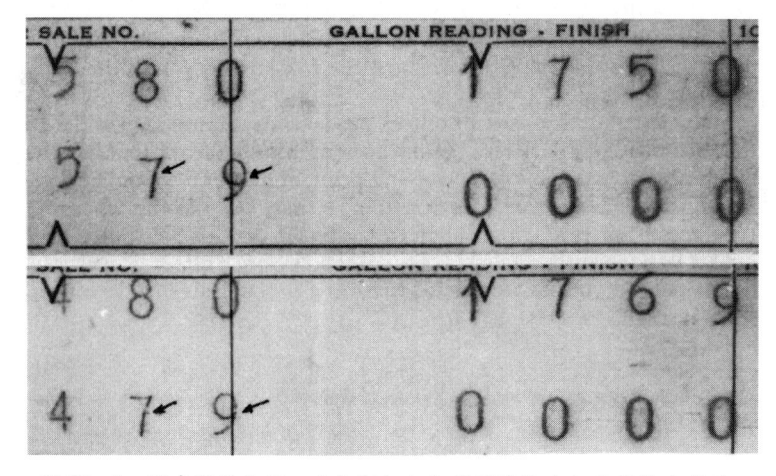

图 12-5　图中所示是同一台打印机打印的两张汽车加油量数字卡片。在金属孔内的数码 7 和 9 上有断裂痕迹（箭头所示处），由于这些因素使这台计算机打印机的打印压痕各不相同。

第四节　计算机打印纸

266　　计算机技术在现代商业世界的广泛运用已经显示出通过计算机处理和储存数据，获得计算结果的元件有了长足进展。这些机器的范围包括从根据单元件打字机设计的改进型打字机到使用全金属铅字模的热敏式印刷技术（thermal printing devices）、油墨喷射打印机（ink jet printers）和激光打印机（laser printers）等专业化高速度打印机。每种类型的打印机都有其自己的鉴定问题，但是，每种类型的打印机都有某种程度的个体特征在使用过程中显现出来。

毫无疑问，文检人员将越来越有可能遇到这些打印机的鉴定问题，那些使用金属或塑料字模的打印机所表现出的问题种类与打字机鉴定极为有关（见图12-6）。非击打式（nonimpact classes）印刷机，也就是说，油墨喷射式打印机、热

---

① O. 希尔顿：《个殊性的打印输油特征》，《法庭科学杂志》1976 年第 21 期，第 213~217 页。
② 莫林·A. 凯西（Maureen A. Casey）、亚瑟·R. 帕豪克（Arthur R. Paholke）：《有关金属印章印痕鉴定的两种观点》，《警察科学与行政管理》1975 年第 3 期，第 177~182 页。

敏式打印机和激光印刷机等最近发展迅速，也给那些文检专家们在鉴定领域中提出了新的挑战。①

```
WILLIAMSON MUSIC INC          2617*
WILLIS MUSIC CO                  8*
WITMARK M & SONS              3480*
WOOD B F MUSIC CO               18*
WORDS & MUSIC INC              341*
WORLD MUSIC INC                133*
YANKEE MUSIC PUB CORP            2*

      WILLIAMSON
                    2891    100
                    3652    100
                    4225    200
                    4709    200

      WOODWARD

      YANKEE
                     943     20
                     944     20
                     945     20
                     946     20
```

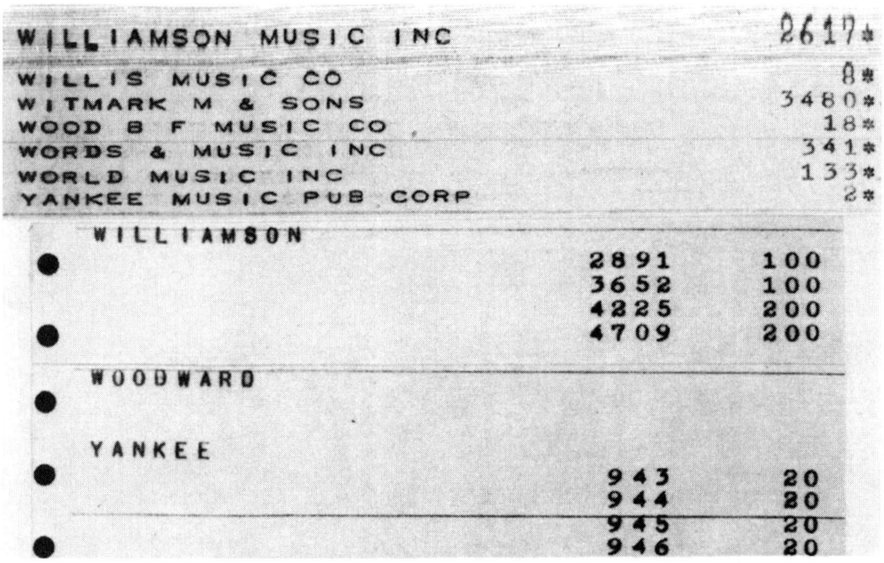

图 12-6 这两张记录卡是计算机上用的穿孔卡。怀疑它们是在同一台打印机上打印的，但是两张卡片的打印类型不同，排除了嫌疑。

第五节 计时钟和日期戳

计时钟（time clocks）广泛用于那些老板按时间支付工资的工厂和商店。它还用于汽车计时停车场和进出时都需要检查的各种保密场所。两种仪器的图案花纹细节和操作原理在各个原件之间是各不相同的，但是，最基本的目的都相同——打印记录由时钟控制，通过记录器着墨纸带（inked ribbon）在纸上或卡片上打下印痕。单体印刷机可以通过它们确定的记录进行辨认，但是如果记录被涂改则需要对记录卡进行鉴定。计时钟通过打印行为使油墨的穿透特征浸入纸内，因而擦刮就非常困难，并且擦刮后的痕迹非常明显，极易发现。用铅印油墨或圆珠笔油墨打印的数字，通过仔细的外部目测检验能够发现其细节特征，特别是油墨条状在纸上的反映不一样时，它们通过在显微镜下适度放大以后更容易鉴

---

① A. G. 莱斯利（A. G. Leslie）、T. A. 辛普森（T. A. Simpson）：《打印输出设备的鉴定》，载于《国际法庭科学杂志》（正在出版中）。

别出来（见图 12-7）。

　　许多用于办公室的日期戳（date stamps）印压图章所产生的印痕与子记录卡片上没有打印时和分的时间戳印痕相似。这种印刷机一般都是手工将纸输入，用金属或橡胶带打印。除了对印刷机的鉴定外，通过检验纸带的磨损程度，证明当铅字模通过色带纸打印在有争议的文书上的打印日期是正确的，这也很有可能。当然，在这种情况下，排除嫌疑需要形成一个评价非嫌疑印刷品（nondisputed imprints）的牢固基础。

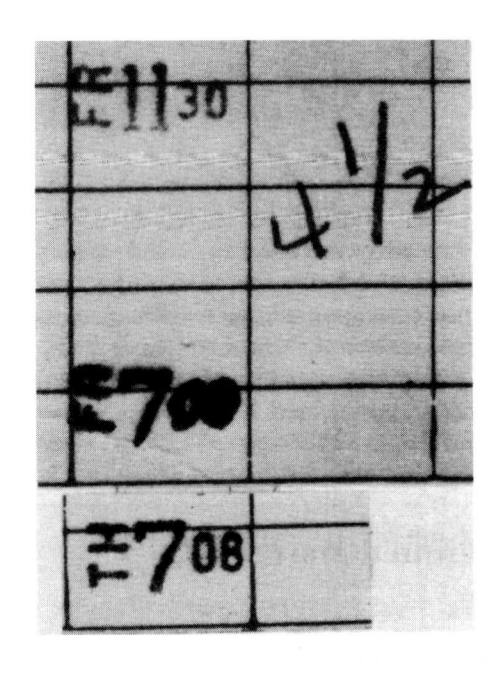

图 12-7　用显微镜对记录有 700 的卡片纸进行分析，发现日期戳印痕中有被涂改的痕迹。在日期戳印痕中能够看见固体油墨打印使色带上的印痕模糊不清。

第六节　印刷品

　　无论是以哪种方式制作的印刷品都可以鉴别，就是说印刷品的格式或其他问题都能通过与从特殊原始材料所给的已知样本进行比对，能判明它们是在何处复制的。[①]

----

① 卢塞尔·雷西（Lucile Lacy）：《论现代打印程序》，《刑法学、犯罪学与警察科学杂志》1957 年第 47 期，第 730~736 页。A. M. 海瑞克（A. M. Headrick）：《打印与复制程序评论》，《加拿大皇家骑警评论》，渥太华女王出版社，1958 年第 5 期，第 110~120 页。杰恩·贝克（Jan Beck）：《可疑印刷文书》，《法庭科学杂志》1967 年第 12 期，第 82~101 页。

第十二章 支票打印机等其他机械印刷品的鉴定

各种各样印刷品的鉴定，尤其是当印刷品是按传统印刷风格制作的时候，能够通过对字模图案的种类，字母之间的间隔、字体、线条及复制部分，字母排行和位置歪斜、铅字面缺损和破坏或者印痕不均衡以及印刷错误等因素进行检验而达到鉴定目的（见图12-8和图12-9）。如果印刷品是活字印刷的，每个字母都是独立的打印元件，而且每个元件中还可能包括某些具有鉴定价值的因素。如果是胶版（offset）方式印制的印刷品，那么各种字母的印痕就起源于常见的原始资料。但是，一个印刷品的印痕与另一个印刷品的印痕相比较时，通常会发生轻微的变异，这也是理所当然的，通过对这些不同因素的综合错误的评断，有可能做出这样的鉴定结论：这两份相同内容的印刷品是或者不是由同一种印版或铅字打印的。

图12-8 在一张薄呈橙红色的左上方有一小块黑色印刷品碎片，是被人用一张玻璃纸粘上的。警方在调查一起暴力抢劫杀人的案件中，在箱子的底部发现这块碎片粘附在里面。一个同案犯在供述中说这个空箱子曾被用来存放抢劫装运《读者文摘》卡车的钱，在该案发生的过程中，一位武装警卫被杀死。

有人提出疑问，这块碎片就是从像下面所示的《读者文摘》（*Reader's Digest*）封面上的订单上撕下来的。把这一印刷品与图12-9中证明书右上角出现的印刷品痕迹进行比对。

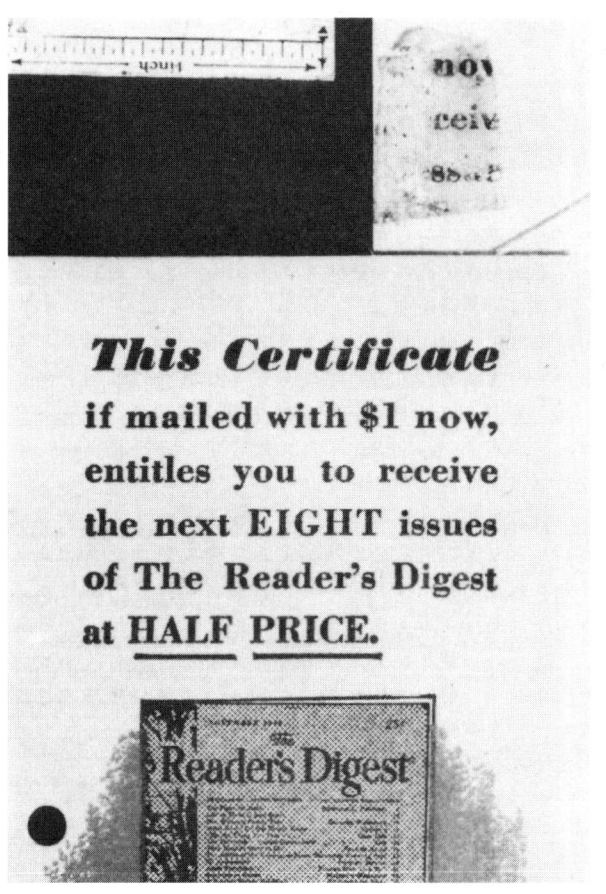

通常情况下有可能通过第二次印刷再次印出同样的印刷品。如果在两次印刷之间有时间间隔，这就意味着如果是采用活字印刷术（letterpress）必须重新将原始材料还原到原来位置，或者是使用胶版印刷方式，就必须重新准备原始材料，

可疑文书的科学检验

图12-9 左边栏的三个单词出现在图12-8《读者文摘》预订单的左上角；右边栏是箱底里面发现的一小块印刷品碎片。在碎片的右缘有被折叠的痕迹，胶带就粘附在这个部位。右上角表现的内容是印刷品的反面，在照片上可以看到在字母"b"和"w"之间有一个模糊的反向逗号。

  根据以下因素可以证明该碎裂片是这份证明书的一部分：玻璃胶粘附的纸的颜色与证明书颜色相同，上面的字母与这部分的内容相同，铅字印刷设计图案花纹相同。单词"now"的印刷压力痕中，打印时字母间隔较宽，从而使右边缘对整齐。同时下面两行字母之间没有多余的空间，排列比较紧密。最后，印刷文字中第一行和第二行的行距是相等的（度量单位为1/250）。

  技术证词已形成一个关于在《读者文摘》办公室里收款单与武装抢劫之间的证据锁链。几位雇主证明有时候账单是用胶带粘附在预订卡上收到的。很显然，这个独立的碎片是从账单卡片中撕去的一部分，而玻璃胶带仍粘附在账单上，直到在抢劫过程中被带进箱子里面。在审查完所有这些和其他证据以后，陪审团定被告犯了抢劫罪。

  这个物证锁链在美国最高法院就斯坦诉纽约的一案做出驳回上诉维持原判的裁决以后，更显示了它的重要意义。在裁定供述证据的可采性时，法院维持由其他证据定罪的判决，并且即使供述是在被强迫的情况下做出的也能站得住脚，没有这个证据锁链，最高法院也许会做出罪犯供述不可靠的判决。

  这种两次印刷的特征也许会产生轻微的变形，从而区别开两次打印的印刷品。

  用胶版印刷材料根据原始印刷品的任何清楚复制件也有可能制作一个新的印刷版，如果制作时极其小心谨慎，就很难区别两份刊印物。但是，如果第二次印刷时质量控制得比较低，就有可能使印刷字迹的笔画变宽。在接近圆圈小开口部分显著的细节就会变得模糊不清，以及印刷物品中的其他缺陷在原始材料的复制

— 256 —

件中没有出现（见图 12-10）。利用这些因素便有可能区别同一形式的两份不同的印刷品。如果人们得到的第一次印刷品质量不好且数量有限，就必须小心谨慎地研究这些因素才可做出鉴定结论。因为印刷质量不好，就可能在单次刊印中产生某种相类似的缺陷。① 根据现在这个案件的性质，任何这类结果都可能有助于判断该案结论的精确性。

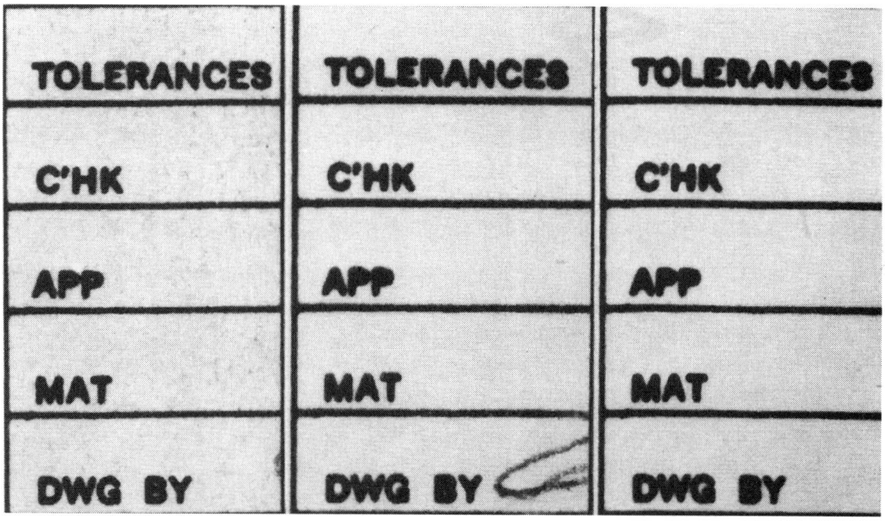

图 12-10 判明中间部分表格内容是否与左边印刷品同一次刊印，或者通过考虑字母内的中心圆圈空白可以判明右边样本，所有这些材料都是用胶版印刷方式印刷的。在左边样本中，字母"R""P""B"中心圆圈内的空白很小，在右边样本中，这些字母的中心圆圈都是实心的。这就表明，该栏表格内容是通过对以前刊印的样本进行照相制版而再次刊印的印刷品，将嫌疑样本与右边印刷品（后印的印刷品）的中心圆圈进行比较，是相同的。

当司法官员调查嫌疑印刷品的来源，尤其是匿名传单或非法组织的刊物时，② 就可能根据其胶版印刷的形式确定罪犯使用的打印机种类。如果是这样的话，几种证据就应当立即被用作比对样本。无论什么时候只要可能就应当立即扣押印刷品或铅版作为今后的证据和对实物进行技术鉴定，同时应当收取由打印机打印的证据单代替这种实物证据。

在直线账册表格里可能有不止一种颜色的直线，这种表格如各种各样的簿记

---

① 约翰·E. 卡格欧（John E. Cogol）:《照相胶印的原则》，布卢明顿麦克骑士出版社，1973年，第19章，第381～389页。
② 有关彩票的犯罪侦查和起诉的报告，参见里奥特·S. S. 史密斯（Lieut S. S. Smith）《论彩票犯罪及侦查》，《刑法学与犯罪学杂志》1948年第38期，第658～669页；里奥特·史密斯（Lieut Smith）在第668页论述了彩票印版鉴定的基础。

表格（bookkeeping）和会计账册表格（accounting forms），一般情况下都是用划线器制作的。这些机器上装配有一系列的可调节的绘线笔，每支绘线笔上都有装满各自的供应油墨。每移动一支特殊的绘线笔就要确定一个特定的位置，以画出一系列的直线条。有的可能要较好的特殊调节才能绘出断续线，不同的直线（鸭嘴）笔（ruling pen）上能够装填几种颜色的油墨。因此，所有的纵线和横线都可能一次结成，尽管有不止一种颜色的油墨线出现。

一般情况下由于都是手工实际操作调节这些绘线，所以不能准确地控制调节每支鸭嘴直线笔的运笔，因此，当再次调节颜色鸭嘴笔以在另一次印刷中绘出同一份表格时，其运笔位置可能与前一次的调节有一英寸左右的小间隙。这样，很有可能在不同时间制作的直线格就不能准确地进行比对鉴别。也有可能几个月以前绘制的表格线条的油墨颜色在色彩的浓淡上出现了轻微的差异，这些不同的因素对于鉴定十分重要。当怀疑一系列时间记录卡的某些部分曾在记录以后被改写或重写过时更是如此（见图12-11）。

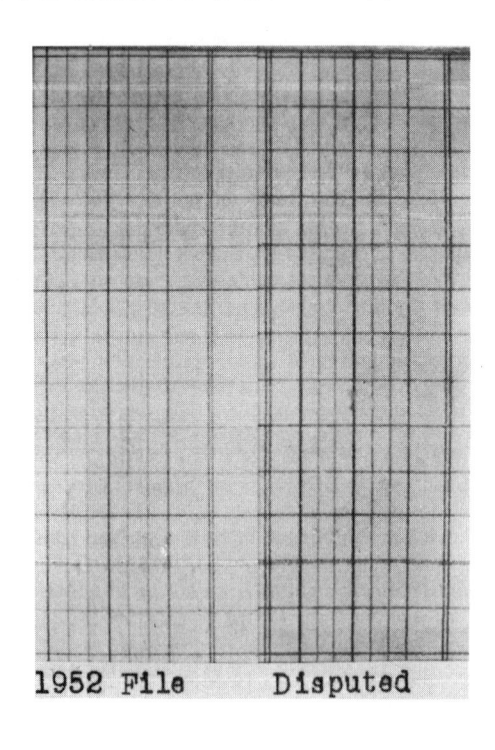

图12-11 检材账簿表格所划的直线与1952年账簿的直线条一致吗？对两份表格的横线进行比较，表明底线和倒数第四行线的间隔是相等的，两中间线并没有完全相交。在调节鸭嘴笔绘制这些格线时，在许多设备上从一个调节位置移到另一个调节位置有轻微变化是许可的，wqj图中所示的那种差异将能区别不同的印刷品。

第十三章 文书制作时间鉴定

在可疑文书的检验中,文检人员常常面临的问题是被要求对文书的制作时间做出鉴定。许多时候,要求鉴定可疑文书的制作时间是在一个相对比较短的时间范围内,比如,要求鉴定该文书是 5 个月前制作的或是 3 年前制作的。要鉴定这类带有限制条件的可疑文书,是一个非常复杂的问题,一般情况下,很难给出直接的回答。然而,我们通过文书检验实践积累了一定的统计数据资料,便可对文书制作的日期进行估计和推测。本章所论述的是文书制作时间检验中遇到的一系列问题和困难。

通过以下几种技术方法之中的一种可以确定文书的制作日期。首先,通过检验制作文书的物质了解最早制作文书的可能日期。在某些情形下,由于物质本身的老化现象可显示文书的制作日期,因此,第二种方法就是通过检验文书制作以来各种成分的物理变化和化学变化即可确定文书制作日期。另外一种方法就是采用与已知无争议的物质进行比较的方法来检验文书制作日期,这就是将可疑文书与用同种类型打字机、钢笔、墨水、纸张制作的文书样本进行比较,看哪一种文书样本与可疑文书最为吻合。最后,还可以依据文书上发现的偶然痕迹和印痕来确定文书的制作日期。尽管确定日期有各种各样的技术手段,但每一种手段都有其局限性,以下各节就此方面展开论述。

成功地确定文书的制作日期往往可以证明某文书所声称的制作日期或标注的时间是错误的。如果我们认定了文书中任何一部分的内容没有文书所标明的时间那么久远,我们就可以据此推断作为某种观点基础的时间依据不成立。然而,要用具体的事实来证实文书制作的具体的真实的日期,一般情况下,也不会得出确定无疑的具体日期和时间。尽管与文书制作有关的所有要素都与文书上显示的时间一致,一般而论,做出的最好的时间判断结论是:该文书可能是在该文书标明的时间内制作的,或者更为确定的结论是该文书是在包括文书标示时间在内的某一个时间段(time span)内制作的。要寻找有关文书形成时间的物理因素并以此作为确定文书制作的唯一可能的时间段，这是极其不同寻常的。通常情况下，我们确定的时间范围可以是几天、几周、几个月或几年不等。令人遗憾的是，在某些情况下，这种日期范围往往导致与文书有利益关系的双方当事人在日期问题上的意见冲突。

第一节　根据文书的制作材质推断日期

文书通常是用钢笔、墨水、铅笔或打字机在纸张上制作的。根据这些物质与邮戳、打印格式、信笺顶端的字头以及构成文书的其他成分所包含的信息，也许能发现最初制作文书的可能日期。

一　纸张

制造纸张的物质材料会含有纸张首批生产时间的信息、纸张的纤维含量和其他各种物质，如涂料（coating）、填料（loading）或光泽度（brighteners）等都能提示纸张使用的最早时间。[①] 对合成纸张的研究需掌握如下两个方面的情况：其一，查明纸张的生产厂家；其二，取得生产厂家有关纸张的合成物质的记录材料。由此我们可分析确定纸张使用的有效期限。在有些情况下，上述这些信息能够获取，对文书时间的鉴定也很有价值，但更多情况下无法获得有用的信息，因为纸张的生产厂家并不容易确定，即使能够确定书写纸张的生产厂家，但有关纸张的记录资料也残缺不全。

确定纸张来源及纸张生产的可能日期普遍采用检验水印花纹（watermark）、书写纸张和打印纸张的质量等级等方法。目前仅有少数纸张的水印花纹藏有日期密码，以供厂方确定纸张生产日期之用。某些纸张在投放市场前会在水印花纹中打上纸张的品牌或商标暗记，有关这方面的档案记录对我们确定纸张的生产日期非常有用。但多数品牌的纸张在市场上的销售留滞时间都长达几年，这给确定日期带来一定的困难。许多文书上都有打印的时间标记，或者通过水印设计的变化和特殊记号裂纹缺陷，就能够证明文书上标明的日期是伪造的（见图13-1）。因此，这里有必要强调的是，能否成功地确定纸张的生产日期尚依赖厂家有关档

[①] 朱丽叶斯·格蓝特（Julius Grant）：《书籍和文件资料》，伦敦格莱弗顿（Grafton）出版社，1937年，第2章。

案材料的完备程度。自从可以通过照相技术将纸张上的水印花纹显现以后，有关纸张与文书日期的信息也能有效地显示和得以证实。

图 13-1 水印花纹改变以前的铜版纸（bond paper）（上）和 1976 年水印花纹改变后的铜版纸（下）。

二 书写墨水

20 世纪出现了大量新的化学物质，并用于生产一种能够将字迹保存时间较久的书写墨水。适用于各类钢笔书写的新型墨水也开始畅销。各种墨水都可以通过书写字体的墨迹进行鉴定，并可确定笔迹形成的最早时间。令人遗憾的是，现在我们面临的问题却是这些纸张特征并不是每年都要发生变化，或每隔一段时间就发生变化，因此，我们仍然能够对伪造文书进行科学鉴定，即根据文书书写使用的墨水所表现出来的时间年代与文书本身所标明的制作时间年代不一致，从而证明文书是伪造的。

在 20 世纪 40 年代圆珠笔开始问世后，一种新型的书写墨水也应运而生，这就是供圆珠笔使用的一种油质墨水。① 它与当时用自来水笔和蘸水笔（dip pen）的水质墨水大不相同。根据这种带有新型特征和使用新型墨水的书写工具（圆珠笔）就可以确定具有这类特征的文书一定不是在 20 世纪 40 年代中期前制作的。在 1952 年出现了以聚乙烯乙二醇（polyethylene glycol）为基质的墨水，并开始取代圆珠笔的油质墨水，从而为确定文书制作日期又增加了一种墨水。②

在当代液体油墨（fluid inks）的发展历史进程中，众多各类的活性染料被开发出来，并被添加进当今使用的某些水质墨水中，而这些染料大多是 19 世纪后半期通过化学手段或生物过程由人工合成的产品。③ 在 20 世纪，一种相对于酸性墨水（acid ink）的碱性水溶性墨水（alkaline water - based ink）也开始推广使用。④

20 世纪 60 年代开始使用尖头微孔渗水笔（fine - point porous tip pen），如纤维笔头钢笔（fiber tip pen）。宽头记号笔也很常用，但它所用的墨水的成分与渗水笔用的不一样。如果不采用化学检验手段，要确定纸张上墨迹的差异并以此确定文书的制作日期就比较困难。

70 年代中期，一些厂家生产的墨水加进了稀土元素（rare - earth elements），以作为产品的特殊标志。由于墨水生产厂家经常周期性地改变墨水中的这些元素，因而，依靠对墨水中这类成分的检验来确定文书制作日期的误差范围不会超过一至两年。同样的道理，通过层析法（chromatography），可以对墨水的染色物质成分进行分析，与收集的墨水样本进行比较，便可用来确定某种墨水使用的最初时间。目前，绝大多数的墨水样本保存在联邦司法部执法实验室里，那里存放着各种不同种类的参考样本，这些样本不用于民事诉讼案件。⑤ 借助参考样本能有效地证实文书

---

① 圆珠笔于 1945 年 10 月 30 日首次在美国市场上销售，但早在 1943 年阿根廷就已经开始生产圆珠笔了。
② 威尔逊·R. 哈瑞森（Wilson R. Harrison）：《可疑文书》，纽约普瑞伊泽（Praeger）出版社，1958，第 217 页。A. H. 威特（A. H. Witte）：《墨水的检验和鉴定》，《法庭科学的方法》，纽约 Wiley Inter - science 出版社，1963，弗蓝克·蓝德奎斯特（Frank Lundquist）版，第 2 卷，第 66 页。认为其发生在 1950 年。
③ 参见威廉·E. 哈根（William E. Hagan）《论有争议的笔迹》，纽约银行出版社，1894。这本书讨论了戴维斯（Davis）遗嘱案件，在该案中真实遗嘱用苯胺黑墨水书写于 1866 年，而伪造的假遗嘱则"被发现是大约 1870 年前后制作的"。在戈登（Gordon）遗嘱案件中，哈根指出真实遗嘱的行间字迹是用红墨水书写的，"而伪造遗嘱则是用潮红色的墨水书写的，这些细节直到'所谓的遗嘱原件'制作几年后才被发现。"
④ 参见哈瑞森（Harrison）《可疑文书》，虽然派克牌铜、钒混合的超铬墨水早在 1927 年就申报了专利，但是直到 1949 年才在市场上出现。
⑤ 参见 D. A. 克劳恩（D. A. Crown）、R. L. 布鲁恩奈尔（R. L. Brunelle）、A. A. 凯恩图（A. A. Cantu）《圆珠笔油质墨水检验的参数》，载于《法庭科学杂志》1976 年第 21 期，第 917～922 页。该文对美国财政部烟草火器管理局的圆珠笔油质墨水档案处进行了描述。

不会在某个时期制作，或许因为这类墨水在那个时期尚未问世。

三 打印字迹

对打印文字的研究比文书的其他部分更能提供文书制作日期的线索。正如第三章所提到的，字模特征可以揭示打字机的生产厂家，而且每一种字模都有开始使用的具体日期（见图13-2）。这样，我们可以参考适当的样本资料来确定文书制作时该打字机是否开始使用（见图13-3）。这些信息虽然不能确定文书的制作日期，但它能够确定该文书不可能是在文书载明的时间里形成的这样一个事实。

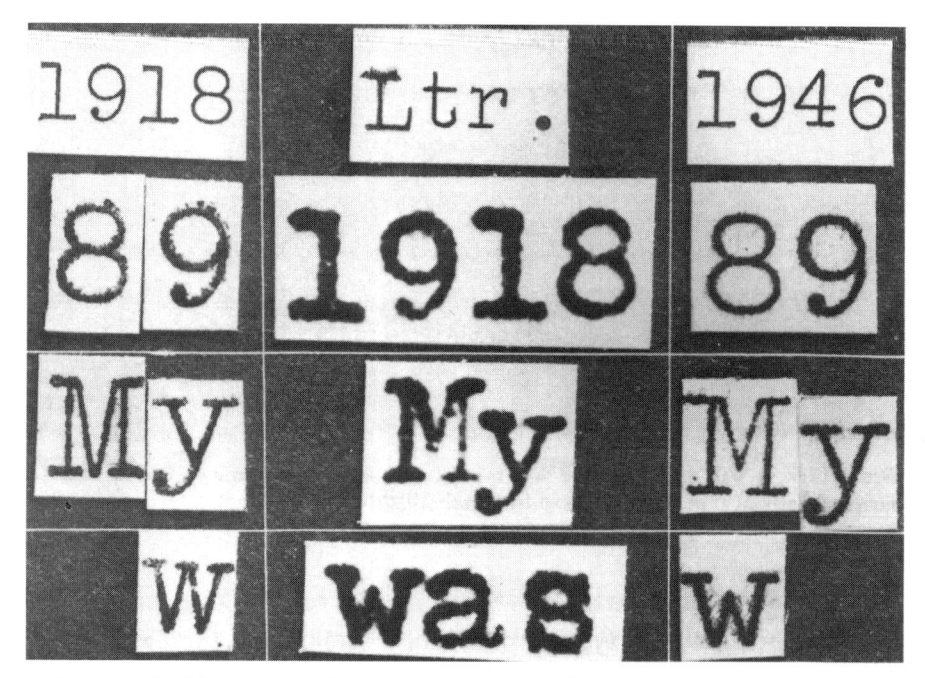

图13-2 本图据说是1918年打印的一封信，信中声称某人对遗产有继承权。该信是用雷明顿打字机打印的，但字母"M"和"w"的铅字模型与1918年通用性的打字机所用的字模不同，事实上这种铅字是1946年才设计出来的，显然这封信不是1918年打印的。

四 照相复制

通过对照相复制本的检验确定文书制作的最早日期。譬如一份标明为20世纪50年代初期的文书绝不可能在当时采用现在通用的3种复制技术中的一种进行复制。这3种复制技术是：静电印刷术复制（xerox）或其他无纹纸复制术（plain-paper copying methods）；采用锌氧化纸（zinc oxide paper）的直接静电复

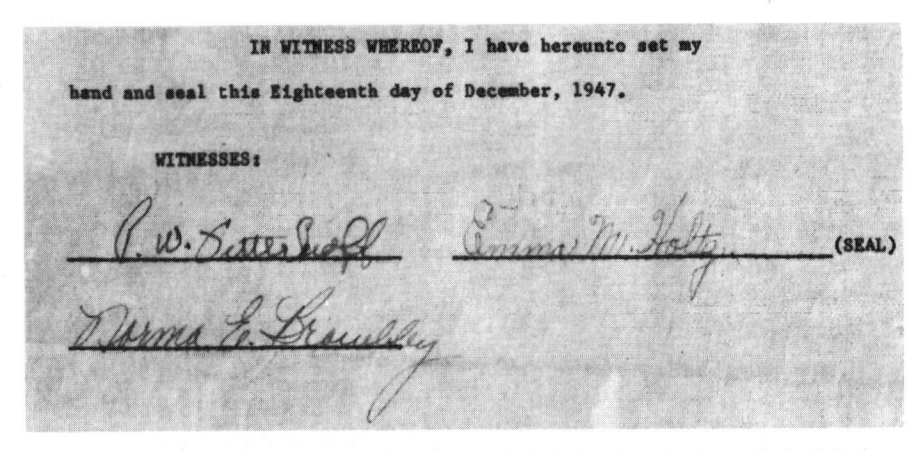

图13-3 一份用安德伍德·艾斯蒂姆字模打印的遗嘱,上面标明的日期是1947年,而这种型号的铅字在1958年才开始使用。

制术(direct electrostatic method);依3M发展而来的二元光谱复制法(dual spectrum copy)。① 同样的道理,一份1943年制作的文书一般采用40年代和50年代的复印方法进行复制,而这些方法在现代又完全废弃不用了。② 根据这方面的情况,我们不能说明文书本身在当时存在的问题,而只能说明复制文本在原物未产生前就出现的说法不成立。

五 印刷物质

在上端印有头字的信笺和铅印格式纸(printed forms)上制作的文书通常含有文书制作的最早日期的线索。铅印格式纸可能含有一种表明印刷日期的信息。印刷图案和字模的改变也能提供有关日期的数据(见图13-4)。电话号码、地区号码、地址、邮戳、邮政编码,以及与私人或公司有关的信头字体设计都可能与伪造文书的日期不符,但当我们清楚地证明文书不在某个时期制作时,上述这些线索往往容易被忽视。

---

① 《复印的革命(第1部分)》,《化工新闻》1964年7月13日,第115~119页。《复印的革命(第2部分)》,《化工新闻》1964年7月20日,第84~94页。该文讨论了复印机及复印方法的发展问题,报道了各产品问世的日期:914型xerox(转换静电复印程序),1960年3月;Apeco公司首部使用锌氧化物复印纸的直接静电程序复印机,1961年12月;3M双谱复印机,1963年10月。

② 复印的3种技术在这一时期问世并广泛应用:漫射转换复印程序(the diffusion transfer process):首次应用于商务是1949年末,德国研制了一种阿克发(Agfa)产品Blitzkopie,这一技术由雷明顿·瑞昂德(Remington Rand)公司于1952年引进美国,研制成了转换复印机(transcopy);明胶转换复印程序:伊斯门·柯达(Eastman Kodak)公司开发的染料转印复印机(verifax),于1952年初投入市场;温度自动记录复印程序:3M公司研制的热传真复印机(thermo-fax)于1950年问世。

18 EAST 42nd STREET, NEW YORK 17, N. Y.
(Just off 5th Avenue)
Phone: VAnderbilt 6-2900

18 EAST 42nd STREET, NEW YORK 17, N. Y.
(Just off 5th Avenue)
Phone: VAnderbilt 6-2900

图 13-4　上面一行头字的日期无疑是 1947 年，下面一行头字为 1948 年，它们之间有细微的差别，如准线所指示的两种印刷字体排列不同。此外，在第一准线与第二准线之间偏差 1/16 英寸。这个线索帮助我们证实了一份伪造文书的时间。

六　纸张

依据已知厂家的可疑纸张和具有确定生产日期的同类型的样本，对所有纸张进行化学检验、显微镜检验、色层分离检验（chromatographic tests）是完全可行的。通过对可疑文书与具有特定日期的参考样本进行比较，以推定纸张的生产日期。这些检验内容包括从纸张上裁剪部分检材进行破坏性检验。

七　其他检验项目

文书的每个部分都有显示其制作日期的价值。图章、装订材料（订书针、回形针等）各种各样的印迹（miscellaneous items）、公司标识（见图 13-5）。贴在

图 13-5　图片右边部分是经过红外线照片显现的笺条，该笺条位于装订存档的保险公司工作日志记录册内页上，它记录了该保险公司于 1975 年 12 月至 1976 年销售保险的交易日志。弗农·麦克米伦（Vernon McMillan）保险公司徽标的轮廓画线已经很淡了，但是还依稀可见，该徽标是 1977 年 4 月或 5 月公司出售时第一次印在记录册上的，而该公司是由弗农·诺伊尔公司（Vernon Royal）和麦克米伦·博克（McMillan Book）公司合并而成的合伙公司。左边的图片内容表明公司徽标与日志装订册里面的印刷文字只可能出现于 1975 年和 1976 年期间。该公司徽标与其他显现的印刷文字证明，宣称这本记录册中的日期是逐日连续记录的，这是假的。

书上的有清晰邮戳的邮票、邮票锯齿状文字或缩进排版（indented writing）或邮票盖销方式（canceling devices）等都能表明文书制作的年代。简言之，一份文书的制作日期仅当其所有组成部分都与制作的时间相符时才能确定，当其构成的任何一项与推定时间有矛盾时，确定的文书制作日期就是不正确的。

第二节　根据文书材质的变化推断制作时间

一　书写墨水

尽管许多人相信书写墨水能够确定日期，相信文检人员能推断纸张上的墨迹已存留多长时间，而实际上是不可能的。也许当纸张上的墨迹干涸并出现某些变化后，鉴定书写时间才有可能。即使在墨迹干涸后，我们也很难确定墨水及其纸张的成分发生过什么实质性的、可以测量的变化。

原始书写笔迹形成后，即使墨水发生了变化，也涉及许多非常复杂的因素，其变化与文书的保管方式及其存放条件高度相关。文书一般被存放在卷宗里，或放于桌子的抽屉里，或柜子的顶部，且长时间未加变动，温度和湿气会影响其变化的速度。例如，有些颜料墨水不耐光照（light fast），用它书写的文件一旦在日光或灯光下暴露一段时间后，字迹便开始褪色；但是用同样墨水书写的文件，如果经过编档后保存在档案室里，则文书及其字迹的原始色彩可以保持数年不变。

含铁质的书写墨水最早在20世纪50年代中期开始广泛使用，当其沉淀在纸张上以后要经几周或数月才出现变化，氧化作用引起墨水变黑。这种墨水开始变化速度很快，而后在几天或数周内则变化比较缓慢而趋于稳定。这种变化在经过一段时间后是可以检验的。至于变化的速度则可以用作推测或判断笔迹在纸张上形成时间长短的依据。[①] 快速的变化说明书写的时间至多是几天或一周；而墨水一旦处于几个月才发生轻微变化的阶段，则说明纸张上的笔迹是几周到数月的时间内形成的，当然，还必须要考虑到文件的保管方式及保管场所。大约6个月后，在多数情况下甚至更短，这种变化就十分轻微，以致无法测定。

其他种类的墨水不会发生上述氧化作用，这包括用于自来水笔和其他尖头笔的染料墨水、用于蘸水笔和圆珠笔的墨水。对于确定日期，除了那些完全暴露于

[①] C. A. 米切尔（C. A. Michelle）：《文书及其科学检验》，伦敦格瑞费恩（Griffin）出版社，1935，第61~65页。

强光照射下的墨水外,染料墨水不会有什么其他的化学变化,而实际上暴露于强光下保管文书的方式十分罕见。

几年前,人们开始推荐采用另一种方法来检验下述一些具有年代特征的墨水,这大多数是那些含有氯化物(chloride)或硫酸盐成分(sulphate)的液体油墨。墨水所含上述物质的离子通常会顺着笔迹线移动或者洇浸。尽管可以通过检验字迹轮廓线外洇浸出的油墨离子的含量来推断文书形成的日期,但这种检验需要从纸张上剪下有墨水笔画的部分,而后对之进行一系列化学检验,检验中可能会破坏或改变大部分字迹。[1] 同时,这种检验需要在与文书保存环境相同的温度和湿度条件下进行,因而非常复杂。一般情况下,这些自然环境因素不太容易查明。由于该检验方法具有破坏性和严格的条件限制,所以,它从未在美国得到广泛采用。

二 文书

文件的年代有时具有很大的鉴定价值,特别在调查时间长久的文件和古代遗稿(ancient manuscripts)中更是如此。人们必须明白,在较短的时间内还能对文件的制作时间做出判断,但当其存放日久以后,其表面及物质特性会发生变化。这些变化是由时间和物质成分的变化而引起的。人们不能以其他辅助的方法(加速方法)精确地再造这种变化,尽管总有人试图这样做。模拟因时间久远而出现的自然褪色,在细节特征上很难完全做到,这种仿真变色完全是一种荒诞不经且十分笨拙的行为。因为文件的保存方式及其制作文件的材质对纸张褪色速度有影响。廉价的木浆纸(wood pulp paper),如新闻纸,即使密封保存,也会在一年或两年之后开始从边缘处褪色,但优质的棉浆纸(rag paper)要保持很长一段时间才会出现褪色斑痕。

有些保持时间相当长的文件或墨水,特别是含铁质的墨水要在 10 年、20 年或 30 年后才出现褪色变化。从某种意义上说,由于对这类物质的检验不十分精确,因此,能完全根据文书本身的外观,就断定某种墨水至少有 10 年之久,或这份文书至少有 20 年之久。我们都知道,否认文件的材质和外观情况如何,要判断其制作时间,还要依赖于存放条件及其制作状况,同时还要结合纸张的生产过程及其使用的原料类型而定。换言之,所有这些检验只能做出一个大致日期的

---

[1] A. H. 威特(A. H. Witte):《墨水的检验和鉴定》,《法庭科学的方法》,纽约 Wiley Inter-science 出版社,1963,弗蓝克·蓝德奎斯特(Frank Lundquist)版,第 2 卷,第 69~75 页。

估计，但这个估计也必须含有某个特定时间，而不能说成几年前或几年后。

三 铅笔

铅笔字迹一旦在纸张上形成，无论怎样都不会发生什么变化，因而，它还能作为一种确定书写时间的检验方法，不能单凭笔画所含有的物质成分检验来推断文书的制作时间。

第三节 通过比较确定文书的制作时间

一 墨水

对有些类型的文检问题，可以用墨水与其他文件上的可疑的书写日期进行比较，这样就能够确定文书的制作时间。由于每支笔使用的油墨各不相同，因此，这种方法在检验圆珠笔油墨时有多种效用。

如果能够收集大量书写日期确定的材质样本，那么就可以用书写人在这一时间段内可能使用的笔和墨水，与有争议的墨水进行比较，从而确定书写时间。尽管这种方法难以确定书写的具体日期，但只要结合产生激烈争辩的书写时间的各种因素，对确定文书制作的确切时间也具有重要意义。

后一种情况可能更切合实际，比如某种墨水已用数月，而钢笔的墨迹质量正好与可疑文书一致，可见这种检验对确定某种日记上的记录内容是否为当时所写十分重要。如果可疑墨水与特定时间的书写笔迹不符，我们就可大胆地推测它是否在后来某个时间加上去的。此外，即使可疑墨水与比对样本相符，仍然需要做大量的工作才能确认它的真实性。

将可疑墨迹与文书书写时期前后使用过的所有样本墨迹进行比较以后，如果没有发现相同的材质特征，我们就可以推定该文书所标明或声称的制作日期是不正确的。然而，要做出这种推断，必须获取非常有力的能够代表那个时间段的没有争议的真实样本。换言之，如果无可争议的真实样本材料确实是在可疑文书制作时间段内书写的，那么这种证据就比较可靠。例如，几张支票上的签名字迹，就很难确定书写人使用过的墨水的完整情况。另外，如果声称该文件是在某人办公室里签署的，并有大量同一时间签署的重要文件，将这一时间段内的签名支票作为比对样本与同一时间签署的其他重要文件进行比较，这样的证据就更有说服力，更加令人信服。大家也许会明白，这种确定文件制作时间的方法，在很大程度上依赖可疑文书的各种情况和比对样本。

二 打印文书

在确定文书的制作时间方面，比较打印文书的技术特征是非常有效的方法。一台打字机的磨损情况，尤其是打字机铅字连动杆的机械损坏状况，能够有助于检验人员研究该打字机在过去几个月或几年内的使用情况，从而确定在最初的缺陷出现以后，新的瑕疵是什么时候产生的或者发生了哪些变化。① 在同一时间段内，如果样本和可疑文书都出现了相同的缺陷，那么就可以确定可疑文书肯定是在这一时间段内制作的（见图13-6）。这些机械和技术的缺陷特征不可能经常发生变化，也不可能每隔几年就发生一次，或在每年的那几周内发生变化（见图13-7）。每台打字机都具有自己独特的打印特征，无论情况怎样，一旦打字机

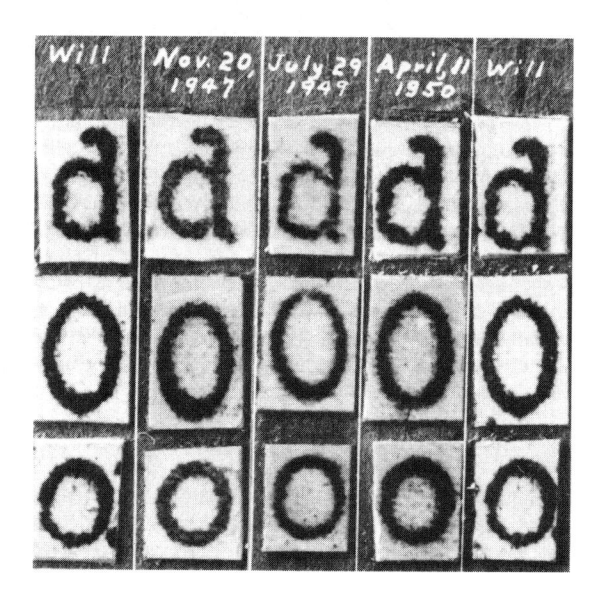

图13-6 两外侧纵行字母取自一份遗嘱，日期为1947年8月20日。本图三个铅字面样本分析情况表明它们不是在同一时间打印的。字母"d"的左侧笔画变平的情况表明它是打字时金属表面受过硬性损坏，而该损坏是1949年6月才开始出现。在右手一侧的"o"字打印较重，已知样本中出现这一情况是1946年6月。小"o"在1950年4月的样本中才出现缺陷，如在上方纸片上出现的那样，字母打印较重。尽管遗嘱上有真正的签名，但以上这些确凿的事实足以证明该遗嘱是伪造的。

第一次出现了独特的缺陷后，随后在这台打字机上打印的所有文书都必然包含相同的缺陷特征。打字机铅字连动杆上的字面（typeface）破裂和损坏特征，是确定这类文书制作日期的重要因素，字母排列基准线的瑕疵（alignment defects）也有助于缩小文书打印时间跨度的范围（见图13-8）。各种缺陷的变异现象也有助于确定可疑文书制作的日期时间段（见图13-9），但是，所有这些判断时间的跨度都是以几周、几个月为标准，甚至有时是以几年为

---

① 乔治·G. 斯威特（George G. Swett）：《打印文书的时间鉴定》，《刑法学、犯罪学与警察科学杂志》1959年第50期，第86~88页。

可疑文书的科学检验

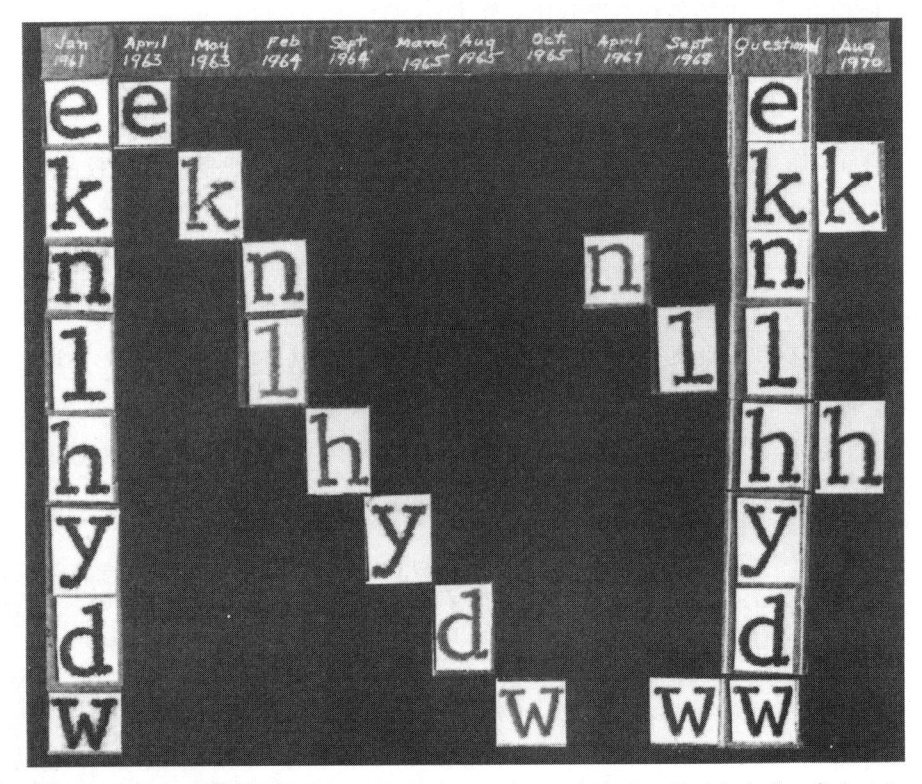

285

图13-7 新的日期线索出现在1961年到1970年之间打印的一系列文书中。每个日期都至少有一种明显的新缺陷。1963年4月，"e"字笔画的末端受损；1963年5月，"k"字左下侧横线出现缺陷；1964年1月，"n"字左下侧横线和"l"的基线左侧面出现缺陷；1964年9月，"h"字的左下侧横线出现缺陷；1965年3月，"y"字左下侧横线受损，这一缺陷在其后的样本上变得更为突出；1965年8月，"d"字右下侧横线受损；1965年10月，"w"字左侧横线被磨损掉；1967年4月，"n"字的上端横线受损；1968年9月，"l"字的右上端凸出部分损坏，"w"字的右端横线全被磨损掉。信中出现的这几个字母和其他字母都显示了同样的缺陷。1970年8月的样本上的"k"和"h"字的进一步损坏说明可疑文书是这个日期前打印的。原告最初声称文书是在1961年或1962年制成的，而现在则改口说是1968年9月制作的。

标准，就是说可疑文书可能是在几周、几个月或几年等时间跨度范围内制作的。[①]

通过研究打字机使用的纤维材质的色带（fabric ribbon）的损耗情况，就可以成功地缩小文书打印的时间跨度范围。但这要看印迹的浓度，即打字印迹的黑色深度，这是构成比较检验的基础条件。新的色带能打印出一种颜色深黑、油墨很浓的字迹；磨损的色带只能打印出颜色浅淡的字迹。由于色带从新到旧是

[①] O. 希尔顿（O. Hilton）：《根据对发生变化的打印缺陷的分析推断打印时间》，《刑法学、犯罪学与警察科学杂志》1959年第51期，第373~377页。

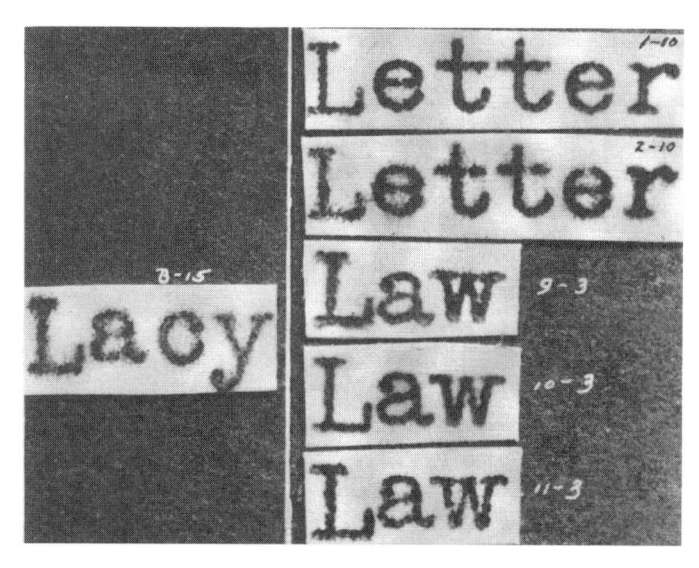

图 13-8　根据打字机的字形转换键（shift motion）损坏一年的情况，推断检材"lacy"的打印日期不会早于 10～11 月份。

个逐渐损坏的过程，这对判断时间能起一定的帮助作用（见图 13-10）。同时，打印字迹的笔画在用新色带打印时显得较宽，但当色带十分陈旧时，笔画则变得又细又窄。这种情况下，如果能够收集到一定数量的打印日期没有争议的文书样本，与可疑文书进行比较后，就能够判断该可疑文书是在与样本相近的一两个星期内，甚至更短的时间内制作的，这同时也要根据打字机的使用程度而定。

同样道理，清洁的铅字面也可帮助推断文书的制作日期。如果打字员不对铅字面进行定期清洗，在经常使用的字模表面，尤其在闭合笔画的字母表面就会淤积污垢。当可疑文书的制作时间被限定在一个较短的间隔时间范围时，色带变旧和不适当地清洗印刷符号等情况，也许能帮助我们确定最有可能的文书打印日期（见图 13-11）。

到目前为止，绝大多数这类技术方法还不能对单元打字机制作的文书做出比较鉴定的结果。因为单元打字机的打印缺陷非常细微、有限，也就是说，如果确实面对这种打字机打印文书的检验时，在将这些技术方法成功地用于这种类型的打印机之前，还必须对有关的技术问题进行深入的研究。

三　笔迹和签字（signatures）

每个人的笔迹都是变化着的（见图 13-12）。大量事实证明，这种变化是循

可疑文书的科学检验

图 13-9 打字机上字模的形态变化能够证明第 10 页比第 9 页打印的时间要晚些。打印第 10 页时，顶部的字母"e"比底部的"e"字打印力度要重些（样本位于白线条下方）。这些特征与其他证言相吻合，证明第 10 页的部分内容是在这份文书的主要部分制作完成 7 个月以后才进行的修改。而且办公室这台打印机同一时期打印的其他文书样本存在的缺陷，也进一步证实了在此期间打字机字模不同类型缺陷的变化情况（该材料复印自《刑法学、犯罪学与警察科学杂志》）。

序渐进的（见图 13-13），在收集到有关某人书写习惯特征或者体现其笔法笔势等特征的大量样本以前，要确定书写的具体日期是十分困难的。有时虽然文书上标明了日期而且签署了姓名，但是经过检验证明整份文书都是伪造的，就是因为书写习惯的形成与文书的制作日期不符。

第十三章 文书制作时间鉴定

图13-10 诉讼当事人一方声称一份未署名日期的文书是在他4月份访问该城市时由一位公共速记员打印的。反对方则认为该文书是在他同一年7月份第二次来访时打印的。从公共速记员办公室得来的4月份和7月份的打字样稿证实：7月份打字机的色带恰好与这份无日期文书一致。而4月份则用的是较新的色带，所以打出的字迹较黑、浓厚。

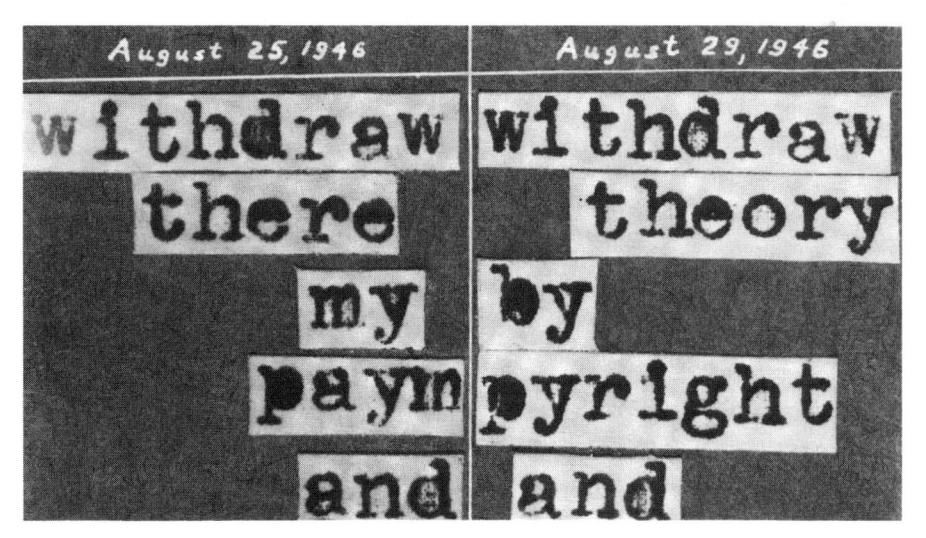

图13-11 与可疑文书有关的一个问题是，该文书是否为1946年8月29日印制的。而8月25日打印文字样本中字母"d""p"和"e"字模表面同样填满污物。这就有效地证实了25日与29日这两份文书为同一时期所制作。

图 13-12　1928 年底至 1930 年两年时间内，由于 G. E. 塔贝尔（Tarbell）的健康和视力衰退，他的签名字迹呈现明显的变化。这种变化是鉴别一系列有争议的笔记签名是否真实的有效方法。

由于笔迹随着年龄的增长而变化，某人一旦形成了自己的笔迹特征以后，当年的笔迹可能与一年或者两年前的笔迹相比也不一样。生病或受伤对书写有明显影响，这种笔迹特征的变化也可能会在某一天或某一周里突然发生（见图 13-14）。以后尽管恢复了，大多数情况下，都有一定的残效（residual effect），但并非每个人都是这样明显。因此，书写退化期的笔迹变化，显然可以归为一类特征。

通常情况下，成年人的笔迹变化很轻微，表面看来多年没变化，[1] 所以人们都认为检验笔迹变化对确定文书的日期并不十分重要。因此，人们大都忽视了这

---

[1] 大卫·J. 波泰尔（David J. Purtell）：《签名的时间鉴定》，《国际法庭科学》1980 年第 15 期，第 243~248 页。

第十三章 文书制作时间鉴定

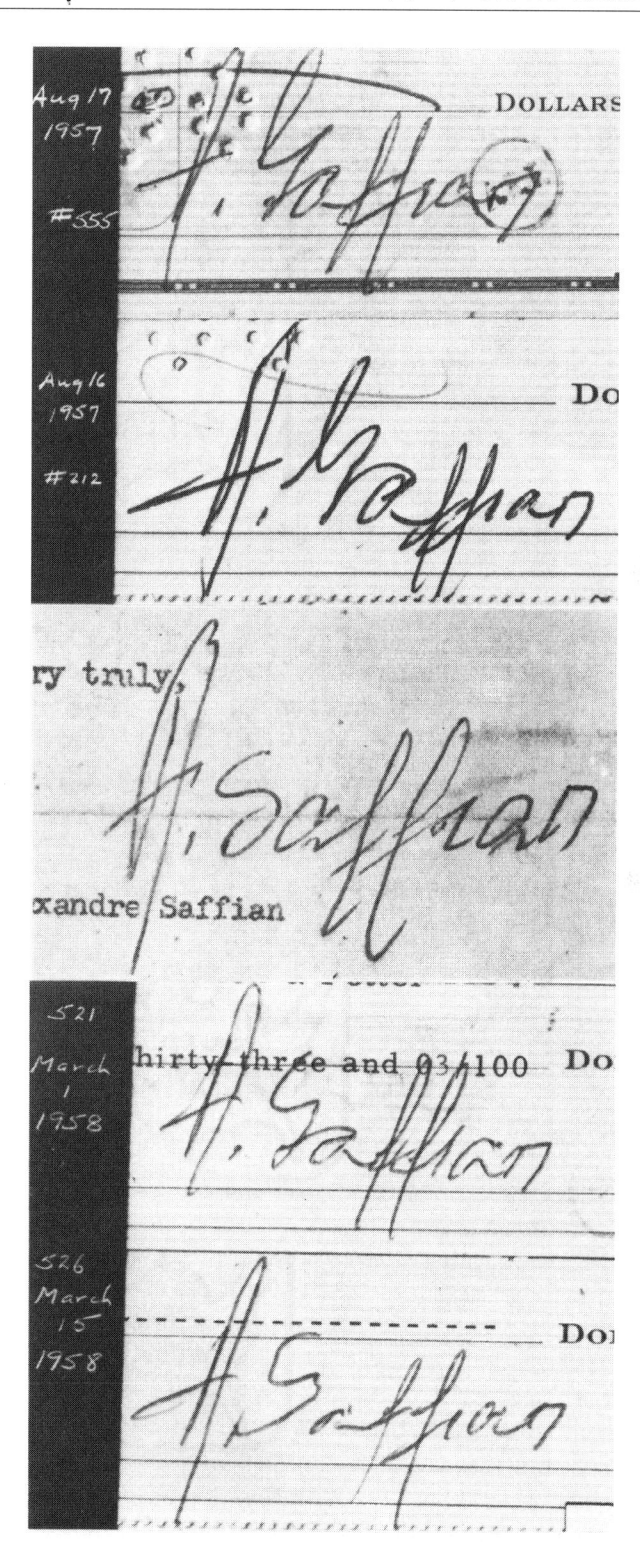

图13-13 图中间是伪造签名"Saffian",1957年8月17日的签字中的"s"字体与同时期的"s"不同。伪造签名上的"s"字体是1958年3月以后开始使用的,而且它最早出现在1957年12月的支票签名上。由此说明该字体错误是伪造签名的一个明显破绽,当然也还存在其他的伪造瑕疵。

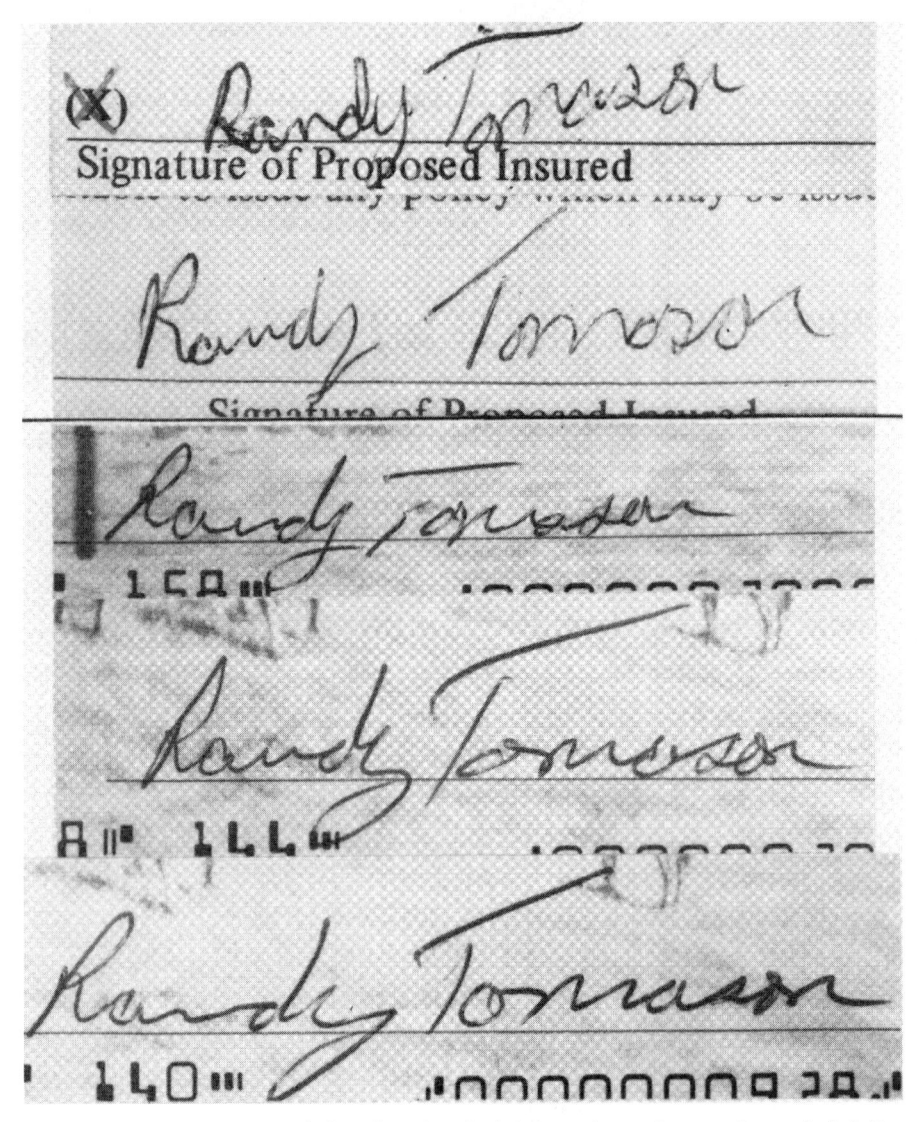

图 13-14 上面后两种签字出现在两份日期均为 1977 年 10 月 20 日的保险申请表格上。其他 3 份签名是 10 月份前或 9 月份在一组样本支票上的签字。

10 月 20 日，卡车司机托马森（Tomason）从一个矿区运送矿石到城里，下午他抽空回家，在沿路的一个邮箱里取走了自己的邮件。据称邮件里装的是保险申请表，托马森填写了保险单。回家的当晚他继续工作。在跑夜车中他翻了车，身体受到严重伤害。他住进了医院，于 10 月 21 日才苏醒过来。据医生说，尽管他身体伤残，但仍能书写。托马森于 10 月 23 日死去。

通过已知的支票签名与两份申请表签名比对检验，得出结论是：事故前身体良好的托马森并没有在保险单上签字，根据字迹特征变化，推断他是在 10 月 21 日恢复知觉后在医院里填写的表格。

种检验的可能性，但也确有人曾通过对笔迹变化的检验来证明文书日期的。尽管该情况较少见，现在有不少案例已证实笔迹变化有助于鉴定日期。

四 印刷

从大量法院判决的案件中，可以发现不少重要的案件是通过对平板印刷、镌刻或其他印版印刷的表格以及证书上发现的大量证据的研究而做出最终裁决的。[①] 在绝大多数这类案件中，一个共同的问题就是必须要确定证书第一次印刷的时间，就像确定可疑文书的制作时间一样。一个典型的案例就是艾拉·弗吉尼亚·冯·埃赫特泽尔·温德尔（Ella Virginia Von Echtzel Wendel）不动产遗产欺诈案，诈骗犯声称自己是温德尔遗产的合法继承人，而这张结婚证书提供的证据

图 13-15 托马斯·帕克里克·莫里斯（Thomas Patrick Morris）声称该证书是一份非常重要的文书，它可证实他是艾拉·弗吉尼亚·冯·埃赫特泽尔·温德尔（Ella Virginia Von Echtzel Wendel）的外甥，并且是他 4000 万美元遗产的唯一继承人（纽约州，纽约郡，1931 年）。这份证书中的某些证据可以确定它的印制日期，请参见图 13-16（图片来源于埃尔布里奇·W. 斯坦的文书鉴定档案）。

---

① 奥利弗遗嘱案件中，因为在打印机代码后残留的逗号的尾部已被从文书中删去，从而确定了本案中的表格是订立遗嘱后打印的。参见 A. S. 奥斯本（A. S. Osborn）《可疑文书》，奥尔巴尼博伊德出版社，1929 年第 2 版，第 486 页的例证。

可疑文书的科学检验

表明，这份证书是在结婚证书上标明日期的 37 年后才印制的（见图 13 - 15）。[①]
从这个案例中可看出，印刷的细节特征在确定印刷文书的时间问题上非常重要（见图 13 - 16）。解决问题的关键在于弄清字体形态和装饰图案（ornamentations）、文件打印区域准确的大小尺寸或者铅字模的磨损情况。当某个特定的印版定期印制文书时，其磨损形态和退化程度，能够通过与其他印刷品进行仔细比较而确定，尤其是当可疑文书和比对样本都是同一时期内在同一个印版上印刷时，就能确定文书的印制时间。

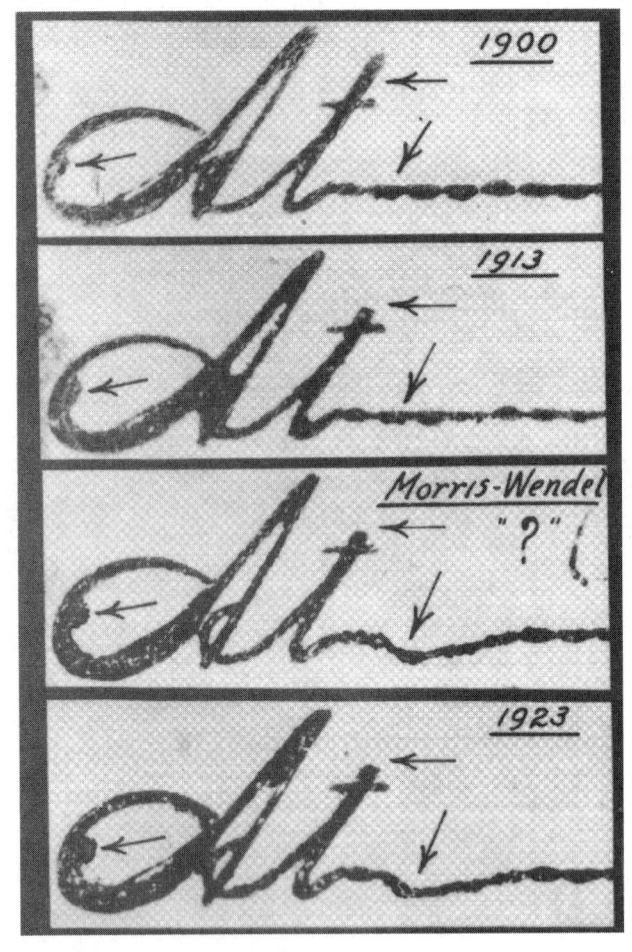

图 13 - 16 用同一印版印刷的 3 份明确日期的样本，与莫里斯－温德尔结婚证书上发现的印版印刷缺陷进行比对检验，可以断定该证书最早的印刷时间是 1923 年。这个事实说明这份 1876 年 6 月 11 日的证书是伪造的。在 1900 年至 1913 年期间印制的文书中"t"字母顶端上的横线被磨损掉了。在 1913 年到 1923 年间印刷的文书中，字母"At"下方的平行线（ruled line）出现了弯曲现象。其他缺陷也证实了对打印时间的这一鉴定结论。

遗嘱检验法庭的法官（surrogate）宣判这份遗嘱文书是伪造的，莫里斯这样做的目的是骗取艾拉·弗吉尼亚·冯·埃赫特泽尔·温德尔的财产，后来他因共谋欺诈而移交刑事法庭审判并被判处 3 年徒刑（资料来源于埃尔布里奇·W. 斯坦的文书鉴定档案）。

[①] 关于这一案件的简短论述可参见埃尔布里奇·W. 斯坦（Elbridge W. Stein）《手写笔迹与打印字迹的检验》，载于《刑法与犯罪学杂志》1941 年第 31 期，第 641~642 页。斯坦在一本未公开出版的小册子《温德尔案件》中，更详尽地论述了本案和文书证据。亚瑟·加菲尔德·海斯（Arthur Garfield Hays）作为一名出庭律师在《论城市律师》（纽约 Simon and Schuster 出版社，第 12 章，第 289~336 页）一书中，阐明了这个著名案件的辩护理由。

第四节 利用偶然标记确定文书制作年代

偶然情况下，在某些历史文献中也可能发现一些细小的油墨污垢或者书写笔画分叉，或者其他偶然附着的痕迹，这些痕迹表明该文件是在某个特定日期之后的存放过程中形成的，能够有助于确定文书的制作日期。文书上的褶皱痕迹（folds）、压纹（embossing）、装订印迹（binding marks）和邮戳（postmark）等附着印迹在确定文书制作日期方面都有一定的价值。而且，综合这些印迹，各种褶皱以及其他偶然附着的痕迹，在确定文件不同部分相对于其他部分的制作时间上是很有价值的。因此，这些偶然因素形成的附着印迹（chance marks）单独在确定文书制作时间上的价值不高，但如果与控辩双方的权利主张和陈述的其他证据结合起来，就有助于确定最有可能的文书制作时间，支持或者驳斥控辩双方的诉讼主张和反诉请求。

第五节 诸因素的综合评断

文书中出现的某个单独因素，可能会引发对制作日期不正确的强烈怀疑，但据此形成肯定鉴定结论的证据理由尚不充分。如果有两三个这种因素综合起来，就可以构成明确的宣称某个日期是错误的证据。从某种意义上讲，在这方面就应该仔细考虑前面图 3-34 所示的 U 形订孔（staple holes）和图 3-28 所示的印刷编码所形成的特殊印迹，事实上，它们都属于同一份遗嘱的一部分。该法律文书的封底与遗嘱有装订的 U 形订孔，而且与遗嘱的其他几页具有相同形态的装订孔，但比遗嘱签名页的装订孔要少些，该签名页标明的时间是 1929 年。法律文书封底的印刷编码表明该文件是 1931 年早期印制的。U 形订孔表明底面的订孔痕迹是第一次形成，而遗嘱上的 U 形订孔痕迹是在遗嘱制作完成以后上次修改的痕迹，也有可能是在 1931 年早期稍后的时间内形成的，但可以肯定的是绝对不是在遗书签名后形成的（遗嘱等法律文件必须在制作完成并签名盖印后才产生法律效力）。据此，遗嘱检验法庭的法官（surrogate）做出裁决宣告该遗嘱无效。在这个案例中，将两个因素综合起来考虑对判定文书形成时间的变化是必要的。所以鉴别文书的制作日期，既需要考虑文书本身所包含的某个特殊因素，也要依靠其他一系列因素。在其他情形下，外部的证据，即已被案件中其他证据清楚明确地予以证实的事实，只有与文书中发现的其他证据互相印证，才能正确断定文书的制作日期。

第六节 结论

总而言之，世界上没有一种自动的或万能的方法可以用来确定可疑文书的制作日期，但本章所讨论的各种技术方法能够检验某些可疑文书。但并非每份文书都能通过这些实验室技术方法来确定其制作日期。要确定文书本身是在某个特定的日期即具体某年某月某日形成的，一般而论，这是一个不可能完成的任务，但如果综合考虑案件其他因素提供一系列独特要件后，还是可以确定出文件制作的大致日期。更为常见的情况是，当确有可能确定文书的制作日期时，也只能是将其限定在某个时间段内（time bracket）——既不可能早于某个日期，也不可能晚于某个时间。这就需要文检人员努力从与制作及保存文书有关的各种环境条件以及材质中，揭示出这方面的有力证据。

第四篇

检察官和侦查人员在文检中的作用

297　　　本篇主要讨论研究可疑文书材料本身的问题。检验是根据检材所涉及的线索范围并在这个线索范围的个别对象中进行的。实践证明只要将检材与已知来源的样本进行对比，许多问题便迎刃而解。作为鉴定基础的样本要确保其来源真实可靠，否则，即使文检人员水平很高，他的检验成效也极其有限。

　　　　样本的准备和收取是文书检验的一个方面，在这方面，文检人员很少负责。通常由检察人员、侦查人员或与检材有关的其他人来做选择样本的工作，而他们往往不能充分意识到该文书检验的范围问题。他们也许会认为，把嫌疑笔迹与任意的真实签名进行比对就能识别出伪造的文书，或者认为根据仓促书写的一些零星笔迹便可确认匿名信的作者。令人遗憾的是，这种美中不足的证据几乎不能作为下鉴定结论的可靠基础。

298　　　收取可靠的样本是比对基础，也是文检过程最主要任务之一。样本收集的数量不够或选择得不当，常比其他任何因素更易限制检验的成效。为纠正收取样本误差情况，在下面各章节将对如何准备适当样本进行详细的分析探讨。

　　　　粗心大意或者缺乏了解，胡乱处理文书的后果，有时会导致毁掉或损坏重要的物证。所以，为了最大限度地减少文书的损坏，任何接触检材的人都应掌握提取此类重要物证的最佳方法。

　　　　此外，检察人员或侦查人员有时不得不做出另一种决定。当他们碰到无法将原始文书提交给文检人员的时候，那么该怎样准备副本才能将给文检工作带来的限制减到最小呢？可供他们选择的方法有好几种，但是需要他们根据具体情况仔细分析后，再做出决定。

第十四章　准备与搜集手写笔迹样本

　　手写笔迹鉴定的精确程度依赖于笔迹样本的精确性。所谓笔迹样本是指，能真实反映一个人书写动力定型的笔迹。获取这类笔迹样本似乎易如反掌，但实际上，它是整个文检过程最复杂、最棘手的程序之一。

　　合格的笔迹样本的基本要求是什么呢？它们必须能如实表明一个人书写习惯特征，尤其是在他处于与嫌疑字迹相同的书写条件下所写的正常字迹才算合格。制作这些样本的书写材料必须类似，笔迹样本数量必须充足，只有符合这些条件，它们才不仅能反映出书写人独特的书写习惯，而且能反映出笔迹中的变异现象。样本并非一定要含有一个人笔迹中所有的鉴定特征，它们只要含有与检材相同的某些基本特征就行了。

　　有两种笔迹样本可以满足上述要求。一种是在业务、社交或私人来往中日常书写的文字手稿，这种样本称为"自由样本"。另一种是检察人员或侦查人员为了同可疑文书进行比较而要求嫌疑人当面书写的材料，这种样本通常称为"试验样本"。由于收取自由样本或试验样本遇到的问题千差万别，所以对它们分别进行阐述。

第一节　搜集自由样本

　　合格样本最重要的因素之一是笔迹的数量，但其他因素也影响自由样本的有效性。需考虑的主要因素有以下几点：

　　（1）能获取的笔迹数量；

　　（2）题材的类似程度；

　　（3）检材和样本的有关日期；

　　（4）制作检材和样本的条件；

（5）所用的书写工具和纸张种类。

一　笔迹样本的数量

人们常强调笔迹数量充分的重要性，并认为它是合格笔迹样本的基本要件。一般人认为仅根据一两个签名便能确切地认定书写人。令人遗憾的是，事实并非如此。哪怕正常的笔迹变化，一般都会导致无法做出鉴定结论（见图14-1）。因此只有拥有大量的样本材料，才能精确地加以鉴别认定一个人所有的笔迹特征和各个样本中通常出现的笔迹变化规律。

图14-1　检验某个签名时，大约收集了120个已知签名样本，结果发现书写人偶尔交替使用另一种形式的"R"。这里是按照书写日期的顺序排列的14个签名。在第14个签名中底边靠右交替的字形第一次出现。在整组签名中，这种交替形式仅在六个签名中出现。

异常的特征偶尔在笔迹鉴定中起着重要的作用。因此，收取大量的样本是十分必要的。

每个人两次签字或书写词组的方式并不完全相同，它也是笔迹鉴定最具复杂性的因素之一。这种自然变化必定会在笔迹样本中体现出来。笔迹变异是个人因素——对每个人来说，无论是在程度上还是在性质上，变化总不相同，而且变异也会受当时的书写条件所影响。因此，对少量的签名或者少量的一般笔迹都不能断然做出肯定结论。

针对多数检验问题，收集一二十个签名作为比对样本就足够了，但许多案件则需要三四十个甚至更多的签名才能精确地反映出书写人的运笔习惯、书写能力和笔迹变异范围。实际上，侦查人员仅满足于收集最少数量的笔迹样本是下策，若收集稍多一些样本就能大大地提高检验的成效。

鉴定手写笔迹或匿名信的书写人所必需的最少样本数量也有所不同。通常若有四五页仔细挑选过的连续自然笔迹手稿作为有效的最少数量也许就够了。无论如何，原则上，提交文书检验的人总应设法收取尽可能多的字迹，而不是仅仅满足于最低限度的要求。

二 题材的类似程度

最佳的样本不仅含有大量的字迹，而且还应当是数量充足，且与检材内容题材相同的文书。这样，如果一个签名受怀疑，就应收取签名样本；如果认为一张支票带有欺骗性，就应收集有真实签名的废弃支票；如果一份账目受到怀疑，其他账目充当样本则最合适；如果要确认匿名信的书写人，则应收取他的亲笔书信或几页有关他的字迹进行比较检验。略加考虑其他各种因素，选择相同题材的笔迹进行鉴定的理由便显而易见了。

一个人的签名由于其使用次数或者使用的性质（在公务和私事中代表书写人）往往比他的其他任何字更具独特性。一经说明，读者肯定会想起熟人使用的几种异常签名形式。签名同他的其他笔迹截然不同。在一些国家，签名习惯上有一定的风格，签名实际上与一个人普通笔迹毫无联系，它几乎并不表示书写人姓名的拼法。显然，在这些情况下，在鉴别可疑签名真实性时，只有真实的签名才有价值；但即使书写人的签名看起来与其他笔迹极为相似，也应有其签名独特的细节特征。

收取签名样本时，也必须考虑书写每个样本的用途。有些书写人有两个或更多的独特的签名形式用作某些特定目的。例如，在支票和法律文书上用一种签名，在通信中又用另一种签名（见图14-2）。有些人惯用某一特定的签名形式，而有些人使用的签名完全不同。而且，正规的签名，如契约、合同和遗嘱上的签名，比较非正式的或不重要的签名，如交货收据或购买少量汽油使用的签名，也会存在较大差异。因此有必要收取用作与检材目的相同的许多签名，只要可能，包括那些在其他种类文书上出现的签名（见图14-3）。只有拥有一系列样本才能容易地确定该书写人是否采用了不止一种形式的签名；倘若如此，便能确定可疑文书物证与其中的一种签名有什么关系。

可疑文书的科学检验

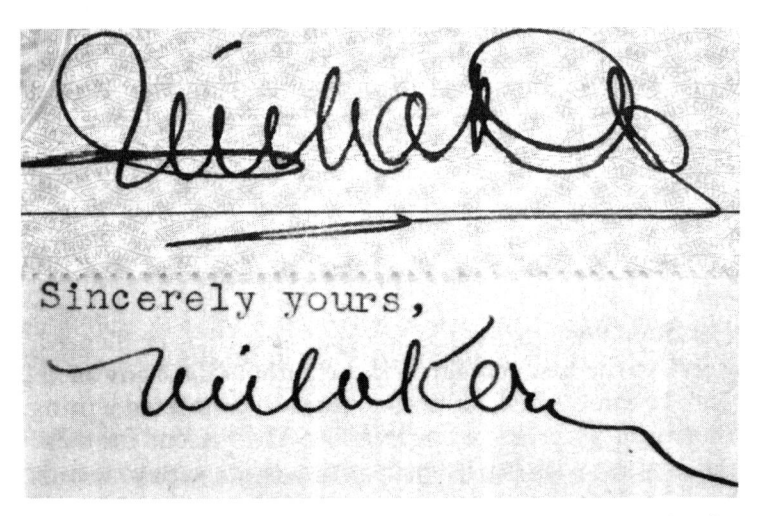

图 14-2 这两个签名是同一人书写于一张支票（上）和一封信中（下）。有些书写人经常使用两种或更多的独特签名形式。

图 14-3 这个案件说明收取用作多种目的的签名的必要性。上面两个签名代表曼（Mann）在所有支票上所使用的形式。她的专家证人仅使用支票签名便得出错误结论，正如她所声称的：契约签名不是她书写的。

下面是契约持有人取得的曼本人其他签名和笔迹样本。这些签名样本说明了契约签名和支票签名之间的差异。根据这些签名，法庭查明是她在该文书上签名。

主要是由于签名具有的笔迹特征数量通常有限，而且也由于在许多情况下签名和其他笔迹的差异，作为与其他检材进行比较的样本而言，签名作为样本效果较差。在后面几个案例中，由信件、报告和其他手写文书构成的样本，使我们能够对文检问题进行更广泛、更恰当的研究。样本和检材题材的类似程度越高越有助于鉴定。文检人员需要用同类文书做比较。例如，全面分析与检材做比对所需的因素，反映出与小写字母组合在一起的许多大写字母；这表明已知材料，例如地名手册，可制作较好的比对笔迹样本。相反，仓促书写的便笺作为与正常笔迹样本进行对比的样本效果较差，这些相同的样本在鉴定信件或亲笔遗嘱的书写人中几乎毫无价值可言。因此，必须考虑怎样选择一般笔迹样本。

三 文书制作的有关日期

在上述笔迹鉴定的论述中已指出，一个人的笔迹像其外貌一样会随着时间的推移而慢慢地发生变化。变化的速度与性质因人而异（见图14-4）。这依赖于许多因素，如他的书写速度、字数、年龄、书写技能及其身心状况等。例如，中年人体魄强健时的笔迹每年变化很小；但身患重病时，他的书写水平会急剧下降，只有当他康复时，书写人的字迹才可能恢复到原先那样的刚劲有力（见图14-5）。

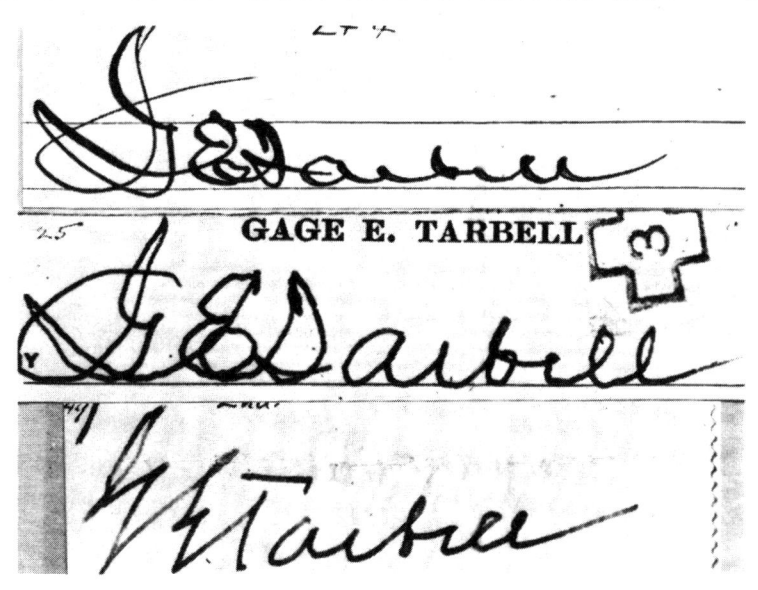

图14-4 在两年内该书写人的签名形式和书写技能就发生了急剧、突然和异常的变化。第一种形式的签名书写了几年后，于1928~1930年他完全改变了这种签名形式，变成了最后这种签名形式。中间这种签名仅在1928~1930年书写的文书上找到一些。

书写娴熟的人签名形式很少会有显著变化，但是微小的变化经常存在。因此，收取与检材制作时间相近的样本较为理想。

可疑文书的科学检验

图14-5 在不到7个月的时间内,该书写人签名的书写质量出现了明显下降的现象。8月她患重病,仅几个月后便去世了。以后的签名样本没有显示她的书写恢复到像2月份书写的笔迹那样有力和熟练。

软弱无力的签名也许是刚经过严重事故或手术后必须签署特殊文书时写下的。重病期间,一个人要书写许多东西是不容易的,因此事实上那时曾签过名的话,类似的签名数量也很有限。遇到此类案件,文书制作日期是极其重要的。

对一个典型的成年人来说,通常他的基本书写习惯的变化十分缓慢。因此,早于检材两三年或迟两三年书写的材料可作为合适的笔迹鉴定样本;但是,样本日期和检材日期之间的年份相隔越大,样本的代表性就越小。所以,应尽力获取与检材日期相近的样本。

四 书写条件

制作文书时的条件会影响对它的检验。仓促、粗心大意或以不自然的姿势进行书写,例如把纸搁在膝盖上写字,都常会引起笔迹变化,这些变化会使样本完全不适用与认真书写的材料进行比对检验。至于患病,除了书写人身体条件造成的变化外,他卧床书写、姿势不自然也会引起笔迹变异。在粗糙或不平整的表面上或在行驶的车辆上书写也导致其他显著的变化(见图14-6)。不合法的收据签名和仓促书写的便笺是常用的几种样本。这些样本反映了书写条件的典型特性。

不能仅用这些异常条件下制作的笔迹样本来与正常条件下书写的笔迹进行比较,尽管它们经常起着宝贵的辅助作用。对文书制作时所处的书写条件略做调查,能说明在文书检验中该字迹作为样本是否合适。

五 书写工具和纸张

既然笔迹鉴定需考虑各种检验因素,那么某份样本制作时所使用的书写工具

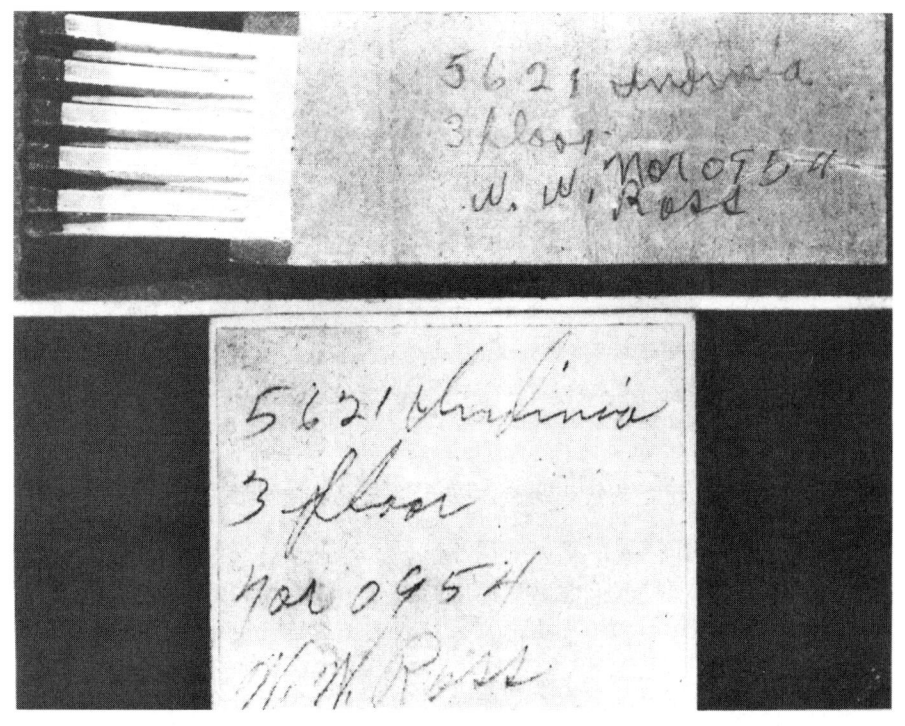

图 14-6　火柴盒上的笔迹是书写人站在行驶着的高架铁路火车上，左手拿盒写成的。同样这个人坐在桌边制作了另一笔迹样本。不正常的书写条件导致了第一个样本中的限制。注意在字母"l"、"d"以及"f"中低回线中较长的笔画是怎样缩短的。

种类也可能影响它能否被选作比对样本。用钢笔和墨水书写的笔迹样本中含有铅笔书写的样本所无法完全反映出来的某些鉴定特征，而钢笔笔尖型号的更改（如从软笔尖换成硬笔尖），也会引起字迹变化。[①] 而且，读者定会记得用滚珠钢笔书写的笔迹样本同蘸水钢笔或自来水钢笔书写的字迹样本不能互相比较，滚珠钢笔实际上是一种独特的书写工具（见图 14-7）。此外，微孔笔尖钢笔书写的笔画也略有不同。

纸张的结构成分、大小、形状和印刷格线对笔迹也会产生显著的影响。用自来水笔在低档、无规格的纸张上书写所遇到的困难和经常出现的模糊笔画，若在高级的证券纸上书写，结果便会完全不同。同样，许多书写人对他们的签名大小

---

① 鲍伯基斯与摩尔对于因更换书写工具而影响笔迹的问题，曾经有过这样的经历："好几年前在诺丁汉我们做过一个有趣的实验，即要求若干书写人分别使用大号、中号、小号笔芯来填写三张卡片，结果发现有个不知怎么拿笔的书写人，无意识地在三张卡片上写出笔画几乎同样粗细的字迹。"这样的书写结果与这位书写人平时的笔画并不完全一致，但是可以表明某些书写人存在这种倾向。详见鲍伯基斯与摩尔的论文《书写笔迹的分类》，载《警察杂志》（英国版）1945 年第 18 期，第 44 页。

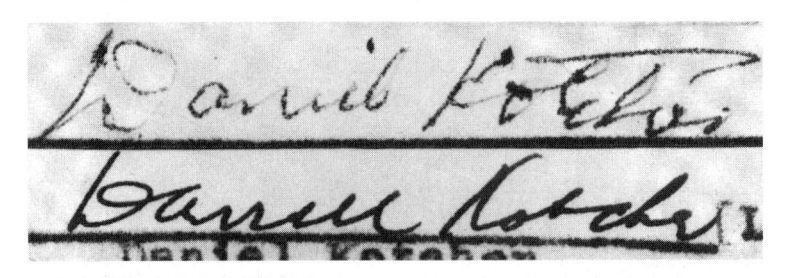

图14-7 上行书写相当差的签名是用滚珠钢笔写的。下行是书写人典型的签名,圆滑、流利,是用自来水笔写的。这些字迹写于滚珠钢笔刚刚作为一种新型书写工具的时代。除了这种钢笔字迹本身有缺陷外,签名者本人也不习惯使用这种书写工具,因为他用起来有点困难。当然,第一个签名是不符合要求的样本,故不能依据该样本来鉴定用更熟悉的书写工具签署姓名的真实性。

会根据书写纸在一定程度上做些调整,以适合签名处空间的大小。另外,画线表格上的样本便于考虑一个人习惯上怎样安排与印刷基线有关的笔迹。每个因素有助于更精确地解决一些检验问题。用类似的书写工具,在相似的纸张或表格上制作的笔迹样本有利于给文检人员提供最有效的检验素材。得出正确的结论是可能的,文检人员经常依据用并不类似的笔书写,或者在结构、大小、形状以及划格线等方面与检材并不完全一样的纸张上制作的样本而得出正确的结论。但我们正在寻找作为鉴定基本要件的最佳样本,而不是一旦获得某种样本就满足了。每年都有几个案件,由于样本不理想,检验的结果受到极大限制。对侦查人员来说,一开始便应当做全面彻底的考虑,这意味着一旦发现可能存在某个限制因素,就应及时加以排除。

第二节 样本的来源

书写实际上是每个人日常生活的一部分内容。因此,笔迹样本的潜在来源是不胜枚举的,经常调查笔迹案件的人很快便能全面掌握样本来源。然而,许多遇到笔迹检验问题的人很少或没有这种调查经验,那么下列建议对他们肯定会有帮助。

签名样本的可能来源有:作废的支票、旅行支票、储蓄单、账单和保险箱签名卡、电报和特快专递或挂号信的收条、货物仓储存单、商务和私人信函、信贷申请书、售货发票、罚单、租赁和抵押凭据、协议书、销售合同、契约、收据、股票证券和股票转让证券,及其他法律或商业文书;与政府机构有关的合伙企业和有限股份公司成立档案；法庭记录和宣誓书，如归化入籍材料、申请破产材料、申请离婚材料、遗嘱材料和不动产档案、委托书、答辩状、申请护照材料、领取结婚证宣誓书、申请驾驶执照表格、汽车交易表格、厨师执业材料，以及其他证件或执照申请书（如申请提供汽油、水电和电话等服务设施申请书、贷款申请书）借贷收据和票据；纳税申报表和退税证明、保险申请与记录、社会福利申请书、就业申请及履历表；现金交易凭证、现金与支票兑换营业所和当铺的手续记录；选民登记证、请愿书、选民投票名单、医院病历档案、上下班时间记录卡片、工资表、付款收据和人事登记表格、工会及同业行会档案；申请救济、失业社会保障、医疗照顾和老年补助金档案材料，购买某些麻醉药品和毒品的登记名单，旅馆和汽车旅馆登记册，教会、慈善机构、俱乐部及职业团体成员档案，退伍军人和现役军人档案，指纹档案；倘若是青少年，还要查阅中小学校的学生档案以及大学生分班卡片和学生档案材料等[1]。

除签名外，还可调查其他笔迹材料。例如一封匿名信或亲笔书写的遗嘱，查明样本和检材的来源相同，就能进而检验两者笔迹种类特征是否一致。别的笔迹样本通常可从熟人、同事或者商业客户那里获得。[2] 假如嫌疑人把近来的电报贮存起来，那么就有必要获得原始表格的照片复制品。如同人事表格、就业申请书或俱乐部会员申请书，商务报告、记录和函件均是很好的样本来源。事实上，只要一个人有兴趣并积极参加任何社交活动或业务往来，他在这些活动中留下的笔迹都是潜在的样本来源。

一 样本的核实

核实样本是谁书写十分重要。不管假设多么合乎逻辑，侦查员都不应该只确认某嫌疑人制作该样本，而应该通过仔细的检验证实自己的假定是否事实。下面的案例记载充分说明了这样做的重要性。在确定一群雇员是否分别在宣誓书上签名的一次检验中，把几张签了名的薪金支票作为样本。一些签名与宣誓书的签名不一致，但检验结束前要求他们当着人事官员的面签名，这些人事表格反映一位雇工过去一直没有在他的薪金支票上签过名（见图14-8），但他在宣誓书上签

---

[1] 作为手写笔迹样本指南，可查阅奥斯本著《证明问题》，纽瓦克：艾塞克斯出版社，1926。
[2] 罗纳德·莫林克斯的函件，在1899年指控莫林克斯谋杀凯瑟琳·亚当斯这起著名案件审理过程中被大量地引证。至于该案的简介及相关的笔迹证据，可参见艾姆斯的著作《论伪造》，1900年在纽约出版，第216~236页。有关此案更详细的叙述，可见塞缪·克劳斯1929年写的《莫林基斯案件》。

了名。倘若文检人员依赖假设，认为薪金支票上的签名是真实可靠的，那么就会犯严重的错误，尽管这样的假设可以作为大多数检验的依据。在另一个涉及被否认签名的案件中，根据过去几个月内书写的样本证实原被否认的签名出自同一人之手。审理前深入调查反映出所有的样本和该被否认的签名是一位雇工而不是嫌疑人书写的。任何样本在法庭上使用前都必须有足够的证据来佐证。将文书提交专家鉴定之前应通过会谈确证它属实。

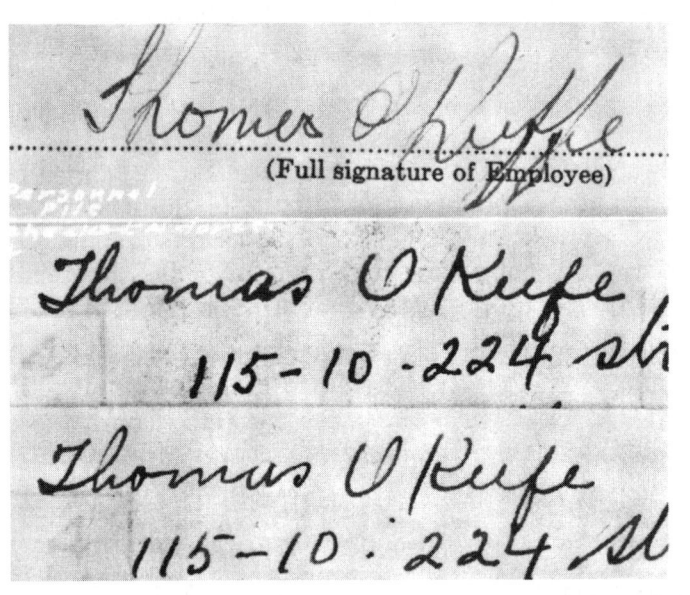

图 14-8　这三个签名被认为是雇员欧基夫（O'Keefe）书写的。但是仅仅来自他人事档案上的一个签名经证实是可靠的，该签名是他在公司办公室的文书上当众签署的。下两个签名出现在薪金支票上，是他的一位家属在食品店兑换时签署的。显然易见，假如认为支票签名由欧基夫书写，就会在鉴定嫌疑签名中导致严重的错误。

样本亦可经侦查人员详细的实地调查或者当可靠的证人在场时对嫌疑人书写的样本加以证实。应当仔细地询问提供样本的人，如果可能，应询问书写者本人何以为证。从不同目的出发，在不同的时间和情况下制作的样本可用多种技术检验、核实。样本是文书检验的基础，没有比对样本，鉴定就难以做到准确无误。

第三节　提取试验样本

尽管笔迹样本的潜在来源十分广泛，但要随时获得一系列足够的自由样本也许会遇到困难或者根本不可能。虽然这些情形绝非局限于刑事案件，但在刑事侦查中此类现象毕竟司空见惯。因此，如果能获得嫌疑人的样本并且他情愿的话，那么就可得到一组试验样本。

制作试验样本的客观条件决定了提取样本者有必要遵循某些规则，以便使样本的比对价值不受损害：①必须向书写人口述材料；②口述题材须经仔细挑选；③须提取足够数量的字迹；④某些口述内容应当重复，复述次数三次为宜；⑤书写工具和纸张尽量与制作可疑文书所使用的相似；⑥听写过程应时而适当地中断；⑦应安排正常的书写环境和条件。

必须清楚地认识到上述要点指南至多只能导致有用的样本——以便确认真正的书写人，并像人们希望的那样能够排除所有从未书写过检材的人。试验样本通常并不完全反映书写人所有的书写习惯，但如果控制得好，这些试验样本能够反映出该人的许多书写习惯。经验丰富的文检人员清楚地认识到此类样本的缺陷，尤其认识到它们反映的书写人书写习惯特征数量的有限。因此，当不可能确定某个嫌疑人时，排除他也是不明智的。制作样本时书写人的伪装、紧张不安都可能引起字迹明显的变化，而仅仅在某一时间书写的样本限制范围以及书写人知道书写结果是用来进行比对，也会导致差异。另外，倘若样本能顺利地同检材进行比对，这些样本虽然不能完全反映出书写人的书写习惯，但并不妨碍或限制靠试验样本证实鉴定结果。

一　口述材料

已发现听写能提供最有代表性的试验样本。然而，在口述时须向书写人说明题材而不暗示材料的安排、拼写、标点符号、字母的大写或会引起他伪造或更改他自然书写习惯的其他方面。

口述的方法同样与样本的最终价值有很大关系。如果题材像书信一样是连续性的，那么应适当调整口述的速度以便他连续而不是断断续续地书写。开始听写时的速度应较稳定，使他不显得心慌意乱，但随后的样本应以几处不同的口述速度听写，要有心乱书写的部分。只有这样，他正常的笔迹变化范围才能在试验样本中近似地再现出来。快速口述使嫌疑人难以提供最佳或最整齐的笔迹，这种字迹看起来像书写拙劣的样本似的很不理想，因为检材的特征一般介于这两极之间。

而且，即使有的书写人企图更改或伪装自己的笔迹，较快的口述速度则减少了他企图得逞的机会。但需注意到许多近乎文盲的人只能很慢地书写，他们往往把注意力主要集中在每个字母的结构上。企图伪造的人也会以类似的方式书写。这样，人们的第一个印象是：近乎文盲的人以其自然习惯书写的字迹，也可能使人联想到伪装，但综观大量的样本，他的笔迹特征仍是一致的。另外，以故意伪装手法书写的许多长篇笔迹样本则缺乏这样的一致性，无数不一致的笔迹特征便会暴露样本字迹的真实本质。①

通过别的途径而不是口述获得试验样本，如模仿打印、手书或印刷的材料，所得到的结果并不令人满意（见图14-9和图14-10）。允许书写人使用制作好的笔迹副本，向他暗示文字布局特征、正确性的拼写以及标点符号，都会失掉鉴定价值，因为它们都是有助于检验的个别特征。而且，要求临摹笔迹的人交替听写、抄写，那么写出的样本字迹就显得断断续续、不连贯。既然每页的字迹都有许多停笔和起笔特征，这些样本自然就缺少书写人原来的运笔自如和节奏。显然，认真进行口述则可以排除上述欠缺。

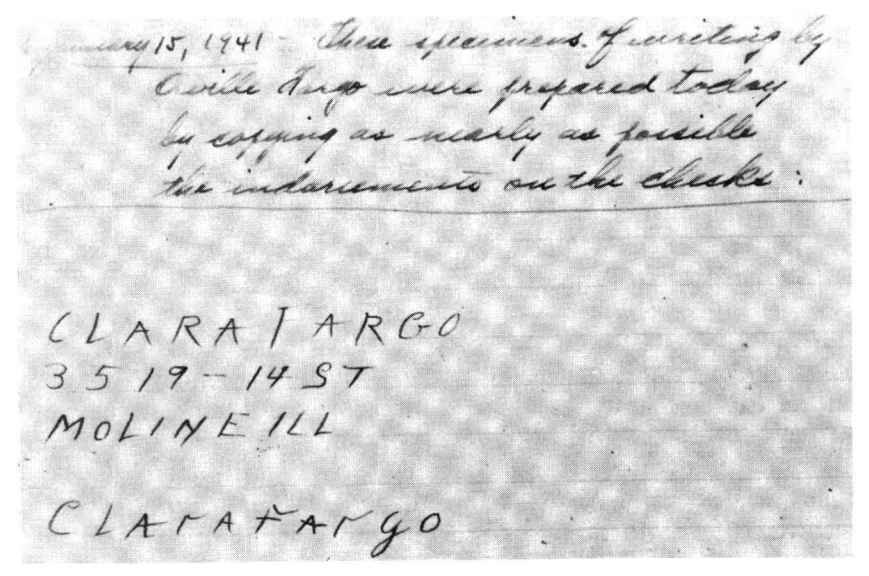

图14-9 在这些试验样本上面的注释要求嫌疑人"尽可能模仿支票上的签名"。这些支票是第一次收取的样本。这种做法使书写的样本跟检材进行比对变得毫无价值，也会影响书写人后来制作的所有样本（见图14-10）。合格的试验样本总是听写的，而绝不能让嫌疑人摹仿检材抄写。

二 选择题材

制作试验样本应考虑以下三种基本因素：①检材的文字内容；②一些与检材

---

① 哈德利斯建议：除了用听写的方式获得笔迹样本外，还应在估计嫌疑人书写检材所需的时间基础上，令其限时听写或抄写这段内容。如果嫌疑人故意书写伪装笔迹的话，这种限时听写或抄写获取笔迹样本的手段可能是适当的。详见查尔斯·哈德利斯《笔迹鉴定与伪造犯罪的侦查》，Calcutta: Hardless, 1912, 第191页。

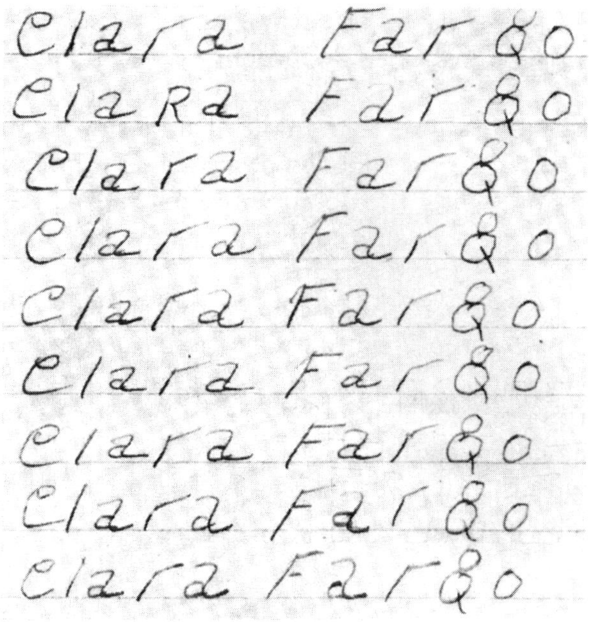

图 14-10 这些签名取自嫌疑人制作的一部分试验样本，是指令他摹仿嫌疑签名抄写的（见图 14-9）。这两种签名都是一个字母一个字母分开书写的。这些样本不能确定事实上用印刷体书写的字母中有多少是伪装的，多少是代表书写人用印刷体真实书写的字母。其他能作为辅证的样本也无法找到。然而，值得庆幸的是侦查人员在获取这些嫌疑人认真书写的样本时，在每张纸上都贴了标签，以便文检人员了解样本收取时的情况，这就充分说明了样本的可靠性。

类似的语言材料，样本材料中应含有许多与检材内容相同的词、短语和语句；③样本字迹中应包括所有字母和许多较常用的词汇。

无论何时嫌疑人有点了解检材内容（这是常见的情形），他们对听写检材的内容也不会强烈地反对。事实上，这种做法比其他方法优越。因为侦查人员无需准备特殊的口述材料，而文检人员又得到较大的帮助，他们能直接将样本和检材中的相同词组和字母进行比对。

然而，有时候则不宜向提供试验样本的人透露检材内容。[①] 以往经验表明，在这些情况下更好的做法是口述那些与检材类似的文书材料，如与匿名信作比较的连续文本，或与嫌疑支票进行比对的汇票或收据样本等。选择样本材料时，应尽量包括检材中的词组和语句，确保口述材料中含有检材中能找到的拼错的词语、异常使用的大写字母或标点符号。

也许最不成功的试验样本就是标准化或格式化的听写，如"伶俐的褐色狐狸

[①] 关于检材的内容是否应该听写，在文检人员中间存在不同看法。讨论有关笔迹样本制作的问题中，夸克建议第二种试验样本，即特殊的听写样本，在所有文检案件中均应收取。他进一步倡导这种样本可按下列步骤收取：第一部分，一篇设计好的短文（含一些检材中的基本词汇）应在正式听写前念给嫌疑人听后再写；第二部分，将检材的主要内容（不是全部内容）在不预先告知的情况下，令嫌疑人听写；第三部分，听写有一定长度的普通短文。夸克还指出，在整个听写过程应当留心观察嫌疑人的举止，以便发现其有罪的迹象。更详尽的关于收取笔迹样本技术的内容，可参见夸克《伪造、匿名及可疑文书》，伦敦 Routledge 出版公司，1930，第 233~235 页。

从懒洋洋的狗身上跳过去"。较复杂的口述题材内容，应包括所有必要的大小写字母，含有异常和不熟悉的词或姓名。否则，即使口述重复了几次，制作的样本也往往缺少一个人正常笔迹的流畅性。但有时候格式化口述，如奥斯本（Osborn）发展起来的口述，① 实践证明也有一定价值。经常从事笔迹检验的人，往往会熟悉一种或更多的口述形式。②

读者不要从以上论述中推出每个检验问题只能用一种口述方法。相反，可以经常用两种甚至结合所有这三种因素来制作更有代表性的样本。当检材简短时，可同时采用这些因素来获取最佳样本。否则，为了获得用作充分数量的样本材料，仅仅使用有嫌疑的文本就要求大量的重复。然而，这种方法和较长的可疑文书手稿有同等的优点，因为题材的变化，例如从涉嫌的文本变换成无关的文字材料，有助于解除书写人的疑虑，这样，使试验样本含有更多的典型笔迹变化。

在某些情况下，尤其是刑事侦查中，不采用口述的方法也能获得试验样本。当嫌疑人被拘押时，他总想方设法为其有罪的行为辩解。机智的侦查人员不妨同意嫌疑人写出他的辩解或供述。在替自己辩护时，嫌疑人通常极力为其可疑行为提出合乎逻辑的借口，而很少注意笔迹样本的固有书写习惯。这样，该书面供述便成了他正常笔迹的理想样本。

监督制作试验样本的人应该完全了解检材。否则，他就得把试验样本限制在一般化的形式；即使那样，也会有得不到符合要求的样本的可能。有个文检人员曾经历过这种情形：现场勘查的侦查人员被要求从嫌疑人那儿获得笔迹样本并且仅被告知检材中的某些内容。侦查人员后来承认他之前从未见过检材。他在嫌疑人处获得自以为相当不错的样本，实际上是字母连写的草书字迹，而向他展示检材原件时，侦查人员才发现可疑文书上的字迹全是用印刷体书写的。结果，他提取的笔迹样本几乎毫无用处。如果现场勘查人员事先看过检材，与了解检材的人或者文检人员讨论过检材笔迹及其字母的大小写、拼写等关键特征因素，他才能够提取对文检人员的鉴定具有价值的笔迹样本。

---

① 参见奥斯本的《可疑文书》和《证明问题》。
② 作为芝加哥警察局犯罪实验室的一位鉴定人员，戴维·波泰尔在芝加哥地区从事犯罪侦查过程中，创造了收取笔迹试验样本的几种方式。他在其论文《手写笔迹的样本形式》中，对这些样本形式和概念进行了论述；载《刑法学、犯罪学与警察科学杂志》1963 年第 54 期，第 522～528 页。作过类似研究后，芝加哥的其他执法部门也创造了另外一些收取笔迹样本方式。当然，美国的部分联邦执法机构也在侦查过程发展了新的提取笔迹样本方法。

三　样本的数量

欲从试验样本中，获得一个人笔迹具有真正有代表性的、正常的笔迹变化规律，是极其困难的。即使在最有利的情况下，试验样本也要求有足够的数量。绝大多数试验样本有缺陷的原因，仅在于这些试验样本未能反映出嫌疑人正常的笔迹变化规律。

紧张不安和故意伪装这两个因素经常会改变正常的笔迹变化特征。在不是可疑文书书写人所提供的试验样本开头部分字迹中便会明显地反映出其紧张不安的心理状态。至少部分由于被指控或怀疑制作了该检材，或纯粹因为书写人知道该样本将用来与其他笔迹进行比较，紧张不安的疑虑特征就会在试验样本中体现出来。然而，随着口述继续进行，这种紧张不安的心理现象会从其笔迹中消失。之后的字迹会逐渐反映出无辜嫌疑人更自然的习惯特征。另外，许多犯罪分子为了逃避侦查，往往企图故意伪装笔迹，尽管这种不熟练的伪装很少能持续下去。因此，如果我们想确保试验样本从开始就能反映出嫌疑人的自然笔迹变化，不受紧张焦虑或故意伪装等心理因素的影响，就有必要让书写人提供至少五六页连续的字迹样本或者更多的签名，每个签名分别写在一张纸上。

试验样本最常见的缺陷是不要求书写人提供数量充足的笔迹样本。有时是因为侦查人员不知道合格的笔迹样本需要多少数量，有时却纯粹是由于侦查人员感到浪费时间，认为大量的笔迹样本对侦查工作似乎无关紧要。无论如何，欲查明或确定可疑文书的书写人，提取长篇手稿或大量字迹样本是文检必不可少的前提条件。

四　重复多遍

不管采用哪一种题材，反复书写能增加样本的价值。听写时，一页文字手稿至少应口述重复三遍，并且最好是从嫌疑材料中选取来的文字内容。重复能使书写人熟悉题材，有助于他书写更流畅、自然。同时，这也是避免伪装的有效手段。有罪的书写人常常因认识到自己不能继续重新书写第一次样本中他的变化笔迹，从而会完全放弃伪装笔迹的企图。另外，若他想继续努力写出原来的伪装笔迹，他的这两个相继样本中就会出现明显不同的笔迹变异特征。一旦查明有前后不一致的笔迹变化，就更有必要获得嫌疑人其他的笔迹样本，包括重复先前口述过的材料。遇到这种罕见的情况，就需要获取足够的试验样本，其中必须包括没有伪装的笔迹样本，这样才能便于查明和证实笔迹有无故意伪装。

五 书写工具和纸张

试验样本能容易地控制书写工具和纸张对笔迹所产生的影响。向书写人提供与检材中使用的相同或相似钢笔（或铅笔等）是必要的（见图 14 - 11）；同时还应选择与检材相同的物理特性和格线的纸张，必要的话，可把它裁剪成合适的大小和形状（见图 14 - 12）。这样制作的试验样本有助于免受书写材料影响而较客观地反映一个人的书写习惯特征。

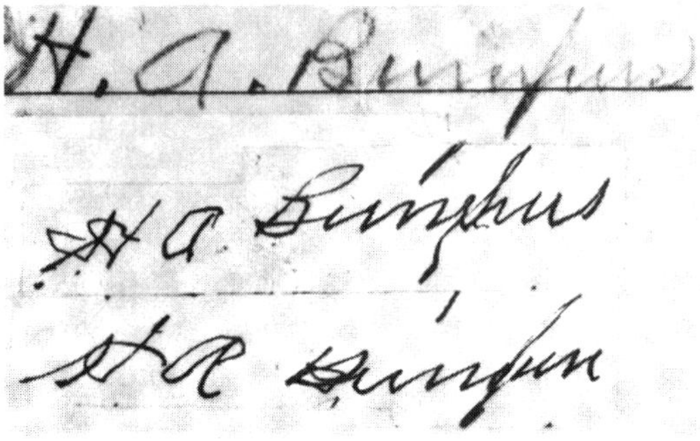

图 14 - 11 上一个签名体现书写人使用铅笔通常的书写技巧。下一个样本是他用钢笔尽最大努力书写的，显然这是他不太熟悉的书写工具。有些书写人，尤其是书写能力有限的人平时很少使用钢笔，因此他用钢笔书写就显得十分困难。

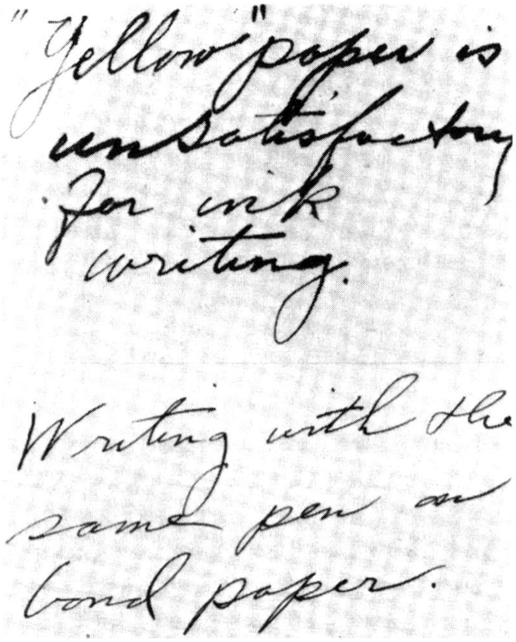

图 14 - 12 并不是所有的纸张都是为用流质墨水书写而设计的。同一书写人使用同一支钢笔制作了这两个样本。上一个样本是写在无规格的纸上，这种纸像一张吸墨水纸一样吸收墨水，形成这样粗糙和浓厚的笔迹。下面这种纸是专门适用于该墨水书写的。制作试验样本时应仔细选择纸张。

检材笔迹用墨水书写时，重要的是鉴定出使用哪种钢笔。"钢笔"是一个广泛或总的概念，在前几章中我们知道有几种书写特征根本不同的钢笔。今天滚珠钢笔很常用，也很受欢迎，它的笔尖用一个滚动的球把笔芯中墨水遗留在纸上。使用流质墨水的蘸水钢笔或自来水笔，尤其笔尖柔韧的话，会显示一些不同的书写特点。最后，微孔笔尖钢笔一般比其他书写工具书写的笔画更宽，这种笔画隐藏了某些普通钢笔本来会显示的细节特征。并非每个书写人都能用各种工具流畅地书写，如果所有的检材都是用一种钢笔书写的，那么也应该用这种钢笔来书写试验样本。

六　口述的中断

制作笔迹试验样本时，一两次的间歇中断口述是较好的做法。这样做可消除制作长篇的样本而引起的书写疲劳，同时可以防止伪装笔迹或使伪装不起作用。如果在停歇期间拿掉已经写好的样本，书写人的注意力就会集中到其他事情上，他要使笔迹伪装得前后一致就更加困难了。因为这样一间歇，书写人对原先刻意伪装细节特征的记忆就变得模糊了。此外，口述的中断有利于使试验样本含有的自然笔迹变化比在同样数量的连写笔迹样本中的变异现象暴露得更多。

口述中断可能出现在侦查人员同嫌疑人进行谈话的停顿过程中，而明显没有中断试验过程，但有一个危险就是可能导致嫌疑人不愿意再继续书写下去。停顿几小时或一天，他可能会拒绝再写，声称其已经提供了笔迹样本。在制作试验样本时，无论何时采用听写停顿策略，都必须记住这种可能出现的不利情况（见图14－13）。

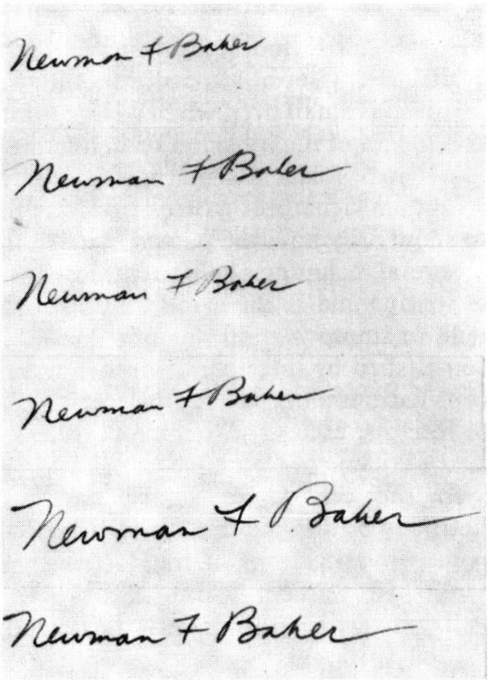

图14－13　在两个或更多的场合获得的试验样本比在一次连续期间更有代表性。这六个在一次试验中制作的签名是在不相邻的两天写的。起初的四个是在一个场合书写的，另外两个是几天以后写的。每个签名分别写在一张索引卡片上。这两个场合签名表现出来的特征变化在其中一个场合更加明显。特别要注意两天书写的笔迹大小的变化，更重要的是在前四个签名中，书写人把他的中间首字母与姓连起来，而在后两个中不是这样。精确的样本应包括像这样典型的笔迹变化。

七 书写条件

允许书写人舒适地坐在桌边书写。但是，检材可能是在不正常的书写条件下书写的。例如，像许多收据签名一样，书写人往往站着，或者把纸铺在墙上书写。若碰到此类情景，应叫嫌疑人以相似的姿势来制作一些辅助样本。若不知道当时确切的书写条件，但笔迹暗示了一些异常的书写姿势时，侦查人员应用几种不同的方法提取试验样本。譬如除了坐在桌边书写正常的笔迹样本外，还可以站着把文书搁在高高的柜台上，或者站立弯腰伏案书写，或者把纸夹在手持的书写板上或者放在膝盖的衬垫上进行书写。提取试验样本过程，应对嫌疑人制作的每份样本的光线、姿势和情景进行确切的记录。这样，获得在正常和异常书写条件下制作的各种试验样本，就能充分研究书写人因姿势等因素变化而产生的笔迹特征影响。

第四节 获取签名试验样本应考虑的特殊因素

迄今，检验签名试验样本最麻烦的问题是要提取一组令人满意的签名样本。因为签名检材字数少，即使制作了大量的签名样本，也难以完全消除紧张不安或故意伪装给字迹特征造成的影响。况且，签名试验样本往往比日常书写的签名更趋一致。因此，签名试验样本很难充分反映出一个人通常的自然签名特征。

有几种技术有助于弥补上述缺陷。增加字迹数量，即同时采用不同的文书要求嫌疑人签名可能有助于提高样本的质量。除签名外，再附加提取其他笔迹也许能获得最佳签名试验样本。不仅仅要求嫌疑人只书写一系列签名，还可以要他填写二三十张支票或收据样本，每张支票或收据均须有他作为出票人或转让人的签名，或者两者都签。

若一个人用他的自然笔迹书写化名（这种情况在警方侦查支票诈骗案件中是常见的），另一个方案特别有效，即样本中包括该化名以及许多相似的姓名。依据这种技术，假如化名是"约瑟夫·马丁（Joseph Martin）"，那么再加写几个变化姓名，如"约瑟夫·哈茨（Joseph Harts）"、"鲁道夫·马丁（Rudolph Martin）"和"斯蒂芬·马文（Stephen Marvin）"。

条件允许的话，最好叫书写人在不同的时间制作几部分样本。这样，签名试验样本更趋向于日常书写的样本。这种提取笔迹样本的方法不一定局限于签名，它对加强任何笔迹的典型性同样有效，只要可能就应加以采用。①

签名试验样本最常见的不足在于没有包含许多有代表性的笔迹变化特点。所以，必须尽一切努力来弥补这个不足。为达此目的，每个样本应分别写在同可疑文书相似的纸张上。随着纸张的每次变换而发生的书写姿势改变会引起细微的笔迹变异，这些变化在仅写在一张纸上的一系列签名中一般是碰不到的。事实上，在一张纸上一个接一个地书写的十个签名，其价值往往比在不同场合书写的两三个签名还要小。

试验样本经常得进行初试来评估提交上来的各种样本价值。为帮助解决这个问题，每份笔迹样本应编码，并对怎样书写样本，何时中断口述，哪些部分是以快速或慢速书写，样本不在同一日制作时样本制作的日期，每份样本收取时所处的各种条件因素等都要做准确的记录。这些记录，特别是书写人曾进行伪装时，有助于区分异常的样本。

第五节　试验样本和自由样本的综合评断

毫无理由说试验样本和自由样本不能同时使用。事实上，在某些情况下，为了获得一系列充足而精确的笔迹样本进行鉴定，往往离不开这两种样本。若怀疑试验样本难以（实际上也不可能）完全消除笔迹的故意伪装，就必须用试验样本补充自由样本。然而，这种做法不限于有涉嫌伪装的案件，因为即使相当有限的自由样本，笔迹试验样本也是一系列完整而有效的附属检验材料（见图14-14）。

有些情况即使最全面、最细致地搜集材料，也只获得不充足的自由样本。用笔迹试验样本有限地补充自由样本通常要求编制一系列完整的口述样本。只有这样，才能保证以后收取的样本具有代表性。

---

① 布利维斯特（Brewester）提倡在三天时间内，每天都要收取嫌疑人的签名试验样本。见布利维斯特《有争议的文书和伪造文书》，Calcutta出版公司，1932，第48页。至于那些（尤其是有罪的）嫌疑人，他们拒绝在被拘禁几天后提供签名样本，声称其早些时候已提供过足够的签名等，这种情形是常见的。

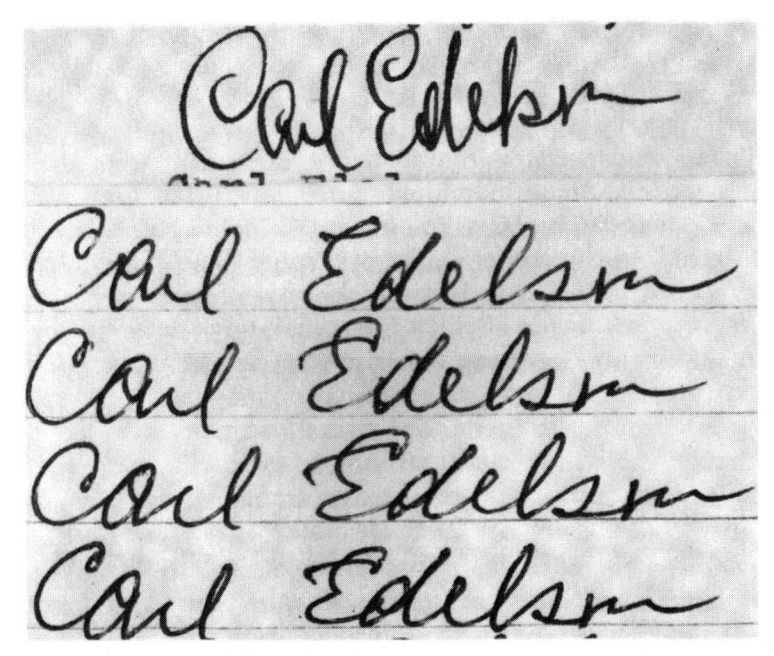

图 14-14　后面四个签名是卡尔·坎德尔森书写在一张纸上的一组试验样本。第一个签名出现在一封商务信函中，他承认是他写了该签名。运笔差异很重要，它表明利用日常事务中书写的签名对试验样本做补充参考的好处；此外，假如每个试验样本分别写在不同张纸上而不是所有的试验样本都写在一张纸上，这样的试验样本很可能会反映更多的自然笔迹的变化。

第六节　搜集试验样本的特殊情况

322　　文检人员常被指派鉴别或证明异常的假签名、正常签名或通常签名。此类检验总是包括书写人受酒精或药物（用作治疗疾病的药物和任意滥用的药物）影响时书写的签名、重病期间或临死前书写的签名、年老体弱时书写的签名，以及包裹和邮件收据签名、汽油或商品账单上的签名等。既然上述任何一种情况下制作的嫌疑签名都可能存在异常的特征，那么鉴定这些签名就需要提取近似条件的签名样本来进行比较检验。①

一　醉后签名

酗酒过度对不同的人有不同的影响。有些人酒量比其他人大得多，喝了许多

---

① 以下几小节阐述的内容，基本上根据希尔顿的论文《进一步看待笔迹样本》写的，载《刑法学、犯罪学与警察科学杂志》1965 年第 56 期，第 382~389 页。

的酒也不会影响签名。略饮了一点酒，一个人的签名仅受一点点影响。一般说来，他的签名只是显得略大一点和笔画不精确；但随着饮量增多，他的笔迹质量会进一步下降。缺乏精确的书写动作协调而导致文字布局和笔画结构不合理。即使书写人想努力做到签名规范，但因其书写技巧下降而显得力不从心。签名开始呈现粗枝大叶，或者最终呈现"醉态"。连续的签名会背离正常布局，甚至以无法预料的方式背离前面刚刚写下的签名布局。换言之，笔迹变异较大。人喝醉之后连续书写的样本，例如连续几回酗酒，在夜总会交易所上签字，在许多鉴定因素方面会发生很大变化（见图9-4）。在本章中我们论述的不是酒精对书写的影响程度如何，而是怎样能获取签名鉴定所需的精确比对样本，这些签名能清楚地反映出酒精的影响。

在这类检验问题中，获取已知样本比有其他种类异常签名的样本稍容易一点。在酒精的影响下，在检材上签了字的书写人也可能在类似的场合在其他文书上签字。在大多数案件里，尤其是那些涉及酒瘾很大者的案子，适当的侦查后能获得嫌疑人是否有酒精中毒等迹象的各种签名线索。而笔迹变化范围越大，鉴定需要的真实可靠样本就越多；当然，尽可能多地提取那些"真"签名而不是"假"签名。

用作文书检验的样本几乎全由从各种来源收取的材料组成。试验样本（或者书写人没有喝酒时书写的任何样本）仅仅限制了辅助价值。当然，如果书写人喝醉时害怕侦查受审，能够被说服书写许多样本，那么这种情形下制作的签名是有鉴定价值的。在一个酒精影响下书写的嫌疑签名案件里，一般不太可能获得嫌疑人喝醉时书写的试验样本。还没有报道过制作样本时允许嫌疑人喝得酩酊大醉来书写签名样本的案例。

附带说明一下，应注意服用药物或其他原因造成的身体伤残会产生好像酒精中毒似的症状。此类症状也会在字迹样本中反映出来。另外，中风或震颤性麻痹患者的笔迹可通过适当的药物疗法加以改进。

二　年龄引起的书写水平下降

由于书写人的年龄或晚期病情，在书写水平已严重下降的签名中会遇到非常棘手的问题。在此类问题中，临终前书写的签字尤其错综复杂，因为在早期的签名中几乎没有任何先兆。笔迹质量下降是很快的。老年书写者的签名质量下降通常是在几个月或几年内慢慢发生的。因此，可以获得的能反映书写字迹软弱无力的已知样本要比临终签名样本更多些。

这种笔迹特点是书写缺乏流畅性、形式细节特征上的不精确性和不一致性。就同一人而言，这种笔迹不如他的早期签名好。对年老体弱的人书写的一系列签名进行检验，反映出这些签名笔迹差异比他早些年典型的、刚劲有力的签名要大得多。这些签名笔迹特征的差异在某些案件中相当突出，使检验问题更加复杂。为了得出最精确的结论，需要获取比正常签名数量多两三倍的签名样本，并且所获得的样本制作日期应尽可能和检材的制作日期相近。尽管嫌疑人可能会有许多同时期的签名样本，但这些样本往往很难找到。

既然临终的人只是为某些最紧急的事由而签字，我们就面临跟临终前签字一样的文书检验问题。因为制作样本所处的情况和检材类似，获得的真实签名常同临终签名一样会受到怀疑。例如，临终书写制作所有样本时，受他的家属照料，有嫌疑的遗嘱对该家属极其有利。因为同临终签名相似的签名数量很少，所以实际上有必要研究书写人所有的签名，但即使如此，他的签名总数还是不多。

用于文书检验的签名样本必须包括尽可能多的、在书写水平下降期间书写的签名。即使他早期书写有力的签名也不能代表检材形成时期的签名，但利用这些签名来补充试验样本则有好处。这些样本使文检人员对书写人企图伪装的基本模式有所了解。若获得许多签名，至少二十五个，就能合理地得出精确的结论。能找到的签名通常是很少的，因此，必须慎重地"根据经验"来判断检材是否同样本相背离。用作研究的书写无力的签名越少，样本和检材间存在的无法解释的差异就越多。为了最大限度地减少差错，必须经常慎重而稳健地对待签名鉴定结论。

三 生病卧床书写的签名

在病榻上书写的无力签名，相对于临终签名而言，代表了书写人书写水平下降很大的签名，即使他后来部分或完全恢复了其原先书写刚劲有力的笔迹。这种签名可能是在刚经严重事故或者手术后必须制作特殊文书而签署的。患病，尤其是重病期间，要他书写许多字迹是不容易的，所以签名样本的数量十分有限。因此即使合格的样本存在，它们也极难被找到。

书写人软弱无力的笔迹检验问题，由于他支撑在床上或处在更差的书写条件下签字而变得更加复杂。书写姿势不当，像病体虚弱者一样会使签名的熟练程度降低，在收取样本和检验时必须考虑这些因素。

病床上的签名，如同我们讨论的大多数特殊签名案件，若能收集比一般案件多的签名，才可能做出有效的鉴定结论。令人遗憾的是，当书写人对满足文检人员的真正需要觉得厌烦时，他可能不愿意书写许多的签名样本。事实上，该嫌疑签名可能是他患病期间书写的唯一样本。若他完全恢复了原先的书写力量，那么康复后要求他书写的签名样本对鉴定也许帮助不大。有些嫌疑人病后经过长期疗养，他在疗养期间也可能书写过一些字迹。这些笔迹或签名虽不如他生病前或康复后那样刚劲有力，但它们有助于说明其字迹书写水平是如何下降的，因此这种笔迹样本比他原来的正常笔迹样本更佳。

四 收据签名

草率书写的收据签名确实代表了一种特殊的、不稳定的签名。跟书写人的其他收据签名样本和规范样本相比，这种签名往往缺乏正常笔迹特征的一致性。同一个人处在正常条件下，书写的签名样本在形式和手法上肯定更加一致，并且流畅。

对于有嫌疑的收据签名，它书写时的环境条件也很难确定。它也许是铺在表面粗糙的灰泥墙上写的，反映纸张表面的不平整和不正常的书写姿势；它可能是铺在手持的书写板上的签名；也许是垫在自己膝盖上签的字或者无任何依靠便把纸搁在另一只手上签名。书写人也可能在时间仓促或心里不耐烦的情形下签了字，这些情况都会增添笔迹鉴定的复杂性。潦草模糊的收据签名，显然是书写人毫不在意签署的。若把收据签名与嫌疑人的规范签名进行比较，两者之间的差异是惊人的。潦草难认的收据签名同支票签名、信函签名或法律文书上的签名几乎毫无联系。如果此类签名被否认，那么外行人会一眼断定收据签名是伪装的签名。

解决此类文检问题，真正有价值的签名样本是其他收据签名。在大多数情况下，十五或二十个规范签名也解决不了这个问题，因为签名试验样本通常是仔细地制作的，所以它们具有很高的鉴定价值，倘若收据签名被否认，试验样本便很可能没有价值。寻找类似的其他样本材料十分艰难，因为此类签名通常不会长期保存。然而，要得出精确的结论，它们也是必不可少的。当然，如果有必要进行试验，为使试验最令人信服，充足而类似的收据签名几乎是必不可少的。

五 账单签名

欠账单和赊账单上的签名与支票、信件和法律文书上的签名比较，前者可能属于书写熟练程度更差的字迹。有个别书写人用他们通常的签名填写这些表格，但许多人并非如此。尽管账单签名和收据签名在书写水平和质量上很少雷同，但当这些签名质量下降或被更改时，笔迹变化可能是细微的或者相当明显的。在这种签名笔迹鉴定中,不妨将账单签名视为一个例外的文检问题,然后再进行比较检验。

账单签名往往受书写条件和文书本身的影响较大。大多数账单的大小规格受到限制,在相当有限的空白处签字;于是原来签名字迹较大的,书写人不得不压缩字形签字。有些人可能就用其姓名的首字母代替原来的签字。汽油账单和燃料账单很可能是夹在书写板上签的字;书写人的手部肌肉受反常的气候条件影响或书写姿势不自然,或者在邮局、商品零售店内签字,这些内外因素都可能导致签名特征发生变化。

既然判断检材是在特殊条件下制作的,那么就应当寻找与检材的文书格式和制作条件相似的签名样本。但是实践中,找几份已知来源的账单签名或赊购单上的签名样本比较困难,除非有关商行店主愿意配合警方提供嫌疑人的其他签名样本。然而,收取类似的签名样本并非不可能。尽管三四个类似签名样本和大量较规范的签名样本能够反映我们希望得到的笔迹变化规律,但是收取大量的类似签名样本更加理想。最佳鉴定结论总是依据一系列充分的类似签名样本。

第七节　在交叉盘问时制作试验样本

笔迹鉴定问题,经常在案件审理过程中出乎意料地出现。[①] 最常见的情形是庭审时某位证人否认他曾签过名或书写文字。倘若仅作为对该证人的证词提出质疑的手段,那么证明涉嫌字迹是否证人所写就显得很重要。

这些意想不到的在法庭审理时否认署名的情况出现后,就要求有关人员尽快获得已知来源的笔迹样本。一种方法是在多方盘问下叫证人书写,但这种做法当然应被看作一项应急措施。若有机会,还要收取能被可靠证词证实的其他笔迹样本。

但是,证人在多方盘问下书写时,他绝对有必要像制作真正典型的试验样本那样去做。在许多情况下,这可能是用作检验的、能够获取的唯一样本。通常是在找不到证人的其他笔迹样本时,才采用多方盘问下获取其笔迹样本的方法。实际情况也是如此。

[①] 这一节内容的讨论基于希尔顿的另一篇论文《在盘问中获取笔迹样本》,载于《康纳狄克州律师协会杂志》1954 年第 28 期,第 168~172 页。

在法庭审理中书写的笔迹样本实际上是一种特殊的试验样本。因此，必须考虑同收取试验样本相关的一切因素。

在法庭审理中制作的最有效样本，是证人坐在桌边而不是站在证人席上书写的字迹。经法庭许可，证人可以从证人席退到检察官的桌边，以便为他提供更正常的书写条件。专门设计的使人自然、舒适地写字的证人席很少。

控辩双方都应准备合适的书写工具和纸张，要求涉嫌的证人在不同的纸上分别书写各种笔迹样本，而不是把一系列签名都写在一张纸上。假如证人所用的钢笔或铅笔与被否认字迹所用的书写工具相似，不妨允许他使用自己的钢笔或铅笔书写。

以这种方法制作的样本最大缺点是，能够对检材进行透彻、全面研究的样本数量往往太少。如果证人拒绝承认该签名，那么只叫证人书写一个签名是没有价值的，而要他书写许多的签名，这种签名样本的数量应与提取试验样本的数量要求一致。

假如文书是在审理前的许多年前制作的，那么审理期间提取的笔迹样本可能不是一件非常合格的样本。因为在这段时间，证人的笔迹特征可能已经发生变化，这样就有必要用与被否认可疑文书相近的笔迹样本来做鉴定比对资料（见图 14－15）。

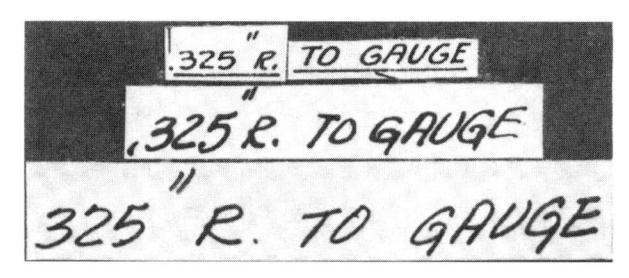

图 14－15　最上面一行的数字和字母出现在证人承认他已画过的一份工程图上。在多方盘问下，他的证词非常可疑，这样就要求他提供下面两行所示的样本。检材是 15 年前制作的，证人书写好这些样本后声称，大约 10 年前他就改变了"G"的写法，增加了最后的向下笔画。由于他的声称，尤其是日期上的悬殊，在多方盘问下获得的该笔迹样本完全不符合要求。

对证人进行交叉盘问时，当然要询问他有无含有他笔迹或签名的文书。几乎每个人都携带着驾驶执照、身份证或有其本人字迹的便笺。不妨以询问这些材料作为交叉盘问的开端。上述文书应像他在法庭上当场书写的字迹样本一样特征明显，不必仔细地向证人询问文书中哪些是他自己的笔迹。这样，笔迹样本同可疑文书进行比较检验时就不会有节外生枝的争端了。

第八节　手写印刷体字迹样本

收取手写印刷体字迹样本的规则和原则，同获取其他笔迹样本极其相似。既然数量充分的要求和提取其他笔迹样本一样，那么刚才论述的制作自由样本和试验样本的各种措施同样适用于获取手写印刷体字迹样本。

手写印刷体字在日常生活中运用相当广泛。除了那些专门用印刷体书写的人外（如制图员、建筑师、工程师和描图画家），几乎没有人能以这种书写形式制作长篇文书，而许多申请书、征求意见表及其他表格则用打印文字代替手写印刷体字。印刷体字母书写经常被人们用来在信封上书写易辨认的地址、书写明信片甚至书写整封信。似乎难以出现连续用印刷体书写三四页两种字体而不走样的现象，但这可以经过努力，特别是由商业界的人士以及学会写字前已学会并经常使用印刷体书写的年轻人来完成。

但对许多人来说，在手写印刷体字母的检验中，自由样本的来源比可疑文书的案件更容易受限制。因此，我们必须借助于试验样本。样本必须用印刷体字母自然地书写，并须反映出书写人习惯上使用印刷体书写的风格。显然，并不是说"全部大写字母用印刷体书写"，"大小写字母都用印刷体书写"。制作几页样本后，如果对所采用的印刷体字书写风格不同于书写人的平常书写习惯而感到怀疑，可要求他使用一种特定的印刷体字母书写。在如此制作的笔迹样本上应注明这种情况。但是，缺乏特殊的个别字母形式并不是说要求书写人制作某一字母，如"e"。这种做法只能毁掉样本的价值，对于书写人用印刷体书写的习惯特征却证明不了什么。

必须十分注意与手写印刷体字迹试验样本相关的、论述过的每个因素，但是最重要的注意事项是充足样本所需要的手写印刷体字迹试验样本的数量。无论如何应获得数量充分的材料，确保样本不受伪装或神经抑制的影响，同时含有那些代表其正常的手写印刷体字正常变化特征。一般五六页试验材料能提供合格的笔迹样本。

因为不连贯书写，手写印刷体字迹样本中的伪装比笔迹样本更不容易查出来。为了避免此类情况，检验试验样本以减少非典型的笔迹，应收取一些自由样本来加以补充。用这些后来制作的样本，来比对这两种笔迹样本，或许在确认书写人的真正书写习惯过程中能起一定的指导作用。

第九节　结论

　　获取一系列充足的样本需要检察和侦查人员坚持不懈的艰辛努力。为了反映嫌疑人的笔迹样本质量，仅仅追求数量充分的样本材料还不够。样本必须尽可能完整地反映出书写人在不同时间和条件下呈现的笔迹特征，而且它应明确地表明他是怎样书写检材的。

　　为了获取笔迹试验样本，不能仅向嫌疑人提供纸和钢笔，叫他书写几行字即可，还必须事先认真选择口述材料，监督他们书写，以最大限度地减少伪装笔迹，同时记住前面阐述过的各种因素和规则。

　　只有进行彻底的探索，调查笔迹样本的一切可能来源，始终意识到任何可能影响笔迹样本效用的那些条件，而不是仅仅收取手头上的两张废弃支票，才能获得最佳的自由样本。样本的质量在很大程度上决定着最终鉴定结论的范围和精确性。只有通过认真收取样本的有关人员的努力，笔迹样本才能避免缺陷，充分为它们的预期目的服务。

　　诚然，不能过分强调样本精确的重要性。因为每年都有许多文检案件仅得出模糊的结论，如果样本质量好一点，也许可以做出明确的鉴定结论或排除涉嫌的无辜书写人。人们常常提到原始样本不充分的情况，但若通过一个或更多的报告，经现场勘查的侦查人员和文检人员进行面谈，或许有助于获得充分的典型笔迹样本，然后才有可能确定事实。

第十五章　打印文书样本

鉴定打印文书的精确性在很大程度上取决于样本的质量。只有正确地制作样本，才能全面透彻地检验打印文书。外行人总无法完全了解合格样本的构成成分，他们中多数认为下鉴定结论几乎可以依据任何打印材料，这种观点当然是错误的。

第十一章研究了两种不同的打印文书鉴定问题：对打字机的鉴定和对打字员的鉴定。第一种鉴定在大多数情况下若拥有好的样本，就能够得出肯定的结论。然而，确定打字员并非总是可能的，部分地取决于所使用的打字机。纵然在最有利的条件下，如果对很长的文书没有怀疑，找不到大量精心挑选的样本，那么对许多现代电动传杆打字机来说，检验的结果仍不能令人信服，对于单元球体打字机来说，做出肯定的鉴定结论实际上是不可能的。可见，鉴定各种打印文书，对于样本的许多要求相当严格。

第一节　利用样本鉴别打字机

打印文书样本必须反映什么？它必须反映出打印文书样本的基本特征。为了鉴定一台打字机打印的文书，必须找出该打字机独具的一些特征或操作缺陷。这些特征或缺陷肯定会大量存在，可能仅一台打字机就有缺陷性和非缺陷性特点。如果检材是用嫌疑打字机打印，显然，为了精确地反映该检材中能找到的打字机所有的鉴定特征，打印文书样本必须包括正确制作的充分文本和材料。这些特征不仅包含各个样本一致反复出现的缺陷，而且包含那些每打印一个字必然不出现的缺陷。用做鉴定这些特征的样本，不仅必须表明特征的出现，而且必须精确地反映其出现的次数和重复出现的条件。

根据制作原件的目的，鉴定打字机的打印文书样本可分成两种。第一种是公务往来或私人交往过程中，在嫌疑打字机上打印的文书材料。搜集的此类样本通称为“自由样本”。第二种是侦查员本人或其他的人在侦查员的监督下在嫌疑打字机上打印的材料，是为了同检材进行比对而专门制作的，这种样本称为“试验样本”。为了确定特定的打字机，任何一种样本都起着同等作用。只要这两种样本与检材日期相近，它们就可以交替应用于检验。

在第十一章里已指出，鉴定连动杆打字机的打印文书和单元球体打字机的打印文书、活字球体打字机或活字轮盘打字机的打印文书存在很大的差异。尽管我们对单元打字机和连动杆打字机应予以相同的考虑，但制作或收取用做鉴定单元打字机的打印文书样本的要求比鉴定连动杆打字机严格。现在先阐述认定用连动杆打字机制作的合乎要求的样本基本要求，然后分析单元球体打字机附加的或特殊的注意事项。

仅将几份嫌疑打字机打印的文书收集起来或打印出整个键盘上所有的符号，并不能保证获得令人满意的比对样本（见图 15－1）。一般说来，尽管这种样本可以排除一些连动杆打字机的嫌疑，但仅凭它们做出肯定同一的鉴定结论是不可能的。

提取打印文书样本，必须注意下列各因素：

1. 打印材料的数量；

2. 检材文本和样本题材的类似程度；

3. 制作检材和样本的相对日期；

4. 可能导致特征变化的因素：①纸张质地；②衬垫物种类；③色带状况；④铅字面的清洁度，以及使用手工操作的打字机或者电动传杆打字机；⑤打字机操作者的“指触”。

333

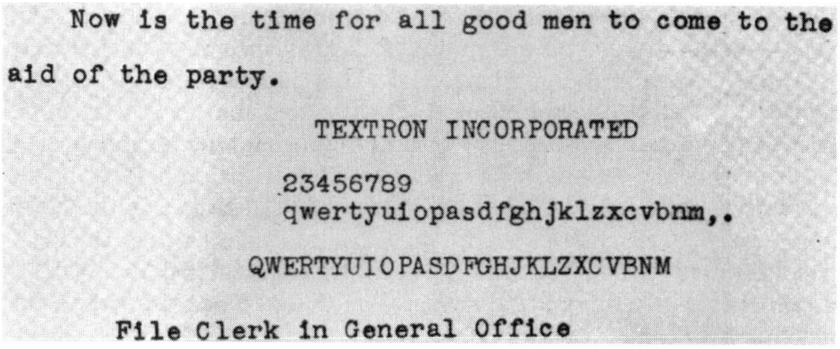
Now is the time for all good men to come to the aid of the party.

TEXTRON INCORPORATED

23456789
qwertyuiopasdfghjklzxcvbnm,.

QWERTYUIOPASDFGHJKLZXCVBNM

File Clerk in General Office

图 15－1　许多人认为该文书物证是一件数量充分的打印文书样本，但它与充分、完整地检验嫌疑打印文书的样本要求相比有局限性。样本中所有字母或数字由于缺少重复，制约了对细小但重要的缺陷以及难以对打印文书中存在的可变因素等进行确定。一般说来，至少应收取两三页连续打印文书样本为宜。

上述所有因素影响着自由样本和试验样本的价值，应该详加考虑。了解了这些因素的影响，才能更充分地把握样本的质量和精确性。

一 材料的数量

打印材料的数量是否充分是收集样本的主要注意事项之一。材料充足，就有可能对打字机打印的文书进行彻底的检验。这样，在检材和样本的内容即使存在很大差异或者缺乏严格把握上述所列的可变因素的机会，在一定程度上也可以得到弥补。但这并不是说，只要材料数量充分，就可获得最佳样本，而是指收取样本时朝正确的方向应采取的一个重要步骤。

在每页连续打印的文书上，其实键盘上所有的字母和其他许多符号至少出现一次。当然，较常用的字母，由于经常使用往往具有可鉴定的缺陷，并多次重复。若获得了大量的样本，不仅缺陷性的铅字面在样本多次重复出现，而且每个较常用的字母不断重复，有利于文检人员精确地判断样本中存在的特征变化程度。至少在这方面，这些物证文书接近于正确样本的基本要求。

应收取多少数量的样本材料为宜，可根据特定的案件以及打字机的修理状况而定。尽管鉴定某些特殊的检材可能需要较多的材料，但一般的数量要求至少是两三张信纸大小的单行打印文书。倘若检材非常简洁，这个数量便可以鉴定一台有嫌疑的打字机。否则，该台打字机需打印内容很长的样本，才能确定多少的鉴定特征属于该台打字机。此外，因为试验样本精密复制、几次重复检材，即使物证文书数量较少，也能有效地做出鉴定，但在这种情况下，检材的制作日期需同试验样本相近。

二 题材的类似性

鉴定的基本规则——必须比较类似题材——要求可疑文书的题材应和样本的题材尽可能相同或相似。精密复制可疑文书的样本当然能体现最有用的物证文书。对于试验样本，这个条件容易满足；但对自由样本而言，可能性不大。为了更容易地找到许多相同的字母组合和词组，可供选择的办法是：挑选用做一定目的、能与检材进行比较的样本材料。例如，个人信件除了有大量的小写字母外，还有少量的大写字母和数字。术语不规范，可能有方言和俚语。对比之下，商务书信的措辞更谨慎，有时充满呆板的表达方式；支票表格和财政记录大部分是数字和大写字母，有时支票中完全没有小写字母。选择文书样本，关键应考虑它与检材的题材是否类似。

收取自由样本的第一步也是仔细分析检材的题材、术语及内容，而不是不加选择地便着手检验。文书检验需要侦查人员在提取文书样本起初就得努力按规则办事，以免在后期检验时因样本题材不类似而返工，重新提取样本，造成鉴定时间延误。有时就因为样本的题材及内容与检材的显著不同，无奈编辑而成的文书样本便起不了为鉴定服务的作用。

获取试验样本的侦查人员的唯一任务是：只需在每台嫌疑打字机上确切地复制几份检材（见图15-2）。若在某些情况下精密复制检材是不明智的话——有时嫌疑人感到好奇或有所戒备——那就有必要采用与检材题材极其相似，但同时又不透露其确切内容和题材来制作打印文书样本。总之，无论在何种情况下，试验样本的题材类型都能够由我们所控制。

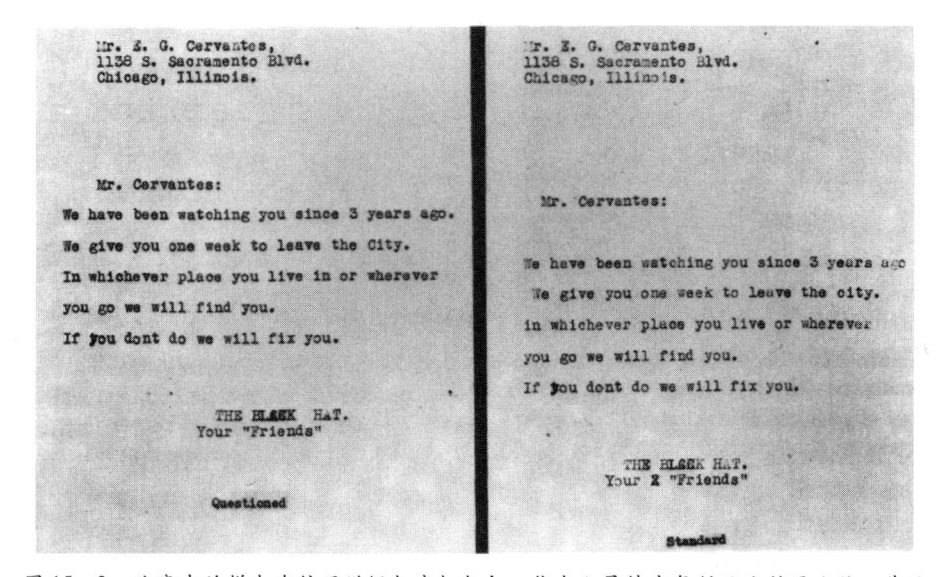

图15-2 此案中的样本直接用嫌疑打字机打印。侦查人员精密复制了这封匿名信，甚至把两字母重叠部分也复制出来。该复制品在侦查中发挥了非常令人满意的样本作用。

三 打印文书的相对日期

既然用来鉴定打印文书的独特缺陷随着打字机（尤其是连动杆打字机）的使用而发展、变化，那么在制作检材和样本这段很长的时间间隔里，一些缺陷可能会被修改。为了最大限度地减少这种危险，最好的办法是选择与检材打印日期相近的样本，刚在检材之前或之后制作的样本更好。在每起案件侦查中都应寻求这种样本。

然而，司法实践中办案并非总是心想事成。制作检材和样本的这段时间能间隔多久而不严重损害样本的精确性呢？这只能依据打字机的质量、打字机使用的次数、大检修的次数、打印人的技巧和打印习惯，以及意外损坏的影响等情况而定（见图15-3）。

在绝大多数打印文书检验中，可间隔几个月而不影响鉴定，对于一些打印机来说，间隔可延长到几年。日期相差太远，容易影响文检人员正确评断已知物证文书和检材间的差异点。但是，偶尔也发现检材是在一个新的鉴定缺陷出现后打印的，这种情况减弱了先前准备的所有已知样本的价值。选择样本时应注意这些方面。

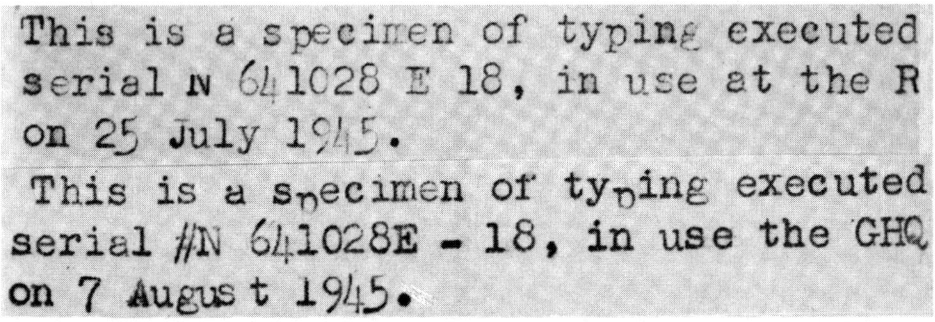

```
This is a specimen of typing executed
serial N 641028 E 18, in use at the R
on 25 July 1945.
This is a specimen of typing executed
serial #N 641028E - 18, in use the GHQ
on 7 August 1945.
```

图15-3 这两件样本是由同一台打字机在所示的日期制作的。含有"p"的铅字键坏了，该字键在八月七日左右严重离位。借助这些样本，就有可能精确地估计它在七月和八月间何时打印该文书。

当必须根据打字机打印的文书来确定文书的制作日期时，收取大量的文书样本（包括该文书在其中制作的整个时期）工作必不可少。这些样本会反映打字机的打印质量正在下降现象或者突然出现一个重要的新缺陷现象。于是，有可能确定出制作检材的确切日期。

四 可变因素

以上论述的三个因素对提取所有的打印文书样本都是不可或缺的，但其他可变因素——纸张、衬垫物、色带状况、铅字面的清洁度和打字机操作者的"指触"也会对打印文书样本产生影响。同上述的三个因素相比，它们是次要的，即使忽略了这些次要因素文检中有时也能做出鉴定结论。然而，其中的任何因素都有可能极大地影响检验的成效。有时检验某些特殊的文书，其中的一个可变因素可能会影响最终的结论。因此，应该充分认识到每个因素的作用，在收取样本时，就应尽可能重视这些可变因素。

五 纸张

纸张的所有特性中，表面质地对打印文书样本的影响最大。特别是在字母铅字面稍微磨损或打印的字面不平整又使用纤维色带来打字的时候，再用粗糙的纸张打印往往导致打印字迹不规则。这两种缺陷都有重要的鉴定价值。因此，应避免用与检材纸张表面质地明显不同的纸张来制作打印文书样本。

实际上，仅在很少的案件里才有必要选择各种特殊纸张来制作文书样本，因为大多数打印文书是用打字机纸制作的，这种纸表面相当光滑，铅字印刷清楚；所以，在范围很广的文书里，纸张选择无需太精确，通常检材打印在表面质地较好的纸张上即可，如精致的亚麻纸。不妨可以找到与检材相同的纸张，然后打印一部分样本；但有些样本仍应该在整齐的打字机纸上制作。

六 衬垫物

垫在打字纸下面的材料也会影响打印文书的质量和对打字机的鉴定。

打字纸卷绕的压纸卷轴是直径固定的圆筒，它是表面光滑的硬橡胶。长期使用后，压纸卷轴会硬化，变得粗糙，凹凸不平。在这种状况下，铅字面打在不整齐的表面上会使打印文书缺陷更多。一经检验，铅字面似乎存在许多缺口和破裂，仔细观察会发现这些明显的缺陷并不一致地重复。若这种现象较多，那就必须增加打印文书样本的数量，以便仔细评断每个明显的缺陷（见图15-4）。

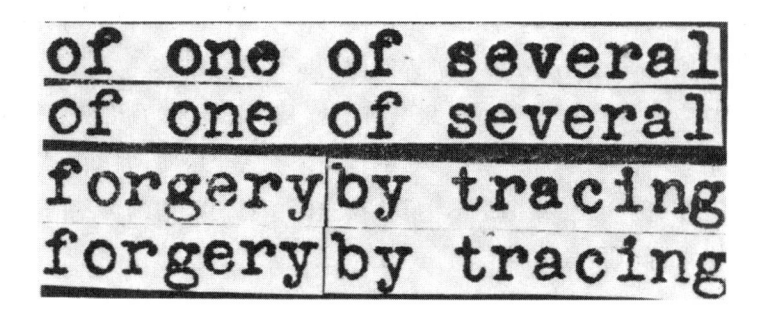

图15-4 每对词组的上行是用一台压纸卷轴表面极其凹凸不平的陈旧打字机打印的；下行是刚换上新压纸卷轴后打的字，在打字机上没有做其他变化。当反复打印某个字母时，变异现象就更加明显，如字母 g 和 e，用陈旧的压纸卷轴打印时引起的变化比用新卷轴的变化更大。对于压纸卷轴很陈旧的打字机，若用一张衬垫纸部分地弥补其表面不整齐这一缺陷来打印样本，这对适当提高鉴定的可靠性可能有益。

338 压纸卷轴陈旧的打字机，在原来的衬垫物上再插进几张纸，使卷轴表面光滑、柔软，可能打印出更一致、更有效的文书样本。在一台陈旧的、打字质量下降了的打字机上制作样本前，往往可以采取这种措施。①

直接在纸上打印的原件或用色带复制的文书，常常受打印复制份数多少的影响。首先，几张衬纸和复写纸明显地增大了压纸卷轴的直径，从而引起铅字面受力不同和打印角度发生细微变化。同时，这些衬纸使得铅字面所打击的表面更加柔软，于是原件或多或少地有点呈现字迹凸出（见图15-5）。无论何时，同时复制五六份副本，对它们进行综合比较，往往可以发现原件的墨迹更浓，还有一些特征缺陷变化。所有这些意味着确切知道制作可疑文书原件和副本的数量，有助于更好地选择样本。

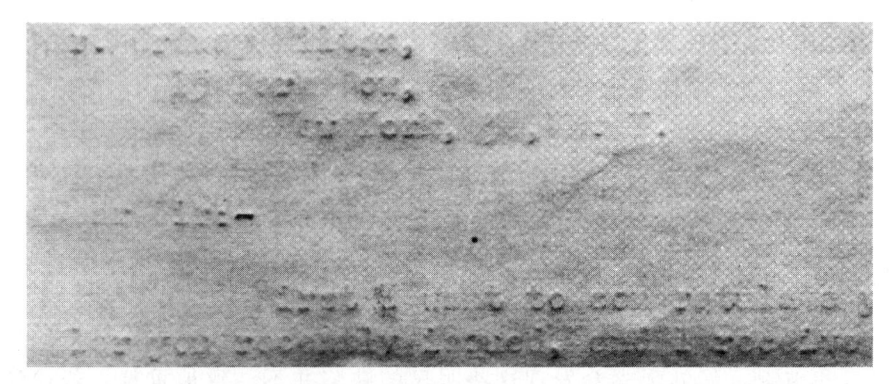

图15-5 此信的背面反映出强烈的凹凸印记，这些印记是由于使用几张衬垫纸或复写纸引起的，同一台打字机没有柔软的衬垫物时，打印出来的文书很少或不会显示凹凸印迹（该信背面的照片是用侧光拍摄的，加强了凹凸印痕）。

339 有些打字员制作原件或单一的复写原件时，习惯用一张或更多的空白纸作为衬垫。结果同刚论述的情况相似。机智的侦查人员若懂得这一知识就能够发现或制作出最佳样本。若对是否已使用几张衬垫或是否已制作了几份复写本抱有怀疑，可采取的一个简便方法是：把检材翻转过来，置于眼睛一样的高度，让光线从远处对着观察者射来。如果凹凸印痕存在的话，它们是清晰可见的。根据相似的外表可以选取打印文书样本。

---

① 在可疑文书打印后至提取打印文书样本这段时间，若打字机的压纸卷轴有严重磨损，那么这个过程对于获得最佳、最有可比性的文书样本而言是必不可少的。如果以普通方式提取的打印文书看上去与可疑文书不太一样的话，那么就需要用衬纸再提取几份打印文书样本。通常情况下，这台打字机在这段时期内还有可能出现新的可鉴定的缺陷特征，因此还有必要收集与可疑文书制作时间相近的打印文书材料。只有这样做，才可能获得最精确的打印文书样本。

七 色带状况

若打字机装有一根纤维色带，色带状况则是应考虑的一个因素。用新色带替换旧色带在打印副本上发生的变化很明显。色带油枯燥打印出来的字母文本色彩浅淡，带罗纹，往往突出细小的缺陷；而新色带打印出来的字母着墨浓重，轮廓厚实，字母容易模糊（见图 15-6）。由于难以精确地把油墨浓重的打印文字的细节特征和浅淡的打印文字细节特征进行比较，所以应当仔细地观察有嫌疑的打印文书油墨浓淡程度，倘若检材和获得的样本存在显著的差异，就应寻找其他类似的文本材料。①

图 15-6 这些印刷符号是用手工操作的打字机，使用稍微变化的动力，反复敲击每个键打印出来的。因为在这种打字机上制作的许多检材含有一些用特别重或很轻的指触击键打印出来的字母印迹，因此以这种方式打印的样本特别有用。这种样本使我们可以研究每个字母的重、一般、轻和很轻印迹是怎样用嫌疑打字机打印出来的。

在色带的使用有效期内，可以根据纤维色带的明显状况来估计打印文书的制作日期。从开始使用至最后废弃，色带的油墨是缓慢而逐渐地褪色的。因此，如果收取某一色带的使用期内打印的文书，就有可能通过对色带状况的分析研究，在油墨褪色的样本中找到与它相符的适当位置，从而精确地断定检材的制作日期或者确切表明不可能像所说的那样已制作了该检材。但为了得出这样的结论，要求必须获得大量的注有日期的打印文书样本。

当前，在商业活动中越来越多的打字机装有碳膜色带。每根色带仅使用一次。所有的打印文书着墨十分均匀，色带状况的问题不存在了。但是，碳膜色带有着不同的涂墨特点，根据所有的色带种类，从同一台打字机收取来的样本会体现出不同日期涂墨的不同强度。

---

① 在获取的打印文书样本中，必须保证有一份是用那台打字机当前正在用的色带打印的文书样本。倘若这份样本上的墨水明显与可疑文书的墨水不同，那么还需要提取与可疑文书制作日期相近时用这台打字机色带打印的文书样本。

八　铅字面的清洁度

铅字面必须经常清洗，以免塞满污垢、油墨和其他积聚物。如果不清洗，铅字面里的积聚物会在印制品里复印出来，使字母的中心被覆盖掉或变为全黑。至于不经常使用的办公室打字机和私人打字机，许多文书是在铅字面需要清洗而没有清洗的状况下进行打印的。如果检材里存在此类情况，它们必然会在样本里得到反映，我们可以借助文书上的这些附加鉴定特征来检验，这如同确定检材制作日期的办法一样。

很大程度上，我们必须寻找与检材制作日期大致相同的自由样本。① 唯一的例外是：检材打印后不久就找到嫌疑打字机，调查匿名信案件就可能如此。倘若自打印检材以来打字机一直没有清洗过，试验样本中就会含有相同的可变特征。

如果发现嫌疑打字机铅字面塞满污垢，按下列做法可制作出最佳试验样本。为保险起见，不管检材中铅字面情况如何，都得遵循这些措施。首先，发现打字机时不要对它做任何变动，应用该打字机收取数量充分的材料，因为随后采取的措施会使补充样本发生变化；其次，彻底清洗铅字面，打印另一组文书样本。若铅字面原先塞满污垢，铅字面清洗后收取的样本则能更清楚地反映出永久性的鉴定特征。这种样本精确地反映了制作样本时打字机的状况，使我们能够对嫌疑打字机打印的文书做条件充分的检验。

九　打字员的"指触"

打字员的"指触"对手工操作的打字机打印出来的文书影响最明显，而对现代电动打字机的影响则较小。在此先阐述前者这一较重要的论题。

打字机操作者的"指触"因人而异。技艺高的人施力和节奏比较一致，几位熟练的操作者制作的打印文书，即使存在某些差异也是最细微的。但不熟练的打字员操纵打字机是不稳定的。后一组打字员制作的打印文书具有某些字母的印刷油墨浓淡不匀，字母间隔调节等方面有特征差异，或者由于不正确使用字形变换按钮，有时也由于击键的方式而造成基线上的变化特征。这些不规则变化能减弱数量有限的样本价值，但一般而言，如果获得了大量打印文书，即使几位打字

---

① 从嫌疑打印文书的制作到打印文书样本的提取这段时间间隔，很大程度上还取决于这台打字机是否经常使用。既然打印缺陷特征的累计是渐进的，那么当这台打字机不常用时，它的缺陷特征也许会在几天、几周甚至更长时间内保持稳定不变。另外，一旦这台打字机的铅字面被清洗，它的缺陷特征也许会随时遭到彻底破坏。

员制作了这些文书，也不会严重贬低它们的比对价值。

模仿跟自己极其不同的另外一人的"指触"实际上根本不可能。无论何时检材始终受个人指触的影响，所以尽可能寻找检材的打印者打印的文书样本以便比较鉴别。这种检验方法不仅有助于鉴定打字机而且至少有可能不完全地确定打字员。

近几年，打字机尤其是电动打字机上已装了机械调节装置，打字员可通过该调节装置改变键的拉力以适合个人打字习惯或正在打印的材料。调节的程度视打印者而定。许多人从不变换调节装置；其他一些人根据打印的文书，特别是根据削减的复写副本的数量采用调节装置。拉力装置的变化会在不同浓度的打印字迹中反映出来，也会引起打字员指触的改变。该因素对电动打字机尤其重要，但无论在哪种打字机上制作样本都得考虑调节装置的因素。因为电动打字机的连动杆是通过电机驱动的机械装置来运转的，设计良好的打字机可以防止打字过程铅字堆起现象，所以打字员的指触影响也能减少到最低限度。

十　用嫌疑打字机制作的特殊样本

每当发现嫌疑打字机，并且检材制作的日期不太久时，就应制作特殊的辅助样本。用手工操作的打字机打印的样本每个字应重复六至十次，第一次打印得很重，随后的笔画依次减轻，最后一次勉强打一下（见图15-6）。至于电动打字机键盘，应用不同的压力装置收取样本。使用纤维色带的，则先通过色带，然后把带动色带运转的装置安装在蜡纸模板上，直接经过复写纸打印来制作一组样本。若打印出的字母尾部模糊不清，其字母间的差异超过平均程度，或打印出来的印刷符号有轻微的铅字破损痕迹，这种样本极有鉴定价值。

每当用嫌疑打字机制作试验样本时，都应在样本上注明日期，并进行认真的鉴定。每台打字机都有厂家制作的、与众不同的编号。每个厂家在框架的不同地方标上数字，有时甚至每种型号不使用相同的位置，但一般都靠近活字盘，在支架下面，或者在打字机的背面。放在大办公室里的打字机，如果必须在近日制作附加样本，那么它的编号可以重新确定。

倘若能发现可以检查铅字面情况的打字机，文检人员就不能放弃各种检验机会。检查铅字面有助于正确地解释疑点。拥有打字机的机械修理和压纸卷轴状况等特征的第一手资料有时非常重要。若检材是最近制作的，趁机检查一下打字机上的色带也有更加明显的价值。[①]

[①] 希尔顿：《用新技术研究一起文检案：谈打印信函的色带鉴定》，《刑法学、犯罪学与警察科学杂志》1972年第63期，第140~141页。

第二节　单元球体打字机制作的样本

在前几章我们已看到，现代单元球体打字机反映特殊的鉴定问题。这种鉴定是立足于许多细微的缺陷上，而这些缺陷比在一般的连动杆打字机鉴定中所碰到的要细微得多。因此，解决这些文检问题要求我们仔细控制样本的题材并搜集大量的打印文书样本。

这种打字机与众不同的一个特殊问题是：打字员或打印者能够互换打字机系统内的零件，并且在许多情况下制作一页打印文书时能够更换零件。活字球体打字机和活字轮盘打字机都可选用许多不同型号的铅字。这种铅字互换非常简单，甚至无须把文书从打字机上拿掉。在这种型号的许多打字机上，或者通过打字机本身的自动辨认，或者由打字员进行更换，都可以变动棘轮装置。这样，打字机既可以打十二点活字，也可以打十四点活字，即在美国以每英寸十个和十二个印刷符号的间隔进行打字；一些更复杂的打字机还能够打印成比例的调节间隔。倘若打字机装有自动调节处理词组间隔装置，就有可能打印出左右空边全部排满的完美文书。而且，不同种类的色带——纤维色带、矫正色带以及标准的碳膜色带——能随时装在同一台打字机上。在一些现代连动杆打字机上也可能互换色带，但对于所有的单元球体打字机，互换色带几乎都可以。若用单元球体打字机制作样本，就应注意这些因素。

不妨让我们在此进一步深入地探讨有关的文检问题。

一　材料的数量

文检人员确定单元打字机完整的鉴定模式需要几页文书，多少数量才是充足的，这往往根据手头掌握的检材情况及需要解决的文检问题而定。但是，所需的数量一般至少也得三至四页打印文书。在某些案件中，拥有比这更少的样本材料也许能做出鉴定；但在其他案件中，这样少的数量还远远不够。应清楚地知道，用单元打字机打印键盘上所有的字母和一两个简洁、标准化的句子作为样本，除了确认制作检材时使用过一副不同型号的铅字外，是毫无价值可言的。

在收取单元打字机打印的文书样本中，如果一个办公室里不只一台打字机，侦查人员或检察人员必须确定提交的文书样本都出自同一打字机。否则，不妨在办公室里用各台打字机都打印几份样本。假如他们对所有的文书材料是否由一台打字机打印抱有怀疑，应当及时告知文检人员，并对可能已使用的打字机数量提供某些线索。这样文检人员可以把每件样本看作由不同的打字机打印件来处理，只有当他证实几件样本含有相同的重要鉴定特征后，他才能相信这几件样本来源相同。但出现这种情形，应收取超过一般数量的打印文书样本。

二　全副活字和色带的对应配套

如果从某一办公室或者某一来源收取来的打印文书反映出它不只用一种铅字型号制作，或者表明不只使用了一台单元打字机，或者打字员拥有一个以上活字球体或活字轮盘。因此，有必要从得到的几种活字中选择一种特定的活字型号。侦查人员需请教专家来确定检材所使用的全副活字，以及在获得的打印文书中识别该副活字的线索。单元打字机由两个装置构成一个特殊系统。一是打字装置，即打字机的基础部分；二是打字机使用的活字球或活字机轮。改变其中任何一个装置就会组成新的打字系统，该系统可能具有与前一系统不同的打印特征。

改变色带型号在许多案件里不会影响样本的效用，但碳膜色带和纤维色带，即使是最高档的，也必然不会同样地复制出打字机的鉴定特征。碳膜色带印刷最清楚，经常反映出很细小的铅字面特征；而使用纤维色带，这些特征可能部分隐藏着。因此，不妨尽量从同种色带打印的已知材料中获取一些打印文书样本。如果难以找到打印文书样本，这可能暗示已知来源的文书并非出自制作该检材的那台打字机，但此结论必须通过彻底仔细的调查和检验后才能得出。当然，这并不是自动指示出已使用了一台不同型号的打字机，而较陈旧的连动杆打字机常能自动指示出来。

三　制作样本

侦查人员或检察官为了鉴定打字机，准备在用单元打字机制作打印文书时，应采取下列初步措施。首先可以根据样本或检材来确定是否能获得一台以上的打字机。如果可能，则应对使用各种打字机的打字员的打字习惯进行一些调查。例如，某打字员是否总是使用相同的打字机，或者因为办公室工作的性质，是否任何人能使用几种不同型号的任何一种打字机，换言之，根据该打字员的姓名开头首字母能否确定这份文书检材是由某一打字机打印的。

此外，还有必要知道是否所有的打字机装有相同的全副活字？能否获得其他型号的活字？如果只能获得一副活字，那么一个铅字和一个打字装置是连在一起还是这些铅字可以经常转换？检材的特征是否表明制作它的人会变动铅字来更改系统？这些问题的答案有助于确定怎样收取打印文书的试验样本。

制作这些试验样本的题材可参照连动杆打字机的题材模式。

用一特定打字装置制作任何样本材料之前，都应先确定编号。对几台打字机打印的样本进行简单的分类，每类样本都应标上一个肯定标示号码或字母。然后，侦查人员可以在打字机上找到的活字球里或者活字轮中心标记相同的标示号码或字母。这种做法可以使人以后能回忆起来，并找到当时装在一起的装置。假使知道或怀疑打字元件在不同的打字装置里调换了，就要用该打字装置和元件的不同组合来制作样本。例如，若打字装置标以 A、B 和 C，每个装置里的元件标以相同的字母，那么除了打字装置 A 和元件 A 组合打印的样本外，还有打字装置 A 和元件 B 等组合打印的样本。此类文检问题较普遍，故提取打印样本必须仔细地加以分类。

事先也不妨了解用来打印检材的色带型号，并用同种色带制作每份样本。必要时可以插入一盒新色带。

遵循这些程序，便可以制作出一套充足的文书打印样本。

小结：我们对影响打印文书样本效用和充分性的因素已做了详细的论述。一些因素对于所有的样本都十分重要，其他的因素仅在特殊的案件里才有关系；除特殊案件外，如果忽略了这些可变因素，也不会严重限制样本的价值。但这并不意味着检察和侦查人员随时可以忽略即使最常变的因素。侦查人员看来比较简单的问题，在仔细的文书技术检验过程中可能是解决问题意想不到的关键所在。忽略了上述措施和程序，很可能会限制检验的结果。认真、仔细、彻底是搜集最佳打印文书样本的基本因素，这些样本也是获得最终鉴定结论的基本要件。

第三节　利用打印样本鉴别打字员

鉴定打字机的操作者通常依据他个人的打字习惯和差错。打印文书具有个人特点，如印刷不规则、字母重叠和互换、不适当使用字型变换按钮或不规则使用按钮引起的不当组合、打印文字的布局、标点符号、印刷符号和标记的异常使用等。用做鉴定打字员的任何样本必须包括经常出现的打字习惯，成功的鉴定需要有许多样本材料同长篇的检材进行比对。实际上，大量规范的打印材料对文书鉴定而言是必不可少的要求。

每个被鉴定的特殊文书都具有本身的特点。必需的样本数量既受有关材料的类别影响，如书信、表格和支票，又受打字员的技能和所使用的打字机型号的影响，如手工打字机、电动连杆打字机和单元打字机。和笔迹鉴定不同（笔迹鉴定中书写技能与笔迹样本的需要量无关），打字员技术越熟练，用以鉴定所必需的打印文书样本数量也越多。须知熟练的打字员即使用手工操作的打字机也能打出非常一致的打印文书。有时，在任何条件下确切地鉴定打字员是不可能的，得出正确结论的案件主要依靠大量的样本，[①] 这种样本比鉴定打字机所需的要多得多。

在此类文检中使用的自由样本必须非常可靠。因试验样本容易被故意伪装，而伪装的危险（尤其是在文字布局、标点符号、拼写等诸因素中的伪装）在自由样本中是不存在的，在日常事务中制作的样本也不易含有故意打印差错的因素。

至于现代打字机，特别是电动和单元打字机，鉴定打字员所依据的特征比手工操作的打字机少得多。电动传杆打字机的构造排除了一些较有用的因素。首先，用手工操作的打字机，打字技术拙劣能在获得的打印文书中反映出来，而电动打字机击键带动连动杆机械装置，使铅字面击在纸上的力通过电动机械装置来传递。这样使得打印文字更加一致。而且一些打字机的机械构造消除或限制了重叠和部分重叠的铅字。压低字形变换按钮，把铅字盘推过完整的变换按钮，消除了部分转换和大写字母相应的垂直不良组合，这种组合在手工操作的打字机打印过程常会发生。

单元打字机的机构联动装置较少，而对铅字字母可任意选择，不管某一字键怎样打击，字形变换怎样活动，使铅字打印和从小写字母变到大写字母的工作通过打字机的机械装置来完成。这两种打字机，其打字员鉴定仅限于变换的字母、打印文书的布局、标点符号空边和空格，以及印刷符号和标记的任何异常使用。这些打字机的电动机械元件很成功地掩盖了操纵打字机的方式。于是，根据打印样本鉴定打字员的可能性，除了取决于日常制作的大量自由样本外，还取决于收集到大量有鉴定价值的打印文书样本。

---

① 遵循以下规则有益无害：在提取文书样本前先向文检人员询问需要查明什么问题，需要收集多少样本等。之后如果对手头的文书样本的适应性有任何疑问的话，显然还有必要再次向文检人员咨询。

第四节　结论

348　　无论检材是怎样制作的，草体手书、印刷体手写或者打印，获取充分又合适的样本是鉴定的基础。这些样本必须包括所有的鉴定特征，同时要求数量充足，并且能反映打字机常见的变化。如果不满足上述条件，检验的结果不可能完全精确，它们的适用范围也会受到限制。可能仅比选取一些打印文书所要求的稍花多一点时间，稍做进一步的分析，便可获得正确的样本。总之，最终的结果往往会从最初付出的努力中得到充分补偿。

第十六章 检验文书的保护、处理和保存

可疑文书保管不妥当或粗心大意地存放,都会严重影响某些文书技术检验的成效。如果不能正确理解可疑文书检材管理不当的后果,则常常会造成十分被动的局面。仅仅把一张信纸多次从信封中取出、放回,就可能引起该信纸质量的明显下降。实际上,全面理解所有这些相关因素,并遵循相应的注意事项,其目的就是一旦发现可疑文书,在保持原状的情况下,必须尽可能快地将其送到实验室。

事实上,我们可以通过提出"必须做的事"的若干行为规则、列出"禁止做的事"几项须知的方式,来充分阐述可疑文书的保护、处理和保存等问题。实际上,在此没有必要特别强调文书保管有什么特殊规则,因为它们的管理和重要文件的保管工作差不多,但令人吃惊的是,现场的调查人员或其他人员经常把提取文书检材的问题复杂化了,原因在于他们不懂或未遵循一般的常识,未遵守规则及采取正确的预防措施。

必须做的事:

(1) 把文书展开存放在证据保护袋里;

(2) 在第一时间里将可疑文书送往文检人员的实验室;

(3) 若有必要自行保管,应当将文书存放在干燥处,避免高温和强烈的光线。

禁止做的事:

(1) 避免过多地使用检材或长时间放在衣袋里;

(2) 不要在检材上做记号(或者故意书写,或者用书写工具或分线规标示);

(3) 不要反复折叠、弄皱、剪贴、撕毁,或者为存档而用力抚平纸张以致毁坏或损害检材;

(4) 除了具有资格的专家以外,不要让任何人对检材做化学及其他检验;在征询文检人员的意见以前,不要处理或掉落纸张上的灰尘,以保存检材上的潜在指印。

特别重要且必须进行科学研究的可疑文书,应当给予其比其他一般文件更特别的关注。然而,一般而言,只需按照正常的程序处理,就能妥善地保存好文

书。防止文书从第一次受到怀疑到它被移交给文检人员这段时间内，遭受损坏或质量下降。结束该论题前，不妨简略地评论一番上述各项建议，以便读者更清楚地了解提取文书样本的过程中常犯的错误。①

第一节 文书保护袋

透明的塑料信封袋，是一种最有用也是最有效的可疑文书保护袋。通常情况下，这种塑料袋能在市场上买到，或者根据纸张或者折叠的文书的大小，用几张干净的塑料薄膜制作大小适合的塑料袋也很容易。用这种塑料袋封装文书时，必须在证人或其他与案件没有利害关系的人全程见证之下进行包装，并把能够验证的记录或者便条粘附在塑料袋外面。这样既便于专家证人进行彻底的检验，与此同时，也可以防止在处理可疑文书时粘附上污垢、被磨损或染上其他污渍。只有这样，在经历长时间的调查、检验和法庭审理后，可疑文书依然能保持被发现时的状态。

若无透明塑料袋，也可以选择大而重的马尼拉纸或牛皮纸信封以及文件夹来保管文书。但文书应当放平、展开，以防其沿褶痕磨损。如果使用不透明信封，应仔细地用签条标明，既便于使用，又减少不必要的取出与放入。与透明塑料袋相比，牛皮纸信封等纸质包装袋的持久耐用性差，检验和作证不便。不管怎样，无论采取哪种材质的包装袋保管可疑文书，其目的都是保护文书免遭损坏或减少损坏的机会。

第二节 尽早提交检验

在发现可疑文书以后，应当尽快送交实验室进行彻底检验以查明可疑文书的各种问题。有关可疑文书检验的问题在前面几章已做了特别论述。任何情况下，延误检验时机都将一无所获。尽早提交检验，可以减少可疑文书被发现或者对文书产生怀疑时所处的环境条件发生改变的风险，不同的环境条件将使文书的某些因素发生改变，同时也减少在处理可疑文书时被损坏或者磨损的危险。还应当记住的是，许多文书检验工作本身就需要花费大量的时间，同时为法庭审理做适当

---

① 那些对调查研究可疑文书感兴趣的读者，只要认真阅读 A. S. 奥斯本的著作，随时都会从中发现有重要参考价值的内容，参见奥斯本《论可疑文书》（第二版），Albany：Boyd 出版公司，1929，第三章。

的准备也需要一定的时间。实验室检验获得的有些信息，能够揭示以前未预料到或未觉察到的事实，这些事实有可能改变整个案件调查的进程方向。曾经有过这样一个在检验后发现事实真相而及时纠正的案例。一份文书上的签名被怀疑是模仿伪造的，但经过检验证明它实际上是真实的签名，只不过该页签名文件是从另一份文书上剪切下来的。这个结论显然改变了案件在审判前的重点调查方向，如果在法庭确定的开庭时间之前对案情的了解非常充分，就可获得充足的时间，使文检工作的各方面朝正确方向发展，为指控被告人的欺诈行为做好充分的准备。这仅仅是一种可能的情况，也可从其他角度来阐明为什么可疑文书一经发现，就应当立即将其提交检验是最明智的做法。

第三节　正确保存

一旦对文书的真实性产生怀疑，它就不可能被长时间存放或者存档，但重要的文件往往要保存许多年。一些文件在制作完成很久以后才受到怀疑，但较差的存放条件可能已经引起文书质量的严重下降。非常湿润或温热的环境、高温以及强光照射等，都会加速形成老化效果（effects of aging），使文书在相当短的时间内发生褪色变化（见图 16-1）。这种情况完全有可能发生，尽管有些文书在潮湿、高温或光照之下没有发生表面上看来非常明显的变化，但实际上，在显微镜下观察，文书确实发生了细微的变化。为了尽可能长久地保存文书，最重要的文件应当放在最好的存放条件下保存，即应当放在与文书制作初始条件相同的状态下保存，可疑文书必须在自然条件下予以保护，应当避免存放在异常条件下。

图 16-1　这是一张旅行支票上已经严重褪色的联署签名（countersignature），是用绿色油墨的圆珠笔（ball point pen）书写的。有些书写油墨及其字迹不耐晒且很容易褪色，只要在强光之下稍微暴晒一会儿，就会引起严重褪色。

第四节　避免过多地使用检材

多次重复处理文书可能会导致事实上的磨损。不断地折腾文书可能会使可疑文书变脏，边沿磨损，或粘附污渍。文书由于被人反复展开、折叠，褶皱会加深甚至最终断裂。在文书上的一些痕迹开始明显褪色以前，在该文书上就已发生了一些在显微镜下才能看见的微量变化（microscopic changes），这些变化可能会影响或干扰对文书的技术检验。铅笔书写的文书和打印文书的复写副本是常见的文书样本，这些文书如果使用过度或保存得粗心大意，就容易出现模糊拖尾效应或字迹消失。文书中的一些痕迹特征发生消褪的时间可能是极短的，所以必须经常注意保护这些特征。

一位参加现场勘查的调查人员，在现场发现了一张可疑文书，他不经任何思考就将它折叠起来，并未加任何保护就把它放入自己的衣袋。存放在他衣袋里的几天里，文书和其他杂物经常接触，导致文书（支票）的边沿及其表面磨损情况严重（见图16-2）。拓印文书与衣袋里的杂物及衬里布料相互摩擦，加上人

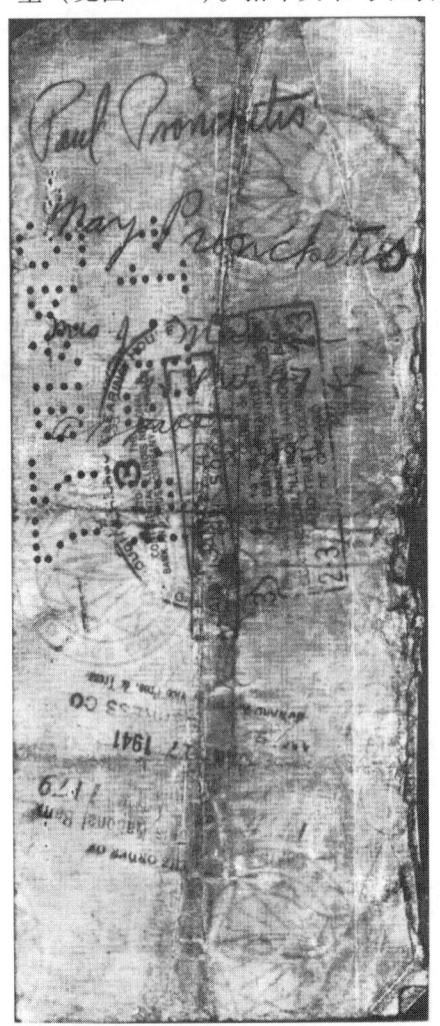

图16-2 这张支票的破旧状态是调查人员随意地将它放在自己的衣袋里，随身携带几个星期后造成的。他拿出支票时说，他早就想把它送交给文检人员。如果调查人员在发现支票时就把它放入信封中保存，就可避免这种磨损和褶皱。

的体温和汗液，这些综合起来导致文书的检验条件恶化。在绝大多数情况下，一旦面临这种情况，一张照片或一份高质量的照相复制件也可以作为处在这一工作阶段的原始文书特征，但是必须确保这种原始文书特征没有受到损坏。

对文书上某些问题需要给予特别的注意。尤其是在怀疑文书上有被擦刮或者有重写痕迹的情况下，更是如此。即使非常缓慢而适度地处理这类可疑文书，也可能会使文书的擦刮字迹进一步消褪，文书表面上粘附的油墨或污渍也可能对恢复书写字迹构成阻碍，也许会破坏一些据此可以解读或者翻译被擦刮掉的铅笔字迹或书写字迹的微小压纹或刻痕，破坏那些潜在的鉴定特征。如果使用化学药品来恢复这些消褪的特征时，也许会在可疑文书上留下化学试剂的残留物甚至留下斑点或污渍。

第五节　不能在检材上做记号

可疑文书上的干扰记号，有的可能是某人书写时故意留下的或无意识的笔画线，也可能是有人在使用钢笔、铅笔、分线规（圆规）或橡皮擦时，在文书上指点时留下的污迹。这几种情况都必须避免。

有些调查人员习惯在文件上标注自己姓名的首字母，但这种做法目前尚未能被有效地限制或者完全禁止。如果调查人员确实需要将自己姓名的首字母标在可疑文书上，他们应当在文书背面不引人注目的角落处标记，在这些地方标记不会干扰可能会成为检验对象的任何因素。处理可疑文书较为妥善的方法是先对文书的有关内容做详细记录，以便今后可根据清楚的笔记内容对文书进行全面鉴定。无论何时，一旦怀疑文书中存在擦刮、改动或者文书上留有重笔书写的痕迹，调查人员都不得以任何方式在文书上留下可能影响鉴定的痕迹。在这类文书上书写、做记号都会严重地妨碍技术检验。

似乎没有必要说明为什么不能在文件上书写不相关的内容。该文件也许在以后庭审时会受到质疑或者只能充当样本之用，但是，警察或其他调查人员提交检验的文书中，偶尔也会见到文书上有他们在调查过程中书写的文字或批注。在法庭审理中，机智的辩护律师完全有可能将这类因乱涂乱画外观被"毁损"的文书证据排除在外，不承认其为可采证据。

绝不可以为了引起注意而在原始文书上把某些体现个人书写习惯特征的字母或笔画上画圈或画线（见图 16-3）。有些人，尤其是那些对文书技术检验和法

354

可疑文书的科学检验

庭审理不太熟悉的人，往往会在他们进行初步检验时以这种方式在可疑文书上做标记。这种标记不仅会削弱文书作为法律证据的价值，而且有时可能损坏文书中含有的实物证据（见图 16-4）。

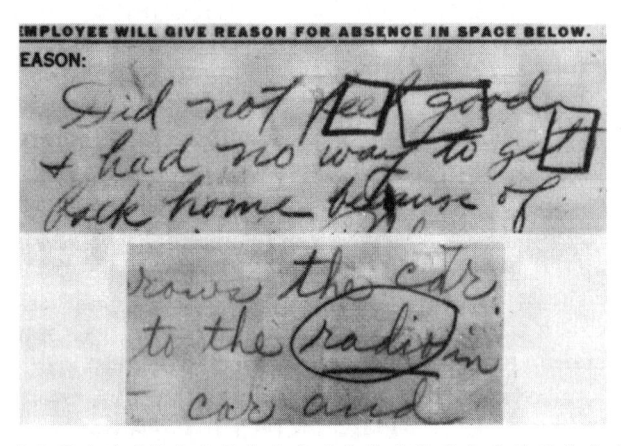

图 16-3 这张图片的两份文书是在文书送交技术检验之前被画上令人不快且容易引起争议的标记的典型事例。合格的文检人员根本不需要双方利害关系人的这种指导。而且，文书上所做的标记会引起对检验是否科学和公正的严重质疑。

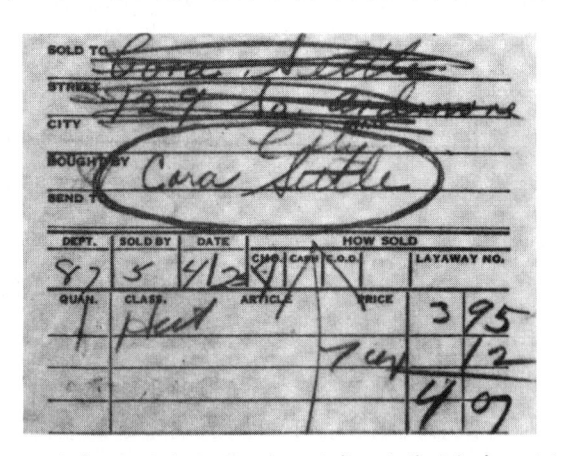

图 16-4 这是另一个在可疑文书上圈画令人反感且容易引起争议的标记的案例。怀疑售货单（sales slip）上买主的签名的真实性。提交文书请求进行检验的一方当事人认为，不仅有必要将嫌疑签名用画圈的方式凸显，而且还要将文书的其他部分划掉。这种毁损文书物证的行为，严重地限制了对案件的全面调查，尤其是在鉴定销售发票上的签名及其字迹是否售货员所写时，其影响重大。

揭示哪些笔迹有疑虑的适当方法是，在提交可疑文书的同时，附随一张便笺，用文字描述可疑签名或者笔迹在文书中的位置及其要表达的意思。

标记或斑点可能会成为可疑文书的有机组成部分，却很少有人认识到。这些毁损特征通常都是书写人用钢笔和铅笔在文书上标示重点或揭示线索而留下的

（见图16-5），但如果以同样的方式用分线规（两脚圆规）或肮脏的橡皮擦头（eraser tip）在文书上指点时，也会划伤或磨损文书。无论什么时候，只要用自来水钢笔或铅笔接触文书，都会留下划痕或墨迹斑点；分线规的尖端会擦伤或刺穿文书；油渍的橡皮擦头会留下污渍。这些干扰特征尽管非常细微（通常情况下只有在显微镜才能清晰地看见），但文书上细微的痕迹有时能起重要的作用。偶尔，这些标记会妨碍某方面的检验，或者它们会导致人们对文书的真实性产生怀疑。不管怎样，最好不要把上述文具当作指示物使用。

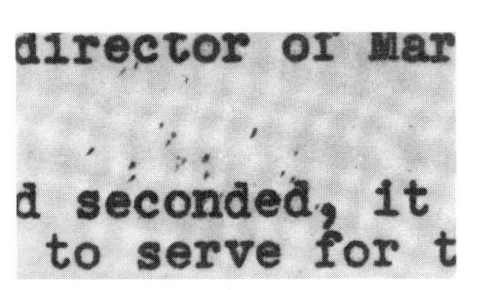

图16-5　这些铅笔小圆点是在当事人指示文书内容时，无意接触纸张而形成的，这些微小圆点却可能引起人们对绝对真实的文书产生怀疑。

即使仅仅用手指揉搓文书也能产生相似的有害结果。如果用指尖摩擦铅笔书写的字迹，会使该字迹出现污迹；有汗水的湿润手指甚至会使好几种墨水书写的字迹模糊不清。污迹或指印都有可能遗留在文书上。为防止所有污染源损害可疑文书的最佳安全措施，就是将文书存放在透明塑料袋内保存。

第六节　禁止折叠、剪贴、撕毁文书

在前面已经论述了反复折叠可能会引起文书的意外磨损的问题，而可疑文书中新的折痕也会妨碍对其进行某些技术检验。过度的折叠既可能会对偏侧光照相造成困难，也可能影响利用这种方法进行检验。如果折叠痕迹刚好位于可能存在可疑细节特征之处，则会严重影响检验的精确性。而且，多次折叠的新折痕会形成与原始折痕同样的磨损。因此，基于上述这些原因，强烈建议按照前述的方法将可疑文书打开平展存放。

故意裁剪、撕毁文书的情形，在司法实践中也是经常发生的事。但有时为了隐瞒可疑文书中涉及人体的私处或涉及某些人的身份、隐私等内容，文书检材的这部分内容有可能被剪掉（见图16-6）。一个负责任的文检人员也许会拒绝对这样的文书进行检验。而且，几乎可以肯定，这类文书在随后的法律诉讼程序中的价值非常小。被指派对各种机密文件进行技术检验的文检人员，向未经授权同意知晓其信息的人透露文件内容是严重缺乏职业道德精神的行为。如果委托鉴定的人不将可疑文书的所有事实告诉文检人员，或者认为文书中或与文书有关的内容不能告诉文检人员，那么他根本就不该提出进行可疑文书检验的这种要求。

图 16-6 除了正文外，这张支票的其他部分已被剪掉，因此，仅剩下一个人的笔迹。如果该支票上没有签名和其他笔迹，要想让签写支票的人在法庭上证实开出支票的有关情况是非常困难的，同时要求检验人员在庭审上证明其证据价值也是极不可能的。

在调查过程中，如果不小心将可疑文书撕破了，最好是将其交给文检人员修补。他会尽力修复可疑文书，尽量减少对随后进行的技术检验造成的不便。把撕毁的纸张碎片用浆糊粘贴在某种衬垫物上的做法是不可取的，这样做会妨碍对可疑文书进行透光检验和文书本身背面内容的检验。光线的传导作用和文件背面的特征在某些文书检验过程是非常重要的。

为了编档保存文书，或者作为一种表示文书作废的方式，人们经常在文书上打孔，因此，操作人员必须意识到，应当认真仔细地尽量避免将文件中的任何重要的细节特征破坏掉或者切除（见图 16-7 和图 16-8）。一旦人们对某文书产生怀疑或者涉嫌某个问题，就不应当再在上面打孔，也不应使用传统的纺锤形锉打眼方法装订档案材料。文书的所有部分都有其潜在的重要性，有时，即使是表面上看起来是空白的地方却蕴藏着重要的实物证据。只有在确定可疑文书中确实没有隐藏这类具有鉴定价值的事实，并且不用在检材上打新孔眼的办法来存档才是比较安全的办法。

第十六章　检验文书的保护、处理和保存

图 16-7　为存档而在文件上打孔眼，签名的一个字母被完全地切除了，而这个签名信息直接关系到调查的方向。

图 16-8　银行使用孔眼线设备（打齿孔机）在支票上打孔作为作废或者取消的标志，这种做法导致支票的背书签名变得支离破碎。在本案中，它也是争议的关键所在。

第七节　禁止非专业人员检验

对文书进行化学检验和其他方式的检验，要求鉴定人员广泛了解这些检验方法，防止可能出现的检验差错。让非专业人员进行检验可能会破坏具有重要价值的证据。在一份铅笔书写文字被涂改的文书检验中就曾碰见过这种情况，当事人的一个朋友用铅笔石墨芯的侧面把提交检验的文书中怀疑被涂改过的地方涂黑加重，想以此加强原始文书的字迹压痕，发现结果不令人满意。于是这位非专业文检者又仔细地擦掉了刚才添加上去的绝大部分石墨粉。这一擦，实际上同时也抹掉了原始文书的所有文字的字迹。因此就无法辨别原先被涂改过的文字是否完整。当文书提交实验室检验时发现，该可疑文书已经遭到了严重的擦抹，文书表面上的铅笔石墨粉末残留物已经非常少。因此也就无法使用红外线照相技术进行显现，而最终也只能发现一些字迹轮廓。许多可疑文书的检验即使在最好的条件下也极难解决，如果用不可靠或不正确的方法对文书进行处理，情况会变得更为复杂，要想得出科学有效的检验鉴定结论就不可能了。

在检验匿名信件或其他类型的文书时，第一个想法就是提取信件上的潜隐指纹。如果对文书没有其他方面可以调查，就没有理由不立即进行检验，但如通过相关因素的调查和物理观察确实在可疑文书上没有发现任何潜隐指纹存在，就没有理由首先进行这种技术检验，因为如果通过潜隐指纹提取技术在可疑文书上没有发现指纹，就有可能会阻碍对可疑文书进行其他技术检验和进一步的调查（见图 16-9）。因此，最好事先征询经验丰富的合格文检人员的意见，他们会根据可疑文书的有关背景与环境情况以及初步物理观察的结论，提出如何成功地提取潜隐指纹的适当建议。如果确实建议进行这种尝试的话，[①] 那么应当先拍摄清晰的照片，为随后进行的其他技术检验奠定基础。

图 16-9 这是一张被抢劫的铅笔书写的便笺，由于被洒涂上浓厚的指纹显现粉末而使字迹难以辨认，同时也没有显现可辨认的指印。采用粉末法显现纸张（尤其是廉价的便笺纸）上的潜隐指纹，一般情况下都难以取得理想的效果。由于可疑文书的笔迹细节特征被指纹粉末弄得模糊不清，因此，在这种情况下，能否对可疑文书上大写的手书笔迹做出精确的鉴定，普遍抱有怀疑。

不管使用何种方法，只有先给文书拍摄了精确的照片后，才能采取物理或化学的方法显现或提取可疑文书上的潜隐指纹。

---

① 查阅安德·莫伊森 1971 年在费城出版的《指纹技术》第四章内容，它们与本章关于如何处理、鉴定潜在指印等问题的讨论几乎不谋而合。

第八节　烧焦文书的处理

烧焦的文书极其脆弱，必须尽量减少移动，即使把它们送往实验室也要求十分严格。如果事先考虑周到，运送烧焦的文书时格外小心谨慎，则能把它们安全地从远处的烧焦现场送到实验室。曾有两个案例报道，将烧焦的文件从菲律宾安全地运抵洛杉矶进行鉴定。[1] 发现这种碳化文书时，应当先与资格胜任的文检人员取得联系，请教有关保存和运送的知识，然后再将该文书安全地运送到实验室去处理。

烧焦的文书应尽可能保持它们被发现时的原状，放在一只盒子里运送为妥。如果无法固定烧焦的纸片，可以用少量脱脂棉做衬垫。[2] 必须最大限度地消除盒子的震动。如果确有必要将烧焦的文书碎片转移到另一个容器存放时，应由经验丰富的人来操作。不要试图展开烧焦的文书或压平卷曲的纸张。最后，在对烧焦文书进行包装运输时，必须将其装入一个坚固的容器或盒子，并固定好碎片，不能挤压，避免震动或移动。要当场辨认和解读被烧成小碎片的文书内容，几乎是不可能的。因此，为了避免较大的烧焦的纸片变得更加支离破碎，在处理和运送烧焦文书的残余部分时，必须采取上述各种预防措施处理。[3]

第九节　结论

如何做好保全、运送文书的工作，往往与能否经过技术检验得出鉴定结论有直接的关系。本章所讨论的内容，目的就是防止可疑文书的保管不当而造成损坏重要证据的结果。所以，只有读者真正理解文书特征始终存在被损坏的可能性时，因缺乏相关知识或不小心而对文书科学检验和法庭公正判决产生不利后果的情形才会大大减少。

---

[1] 大卫·布莱克（David A. Black）：《烧焦文书的辨识》，《刑法与犯罪学杂志》1948年第38期，第542页。
[2] 大卫·布莱克：《烧焦文书的辨识》，《刑法与犯罪学杂志》1948年第38期，第542页。
[3] 关于如何提取火炉或壁炉内烧毁纸张的问题，可查阅汉斯·格洛斯著《犯罪侦查》，（由约翰·亚当斯和J. C. 亚当斯翻译）1906年，Madrsa: Krishnamachari，第478~482页。有关烧焦文书处理问题的进一步详细论述，还可以参见唐纳德·都得（Donald Doud）《烧焦文书的处理与检验》，载于《刑法与犯罪学杂志》1953年第43期，第812~826页。

第十七章　文书的复制

361　将原始文书直接拿去检查进行技术鉴定，常常不可能，因此，通常要将它们复制，对它们拍照、复印或是通过其他方式把它们复制出来。哪一种方式才能给这种文书检验提供最好的复制图呢？由于采用不同复制途径会有不同的结果，所以应当认真对待这个问题。复制的文书要经得起各种不同的检验，但是，并非所有的复制方法都能达到理想效果。制作良好的复制件，应该能够显示大量的有关文字的细节特征；然而，仅仅凭最好的复制方法，也不能保证必定得到令人满意的效果。制作复制件的人员应该懂得记录文书中明显细节特征的重要性，懂得如何复制才能达到这一目的。在本章，我们讨论合格的复制件应该包括哪些内容，以及复制各种文书可能使用的方法。

　　无论复制技术多么娴熟，对文书检验来说，任何复制品都不如原件那样让人感到满意，每一种复制品对检验及检验结果来说，均有一定的局限性。只有原始文书才能进行字号纸张的研究和化学分析测试，即使是最好的翻拍照中也不能对书写的墨水或铅笔碳芯成分进行化验分析。如果出现文书中的某一部分被橡皮擦刮掉的痕迹，那么，对可疑部位做进一步研究，或者以各种努力对刮擦部分进行修复，通常必须等到检验完原始材料之后才能开始。对于大量有关商业方面的复制文书，特别是那些质量低劣的文书材料，则很有可能显现不出被擦刮涂改的痕迹。除非对原件进行仔细的研究审查，否则，在照片上就不可能发现擦刮涂改的文字。此外，由于文书翻拍时工作人员大多数情况下都采用照片，所以，翻拍复制的文书照片的颜色只呈现深浅不同的灰色调（tones of gray）。[①] 这些不利因素也存在于许多高质量的文书复制品照片之中，更不幸的是，很多商业方面质量较低的文书复制照片和影印件不但质量低劣，而且还存在其他进一步降低它们本身

[①] 灰色调（tones of gray），是一种黑白亮度等级、半色调等级。彩色摄影的使用能够全色复制文书，但是这种摄影的照片价格昂贵且难以操作。即使使用最精确的方法进行摄制，文书的真实颜色也有可能复制不出来，因此这种摄影较之黑白摄影也就没有多少优势了。

价值的缺陷。

第一节 照片

根据文检人员的观点，一张照得不错的照片就是文书最好的复制品。既然一张高质量的照片能够把数量相当大的文书细节特征丝毫不差地复制下来，那么，除原始文书材料本身之外，它就能被用作广泛的技术检验。

实际上，黑白照片的复制摄影流程包括两个截然不同的步骤：第一步，对原始文书材料进行拍照获取负片（negative）；第二步，翻印，即用照相负片冲印出正片（相片）（positive）。负片是用易感光的照相材料制成，这种感光材料（emulsion）是由胶片基上涂抹一层银盐乳剂（silver salts）构成的。经过曝光（expose）和冲洗（develop）等一系列化学反应过程之后，清楚的原件复制品就制成了。底片的明暗质度以及色彩逐渐变化就像深浅不同的灰色调一样，变化范围从非常清楚的清晰透明（transparency）的幻灯片到完全不透明的无光泽（opaqueness）的乳胶幻灯片。该复制品被叫作底片因为原始文书上白色部分在这上面呈黑色、不透明；而原始文书上的黑色部分在这上面则是白色清晰的；那些中间的色调深浅度也在这两个鲜明的色彩之间产生多种变化，不过其明暗度和原始文书上的刚好相反。冲洗正片，是让光线通过和印相纸紧紧贴在一起的底片〔这样制作正片称为"接触冲印（contact print）"〕，或者用一组透镜把放大的负片图像投射到印纸上〔这种制作正片的方法称为"投影冲印（projection）"〕。文书照片的正片通常是用一张表面光滑柔软的印相纸来复制出负片上的细微结构特征，[①] 从而获取一张灰色深浅不同的传真影印件（facsimile copy），这些相片的色调变化范围囿于白色印相纸复制的白或淡灰白色相片到黑色印相纸复制的纯黑色复制相片。

根据胶卷底片的尺寸大小，可将照片暂且分为两组。第一组，可以称作"标准相片（standard photographs）"，它通常包括使用 2.25×3.25 寸至 11×14 寸的底片冲印而成的所有照片。这种胶卷可以在底片上摄下与原始文书同样大小的图像，甚至还可能稍有放大。因此，不必另外进行放大，就可以冲印出与原始文书

---

① 相纸与负片在基本成分上是一致的，它们的纸基上（而不是胶片或镜头上）都涂有卤化银感光乳剂。与胶片不同的是，相纸的表面包括从粗糙（matte）到平滑（glossy）各种不同的类型。

可疑文书的科学检验

363 同样大小或稍加放大的正片副本。如果有必要加以放大的时候，可以用投射冲印的方法得到放大的正片（文书影印相片）。有些工作人员在翻拍文书时使用比例尺进行缩小照相，冲洗出缩小的原始文书负片，这样也随时可以采用投射冲印法得到与原件同样大小的照片。

第二组，可以说成是"显微照片"，它包括所有用小负片冲印而得到的影印件照片，缩微照相的负片一般为35毫米、16毫米和8毫米，而摄影师常用的胶卷为16毫米。因此，利用缩微胶卷（microfilm）进行缩微照相所得的底片以及它上面的图像显然大大地缩小了，那么在冲印与原件同样大小的正片时，就有必要做相应程度的放大。

一　标准照片

用至少能拍摄原物大负片的胶卷制作全色相片，这样才可能得到一组理想的文书照片，然而，并非以这种方式制作负片都必然会得到理想的复制品。比如，许许多多的营业摄影师，即使他们使用的都是优质照相材料，也不能都得到最好的照片。这些问题的成因一方面是生产厂家所提供的照相材料的缘故，另一方面与他们在摄影和印相过程中的曝光有关，[①] 这种问题的成因还有可能是：在复制文书的过程中，文检人员事先没有完全公开他们的调查和实验结果，导致无法以正确的方式拍摄文书。只要有特殊的设备、良好的材料，再加上谨慎控制的照相技术，才能够获得理想的复制效果。

要想拍摄一张令人满意的文书相片，拥有良好的照相器材设备是先决条件。高度精密的摄影镜头保证能拍摄到清楚而逼真的照片。

照相机就像一种取景器（view type），通过相机上的毛玻璃对取景器内的物体进行精确的调焦，使被摄物体和场所清晰可见。摄影者应当把文书固定在一个可调节高度的台面上，为了保持文书材料的平衡，最好的办法一般是把文书材料搁在清晰的透光玻璃上面。存放被摄物体的台面必须与镜头平向平等并与透镜的光轴线（axis）垂直。有种特殊的相片基本上具备这些条件，当文书固定好后，用安装在毛玻璃取景器内的放大调焦镜对其进行精确的调焦，将短小的比例尺放在相片旁边使其准确地表示出放大的倍数。只要切实履行上述基本步骤，拍摄的相片才能确保不会歪曲。

[①] 柯达的使用说明在这方面表现得最为强烈，参见《执法中的摄影》，罗彻斯特（Rochester）伊斯门柯达公司出版，1959，第54页，对于文书摄影柯达公司建议使用高对比度，其他公司也有相似的建议。

在照相曝光的时候，应当着重考虑文书的光线。在室内利用从北向窗户透进屋内的自然光拍照，常能获得质量较好的相片，这种采光方法（lighting method）已被不少文检人员应用。倘若采取人工照明，为了达到最佳效果，就应当调节灯光使一侧的照明亮度为 60%，另一侧的照明亮度为 40%。上述两种照相技术均能使负片上的被摄物层次分明，达到理想的反差效果。它们既能显示钢笔、铅笔或者打印文书字迹笔画的细微差异，又能显示纸张的质地。

负片材料选择不当是导致文书照片质量差的常见原因。一般来说，选用黑白反差极为明显（high contrast）的胶片，[①] 结果得到的图像反差却常常不明显。胶片制造厂商大多数喜欢为用户提供高反差的乳胶型胶卷，而这种胶卷只能用于翻拍特殊的文书，它既不能用来记录原始文书，也不能制作供文检人员检验的照片。相反，应当采用色彩反差中等范围的胶卷（这些胶片通常是标准的翻拍胶片，反差范围为 0.9~1.1 伽马）。[②] 属于这类胶卷的有柯达或富士胶片。例如原始文书中只有蓝、黑颜色，那么就应选择使用一种金色胶卷。

根据照相胶卷生产厂家所提供的胶卷曝光表（rated film speed），那么，对有连续不断的刻度底片来说，其实际曝光量就要比曝光表所显示的曝光量大 4 倍；而且在洗印相片时，若还要将底片放大，那就应当按放大要求适当增加曝光量。[③]

在拍摄文书相片的过程中，将整篇文书拍摄在单张胶片上没有必要。虽然使用较大尺寸的胶卷摄制有许多益处，也不必如此。如果分开摄制底片，底片上拍摄的内容适当重叠，所有文书内容细节也就无一遗漏地翻印出来了。

倘若想取得满意的复制效果，显影冲洗相片时就要严格操作，精益求精。制作相片时应当使用中等反差的显影剂，避免使用强反差的显影溶液，根据厂方胶卷使用说明书上所提供的显影剂配方，遵照获取适度反差效果的说明，摄影师就能拍摄一张色彩层次分明、光度适中的底片。具有实用价值的指导原则是：正确挑选胶卷、确定曝光量以及使用能显影 2 号反差相纸的显影剂。将最后洗印好的相片放在原始文书的旁边，就能对它们之间的反差色度进行比较；得出的比较结果就像白纸上写黑字一样，黑白分明。

---

① 对比度是照片明暗部分之间的色调差异，更详尽的论述可参见美国陆军部编写的《基础摄影》（技术手册，共 219 页），美国哥伦比亚特区华盛顿政府印刷所，1935，第 162~163 页。

② 伽马（gamma）作为对比度的计量单位，被界定为曝光曲线中密度直线的斜度，只有在本特征曲线的直线部分，才能够适用伽马（与对比度同义）。参见基思·汉妮（Keith Henney）、贝弗莉·达德利（Beverly Dudley）《摄影手册》，纽约麦克劳希尔（McGraw-Hill）出版社，第 179~180、420 页。

③ 复制的扩大因素表参见基思·汉妮（Keith Henney）、贝弗莉·达德利（Beverly Dudley）《摄影手册》，纽约麦克劳希尔（McGraw-Hill）出版社，第 225 页，表 4（扩大和缩小照片尺寸的相关曝光数据）。

365　　偶尔，利用底片曝光精确地观察某些细节特征时，还需要使用校正（correction）或补偿式滤色镜（compensating filter）。① 文书上的黄色斑迹经照相后往往显得太暗，但是用柯达 1 号（淡黄色滤光镜）色调就会减弱，从而得到与原始文书面貌酷似的清晰相片。按照同样方法，黄色滤光镜可以增强铅笔线条底迹的反差，因为蓝灰色减弱了，鉴于人的肉眼和照相用的胶卷具有不同的感光度，因而采用上述办法很有必要。尽管强反差滤光镜在解决某些特殊问题上非常有用，但它也不能用来制作原始文书的记录相片（见图 17 - 1）。

366

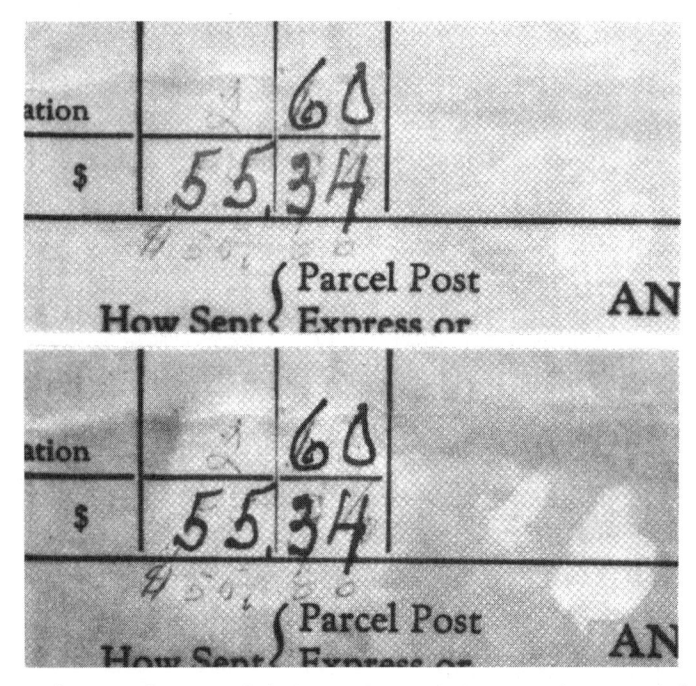

图 17 - 1　胶卷的适当部分运用滤光镜既可能用于消除，又可能用于记录某种斑点和污迹。本图上面部分是使用金色胶片而没有使用滤光镜拍摄的照片，下面是用与上面一样的金色胶片但使用了黄色滤光镜（WRAWTTENK - 3 型）所拍摄的照片。

　　原始文书中有污痕和被改涂的痕迹。有用液体褪色消字剂消除圆珠笔记号的痕迹，在左边亮分的那张蓝色纸下留下了清楚的空白点；在它的右边有明显的化学试剂溅到纸上的痕迹，由于所有的照相胶卷对蓝光都有很强的感光能力（它们可能把浅蓝色拍摄成白色），所以这些说明问题的重要暗记在上面一张相片中没有出现，在下面一张相片上却有。

---

① 摄影滤镜有两种：矫正或修正滤镜和反差滤镜。矫正滤镜可以更多地滤过特定波长的光，如 K - 1 滤镜可以让更多的黄光通过。最易透过滤镜的光比其他颜色的光线微强，用这种方式校正胶片特征能够使照片出现人们肉眼可以观察到的影像。与之相反，反差滤镜只滤过一个非常短的波长段范围内的光，在此波长段以外的所有颜色都在照片上呈现为黑色，而滤过的颜色则被固定为近白色。反差滤镜用来彻底排除不想要的颜色，如干扰性的银行印戳。

最后一步就是准备制作相片。将底片和相纸直接重合洗印的相片要比投射复制的文书相片质量要稍高一级,尽管现代的投影放大和洗印相片能够复印出被摄物非常清晰的细节。使用适当反差度的平面相纸,在曝光和显影冲洗的过程中谨小慎微,才能获得良好的书写字迹和打印文书细节照片,以及被摄文书纸张纹理清晰的照相正片。经过显影冲洗后的印相纸放在铁板光机(ferrotype plate)上进行上光烘晒,使之表面更加光滑平整,相片细节特征更加明显。若怀疑某份文书是伪造的时候,在准备随意拍一张比正常照片色彩反差更大的相片的同时,再拍一张色彩反差更弱的相片,对鉴别伪装的文书很有帮助。于是伪造文书中的各种特征将会显而易见。在制作完负片以后,就可以很容易地冲印出大量正片,甚至在时隔很久以后也可以用负片印出正片来。用负片既可以将原物放大,或许洗出与原物同样大小的照片,又可以冲洗出比原物小的相片。

高质量照片的主要缺陷就在于复制时其效果都不一样;除此之外,对不同种类的文书经复制所得的相片也不可能有相同的缺陷:制作相片的代价和翻拍洗印相片整个过程所需的时间要根据不同的复制目的而定。对某些案件来说真是得不偿失。与其他的文书复制方法相比,制作相片的代价昂贵,需要的时间也太长;然而如果被摄的是侦查中的重要文书材料,那么,制作相片所付出的代价与对它的高级技术质量要求相比就显得无足轻重了。因此,无论如何也要争取采用照相复制的方法获取文书的照相正片。

二 缩微照片

缩微相片(microphotographs)与标准相片最基本的差别是胶卷的尺寸不同。缩微照相馆用的感光片比其本身的体积要小得多。一般来说,这种照相缩小的比例至少在 1/25 至 1/10 之间。在其他方面,进行缩微照相的步骤与拍摄标准相片的步骤则完全相同(见图 17-2)。

图 17-2 图中所示的签名是用商业缩微胶卷拍摄并被生产厂家放大的相片,显示了这些胶卷拍摄的相片特征。所有步骤都是精心操作的,获得的结果也是可比较的,但是图 17-3 更精确地描绘了用此种胶卷拍摄的商业和金融组织更佳的缩微相片。下面的签名是用胶卷的一部分直接复制的与实际签名大小相同的相片。胶片上的黑色部分是整张银行支票。

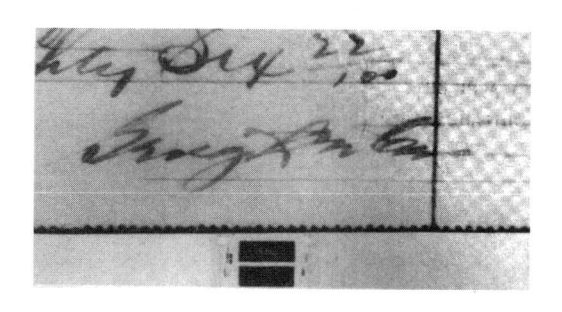

使用微型胶卷的主要好处就在于它降低了成本,而最实质性的好处在于节省

了贮存空间。① 因此，缩微胶片被广泛地应用于商业部门，特别是银行、保险公司以及图书馆等部门。② 在第二次世界大战中，缩印邮政业务通常也为军事服务（把邮件缩印成胶片，到达目的地后再放大）。

就文检人员所涉及的问题来说，最主要的缺陷在于最后制作成的相片上将失去许多细节特征以及相片的清晰度极低，部分内容变得模糊不清。造成这些缺陷主要是由于影像缩小（reduction）和校正放大（compensating enlargement）必须制作原物大的正片，以及色彩鲜明的强反差相纸，现代高级缩微技术在特殊情况下摄制的粗糙相片只有黑白两色。由于这些缺陷，柯达微型档案胶卷对于图书馆用来摄制并保存古籍和珍贵文书，完全不适宜。③ 图书馆所使用的那种缩微胶卷的表面有一层颗粒非常细、溶解力非常强的乳状膜，④ 因而使用这种胶卷效果良好。⑤ 它的特征就是能把原始文书中的细微结构在一张最后制作的与负片大小相等的照片上毫无遗漏地显印出来。另外，商用微型胶卷在文书鉴定中也经常使用，但是这种胶卷的乳胶层颗粒粗糙而且溶解力低，因而其摄影效果较差。从这些负片上显影复印与负片大小相等的正片，其被摄物轮廓线条不鲜明，细节也模糊不清。商业缩微照相是一种高度自动化处理程序，因此，摄影器材必须维护良好，必须配制新鲜药水（显影液、定影液），放大凸透镜要保持清洁，光线也要调节均匀。但是在实际工作中常常达不到此要求，有时甚至用质量低劣的印相纸制作正片，远没有达到照相器材设备本应得出的最佳正片（见图17－3）。因为笔迹的细节尤其重要，缩微照片失去许多细节，无疑给检验带来极大困难。当然，综观这些缺陷，缩微照相远不能令人满意地提供文书检验的复制件。

---

① 对于缩印信件（V－mail）的统计数字，精确地描述了由缩微拍摄技术带来的已往信件重量和体积减小的程度。参见《舰队邮局》，载于《我们的海军》（美国海军人事局主办刊物），1994，第50页："使用缩印信件后，两架运输机就能够完成以前100架飞机完成的工作量，缩印信件的重量是普通信件的1/140，并可以节省98％的运载空间。"
② 现在市场上已经开发出不同类型的缩微胶卷照相机。包括复印商务文件资料的高速自动照相机、适用于图书馆精确微拍的照相机以及便携式照相机。Recordak公司、雷明顿·瑞恩德公司、3M公司是以上产品的主要供应商。
③ 参见《柯达查询手册》[罗彻斯特（Rochester）伊斯门柯达公司出版，1956，第951页]公布的产品规格说明书，对柯达缩微文件安全胶卷的一般特征做了如下描述："具有极细密微粒、低感光度、全色的感光乳剂，以其独特的设计，大大地减少了对报纸、手稿、图画、照片……的烦琐复印。"柯达D－11具有显影分辨力130行/毫米、对比度30格玛（gamma）的优良性能。
④ 摄影用的感光乳剂都是由一系列极微小的卤化银粒子制成的，显影时这些卤化银微粒转化为相应的银粒子。不同的感光乳剂卤化银微粒的大小（grain size）也各不相同。
⑤ 分辨力（resolving power）是摄影材料能够敏锐复制细微细节特征和线条的能力。检测这一指标的通用方法是看此材料在单位长度内，能够清楚地离析线条的数量。

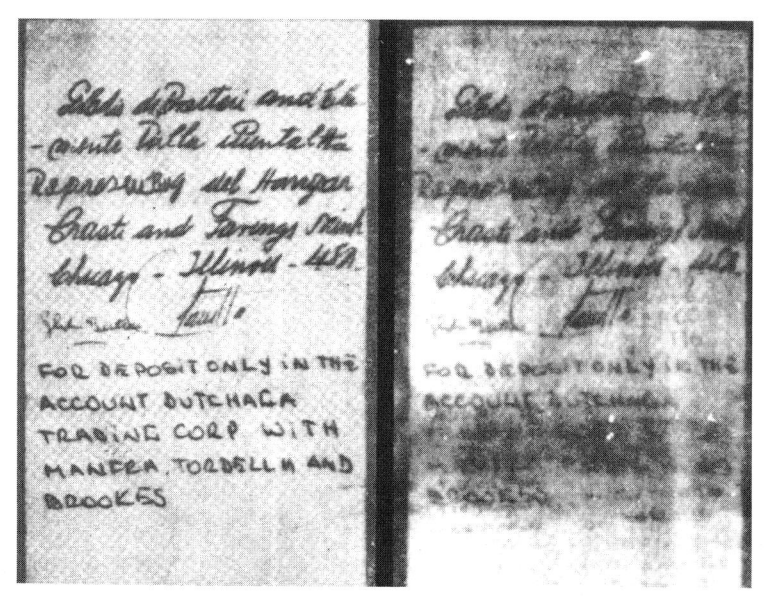

图 17-3 本图的两部分图片,是支票背书部分的缩微照片。左边的图片是用缩微照相技术拍摄的非常准确的复制品,右边是纽约银行签署的一般支票副本,纽约银行每天要处理大量的支票。支票的背书被人仔细地涂改过,支票背面的文字被覆盖重写(over writings),并增加了一些字母。从左边现有的状况难以辨认痕迹,但幸运的是文检人员有机会对制作成图片的缩微胶片进行研究,结果发现胶卷底片上包括了许多细节特征,大多数被改变的字母也能辨认出来。不论是右边的支票副本或是它的负片上都有高质量的大量的细节特征,能够做出同一认定的鉴定结论。

第二节 当代的文书复制技术

现代照相复印器材设备(dry-photocopying systems)以更快、更经济实惠的方式为商业及私人复制文书,现代的复印机能在几秒钟内复印出大量清楚而且干燥的复制品正片。在这一复印系统中已经广泛地使用照相片复制方法。在某些情况下,它们在一定程度上已取代了多种复写方法,当某位侦查员不能将原始文书递送给文检人员的时候,他就需要复制一份与原始文书一样的副本。

现代常见的复印方法有三种,它们是静电转印程序(transfer electrostatic process)即平板白纹纸复印法(plain-paper process)、直接静电复印程序(direct electrostatic process)或铜版纸(涂料纸)复印法(coated-paper process),以及双谱复印程序(dual spectrum process)。在一般情况下,大多数都是采用前两种复印法,因为双谱复印法要由 3M 特殊物质覆盖,所以到目前为止还不能得到广泛运用。

一 转换静电复印（transfer electrostatic copies）

转换复印或直接用平板白纸复印文书的技术起源于施乐公司（Xerox），于 1960 年 3 月正式问世。① 现在有许许多多生产复印机的厂家正在采用这种程序的复印机。② 如今，Xerox 复印机已得到广泛使用，尽管施乐公司一再宣称"Xerox"是一个注册商标，但是许多人仍继续把所有现代静电复印机不正确地称为"Xerox"。

所有这些复印机都是由一个内装的光源系统和一个透镜系统组成，这两个系统将文书投影在带静电的滚筒（drum）或薄钢板上的影像准确调焦。施乐用硒（selenium）作为滚筒的金属表面。这种材料在曝光之前带正电荷。因此，当文书原件经过光源时，文书上的字迹吸收光线，滚筒的这一部分仍带正电荷，滚筒上的白纸影像就会留下这个区域的印迹，从而复印出文书正片。带负电荷的调色粉直接经过滚筒并粘附于复印纸上的阴影部分，调色粉（toner）通过复印纸正片带电的方式依次转印到一张平板面复印纸上，直到粘附在白纸上的调色粉被灯光热量溶化凝结从而复印出文书的正片副本。

在操作该种复印机时，只要认真仔细，各种操作技术达到规范要求，就能很快地复制出干净且干燥的文书复印本，并可立即拿去使用。

二 直接静电复印程序（direct electrostatic process）

被称作电子摄影照相（electrofax）的静电直接复印机安装了一个与静电转换复印机相类似的灯光和透镜系统，它的工作原理与前面所论述的复印机的工作原理相似；但它要用涂有锌氧化物的纸（zinc oxide‑coated paper）来代替涂硒滚筒，它可以直接接受正电荷。再者，灯光集中散射在文书空白部分上，只有书写文字着墨的阴影部分不透光，这部分内容立即会被吸附上调色粉形成文书字迹。为这种程序生产的复印机，既可能是固体的调色粉，又可能是液态的调色剂。这两种调色物质对光线照射到纸张的阴影部分均有吸附力。固体调色粉在光热量的作用下最后粘附于纸面；液态调色剂在印刷好正片以后，只要通过空气烘干即

---

① 《复印的革命（第二部分）》，载于《化工新闻》1964 年 7 月 24 日，第 84 页。对于复印机的全面研究是本章本节重要的信息来源。

② 1970 年前后，IBM 是唯一一家向施乐公司发起挑战的公司，而近年来，许多生产涂料纸（coated‑paper）复印机的公司，也开始涉足无纹纸（plain‑paper）复印机生产领域。

可。这种复印件不同于那些间接复印程序或转换复印程序所得的复印副本,它能通过复印纸表面的感光涂抹物质很容易地加以辨别,若对复印文书有怀疑时,可将一个硬币的压印花纹擦刮掉,放在复印纸的有感光材料涂抹层干净清晰部位,就可能留下一个黑色的擦刮痕迹。但是擦刮掉的压印花纹放在没有感光材料涂抹层的复印纸上,就不会有黑色擦刮痕迹。这种复印件能够快捷、清晰地制作完成,而且即便使用液体调色剂也几乎是干燥的。①

三 双谱复印程序（dual spectrum process）

3M公司改进了双谱复印机,② 这种新型的双谱复印机综合了照相复制技术（photographic）和温度自动记录器技术（thermographic technique）。文书的最初复印件是通过反射的影像复制在一张非常薄的中转媒介钢板（intermediate sheet）上的方式制作的。中转媒介钢板上涂有一层材料,这种材料在曝光时易被可见光所分解,一旦中转媒介钢板上的存留物部分与文书上的阴影重合以后,便使之与经过化学处理的复制文书相接触。把这两部分加热到大约100度,涂敷在复印纸上的混合抛光剂就与中转媒介钢板上的未被分解部分起化学反应,从而复制为一份精美的文书复印副本。③ 这份精美的文书复制副本可永久保存,色彩多种多样,可以保存在任何地方也不受温度的影响。

3M公司为这种复印机生产了一种特殊的复印纸,在复印纸的反面（没有涂敷化学试剂的一面）标有粉红色或蓝色的漏斗形商标（tulip mark）。因此,以这种方法复制的文书副本很容易辨认,所记录的细节特征相当清楚明显;文检人员借助这种复制品就可以进行初步检验,从而证明此类复印机器材设备是第一流的。

四 复制件的评价

以上三种操作方法能在几秒钟之内复印出干燥的复印件正本。这些复印件的阅读效果令人十分满意。如果复印件直接印自原始文书,一般情况下,文检人员能够完全地对它进行初步检验（见图17-4）,除可见光谱中波长最短的蓝光感

---

① Apeco（美国照相复印器材公司）的热传真复印机于1961年10月投入市场后,SCM公司、Bruning公司生产的热传真复印也分别于1962年6月、1962年11月相继问世。见《复印的革命（第2部分）》,《化工新闻》1964年7月13日,第89页。
② 《复印的革命（第1部分）》（载于《化工新闻》1964年7月13日,第128页）讨论了这一程序的发展,确立了其推广的日期——1963年10月。
③ 《复印的革命（第1部分）》,《化工新闻》1964年7月13日,第128页。

光微弱这一缺点之外，上述两种静电复印方法都能够成功地复印出文字和图案。许多商业复印件中趋向于遗漏一些笔压较轻的笔画。现代的影印技术所复印的文书副本只能适用淡蓝色油墨。而双谱复印程序却能复印各种颜色的字迹。静电转换复印程序常不能复印出圆珠笔油墨的裂纹特征（flaws）和书写字迹笔画的末端（nib tracks）。在涂有锌氧化物的复印纸上用液体调色显影剂复印出的文书细节特征比用其他方法复印的文书要清晰明了得多。①

图17-4 图中上面一行字母是用双谱复印法复制的打印文书副本，与下面一行打字文书原件进行比较，字母"n"的顶部衬线，字母"a"的右下笔画，字母"y"和"u"的左上角衬线都有轻微受损痕迹，在双谱程序复印的副本上也会清楚地反映出来，尽管缺陷不如原始文书中明显，但在复制件中仍能发现字母的缺损特征。

在文检人员看来，高质量的原件第一代（first-generation）复印件是可以用于进行初步检验的，这里所说的"原件第一代"复印件是指直接从原始文书复印出来的副本，任何影印的复印件都会遗漏大量的细节，甚至是非常严重的遗漏（见图17-5）。事实上，原件第一代复印件本身也要遗漏一些细节，不是百分之百的完美，特别是在复印时没有精心操作，复印出的副本质量更糟。许许多多的复印件具有适度扩大复印的功能，扩大幅度约为1%，因此，用精确的方式实施特定类型的检验（例如打字基线调节问题）对文检人员提出了更高的要求。

五 彩色照相复印法

现在施乐公司（Xerox）与其他公司正在开辟照相复印（color photocopying）市场，这种复印机能够将彩色复印下来。这种复印机用红色、蓝色、黄色的调色粒子来复制特定色彩。这三种基色混合可以形成黑色，而其他非基色（nonprimary colors）则可由这三种基色中的两种或三种以不同的比例调配而成。当某种非基色被放大检验时，沿着线条的边缘可以观察到基色的晕圈。经放大后，一切颜色都显现为色点的堆积。复印件不经放大直接用肉眼观察十分接近原物本色，用

---

① 这一数据源自1971年美国可疑文书鉴定人协会周年会议上的报告，是该报告的作者对这些打印机进行实验所得的数据。

图 17-5 经过施乐复印机反复复印的文件表明打印字母的轮廓线逐渐被损坏的特征，原件至第三次复印件的字母边界轮廓线逐渐模糊。尤其是"#"符号的变化非常明显，在第三次复印件上，不仅水平横线有轻微的断裂，而且所有字母的字体轮廓都变得瘦弱狭窄了。

彩色胶卷虽不能精确复制颜色，但它的确能复制出类似原件那样的色彩。到目前为止，复印文书的色彩无论如何仍存在缺陷，在彩色复印机上制作的供文书检验的复印件并不具有任何特别的优点。事实上，复印文书中的色彩在检验中存在非常严重的缺陷。

第三节 早期的文书复制技术

在现代复印技术开始使用以前，其他几种复印方法事实上早已被广泛使用。以前的文书都是用直接影印机（photostat）复印的，这是一种照相版程序的复印方法，它将照相负电放在印相纸上复印出正片。但任何一家公司（除了大的商业集团外）都不愿意购买这种复印机器材设备，绝大多数文书复印件都是由专门复印各种文书的商业公司复制的。直到20世纪40年代末期，仅有部分比较有成效的复印机替代了上述影印设备，用于复印较小的商业事务文书，那就是反射式复印装置（reflex devices）。它们需用特殊的影印纸张，而且通常得到的复印件质量

可疑文书的科学检验

也较差。

在 20 世纪 50 年代，人们发现了三种办公室用的复印方法：漫射转换复印程序（diffusion transfer process）、明胶转换程序（verifax，gelation transfer process）和温度自动记录程序（thermographic process），[①] 所有这三种方法都是在直接影印机十分普及，而且在公众广泛使用直接影印机的时候才开始问世的。这些复印机都是在小办公室或商业事务中使用的结构精细而坚实的机器。在文检人员看来这三种复印程序制作的副本质量次于影印机复制的文书副本，也次于当今复印技术制作的文书。

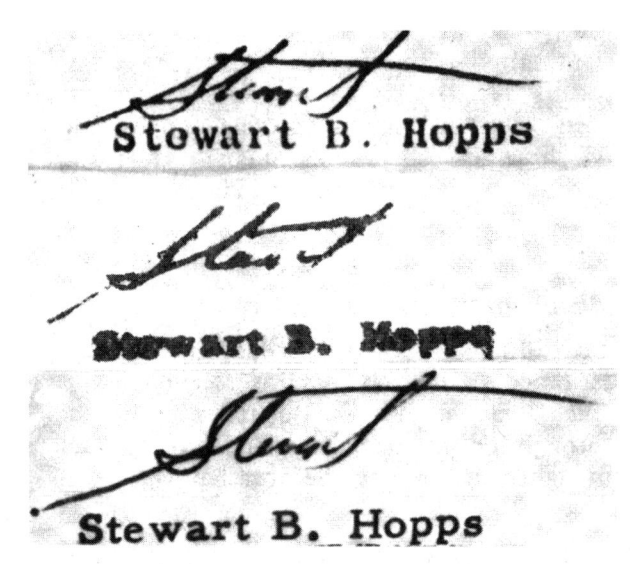

图 17-6　图中上面两个签名和打印文书是由漫射转换复印程序复制的，它具有这些复印件经常遇到的典型特征，下面一份签名是用原始文书进行照相复制而得的副本。上面一份文书中所遗漏的细节可是即使以这些方式复印的比较好的复印件中也会正常出现的。这份复印件是在一个案件中碰到的三份相同文书的复制品。中间一份质量低劣的复印件表明它是复印机保养不良和使用油墨不当而造成的结果。

一　漫射转换复印程序（diffusion transfer process）

用漫射转换法复印文书需要两张不同的纸来进行负电曝光。第一张含卤化银感光乳剂，以反光影印的方式曝光，也就是说，当它和负片紧紧相贴时，由感光复印纸将光线反射回来，反射回来的光线使负片曝光，然后使该负片离开原始文书，再将负片与正片面面相对直接接触，最后把它们全部浸入显影剂药水中显

[①] 关于这些技术更详尽的说明可参见《复印的革命（第 1 部分）》（载《化工新闻》1964 年 7 月 13 日）。

影。在溶剂中，使没有曝过光的卤化银转移到第二张印相纸上，然后再转换成金属银盐，从而复印出一张正片。这张正片从机器上取出时还有点潮，所以需要吹风晾干（见图17-7）。

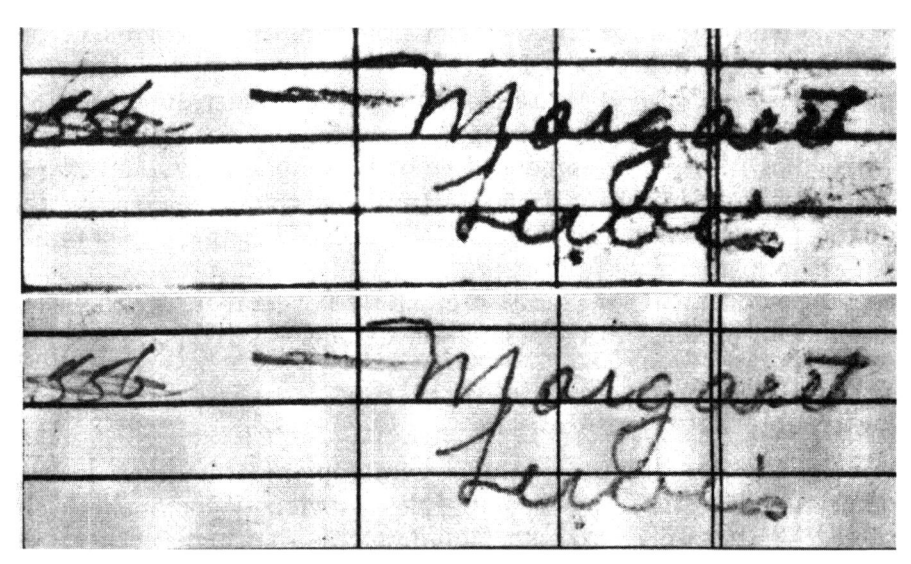

图17-7 上面一份文书复印件是由漫射转换程序复制的，是从下面这份直接影印机复印的影印本上复制的。再次复印件和复印件本身固有的缺陷综合比较时，就可发现上面一份复印件中单词"margaret"中"e"的细节特征不明显，单词"Lewis"最后的"s"没有复印出来。

二 明胶转换程序（gelatin transfer process）

这种"verifax"复印方法是由伊斯门柯达（Eastman Kodak）改进的，它也是一种反射式复印技术。感光纸张（含有卤化银）或照相软片电基的基体中含有一种未凝固的明胶和许许多多的化学物质，在曝光之后，将软片（即底片）浸泡在显影药水中显影，可使曝光部分变得更坚硬，其余的部分保持原态，未凝固的明胶同时粘附有色料，这种色料还可以转印到第二张相纸上从而形成复印正本。将相纸上余留的部分卤化银继续慢慢显影，就可以得到一张永久性文书复印副本。用一单张软片（底片）可以制成几张正片。

文检人员认为，这种方式获取的复印件还不是最完美的，因此它远不能达到理想的要求。然而，不管怎样高质量的复制件仍然能够用于初步检验和鉴定。这种复印程序是为快速而清楚地复印文书而设计的。只要操作适当，所获得的复印件是能达到初步检验要求的。

三 温度自动记录程序（thermographic process）

20世纪50年代，3M公司的"thermor – fax"（热传真）复印机开始复制第一批干燥复印件，它是一种红外线或热处理程序，要求使用特制的复印纸，而且这种复印方法也包括一个反射式机械装置（reflex technique）使翻印的文书曝光。在原始文书上的任何物质，如铅笔字迹、打印文书墨迹、印刷机油墨都吸收红外射线，这些物质被加热激化就会释放出放射性物质，使经过特殊处理的复印纸上形成一种与原始文书相应部位的文字内容完全相吻合的彩色精致复印件。原始文书的正电副本就这样复印出来。

热传真复印法有许多非常严重的局限，如许多种颜色的油墨仅仅由于它们不能吸收红外射线而不能被复印出来（见图17 – 8）。通过目测检查人们还不能说哪种色彩的液体油墨和圆珠笔油墨能够复印出来、哪种不能复印出来。而且，复印件随着时间的推移会逐渐被损蚀，如果受到高温暴晒，损蚀速度还可能加快，复印件将会变黑变暗，也变得很脆极易损坏。正是上述缺陷才导致了3M公司的双谱复印程序问世和不断发展，该复印机能复制出各种颜色的油墨的文书副本并且不易损蚀。①

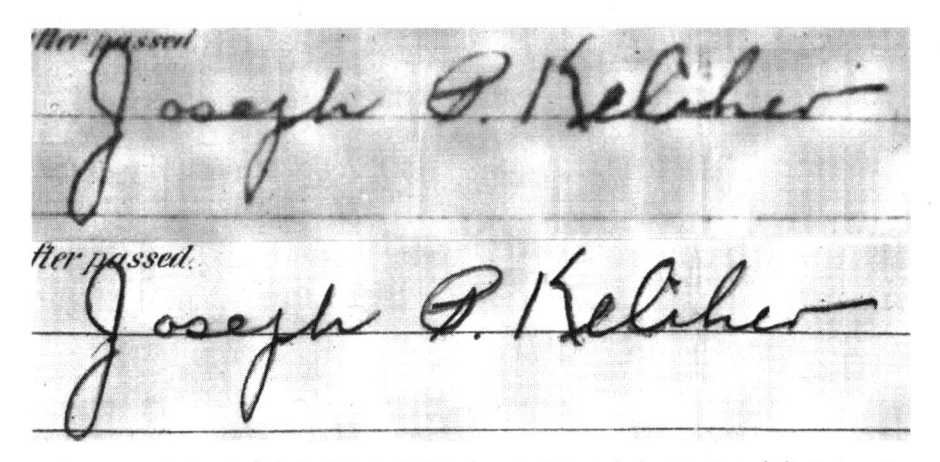

图17 – 8 上面一份复印件的签名质量低劣，它是由温度自动记录程序复制的，很明显，这是一份伪造的签名。下面一份复印件是原始文书签名的影印相片，它显现了真实签名笔画周围的铅笔轮廓线，特别是字母"p"左侧更是如此，很容易看出，签名的油墨不吸收红外线，而且用温度自动记录器程序不可能复印出文书的全部内容。营业员也承认她用铅笔摹仿过签名。这种复印方法的缺陷导致了双谱复印法的发展，而且双谱复印法的确比较高级。

---

① 《复印的革命（第1部分）》，《化工新闻》1964年7月13日。

四　直接影印复印法（photostats）

直接影印机是在 Xerox 和其他静电复印机开始生产以前最常见的商业性文书复印机，它只有一个步骤——制作负片，用特制的感光纸直接复印文书（直接影印机能够制作成白底黑字的复印正片，但是这种复印件与复印它的负片相比较没有任何优越之处，而且事实上在复制过程中增高了底片阴影密度，缺陷更为明显）。

直接影印是用特殊结构的照相机复制的，该种相机的注册商标是"Photostat"，它的特殊设计就是为了快速和自动地在感光纸上直接复印出文书副本，[①]当把它作为照相的负片或印刷负片时，也可以同样的方式将其放在化学溶液中显影。

在商业复印方法中，直接影印机能够制造出供文书检验的优质副本以及一般用途的副本。许多老式的县政府办公日志都是用这种方法记录的。只要正确地制作直接影印本，就能很好地记录下文书的细节特征，而且这些文书还能够完好地保存许多年。然而，这种复印程序并不是完全不受条件制约，因为它还存在一些合乎需要的缺陷。不管怎样，利用直接影印本能进行广泛的初步检验，并可用它来制作复印件，完全有可能将高质量的直接影印本应用于相当广泛的领域，但是这些检验结果必须附有条件地接受，因为它们是在假定直接影印本是原始文书的情况下做结论的，这种推断和设想有时并不完全有效。

直接影印本由于反差（contrast）和颗粒（grain size）两个因素，失去了许多原始文书本身固有的细节特征，因此它们并不完全适合于文书检验。直接影印相纸可用来显现表面清洁笔迹清楚的文书复印件，许多摄影服务部通常也使用这种影印相纸，因为它们的反差都很强。有些影印相纸的银盐颗粒相对较大一些，但溶解力要小一些，这些因素严重地阻碍了在显微镜下的检验。在现代显微镜下检验影印本的图像要比用肉眼观察更能发现影印本笔迹不清楚、线条轮廓不分明等缺陷，以及少量的笔画漏缺现象。由于这些原因，一张直接影印本并不总是能被进行彻底检验，即使现代的复印系统也确实受上述条件的限制。

[①] 直接影印照相机的基本构造与其他照相机是相同的，例如，它的镜头和快门系统形成了一条由光源到储存摄影材料的暗箱的通路。但不同的是，直接影印照相机镜头系统包括普通镜头和反转棱镜两部分，后者是倒转字迹使其在复印负片（黑底白字）上从左到右排列的必备组件。

直接影印机还有另外一些次要的缺点，当某副本用原件及直接影印照片来进行放大复制或缩小复制的时候，实际上效果最好的、最令人满意的副本还是直接复印自原件。用直接影印机印制的透明胶片能够复印出一系列高保真度的照片；如果还需要更多的照片，那就是把第一张影印片再次进行影印，再次影印的结果往往得到一些质量低劣的复制品（见图17-9），或者再次复印原始文书，很多影印纸的色彩感光度并不很高，因此不能在灰色调的纸上复印出原件的各种颜色。如果原始文书上有红、绿墨水字迹或是图章印迹，那么就必须使用能够准确复制出这些颜色的纸张。①

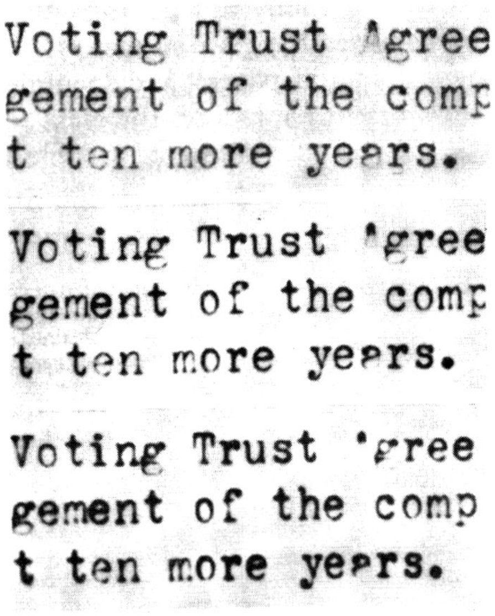

图17-9　上面部分是打印文书部分的精确照片，这部分文书中字母的印刷缺陷非常微弱，特别注意字母"A""a"和"g"的底部。

中间部分图片是同一份打印文书的直接影印本，该正片是复印件，实际上是第二次影印本（将第一次的直接影印本作为负片复制的复印本），将这两份复印件进行比较，就可发现上面所引用的字母（"A""a""g"）细节特征没有复印出来。

底下部分图片是同一份打印文书的第四次直接影印复制品，它是将上面影印本进行影印得出负片，然后再次进行直接影印得出第三次影印的复制件，该复印件中失去的细节特征更多。

不管使用什么方法复印，前面所述的照相版复制法的所有商业件，这种细节特征减少和损失的种类都有不同程度的表现。

五　反光复印（reflex copies）

一台直接影印复印机对于一个有限复制业务量的商业机构来说，似乎是复杂而又昂贵的仪器；但是在办公室就能够复制文书稿件，这显然十分方便。反光复印方法不仅能够满足这一点，而且只需要投资小小的一笔钱。它只要一套简单又不昂贵的器材设备，但起码要包括印机箱；也就是说，在玻璃板下面至少有一个温射光源，② 用这

---

① 直接静电影印纸具有不同的感光特征和表面质地，可能一些仅对蓝光敏感，而另一些则对全部的可见光谱敏感。进而，不同的影印纸也有不同的对比度范围。对于专门的技术研究而言，低对比度和表面光滑的影印纸更加适宜。

② 几家公司生产的复杂程度和基本设计不同的反射设备，大多数都安有一个平面打印盒，复杂一点的则装配了自动计时和曝光设备，而且至少有一家公司已经开始生产一种以空心玻璃圆柱环绕光源为特征的打印机。在二战之前的几年，一种荧光复印设备被用于反光复印，书般大小的荧光感光版要在普通白炽灯下充电15~20秒，反光复印纸和文书稿件才能够插入进行曝光。

种器材设备复制一份文书稿件是将反光直接复印纸①和文书稿件相向（反光直纹复印纸在下面，文书稿件在上面），整齐叠放。在曝光过程中紧紧地压在玻璃板上面。

虽然反光复印的复制件比直接影印本的质量低，但是反光复印的文书字迹仍较清楚，易于阅读，这便是反光复印的结果。对感光相纸进行曝光时，必须依据复印人员使用的特殊器材设备，使光线既穿过反光复印纸又透过原始文书，光线透过反光复印纸散射的结果导致最终得到的图像比使用透镜系统所得到的图像略为模糊。当原始文书稿件的正反两面都有印刷文字时，就需要对第一次印相再次复制才能获得一张清晰复印件。其缺陷是在第一次复印过程中，底片阴影密度随着再次曝光而增厚。② 在这两种情况下，使用反光复印纸复印的文书笔迹在用肉眼以鉴定的眼光观察时能发现其有轻度的模糊；若用显微镜进行放大观察，这对文检人员来说当然也没有什么价值。

似乎不需要指出直接影印机用反光直纹复印纸制作照片的所有不足之处，显然，放大或缩小照片都不能使用这种方法。幸运的是，在昔日的档案或案卷中几乎没有发现与此相类似的文书副本。

第四节　其他复制文件的方法

常见的复制文书方法前面已论述过，它们被广泛用来复制供技术检验的文书和复制一般的商务文件。然而，其他复制方法在特定的工作中也有所发展，虽然它们只限于一些可疑文书稿件的复制。它们包括重氧化合物印刷法（diazo prints）、蓝图复印法（blueprints）、照相感光凸板印刷程序（photoengraving processes，根据衬在透明纸下面的图样复印）、摹写印描法（tracings），以及实际上目前已经过时的活版印刷技术。

---

① 最普通的反光复印感光材料与直接静电影印纸的特征十分相似。它们的感光乳剂都由对光敏感的卤化银制成，且显影都需要一系列类似的溶解过程。
② 在文书只有一面有字迹的情况下，可将该文书置于反光复印纸之下，正面与光箱顶部的玻璃板相接触，背面紧贴反光复印纸的感光乳剂面，当光通过该文书时使反光复印纸曝光。但是，当文书两面都有字迹时，就必须经过反转负片复印和可读正片复印两道工序。具体操作是：反光复印纸紧贴着光箱顶部的玻璃板，感光乳剂面朝上，与文书的被复印面相接触，曝光过程中，当光通过反光复印纸时，该文书的被复印面反光到反光复印纸上得以曝光固定。但是以这种方式制作的复印件，字迹是从右至左倒转过来的，因此，复印纸在显影晾干后，还必须经过二次复印，以获得从左到右排列字迹的可读复印件，当然，复印正片的质量明显劣于原始的复印负片。

一 重氮化合物印刷法（diazo prints）

过去的四五十年期间，一种简单的复制长幅正像的方法已经在美国普遍应用。这种复制方法可以与氮化合物印刷术（diazo prints）媲美，它们都使用一种特殊的感光纸，一种方法是将感光纸在氨雾（ammonia fumes）下曝光，另一种方法是通过一种复制的化学溶剂润湿相纸而曝光。① 这两种方法都是在没有作为中介物的负片（intermediate negative）情况下，经曝光、显影程序，直接在白色的印刷正片上形成黑色影像。② 最近出现的热敏式重氮化合物印刷程序是一种（thermal diazo process）能解决显影溶剂保养问题和消除水气味的复印方法。③ 因为它使用全干或半干显影程序和直接的正片印刷方法，从曝光到印刷完成这一段时间是用秒来计算的，而且每次印刷相片的成本花费都很低，最初它的复印范围只限于一般的草图、建筑设计图（architectural drawings）以及机械工程设计图（engineering drawings）；后来，办公室业务记录系统（office record systems）也适宜于用这套仪器以及薄而半透明的标准复印纸张进行复制，因为用标准重量书写纸（standard-weight writing）和普通打字纸制作的文书来复制副本其质量并不是很好。

设计出来通过接触程序进行曝光的印刷机，非常像反光复印机（reflex printing）。④ 感光复印纸自动地和原始文书紧紧地贴在一起，光线必须要穿过原始文书的文字才能使感光乳剂曝光；被墨迹和铅笔字迹的线条挡住光线的那一部分重氮合成纸，当纸张别的部分呈雪白色的时候这些部分则显现黑色。显影只需要一步完成，并不需要定影剂。用氨雾显影的机器所复制的相片很快会干燥并可以马上使用。若用显影液显影，相片只需经过两个显影滚轴（development rollers）时在显影溶液中稍微沾湿一下，便立即被传送到烘干室（drying chamber），采取任

---

① 纽约州约翰逊市通用苯胺胶片公司生产的奥萨里德（Ozalid）产品，是氨显影设备的主要货源，另外还有几家公司也在生产这一设备，这种适用于显影程序的设备的确有很多优点，但氨气的清理仍是这一设备没有克服的技术问题。伊利诺伊州芝加哥市查尔斯布鲁宁（Charles Bruning）公司开发了一种液体显影机，为了缩短晾干打印纸所需的时间，每部显影机都装配有一个烘干室，只需几秒钟便可排干打印纸。

② 经干显影机处理过的复印纸，显现的线条是蓝色、暗紫色和深褐色的。化学溶剂润湿显影法由于改进了显影剂，也可以产生相同的效果。关于复印纸和它的表面薄层的详尽技术论述可参见《特种纸张》（R. H. 马瑟版），布鲁克林雷姆森（Remsen）出版社，1950，第 231～236 页。

③ 通用苯胺胶片公司 1964 年开发了第一部热敏式重氮化合物打印机。

④ 每个制造商都会生产不同型号的机器，以专门胜任不同类型和体积的工作。读者如对机器构造的详情感兴趣，可参见产品数据单和出厂说明。

何一种方法都可在两分钟内复制出相片。

虽然重氮化合物影印程序速度快而且花费很少，但其复制的文书副本还是不能作为进行文书检验的样本。高反差的印相纸适宜于复印线条绘图，而且效果极好，这种印相纸也正是为此目的而设计的，但在可疑文书的检验中仍然不能采用这种复印件。此外，感光乳剂的特性也同那些蓝感光胶片（blue-sensitive films）或直接影印片的感光剂特性相似，也就是说，并非所有的颜色都能按照它们正常的色彩比例关系像深浅不同的灰色调一样被复制。相反，除蓝色之外，别的颜色复制下来后都近似黑色。在反光复印过程中有时还会遗漏细节特征。对半透明纸上的图案进行复制，可以得到最清晰的复印效果。虽然原件图案线条相当清楚，但当光线透过标准书写纸时，由于纸的纹理散射光线，致使一些重要细节被遗漏，复制可疑文书的极少有复制件那样的情况（见图17-10），因为用反光复印线放大或缩小复印件是不可能的。就以制造厂家的复印器材设备来说，适用的原始文书必须是单面书写，不能两面都写有文字。上述设备条件的限制导致无法采用这种复印方法来复印可疑文书。

图17-10 本图是同一份支票的复印本，一份是用重氮化合物程序复印的（上面），另一份是精心摄制的照片（下面），签名是用圆珠笔轻轻书写的字迹，下面的图章印痕是用浅红色油墨印刷在绿色棱纹支票纸上的。

将两份支票复印本进行比较，发现照片中签名的笔画线条比重氮化合物复印本要清晰得多。字母"D"顶部下面的一条横画线就很明显。在重氮复印本中纸的衬底和图章印痕的第一条微弱线条都遗漏了。

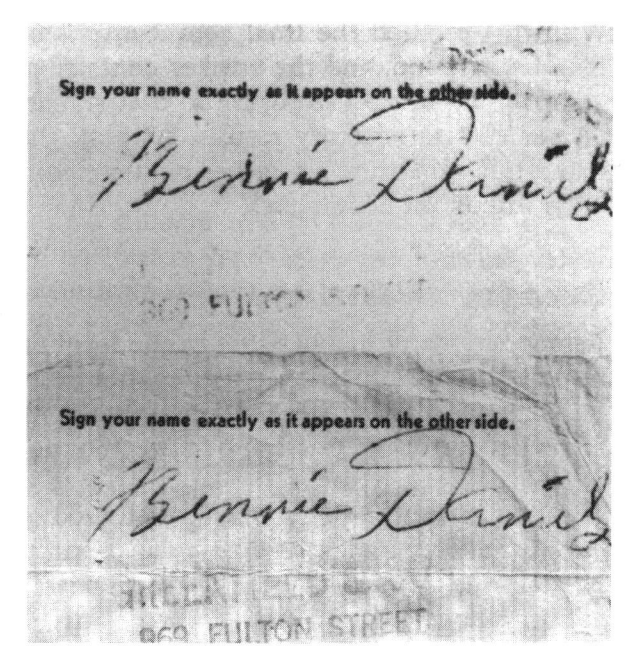

二　蓝图复印法

蓝图复印法（blueprints）是一种比重氮化合物复印法更久的、应用范围更广泛的方法，它复制的线条图案更清楚，但是复印件对文书检验来说仍有相同的缺陷。蓝图复印有很强的反差，用这种方法复制所得的最后复印本由以蓝色为背景的白色图案组成，实际上，这些一笔一画的线条并不包含其中的细节。复印件由软片接触复印纸曝光制成，所以用标准的书写纸张不能产生令人满意的复印效果。可见，最好的蓝图复印也不过是一种暂时代用品，它可替代一份重要文书的照片或影印件。

三 摹写印描法（套摹法）

以手工摹写印描（tracings）方式复制的手写文书，有助于刑事案件的侦查，但其实它对鉴定文书的书写者是没有价值的，充其量也只能从套摹文书中得出鉴定合格的结论。这种结论通常是在别的鉴别方法都不能奏效的情况下采用。

最常用的、最令人满意的套摹复制方法是用一张薄纸覆盖在文书上面，然后尽可能仔细、准确地一笔一画印描书写文字的笔画轮廓。摹写印描本同伪造文书相比较只有很小的一点差别，甚至没有。它们都是慢慢地摹写原始文书，其鉴定价值随套摹人的印描技能高低而变化；显然，摹写印描必须按照字母符号的唯一形式进行，实际上，它们中的大部分摹写印描本都无法精确地复制出原始文书的细节特征。

套摹文书还有一个很大的缺点，即每一份被摹写印描的原始文书上都有可能在摹写印描的过程中留下与套摹文书字迹压痕相对应的书写压痕。这些压痕凹槽对原始文书造成了损害，特别当怀疑该文书是一份伪造件时，那么它势必影响以后的文书鉴定，其他不利因素也可能接踵而至。由于上述原因，套摹方法根本就不能用于重要证据的复印。然而在刑事案件的侦查活动中，使用摹写方法复制文书仍有一些有利之处，特别是当邮件或其他通信文书被截取之后进行邮检时，使用摹写印描好处更大。为了长期套摹可疑文书或信件而又不至于引起怀疑，就可以采用摹写方法快速复制文书，然后迅速将信件文书发送出去。但若要鉴定截取的书信文书材料，就必须用其他方法制作复印件，诸如拍摄照片或制作影印本。[①]

[①] 不同类型的便携式照相机适用于不同的领域。伊斯门指纹照相机就是一种专门适用于拍摄签名的照相机，它的焦距是固定的，胶片规格为 2.5×3.5，装配有一个内置电池电力的光源（详细的介绍和规格说明可参见伊斯门柯达公司的产品目录）。其高度的机动性，能够使侦查员获取高品质的原物大小的负片。美国可疑文书鉴定人协会的一些成员使用的改进式固定焦距照相机，是由埃尔布里奇·W. 斯坦（Elbridge. W. Stein）研制的，这种照相机的胶片规格扩大为 5×7，装配有 110 伏内置光源。用这种相机拍摄照片完全可以取代套摹而广泛利用。

四 照相雕版印刷及其相应程序

照相工艺图版程序可以分为以下三类：照相凸版印刷（photoengraving）、照相凹版印刷（photogravures）或雕刻版印刷（intaglios），以及照相平版印刷（photolithographs）或者胶版转换印刷（offset printing）。复制文书应视具体条件再确定印版。①

上述复印程序适用于两种文书类型的复制：照相网目钢版法（halftones）复制的浓淡点图，给人一幅关于连续灰色调光的幻视彩图，诸如复印肖像画或风景画；另一种是线条状图案（linecut），图案完全是由固体的连续不间断的线条组成，诸如线性曲线图表。照相网目钢版浓淡点图复印和线条状图案复印两者都有一定的使用价值，但是两者均不能用于复印供文书检验的可疑文书。

这些照相工艺制版方法经过特殊的改进之后，可以复印像图书、杂志、报纸之类的插图、照片或文字。由于图案制板价格昂贵并且需要很长一段时间才能制好，因此，很少有人使用该方法复印文书。然而，有时可以复印手写文书和打印文书。这种方法也许只能复印已知的文书样本。照相凸版印刷和照相平版印刷一般来说都是根据照片进行的，因此，在这些情况下要尽一切努力确定或发现制作印刷原始文书或照片的图案。但若能达到这两个目的，有时也可以从印刷复制件中获得保守的鉴定结论。

线条图案副本也能精确地反映字母形状的轮廓线，当然，还能够复印出一些宽笔画边沿的锯齿状，有时还可能反映出笔压的变化，但是诸如色调明暗度（finer tones of shading）、起收笔痕迹（nib tracks of the pen）、修饰笔画（retouching），以及圆珠笔转变裂缝缺陷（ball point pen defects）等细节特征则模糊不清，这些复印品还有个缺陷，即完全丧失书写文字中所有笔压轻微的、像丝一样细的部分笔画。因此，它们对文书检验只有极小的应用价值。

照相网目铜版浓淡点图比线条状图案能更好地显示文书的细节特征，尤其在

---

① 照相凸版印刷、照相平版印刷和照相凹版印刷是印刷业中三种不同的复印方法。照相凸版印刷是一个凸现程序，影像被蚀刻在印版表面，打印时，在打印纸上呈现被蚀刻部分高于印版的其余部分的影像。而在照相凹版印刷中，印版恰是以一种截然相反的方式蚀刻的，因此在打印纸上，这一部分相对于未蚀刻的其余部分而言处于凹陷状态。照相平版印刷（或胶版印刷）中，印版不受蚀刻作用而直接通过技术处理程序，以达到经处理的印版表面部分在打印时汲取而其余部分不汲取墨水的印刷效果。这三种程序的完整论述可参见查尔斯·W. 海克勒曼（Charles. W. Hackleman）《商业制版和印刷》，商业制版印刷出版公司，1924，第 217~230、240~275、483~519、566~573 页。

书写字迹笔画中体现得更明显（本书所有文书笔迹样本都是用照相网目钢版法制作的浓淡点图），颜色的变化可以通过配制铅版来分开印刷打印面，打入一系列不同大小和形状的小离格（small squares）或圆点（dots），然后用过滤版（screen）获得。① 在复印文书中代替书写笔画连续不间断的线条其实是由断断续续的、许许多多的小圆点组成的。肉眼看上去，这些笔画仍是一条小点密度和明暗度都很强的线条，但用低倍放大镜进行观察时，即使有最好的过滤版，实际拼版的结构特征仍很明显。文书检验中若用放大镜检验，这些细小圆点构成的笔画鉴定价值就十分有限。

另一个常见的问题是用已经分开出版发行的文书复印本作为标准样本，来证明该文书是一位去世了很久的名人制作的。这类笔迹通常来源于复印有信函或签名的旧书之中。这些昔日的影印本比现代的图版复印本质量要低，因为早在大约 1900 年以前，此类影印本是由手工描绘而不是由现代照相复印法制作的。因此，尽管早期影印本制造工艺精湛，但这些复印件仍没有现代照相制版印刷的插图或复印本精确。

第五节　对影印文件的分析

文检人员能对高质量的影印文书进行检验。实际上 20 世纪 50 年代有缺陷的影印技术目前人们已不采用。verifax（明胶转换复印）、漫射转换复印法以及 thermo - fax（热电传真复印）已显得不利于文检人员的工作。虽然现代影印技术还未能达到与标准照片一样精细逼真的程度，但文检人员能根据影印文书做出比较合理而且准确的鉴定结论。

并非所有鉴定问题都能从复制品中找到答案。但是，一般的手写字迹复印件常可以用于初步检验，有时甚至能做出认定同一的结论，这对于签名鉴定来说同样适用，但屡次检验的结果必须与检验原始文书所得出的结论完全一致才有效，因为通常原始文书能揭示更多的细节特征异同点。虽然所有可能值得怀疑的特征，在经过仔细的研究之后能够获得肯定同一或否定同一的结论，但熟练的伪造

---

① 过滤版是布满了一系列细微且不透明的交叉线条的透明印版。单位英寸长度内的线条数量因过滤版种类的不同而各不相同，相对较好的过滤版，如单位英寸长度内有更多线条数的过滤版，能够提高最终打印件的细节特征明细度。打印纸的类型、需要的打印样式和打印成本的考虑都是确定过滤版大小的因素。

影印件者仍能巧妙地通过复印技术掩盖伪造缺陷，正常的影印件或质量低劣的伪造签名一般都有某种缺陷。打印文书的鉴定结论虽然可被人们接受，但正如前面所指出的那样，倘若复制本没有准确地按比例制作，那么当基线调节正在控制中时，鉴定结论被接受的程度则可能会受到很大的限制，问题在于检验初期送达文检人员手中的只有照相复制的影印本检材。因此，尽管事实上不论文检人员是否愿意根据原始文书进行检验，他都不得不从送交鉴定的复印文书中得出一个暂时性的鉴定结论。

上述问题，多半都能从影印文书中找到答案，其他则不能，因为被摄的文书背景花纹模糊不清，一种新型消字灵在一些影印文书中可能不能被识别出来。要区别各种油墨和书写工具之间的差异以及要判明书写笔画的先后顺序，都必须对原始文书进行检验才能得出结论，当然，不能对原始文书的纸张进行检验，还有其他许多问题也要通过研究原始文书才能做出结论。只有获得根据原始文书直接制作的最好的照相复印影印本，才可能做出准确的初步鉴定结论。第二阶段影印本，就是说，用前一次复印件再次复制的影印本，其鉴定结论就会受到较大限制。人们应当仔细审查送交给文检人员进行文书检验的复印件，以确保该复印记录了原始文书的详细特征，对文检人员而言，在影印本上看不见的细节，也不能随后通过其他技术在复印本上明显地显示出来。恢复和弥补丧失的细节特征检验的唯一途径，只有更仔细地重新复印原始文书。

文检专家们的鉴定工作应该基于影印本进行吗？这尚在争论之中，有些研究人员拒绝检验一切复印本，但实际上文检人员已认识到有时依靠复印本进行检验是很有必要的。某些问题在原始文书中不可能被发现，某些问题仍然需要具体作答。当然他必须保留正确的结论，审查原始文书并舍弃那些文检人员认为不适当的结论，如果对复制本进行研究以后，他在副本中发现的关键因素没有原始文书那么明显，他就应当做出限制性的鉴定结论，递送可疑文书并要求对其鉴定的人也必须认识到，并非每一份送交检验的可疑文书副本都像原始文书一样能必然地得出鉴定结论。根据某种重要的、特定的影印本也可同样得到限制性鉴定结论。

第六节　复印文书的鉴别

随着影印复印技术的广泛传播，人们希望随时都能以某种方式或其他方法熟练地制作复印本，伪造的影印本（fraudulent photocopies）相对来说是比较少见的，但是在刑事案件和民事案件中也许会碰到这个问题。它们的出现需要整个侦查领域和文检人员精心研究对策。

出现与影印本有关的问题，最简便的方法是把它与原始文书进行比对。然而，某些条件因素表明该文书并不容易获取，或者有人报告该份文书已被某人遗失，在这些情况下，对影印文书进行技术检验就显得很有必要了。

许多影印本常受到质疑，因为包括当事人在内的一大批人都否认知道影印本的来源，像否认签名一样，它可能是准确的，也可能不是。有些影印本受到质疑的原因是除了提供影印本的一方知道外，再没有其他人知道影印本的来源和制作方法。也许有人声称某复印本是他复制的，但他丢失了与此相关的原始文书。在此以前，原始文书看起来没有什么特殊价值，既然已经出现了争论，就很少有人再使用复印本了，有些影印件很难找到证据证明它就是某份原始文书副本；另外，由于文书的衬底花纹模糊不清，其外形轮廓也缺乏关键证据来证实，许多嫌疑影印件尽管它们的衬底花纹受到怀疑，但检验结果证实它是真实的，而有些影印文书的衬底非常清楚，实际上却是伪造的假影印文件。

现代影印技术也许比过去的直接影印技术更容易熟练地掌握，通过拼凑剪裁（cutting）和裱糊（pasting）等方式伪造原始文书字样是多年来复制原始文书的常见伪造方法，虽然现在仍有人采用这种伪造方法，但是现代影印术复制的影印本能使某些被擦刮掉或涂抹掉的内容再现，而其他部分也可以通过再次曝光使复印本增加某些新的鉴定内容。精心再次复制的文书也许会除去阴影线（shadow lines）和其他伪造、涂改的痕迹（evidence of manipulation）。如果所有的涂改、伪造的痕迹都被除去的话，文检人员要证明复印件是否伪造可能非常困难。

在伪造或涂改的文书复印件中存在许多因素，然而不管怎样，这些因素有助于文检人员确定该复印件缺乏真实性。要确定嫌疑影印文书是真实可靠的，还是伪造骗人的，就需要进行广泛的检验。对有经验的文检人员来说，在嫌疑影印文书中通常很难发现明显的证据，甚至较为明显的证据。通常要对被怀疑是伪造的复印本进行细致深入的研究、仔细的测量以及对复印本各部分进行广泛的比对检验，才能发现各种缺陷，并对其做综合的评断。

许多细小特征往往很容易暴露伪造、涂改的痕迹，如：手写文书某些部分周围的衬底花纹缺陷（background flaws）；打印文书或印刷文书中不恰当的基线调节（improper alignment）；在制作复印本时还没有开始使用的复印机或与此相类似的机器复制的再次复印本中的几个伪造、涂改证据（见图17-11），复印本中

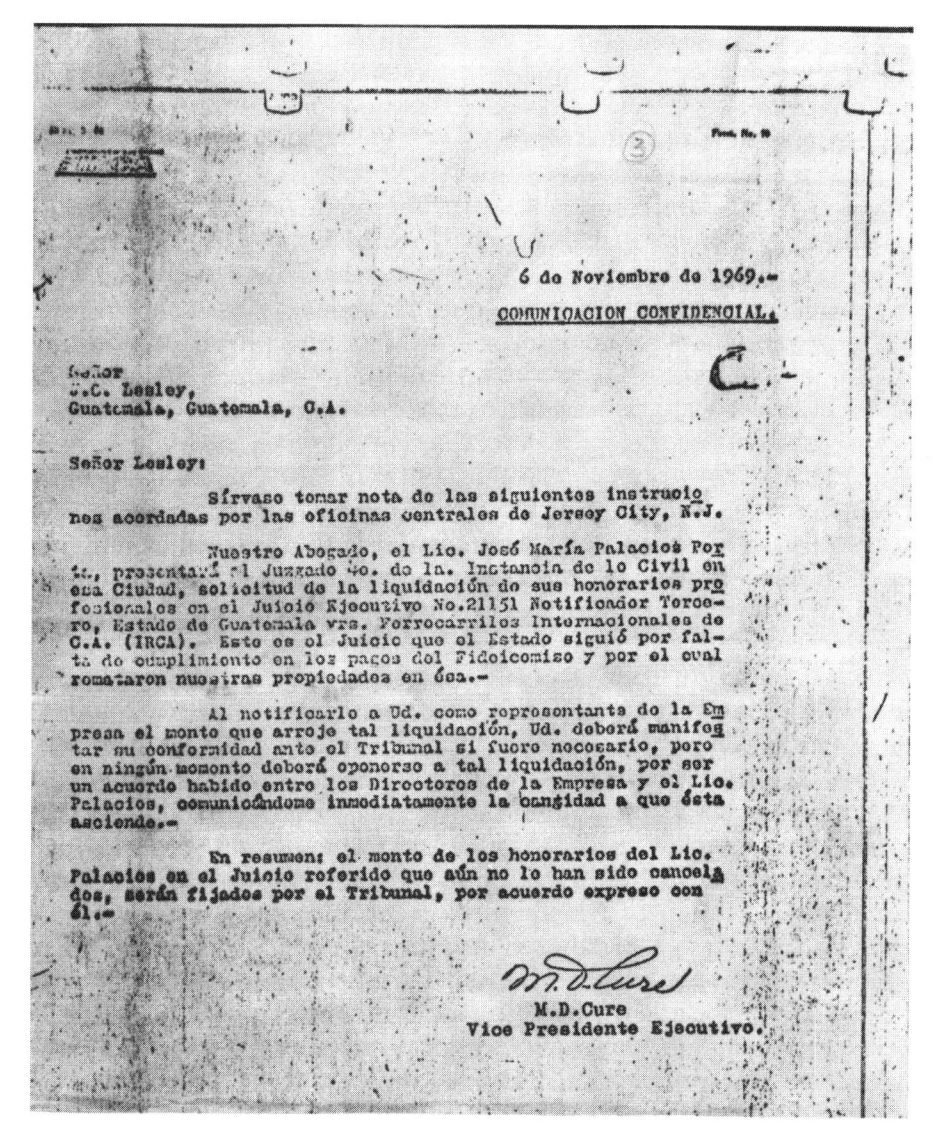

图 17-11 这封信被怀疑其签名是伪造的,将这封信用已知的样本签名进行比对检验,揭示该信的签名是真实可靠的,但是,通过影印本自身的研究证实了它是封伪造的信件。注意信的顶端两排印刷字母。该图表明它是一份用先前的影印本再次复印的信件。而且,下面那一排字母空间间隔要窄一些,联系横端两排字母的情况,表明这是用早期生产的 xerox 复印机复印的缩小的复印件。所有证据说明它是一封伪造的信件,如图 17-12 所示。

的某些部分在放大或印刷质量上的差异;有些字母出现散逸标志(stray markings)或碎块(fragments),这些因素都应当考虑到(见图 17-12)。当检验了复印件中的各种要素,并正确地评断其伪造复印本的证据之后,再做出的鉴定结论才有说服力。某些案件中,还有一些非技术性证据(nontechnical evidence),这些证据增强了对影印文书及技术证据的怀疑。在综合评断上述证据形成理想的证据链的同时，某些情况下，还可以根据证人证言（testimony）或文检人员的说明单独做出鉴定结论。①

一旦对影印本产生怀疑，人们应当立即聘请有资格胜任鉴定任务的文检人员进行鉴定，这些检验需要花费很长的时间，也许需要附加领域的调查或讯问宣誓证人（interrogation of witnesses under oath），然而，在大多数案件中，都没有能够发现支持对欺骗性影印件起诉的证据。在今后的案件中，审判策略方面还需要做重大的改革。而且，倘若影印件是欺骗人的，文检人员有充足的时间运用早期的检验方法，为他的鉴定结论准备适当的说明和展示材料，为审判提供证据。

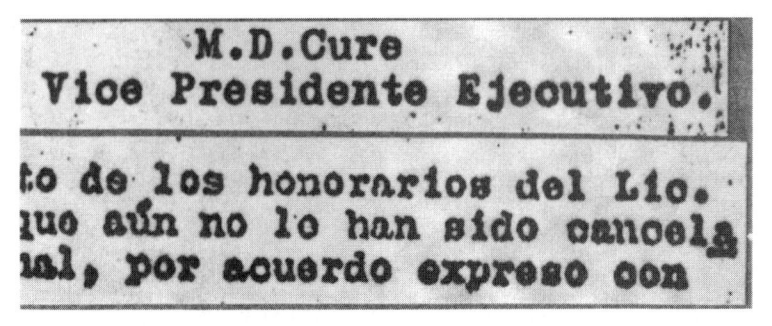

图17-12 图中签名的打印文字被打印在紧接着信件正文的打印字母上方（最后三排部分），26型打字空间要求完成"副董事长Executive"，相当于信件正文的打印字母的28型打字空间，换句话说，这就证明该文书并非连续打印的，只是把签名和它的打印字母在后来添加在那封信上罢了。

---

① 关于这一问题更多的技术细节可参见O. 希尔顿（O. Hanlon）著《论伪造影印件的侦查》，载于《国际法庭科学》1979年第13期，第117~123页。

第五篇

提交法庭的物证文书

如果不能合理地解决可疑文书引发的争议，就有必要将该证据提交法庭由陪审团裁决。显然这也是文检方面的重要问题之一。此时应当以"旁观者"的角色，即以陪审席上的陪审员能够理解的方式来阐述文书检验的结果。文检人员不但要说明鉴定结论，而且还必须详述该结论所依据的各项因素。完成这项任务并非总是轻而易举的。为了确保提交的物证文书有效，就必须仔细地做好审理前的充分准备。假如文检人员阐述的证词言之有理，使陪审员各自感到他们的判断与鉴定结论无异，那么法庭就有希望合情合理地对此做出与事实相符的判决。

随意提交法庭的物证文书并非都有效。要使证据有效，离不开彻底而全面的检验工作以及得出的最初结论；同样它也依赖于文检人员和律师在法庭审理前的协商。这样的证词才有说服力、清楚而准确。因此，律师必须懂得此类案件技术方面的问题；知道可能提出的特殊问题；了解如何进行证明的步骤以及哪些是构成鉴定结论的真正重点；同时要特别注意在直接询问、交叉盘问、再直接询问过程中，自己应当怎样发问才能最有效地帮助证人。

第十八章 法庭审理前的准备

要想依靠可疑文书检验的结论来打赢官司,一个非常重要的步骤即法庭审理前的准备。该步骤不仅必不可少,而且包含大量的工作,这对从来没有审理过此类案件的律师来说是意想不到的。通常一份文检报告阐述一种鉴定结论,以及该结论所依据的有关事实。当然,结论不必充分地阐述,论据也不必详细地加以说明。但当案件提交法庭听证时,必须进行全面论述,以便让裁定案件的人了解并懂得文检人员下鉴定结论的根据。这就意味着文检人员与律师必须事先进行充分的协商和准备。

第一节 文检人员的准备工作

文检人员的准备工作通常先从全面复核整个文检问题着手。他必须利用自己的工作笔记和检验报告来组织大量的细节检验项目,以便当他作为专家证人在法庭上作证时能将文书检验结论描述清楚。其实每份物证文书都应该用图例来说明才能使证词更有效、更明白。制作图例说明需要文检人员较长时间的高度专业化工作,而且这也是法庭审理前必要性的准备工作之一。此外文检人员还应当与律师在审理前后进行一次会谈磋商。

一 组织事实材料

并不是检验文书中发现的所有事实都和手头上的检验问题有关。相关的那些事实其重要程度也各不相同。未经组织的可疑文书证词几乎毫无价值。未经组织的证词既浪费法庭的审理时间,又不能有效地说明真相。因此,文检人员必须复核经检验发现的所有事实,淘汰那些与本案没有关系或关系不大的事实,对其余事实进行评断后分类，以便证词能条理清楚而又令人信服。这项工作似乎简单易行，但实际上需要多次检查文书，并在不同的时间内反复检验。可见，组织事实材料的工作是必不可少的步骤，而且常需要花费大量的时间。

二 照相准备

照相准备的一个重要内容是设计、制作法庭展示需要的照片。照相是文检人员最有效的工具之一。它已经显示了照相机能够帮助发现隐匿的事实；它有助于组织和简化提交法庭物证文书。正确制作法庭展示的照片，要把检材的有关因素和可疑文书联系起来；进行简易对比，加强证词的作用。法庭展示也减少了法庭和陪审团需要花费的时间和精力。在较简单的物证鉴定中，精心设计的法庭展示实际上会独自作证，说明事实。

好的法庭展示并不掩饰案情，而是揭露真相。凭借照相就有可能提取有关部分的笔迹样本或打印文书样本，把它们加以放大，与其他文书材料放在一起进行比较。例如，把从一系列文书中来的签名放在一起，并加以放大来显示细节特征（见图18-1）；或者把一个文件的打印文书与另一文件中选来的类似字母组合放在一起，更明显地体现差异点或共同点（见图11-20和图11-21）。这种展示可称为"比较展示"。

另一种展示可称为"反映事实的展示"，包括多种照相。制作精巧的放大照相或显微照相反映出字行交叉、笔画修补、纸张质地明显干扰等的细节特征，或者反映出文书的其他有关的细节特征。紫外线照相、反射红外线照相以及红外线发光照相等用来揭示涂污材料。彩色照相特别适用于说明用墨水书写的文书和其他有色笔迹材料间的差异。文检人员凭借照相可以揭示只有经过训练才能辨认得出的事实，或者那些仅用仪器才能显示的事实，而法庭上许多人却不熟悉这些仪器的用法（见图18-2）。

三 比较展示

为了正确地设计文书比较展示，必须记住的因素是材料的选取、布置、放大的程度和展示的简单化。作为展示的有机组成部分各因素会影响展示的效果，并且能够确定该展示是否为某一材料的真实样本。设计展示必须既实用又在某种程度上具有艺术性。放大的倍数必须适合于检材特点，为了简化展示，应该淘汰不重要和不必要的材料。鉴于上述因素对于修改比较展示必不可少，所以应该更认真地予以对待。

图 18-1 莫里斯否认在法庭展示的文书顶端的签名，该文书将股份转入一个家庭公司里。下面三个签名他承认属实。第二个签名虽然出现在莫里斯的股份证券上，但他拒绝承认这是自己的签名，也不否认是他的签名。因此有必要确定这些是否他的签名。审理中使用的照片展示也包括有五个附加真实签名的辅助文书。所有的展示都确认：被否认的签名事实上是约瑟夫·J. 莫里斯的签名。

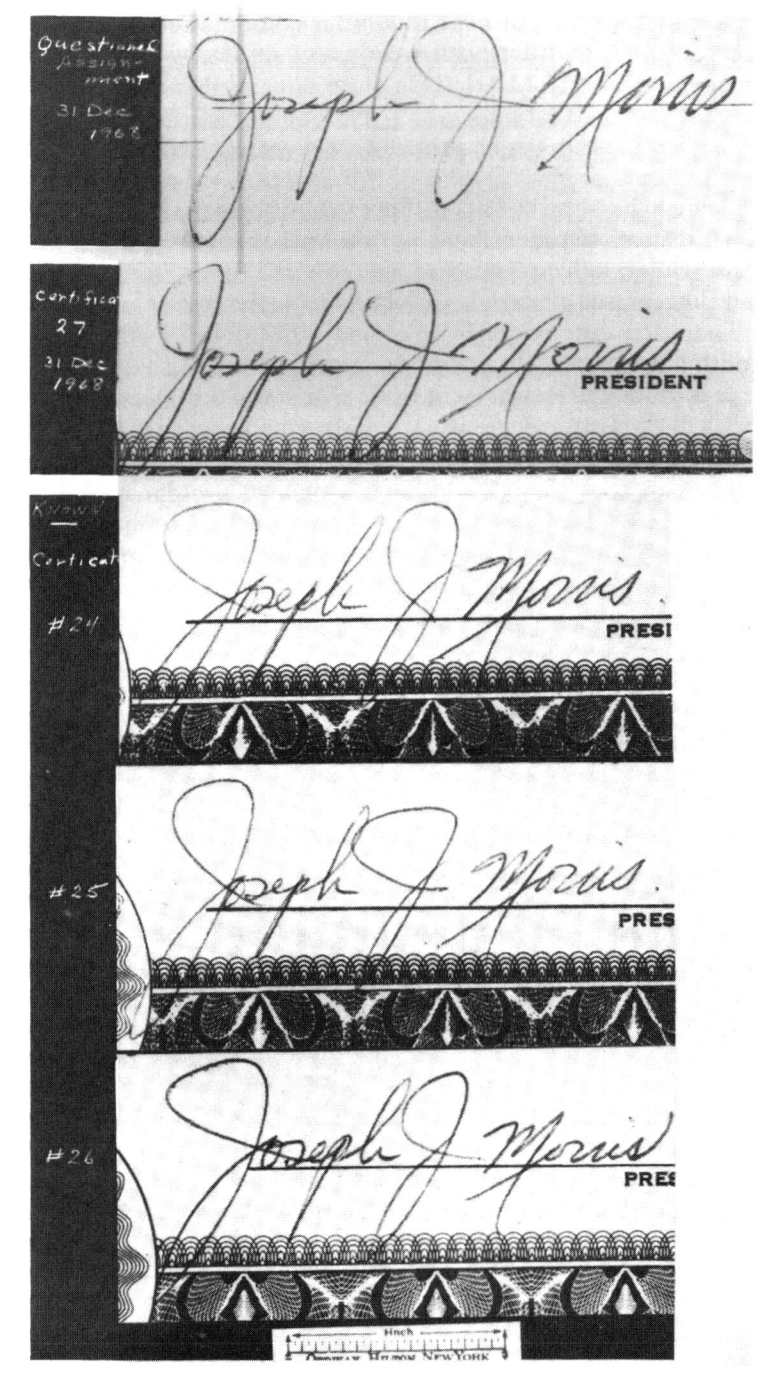

如图所示的签名布局，使专家证人能够向陪审团和法庭指出书写技巧上强烈的类似之处：签名书写流利、清楚。他可以用放大两倍的法庭展示照片使人们注意签名的整体安排，以及细节特征。通过这样的举例说明，证词成了当众展示，而不只是鉴定结论。

必须选取关键材料提交法庭展示。实际上，仅仅只有少数的签名样本才具有代表性。

选取材料必须达到两个目的：首先，必须确保该展示精确体现样本中那些影

可疑文书的科学检验

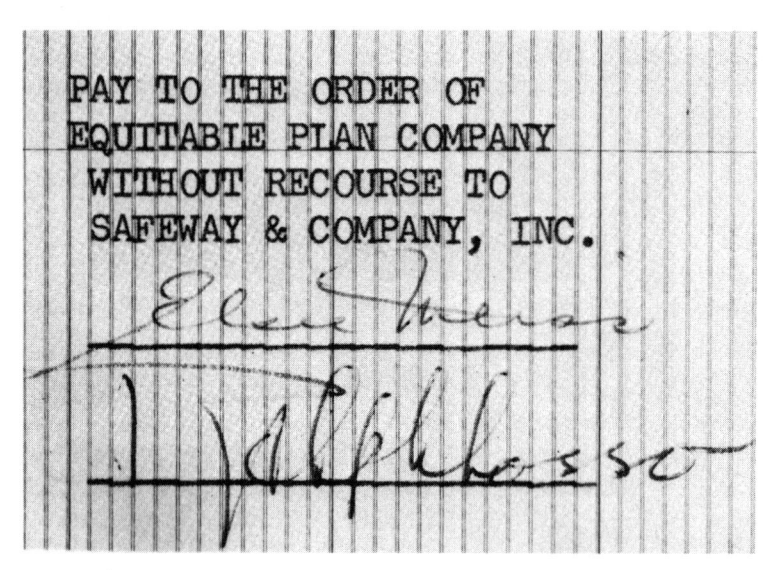

```
PAY TO THE ORDER OF
EQUITABLE PLAN COMPANY
WITHOUT RECOURSE TO
SAFEWAY & COMPANY, INC.
```

图 18-2 "反映事实的展示"向法庭确切地显示了，文检人员在试验感光板下检验打印文书组合时看到的事实。目的是说明该打印文书和字下划线的文书都是在一份连续打印文书内的纸张上制作的。他可以根据其他检验情况确定这两位书写人是在文书上标有字下划线后才签名的。

响鉴定的因素；第二，材料的选取成为有效提交文书的要素之一。当鉴定的基本特征表明两件物证文书出自同一来源时，科学的文检人员不会仅仅选择偶然的变异现象来确定它们的不同一性。但总需防止微小的偏见，选取来的材料必须公正而真实地体现它所代表的所有文书内容。另一方面，举例说明可以适当限制在最重要的鉴定特征上。当然，它不可能包括所有特征，被忽略的鉴定特征只要不会引起鉴定结论的变化，材料的选取便是正确的。法庭展示应清楚而简洁地说明真相，展示的每个要素都应该根据这一目的来选取。

　　安排比较展示各部分内容时，应优先考虑它的功能因素。设计比较展示应把细节特征凑在一起进行对比，以便未经训练的观察者也能容易看清异同点。有关鉴定要素，通常水平放置，因为这样布置，人的眼睛能更容易对物体进行比较。把各鉴定要素相互放在一起也更便于对比。通常，对于签名展示，鉴于它的长度不用水平布置，而是采用垂直安排。采用这种方法能把相应的书写习惯紧挨在一起。在样本旁边附以嫌疑签名的打印文书，可以提高这些书写习惯特征的价值。

　　怎样精确安排比较展示？传统的安排是两栏：样本在右，检材在左。每行包含需要比较的鉴定要素，在两栏中成对的项目紧挨在一起。把词和字母放在一起比保持对称的形式重要得多，材料的顺序应与鉴定的重点一致。在两栏安排的基础上，更好的变换是三栏安排；中间栏安排检材，外边两栏安排样本材料。当样本材料含有许多能与检材进行比较的物证文书，或当嫌疑词语较长时，这样的三栏安排特别有效。在后一种情况下，词语的前一部分中出现的书写习惯可以同左栏中的材料进行比较，而后一部分中的书写习惯同右栏中的材料联系起来。偶尔情况特殊，需要采用多栏安排的方法。尤其是对于打印文书检验问题，后两种展示安排允许使用不同日期制作的打印文书样本，并特别适用于确定打印文书的制作日期。

比较展示应由词、句组成，还是由单个字母组成，通常视具体的检验问题而定。独特的字母设计可以把一系列单个字母进行对比，手写笔迹的鉴定通常得考虑运笔问题，词和词的较大组成部分得说明运笔以及字形、斜度、中断和其他鉴定特征之间的联系。打印文书和手写笔迹必然不用同一方法来说明。损坏的铅字面最好用字与字的对比来处理，但当把几个字母组合起来或使用所有的词时，组合缺陷经常最突出。很难说某一特定选择总是最好的，或者错误的，或者不适当的。

布局简明这一要求常常不容易达到。很简单的展示由分别列出的每个字母的一个已知样本和一个未经证实的样本组成。使用彩色幻灯片放映的文检人员往往提交很简单的法庭展示。但这种展示方法对于许多书写笔迹的提交可能不是最好的，因为重要部分的鉴定取决于笔迹的连续性，怎样把笔迹特征联系起来，以及自然的笔迹变异，较复杂的展示要求说明上述几个因素。但是许多法庭展示的一个严重错误是布局太复杂，这是由于使用太多的材料造成的。因此，不妨检查每个完整的展示来看看它是否能够或者应该简化。

法庭展示设计中艺术性很可能被忽视。布局和比例协调，插图说明悦目就有吸引力，有助于吸引观察者的注意。当然，它是每份法庭展示文书有价值的外表特征。

放大的程度比较重要，在某种意义上它应视该文检问题而定。例如，提交的打印文书放大程度应比手写笔迹的放大程度稍大，但无论哪种文书，选择放大的合适程度都得取决于每个具体的文检问题。要记住的一般规则是：放得太大，会过分突出不重要的细节特征和微小的变异；而放得太小，会使外行人难以了解许多鉴定因素。

法庭展示必须突出重要的细节特征，而所有不重要的使人分心的东西应被淘汰。至于删掉的展示，那些由从样本材料和检材中删掉的字母或词组成的展示，除了将用来比较的以外，其他所有的笔迹或打印文书都可以删去。这可能使删掉的部分形式不整齐，但是，这样做比展示那些我们不关心却零零碎碎出现的词肯定要好。

照片插图说明必须清晰地复制出笔迹或打印文书样本。要避免照片失真的特征和印刷文书不可能有的太多反差，或者它们会隐藏细节特征；它们不可能无深浅反差，或者它们会使较细小的鉴定特征模糊不清。放大的程度以能清楚地显示小而重要的鉴定要素为宜，不要放得太大以至于过分突出与鉴定没有一定联系的许多较小细节特征。纸张背景和色调层次应在照相中显示出来。总之，法庭展示必须是高照片质量，精确复制出跟原来一样的原始文书，只是它具有放大的因素和在许多情况下是单色而不是彩色复制品而已。

当用彩色幻灯片提交法庭展示时，放大的程度可以通过放映机和屏幕的位置来调节。幻灯片的面积是有限的，所以内容太多便不能包含在一张幻灯片里。应该控制照明和曝光，使色彩尽可能准确。用色彩协调的软片不容易复制出某些色调，尤其是在一些墨水书写笔迹中发现的微弱的紫蓝色印迹，但是，如果仔细一点，可以复制出较精确的色调。

在展示上做记号和标签应该整洁、简单明了，无论使用什么标签实际上都是毋须解释的。但是，标签术语不应体现文检人员对文书的看法。它应该只是为了诉讼目的客观说明该展示是什么而已。换言之，对涉嫌的签名应称为"有争议"或"有嫌疑"，而不是标以"伪造"等字眼。又如标明"已知"和"未知笔迹"等术语，这也是无可非议的；它们即使对于外行人也是很清楚的，而对"样本""标本"等术语，外行人理解的就很少了。

至于由许多的字母和词组成的删掉的展示，有必要采取某种方法把这些词和字母同它们的来源联系起来。可以制作列有每个词及其确切来源的打印细目表或图表，并将它贴在标记明显的副本背面，而不能在文书的空边或者在这些词所在字行和版面上做标记。这样，词的出处材料肯定记录在案，同时照片的表面不被无数的注释弄模糊。

四　反映事实的展示

因为检验中存在一些差异，所以反映事实的展示由各种很独特的插图说明构成。某一展示应该清楚地反映出隐匿着的确凿事实。如果该展示有效，它就必须显示隐匿的事实，而且几乎不用证词来解释说明便可以充分理解。

为达此目的，必须考虑三个因素：放大的程度、展示的简化和图表标记的使用。

这种展示放大的程度比比较展示照相覆盖的范围要广得多。放大 10~15 倍或更大的照片对于说明字行交叉顺序可能是必要的，而跟实际一样大小或稍放大的照片对于部分涂污的笔迹样本也许是最佳的插图说明。在涂污文书检验问题中，增加放大程度实际上减少了可以确定的鉴定特征，但是对每个文书检验问题来说，一般需要放大一些。在个别的文检问题中，经验和试验是最好的工作指南。

反映事实的展示必须简单。许多情况下，仅仅显示文书完整范围（在该范围内发现了某些事实）的 4×5 或 5×7 照片作为展示比显示同一文书大部分范围的 11×14 照片效果要好得多。决定使用哪种照片，只要看哪种能清楚地确定嫌疑事实即可。

制作反映事实的法庭展示照片最有效的技术之一是把同一事物的两张照片并列放在一起，一张仔细地做标记来说明事实，另一张不做任何标记。近来，提交法庭的文书强调把做标记和没做标记的两张照片视为一个展示的要点。检材包括一系列涂污，经过检验照相能够辨认的所有涂污材料，用红色标记在一张照片上标示，然后把它同复制的、未做标记的照片并列放在一起。辩护一方实际上承认做了标记的照片其解释是正确的，而不用对证人关于笔画细小特征所做的解释进行广泛的多方质问。而且，案件的鉴定人发现没有必要复核大部分记录，让证人回忆起他对这些涂污所做的证词。

提交一张做了标记的照片，但无未做标记的照片陪衬是不可取的；没有未做标记的照片，法官和陪审团就不能决定他们是否接受证人的解释。实际上，做了标记的照片是用来引导外行人，因为只有向他们解释清楚后，他们才能明白没有做标记的照片中的另外许多含义。

第二节　特别报告和审前会谈

一　审理前的特别报告

提交文书技术高明的文检人员会发现，值得根据他已制作的法庭展示照片来制作审理前的特别报告。该特别报告至少应简洁地包括其证词所有的要点。依据这个报告，律师就可以进一步研究专家证人将论述的突出因素。这样，在审查提交文书中他可以得到极大的帮助。编辑特别报告，尤其在较高技术要求的文检中，是审理前准备的另一重要措施。

在一些司法实践中,任何当事人审理前有机会接触到专家证人所做的报告,或者在一些案件里,有完全互换专家报告的协议,因此,参加庭审的律师无须了解书面提出的证词的详细情况。在上述两种情况下,他当然一定愿意用更多时间与他的证人进行会谈,以便彻底了解文书证明力的强弱之处。另外,制作审理前的报告应明白无误地提出所有鉴定因素,但是,如果怀疑这样的报告是投律师之所好,那么在提交法庭文书前应获得对该报告的肯定批准。

二 庭审前的会议

要想提交法庭的文书鉴定结论有效,文检人员和律师进行庭审前的面谈是必不可少的。进行会谈,两个人才有机会一起对他们关心的案件进行各方面的核查。这样,他们可以了解各自在提交文书证据中必须做的事。如果会谈顺利,同文书检验问题有关的所有证词将更有效,并且可能限定有争议的突出因素。

文检人员在会谈中所做的事,不仅包括检查技术性的鉴定问题和检验成效,而且包括建议何时以及如何提出他的证词。他应该准备讨论其字斟句酌的证词,包括文检人员准备核实检验所依据的样本、法庭展示、鉴定结论以及使他做出该结论的重要事实。他应为律师准备一系列建设性的问题来提出他的资格和证词,或者准备他的资格概要和对直接证词的意见提纲。该措施对经验丰富的律师来说可能很冒昧,但是仅有一般经验的文检人员参加文书审理的次数,毫无疑问比许多最活跃的律师更多。有时,文检人员对这一特殊方面的审理工作有非常渊博的专业知识,他的成就来源于法庭审理的实践经验。任何活跃的律师办理过许多文检案件是不寻常的,因此大多数律师喜欢与文检人员互相交流意见。由于同样原因,懂得该领域专门证词的律师不仅能够指出外行人似乎难以理解的术语问题,而且能够提出适当的阐述意见。

在会谈中可以讨论以下内容:直接询问和交叉盘问对文书做出核实的所有证人。应该详细讨论怎样确定样本的真实性,因为对样本不进行核实会极大地削弱或毁坏整个文书的证据价值,对于确定的检材事实可能加以否认的证人应做好交叉盘问的详细准备。一位声称是文书制作的见证人可能会在他的直接证词中做些供述,但他的证词实际上是完全虚假的,这可以通过灵活的交叉盘问反映出来。但是,律师必须知道确凿证据反映出来的事实,以及关于这些事实的证词令人信服的程度如何。确切了解真相是为法庭辩论的激烈阶段有效地运用证词做准备,也是任何法律斗争中的一种有力手段。

假如获悉文检人员是为了驳斥对方而检验文书，就应该讨论他的技术能力和道德水准了。在绝大多数案件里，提出违背事实的证词者往往是那些技术不精又不讲职业道德的所谓"专家"。不学无术或缺乏正义的文检人员抨击正确的结论会散布什么言论？怎样才能对他进行有效的反驳？要解答上述问题，就需要准备详细的交叉盘问计划；该计划可能比庭审前会谈中所做的任何计划更具有破坏性。

交叉盘问中应注意的另一方面是一系列询问文检人员自己提交给法庭的有关文书方面的重要问题。交叉盘问应该涉及辩护方的专家所忽视的那些领域。为此，交叉盘问人员需了解他的证人对检材的评断，了解他的推理中较强的因素及其证词包含的详细内容。尤其当明显而重要的因素被忽略时，必须重视这些因素，了解他的证人在直接证词中会涉及这些因素，强调该证据的重要性。

但是，会谈最重要的部分是让律师充分了解技术性证据的重要意义。在法庭审理时，律师不能询问专家证人在证人席上所做陈述的意思或重要性。得出结论的因素是什么？得出结论起决定作用的因素是什么？检材和样本中明显的差异起什么作用？如果对证人进行某些方面的交叉盘问，那么在重新直接询问中应问什么问题来消除难点或澄清疑点？交叉盘问人员要尽量限制证人的回答范围；假如成功，仍然让内行的律师准备重新直接询问，允许证人完整论述详细内容。须知文书的实质方面含有的证据问题不能简单地以"是"或"不是"来回答，而要求详细的评论。各种照片展示在文检人员的证词中起什么作用？用来说明鉴定结论的决定性原则是什么？会谈使律师有机会向证人了解检验的各个方面和反映的各种因素，以便最后不存在没有解答的问题。在审理前的会谈中，律师能够逐渐了解案件技术性证据方面的强弱之处。

在法庭审理前，律师必须熟悉影响文检专家证词的特别法律规定。他必须知道关于接受样本或照片、专家结论和论证范围、受理上诉的规定。许多文检人员将涉及他们的工作和证词的主要规定保存起来，乐意在这方面帮助律师。有位证人仍能回忆起他第一次出庭的情景，在此次出庭作证中，辩护方的律师反对接受一张关键性的放大照片。他也能回忆起当法庭要求对接受照片做受理上诉决定时，此项反对导致的耽搁和混乱。法庭上没有做任何准备。侥幸的是，最后还是接受了该照片展示，因为如果不接受，绝大部分证词的证明力会遭到严重削弱。目前，在许多法庭审理中，专家的证词很普遍，并且毫无反对地被接受下来；但

可疑文书的科学检验

与此同时，在大多数司法实践中，即使对辩护方律师所做的异议证词也有足够的规定。①

通过会谈，律师和文检人员能够对他们提交法庭文书进行组织，并能准备应付大多意外事件。然后，各人对会谈中反映出来的薄弱环节进行研究，加强这些弱点之后，文检案件的审理准备工作就绪，便等候提交审理了。

---

① 有关专家证人，尤其是文书鉴定人员在庭审各阶段作证时的关键法律引文，在不少现代的文检参考书中都有介绍。例如，安德·莫伊森、雷·默塞斯和弗瑞德·尹鲍等人合著的《刑事案件中的科学证据》(New York: Mineola, 1973)；查尔斯·C. 斯科特著《摄影证据》（第二版，明尼苏达州，圣保罗威斯特出版公司，1969）；詹姆士·R. 理查森著的《现代科学证据》（辛辛那提，安得森出版公司，1961）等。

第十九章　出庭作证

当确有必要将可疑文书的案件提交法庭审判时，前面已经论述的有关可能文书检验的所有内容，尽管是非常重要的必经程序，但只是属于预备阶段。现在的主要问题是如何清楚地把文检人员鉴定结论提交给法庭和陪审团审理。在第十八章中已指出，正确提交证词不仅是证人的责任。在证人能够提供证言以前，已知的书写文件（笔迹样本）、打印文书或其他种类的样本必须明确地被列为证据。在作证的过程中，文检人员必须证明自己的执业资格，逐一向其展示各种文书；同时，文检人员必须表明自己对展示的每一件证据的意见；在通过摄影照片展示的文书作为证据以后，开始对相关问题进行交叉询问，这样法庭才能够充分地讨论其据以做出鉴定结论的事实和依据。本章将论述所有这些问题以及与文书检验问题有关的其他作证问题。

第一节　样本的证明

样本的证明，即证明文书上用来比对的某些笔迹样本是否真实可靠是必不可少的一个预备步骤。笔迹样本是文检人员的证词得以依存的基础。

怎样证明笔迹样本，使它能作为法庭审理时可以采纳的标准证据？最好的法律证明就是某份文件就是某个人亲笔书写的，而且有证人证明是他亲眼看见该人书写的，尽管这是最好的一种证明形式，但事实上许多笔迹样本根本不可能通过这种方式来证实。某些情况下，笔迹样本成为一部分永久性的档案，如银行签名卡，它们在业务经营中被某组织机构使用。

为了证明样本来源的可靠性，需采取两个步骤：第一，用某种方法将书写人与其书写记录档案或某个组织机构联结起来；第二，表明该文书事实上是该书写人所制作的文件档案。至于第二步，必须提出证词，证明该文件是在公司的一位职员的监督下由书写人完成的,同时还必须证明该文书档案是严格地按照日常工作流程归档保存的,这才能将其称为某人的笔迹样本;最后还必须向法庭证明,提交笔迹样本的人正是负责保管文件的人。只有符合上述要求的笔迹样本才是合格的证据。也许笔迹样本是以书信或指令的形式收到的,接受者执行指令,或者按照书信或指令内容以其他某种方式来制作样本;当然,这一切都是在书写人知道或默许下进行的。法庭可以将其视为笔迹样本的合适证据。最后,当该样本没有最佳证据证明时,在一些法庭上有可能根据熟悉他的笔迹的人来证明该笔迹样本是否由某人制作的。法治原则的斟酌要求是:笔迹样本的证明必须满足初审法院的证明要求;如果做到这一点,受理上诉的法庭一般很少会否决下级法庭的裁定。

在很多情况下,制作笔迹样本的人也会主动承认事实,尤其是当该笔迹样本不会使其陷于自证其罪或对他的案件造成偏见的时候。如果向其提出要求,通常情况下就能够获得某个样本的原件或真实性;但是,如果在审理之前没有提出这个问题,律师就不得依靠这个办法来证明样本的真实性。

在有些司法管辖区,如伊利诺伊州,法规规定律师必须在法庭审理前告诉对方,有合理的理由表明某些文书材料将用做样本。如果审前证据开示时,不告知对方相关的证据信息,即使是有充分的证据证明该文书材料可以作为检验样本,法庭也会拒绝使用和采纳这种文件为证据。律师应确保他们完全遵照负责审判案件的法院的所有程序规则。

证明打印文书样本的常见方法是由制作该文书的人证实使用的是哪种打字机。目击证人同样能够提供证明该打印文书的是在那种类型的打印机上打印的证言。在有些案件中,有充分的证据能够证明某份文件,例如一封书信,是由某个办公室里的打字机打印的。在这种情况下,证明另外一份文件的同一性会将相同来源的文书联系起来,当然,还不足以将其与那个办公室里的某一特定的打字机联系起来。

第二节　文检人员在法庭上的作证

一　文书检验人员的作证资格

文检人员在法庭上作证通常需要遵循专家证人的作证规则。因此,在他开始作证前,文检人员必须通过展示他在这一领域里的专业知识和技能,以证明自己的专家资格。他必须向法庭提供自己通过学习和实践经验获得的专业知识程度的相关信息。法庭根据证人的背景经历和工作履历,有权自由裁定其作为特定类型案件的专家证人的依据是否充分。一般说来，即使法官在决定某人是否具有专家证人资格时出现判断失误，这一决定最多使一个不够格的文检人员作证，但绝不是压制合格专家证人出庭作证。

所以资格问题取决于证人的特殊经历。当然，其主要目的是表明证人的能力及其能否胜任作证。资格问题是体现证人的一般教育和特殊教育，以及关于正在进行的该项文检问题的专门研究内容。法庭总是想了解证人从事文检工作的时间，检验文书是不是他的唯一职业，以及他还曾在哪些法庭上作证过等。许多专家证人会详细讲述他曾出庭作证的著名案例，详述履历无疑会给陪审团留下极深的印象，但这除了表明证人以往曾作过证外，实际上对于确定其能力几乎毫无价值。证人还可以通过证明自己是某个领域公认的权威的方式唤起注意，以进一步确证自己作为专家证人的胜任能力，包括证明自己属于某个专业协会、学会的成员；曾在某个专业学术会议上提交过学术报告，在相关领域获得过特殊的荣誉称号或学位，都有助于提升其能力胜任度。

专家证人最重要的作证资格是他从事文检工作的能力。文检人员不像工程师或医生那样有专门的学校提供专业知识学习，为文书检验职业工作做准备。虽然一些大学已开设了关于可疑文书检验的专门课程，但是，这些大学还没有足够的能力培养职业化的熟练的文检人员。[①] 学员只是概括性地了解文书检验工作的基本原则。自学是获得该专门知识的主要途径，有些人通过给公认的文检专家当学徒或通过与他的联系、交往来增进他们的专业知识；而另一些人则通过在公认的实验室里工作来积累、补充自己的文检知识。自学必须包括通过实验室实验和系统研究进行学习。著书立说或在公认的学术刊物上发表研究成果，是证明自己达到胜任专家证人阶段的充分证据。令人遗憾的是，有关专家证人职业资格的各种各样的问题的详细回答，往往使即使那些最不能胜任的人听起来也是合格的。但是，这种决定一位专家证人合适与否的方式是长期以来的传统做法，目前似乎没有更好的替代办法让法庭确定谁合格，谁不合格。[②]

---

① 最近，位于华盛顿特区的 Antioch 法学院已开始准备在法庭科学（司法鉴定）中心招收文检专业研究生。该硕士点招生主要面向那些在文检领域有工作经验的鉴定人员。早在1970年初，美国乔治敦（Georgetown）大学也曾设立文书检验专业的招生项目，但该专业主要招收那些无文检工作经验却对文检有兴趣的学生；遗憾的是该专业在开设几年之后就停招了。

② 为了在全国范围内核发文检人员的执业资格，在1977年成立了"美国司法文书检验员协会"（The American Board of Forensic Document Examiners, Inc.）。该协会负责审查所有申请获得文检资格证人员的道德和业务水准；在1980年前还负责组织这些申请文检资格证人员的考试和命题等工作。1978年，该协会开始为那些资深的文检人员颁发高级资格证书。这个组织的目标是培养一支司法界闻名的，又有较高专业技术水平的文检人员骨干队伍。

总的来讲，可以通过一系列简短回答的问题就能有效地陈述专家评价的资格，比如"请说明你的资格状况"，而不需要泛泛的提问。如果证人能够用几句话回答清楚问题，有关资格审查的回答就既体现出精确而又有所侧重。用这种问题提问，陪审员往往注意力更加集中。一个好的法庭审判程序规则就是使适格的证人既能充分地作证，又避免提供过多的不必要的细节从而干扰陪审员的注意力。

偶尔情况下，辩护方的律师会勉强承认该证人是合格的专家证人。这一举动似乎很慷慨，但实际上是一种聪明的辩护策略。如果这种专家证人资格被接受了，就意味着法庭和陪审团对证人的资格的特殊要求所知甚微。如果事后知道了证人资格的真实情况，法官和陪审员对他在法庭上提供的证言的可信性会受到质疑，就不会视为与适格的专家证人的证言具有同样的可采性。如果上诉，受理上诉的法庭也会采取相同的态度。最好的程序性做法就是优雅而有礼貌地拒绝接受律师勉强的妥协或让步，并不容置疑地指出，陪审团想进一步了解证人的有关背景阅历，对证人的资格继续进行证明。从另一角度讲，即使接受辩护律师的妥协或让步，检察官在总结陈述时仍然要强调证人职业背景的重要经历，并且要求把证人的重要职业经历作为衡量他是否合格的一个组成部分。

二　直接证词

直接证词通常由两部分组成——引导性问题开场，引出一系列问题包括证人的观点、部分证词的解释或得出鉴定结论的理由。后一部分把文书证词从纯粹意见中抽取出来，使其成为一个科学证据的演示过程。

引导性问题必须表明检验了什么文书，检验的目的是什么，制作了哪些照片以及制作的程序与过程，证人是否得出了一致的鉴定意见，以及该鉴定结论的内容是什么等。在某些文检问题中，不妨直接说明鉴定人是怎样进行检验的。问题的顺序可视具体的文检对象而定，但不管怎样，证人应当首先展示他所检验过的所有文书以及得出鉴定结论的依据。证人在正确陈述自己的鉴定意见之前，必须先说明他自己做了什么检验或鉴定工作。在陈述自己对文书的鉴定结论的观点后，最好的办法就是通过图片演示或展示得出结论的依据，在绝大多情况下，紧接着再详细阐述检验鉴定的内容与程序以及得出该鉴定结论的理由。尽早阐明鉴定结论是有利的。鉴定结论是证人证词的主要理由。因此，尽快明白无误地提出鉴定结论使其成为证据意见。如果在运用图片进展演绎和展示之前就表明自己的鉴定结论，就可能会在一般性提问中重复回答所有问题——你得出的鉴定结论的依据是什么?通过重复提问和回答,从而获得清楚而肯定的结论。

各种图表或图解照片是证人作证的一个非常重要的组成部分。在这些图表或图解照片被采纳为证据前,证人必须清晰地向陪审团成员解释这些图片是什么,它们是怎样制作的,其目的是向陪审团成员证明这些照片真实而精确,以及图片展示所要达到的目的。[①] 如果这些图例或照片是由专家证人自己制作或者是在其监督下由他人制作,对他们证词的询问就相对简单了。然而,如果专家证人自己并没有亲自制作或者在其监督之下由他人制作,在法庭上他需要说明自己将这些图片或照片与其原始文书进行过认真的比较,能够说明这些照片真实而精确地复制了原始文书中的笔迹样本或打印文书样本,也可能把它们作为证据。[②] 也可以根据证人的证言确信他需要通过图片或照片才能够充分阐明自己的观点和理由。上述措施在很大程度上保护了提供照片展示这一方,如果初审法庭错误排除了法庭上展示的这些图例或照片,而专家证人则强调正是这些图例或照片才能准确地证明其观点和证言,因此,错误地拒绝接受照片为证据的后果是非常严重的,足以推翻整个案件。[③] 鉴于照片在完整理解证人的证词中所起的重要作用,因而必须切实遵守上述措施,确保展示图例或照片具有可采性。

在法庭上展示图片证据可以采取下列任何一种方式:

(1) 手持式展示,即用手拿着一张或几张经过放大的照片,用特制的镶板展示给个别陪审员或几位陪审员观看查验;

(2) 陈列展示,即把非常大的放大图片放在法官或陪审团前面的图表架上。

具体使用哪一种展示方式一般取决于专家证人的偏好。手持式展示方式的主要优点是能够最大程度地有效使用放大照片,即是说能够通过放大照片展现与原物同样的状态,观察者就能获得放大照片的完整效果。主要缺点是使用这种展示方式,专家证人不能确保每个陪审员对正在讨论的每一个特定的鉴定特征都能看

---

① 在有些法庭审理的案件中,审前会议(证据开示)阶段就要提交有关证据并记录在案,包括文检人员准备的鉴定照片、图片和结论等。这种诉讼程序规定的一个非常重要的特征就是,在庭审前的证据开示中,双方提交展示的证据是经过充分准备并予以标示和记录在案,在以后的庭审过程中不得再以程序性理由将这些证据排除为合法证据。

② 对于准备在庭审中出示包含图片说明内容的可疑文书鉴定结论的检察官,最好事先认真研究查尔斯·斯科特所著的《摄影证据》一书中的第33章"证据照相的基本规则",第40章"文书照相"以及第48章"证据照片的展示"。参见查尔斯·C.斯科特《证据照相》(第二版),圣保罗威斯特出版公司,1969。

③ 文书检验专家在作证之前必须向陪审团证明证据摄影所必须遵循的基本规则以及先前判例对此类规则的讨论,有关内容详见斯科特所著的《证据摄影》第二卷第1022部分,第6节,第329~333页。

清楚想明白。但是，这一缺点可以通过专家证人在作证的过程中自己予以克服，即通过自己手持复制的图片，指出该鉴定特征在图片上的确切位置，精确指出该鉴定因素在整个文件版面的哪一段、哪一行，陪审员便一目了然了。至于在陪审席前使用图表架进行的放大图片展示，专家证人能够说明他正在讨论的每一个细节特征。另一方面，使用这种展示方式，不同的陪审员看到的放大影像不一样，离图表架比较近的陪审员比那些处于偏远角落的陪审员更能清楚地看到所有的细节特征，因此，对那些远处的陪审员来说，用手拿着稍微放大图片进行展示，其效果更好。鉴于目前挑选陪审团的办法，没有一个人意识到并不是每个陪审员的视力都良好，有些人不愿承认自己看不清黑板架上图片所展示的内容。① 而且，照明条件或者法庭设计也会使大幅放大图片的展示和使用受到局限。② 因此，选择哪种展示应仔细考虑，在某些案件里可以同时采取这两种展示方式。③

使用幻灯片演示文书证词的优缺点同使用黑板架演示大幅放大图片相似，而且，尽管优质幻灯片在阐明某些鉴定观点时具有非常显著的优点，但并非每个法庭都具备有效地放映幻灯的条件。有些文检人员觉得放映幻灯比较方便，于是一律采用这种方法。但是，笔者赞成根据文书检验和鉴定材料的适合性，选用多种不同的演示方法。

每次只向陪审团成员出示一件演示图片。在向陪审员出示一张文书照片后并陈述相应的内容及其观点后，就应该收回陪审员正在传看的所有复制图片，然后再出示下一张演示照片。这一程度有助于专家证人消除陪审员对他正提到的演示图片的内容及其观点产生混淆。因此，一些专家证人根据实践经验，强烈建议在法庭上应当逐一展示每一张图片并清晰地陈述其内容和观点，而不能一下子交给陪审员一大摞照片或者一本照片册。

专家证词的听证工作需要花费大量时间。因此，检察官与律师和证人应安排好所有的细节工作，以便法庭审理顺利进行。在绝大多数案件里，律师在专家证人宣誓之后才开始寻找要展示给他看的图片。通常情况下，法庭上展示的图片被

---

① A. S. 奥斯本作为长期从事文检领域工作的资深专家，有长期与陪审团打交道的丰富经验，他在《证明问题》（纽沃克埃塞克斯，1926年出版）一书的第352页中提到："在不少陪审团里总有一些睁眼瞎存在。"
② A. S. 奥斯本在其著作《证明问题》第15章第234~245页中，讨论了"法庭的设计及灯光布置等问题"。
③ 乔治·G. 史怀特经常在案件审理终结时会见陪审员，以便了解陪审团对各种文检图片说明展示后的反应；经过多年的研究，史怀特发现出示图片证据最有效的方式是在庭审中向陪审员展示或传递出示单张照片证据材料。见乔治·G. 史怀特的论文：《使用单张鉴定照相图片方法在展示文检证据中的应用》，载于《刑法学、犯罪学与警察科学杂志》1952年第42期，第826~832页。

混杂在其他众多文件和笔记之中，因此，当他寻找这些图片时，整个法庭都必须静静地等待。介绍和在展示照片上做标记需要时间，但是，如果证人自己手头上直接拥有排好顺序的展示照片，就可以较快地完成展示介绍。假使证人每出示一张图片后都要翻遍公文包寻找下一张照片，这样就会拖延更多的时间。因此，平稳而有序地展示演示图片，就可以避免法庭和陪审团产生疲倦、厌烦和急躁等情绪。

完成上述预备工作后，证人接着就准备阐述他的鉴定结论的理由。一个总的问题将有助于这一阶段证言的说明：你是否将接受我已向你出示的各种图片或图例，基于这些图示，你向法庭和陪审团所解释的检验结论及其理由是否就是你所想要表达的？因此，所有的问题都只能依靠专家证人自己来处理。

回答式的开庭陈述之后，证人就可以任意地继续阐述他认为是最有效、最突出的细节特征。不同的检验对象有不同的细节特征，但是好的证词是经过精心组织的。陈述时最好是从一个观点推进到另外一个观点，这样就比较容易顺利地推进作证程序。同时，陈述时应该简练、明了、清楚，并容易理解。指出通过检验所发现的事实，并对这些事实与检验对象及其得出的鉴定结论的关系价值做出评价。这种评价应当充分地包括与检验问题相关的所有观点，既包括能引导出肯定鉴定结论的观点，又包括那些可能排除或者否定结论意见的观点。尤其应当仔细地评价和解释后一种观点。在某种程度上讲，涉及可疑文书检验问题的证词富有技术性，但证人不能因此在他的证词中使用许多冗长而复杂的技术性术语，使得外行人很少或根本不能理解其意思。如果确有必要使用技术性术语，则应该仔细解释每个术语。一旦专家证人未对专门性术语做出解释，那么检察官或者律师则应该一有时机就特别要求其做出详尽解释。唯一例外的情况是证人提及他在实验室研究期间所做的笔记。证人应该充分了解整个检验情况，能够不借助任何工作笔记或备忘录而论述自如。他的证词无需涉及与检验没有关系的细节特征，他也无需在细小的因素上花很多功夫。最后，应当对这个阶段的作证进行精确的总结性陈述，通过对每一个得出鉴定结论的关键折点问题（salient point）进行详细阐述作为本阶段证词的结束。

在这一阶段的作证即将结束时，律师可以问一系列总结性的问题，或者要求对有些问题做出更为详尽的阐明和充实。出庭检察官与他的专家证人如果在审前准备充分的话，他就能够有所收益。尽管如此，一般说来，如果专家证人的作证富有效率且效果极好，就无需再询问此类问题。

有些出庭律师经常打断专家证人的说明，要求证人重复刚刚陈述过但他自己认为是特别重要的某个观点。在一定程度上讲，这种做法有其优点。它能使冗长的证词叙述有所停顿，使可能正失去兴趣的陪审员再次保持警醒。它能通过部分内容的重复陈述来强调重点，而使证人的作证行为看起来不是反复陈述同一内容；同时还能澄清模糊不清或朦胧的陈述，以及那些可能被错误解读的证言。然而，如果专家证人在作证过程中被打断次数过多，就会削弱证词的叙述，尤其是当问题偏离了证人的证词发展方向，就会难以回到原来的阐述轨道上去。当然，从策略上讲，庭审前应当讨论检察官、律师与专家证人可以使用的最好提问方法。

证人及其律师应该认识到证词的一个重要方面是做精确的记录以防以后上诉。模棱两可的引用或出处，如"这个字母"或"这里的笔画向上"等表述，尽管这些描述对在法庭审理中耳闻目睹证人作证的那些人来说可能是清楚的，但对受理上诉的法庭复核案件时则是毫无价值的。证词要简洁，应给每一个演示图片编号并标名，对图片中的细节特征及其意见出处都标明具体名称内容。在初审法庭上，一份良好的案件记录与有效的证人证言同等重要。

三 对专家证人的交叉盘问

律师就专家证人所提供的证据进行的交叉盘问（cross-examination）必须有一个明确的预期目的。其目的在于表明证人出了差错或者夸大了鉴定结论范围。胜任而诚实的证人在作证的过程中一般不会表现出失误或者犯明显的错误。但并不是说任何专家证人都一贯正确，证人的声誉是建立在结论精确、办案诚实正直以及工作认真仔细等基础上。然而，倘若证人不太合格，或者对其检验内容一知半解，专业知识肤浅，这种交叉盘问就会富有成效。但要想取得交叉盘问的成功，就需要了解鉴定的事实和原则。

不合格的证人，其资格往往容易受到盘问；一旦证人完成资格部分的陈述，就应该立即盘问资格问题。在某些司法管辖区内，这是能对他作证资格进行盘问的唯一时间；否则，反对方的辩护律师或者检察官会认为对方已经放弃对任何资格缺陷进行盘问的权利。如果证人经验有限、学识肤浅，或者检验可疑文书仅仅是业余爱好，那么就必须向法庭清楚地说明。遗憾的是，即使对不合格的"专家"进行最严格的盘问，也很难阻止证人发表鉴定意见。诚然，交叉盘问会有削弱证词的效力。

不能有效作证的经历和名声不好的证人在处理案件中很有可能会出现失误。律师通过向那些能力强的合格胜任的文检专家们请教，知道案件事实的关键所在。在法庭审理和交叉盘问之前,他应该尽可能与文检人员进行全面而详尽的商榷,掌握鉴定的有关要素,然后再准备有效的交叉盘问,指出鉴定中的错误和弱点。遗憾的是,对文检中的技术性问题几乎什么也不懂的律师,不加准备便轻率地盘问那些作证资格不强的专家证人。当然,失败几乎是注定的。即使有最好的技术援助助手坐在律师桌旁边,如果不在事前进行深入细致的沟通与交流,也不可能进行最好的交叉盘问。因此,要进行有效的交叉盘问,就必须进行周密而充分的准备。问题必须针对证词中的弱点,必须有一个明确的、持续连贯的攻击计划。通过清楚、简洁的回答,就能够向法庭说明事实,揭示鉴定结论的错误之处或者不足的弱点。

违背事实的鉴定意见会引导出不正确的文书证词。其中,这类问题中最常见的是墨水笔迹的书写时间鉴定。同样的道理,仅仅根据笔迹样本和模仿签名之间的两三处相似点来鉴别伪造者也是不科学的。完全理解有关这类问题的基本检验原则及其在检验特殊问题中的具体运用,是正确进行交叉盘问的一种有力手段。

交叉盘问的另一个目的是寻找线索。适当询问各方面的证词,更完整、充分地揭示证词的各个方面,有利于交叉盘问者正确对待案件。但是,这种提问方法也许会完全偏离交叉盘问的范畴。有些法庭对待专家证人的交叉盘问的范围上比较宽容,与一般的证人比较而言,允许交叉盘问更多的内容与更广的范围。采取这种询问方法,尽管并不总是正确的,但是法庭允许针对专家证人专业领域内的任何问题进行交叉提问。在有些时候,这类问题主要是针对在法庭开庭前没有将相关的文书证据提交给专家证人而提出的。只有给专家证人充足的时间研究检验问题,才能得出公平公正的鉴定结论。如果正在进行交叉盘问的律师不了解实际情况,那么整个交叉盘问程序对他而言就是有风险的。

对专家证人的职业能力进行交叉盘问的另一个方法就是,提出一个检验性的问题。例如,要求他检验一个签名,确定该签名是否真实。签名的有关事实可以通过独立、无偏见的证人证言证实或者经过双方当事人与法庭共同签署协议予以确认。非常重要的是,现场测试的问题与可疑文书检验的问题应该具有可比性,同时为了确保这种临场测试的公正性,也应当给予专家证人充分的时间和适当的设备来检验文书并得出鉴定结论。换言之,必须要给予证人席上的证人充足的时间来回答问题。要使这种临场检验与正在审理中的文书检验问题具有可比性,面临的一个严峻问题就是,需要充足的已知作者的签名样本,而且来源于法庭审理的同一个案件,同样具有典型代表性。因为,正在审理的案件中并非所有的伪造签名的文书都已经被发现，而且每一个已经被查获或发现的伪造文书的特征都取决于模仿者的技巧以及伪造签名的类型。如果测试结果是用来证实专家证人的资格不合格，则必须确定测试材料的真实特点，并按照法庭的要求和检验程序严格进行才行。① 反对这种临场测试的理由，包括介绍这些细枝末节问题以及专家证人需要足够时间研究文检问题推迟或延长了审理时间，而且，初审法庭与复审法庭对使用这种测试结果的规则也不尽相同。②

在交叉盘问专家证人时，必须遵守这样一条重要规则，就是提出的每个问题的结构都只能是用"是"或"不是"来回答。不要问"为什么"或"那样做的理由是什么"。这类特殊疑问句仅仅使证人详述文检问题，重复陈述他在直接提问中回答的部分证词。

四 再次直接询问

如果出庭律师完全理解了他的专家证人的技术性工作，他就为使用再次直接提问获得最佳效果做好了准备。在绝大多数情况下，如果确有必要对专家证人再次进行直接询问的话，那么总有一两个一般性的问题需要再次提问。如果在交叉盘问中已经指出了笔迹中几处前后不符的差异，以及同一书写人制作的两件样本间自然的笔迹变异。律师就会问："经交叉盘问，给你出示了笔迹样本和嫌疑笔迹间许多细微差异，这些差异是否促使你改变自己的原有鉴定意见？"他也许还会接着问："为什么这些差异没有使你改变鉴定意见？"这一最后的提问，使证人有机会能够重新叙述书写中笔迹的自然变异，进一步分析那些在交叉盘问阶段指出的认为有差异之处。再次直接询问的绝大多数问题包含在上述问题范围内，其提问的范围一般受到限制。

---

① 在新泽西州的"合众国诉巴尔纳案"（State v. Bulna, 1957 年）的一审过程中，因为控方作证的文检人员的鉴定结论未被法庭采纳，结果对嫌疑人巴尔纳的有罪指控被推翻。上诉法院的判决认为 [46 N. J. Super. 313, 134 A. 2d 738（App. Div. 1957）]：没有充分的证据对鉴定人职业资格（authorship）及检验过程和作证时使用的检验样本做出相反的结论时，专家证人的结论不能无端受到怀疑。新泽西州最高法院维持了上诉法院的判决。欲了解有关此案的细节，请参见希尔顿的论文《论对笔迹鉴定专家就检验问题作证的交叉盘问》，载于《Rutgers 法学评论》1958 年第 13 期，第 306～313 页。

② 法庭通常拒绝对专家证人的资格进行审查，因为这种考查可能引起其间接或细枝末节（collateral）问题，导致审期延长或混淆审理案件的实质问题。有关这个问题的相关论述可以参看其他判例，如合众国诉格里斯沃德案（State V. Griswold, 67 Conn. 290, 34 Atl. 1046, 1896）；罗德耶克诉合众国案（Nordyke V. State, 213 Ind. 243, 11 N. E. 2d 165, 1937）；合众国诉马克斯威尔案（State V. Maxwell, 151 Kan. 951, 102 P. 2d 109, 1940）。

第三节　文检人员出庭作证的意义

被法庭传召出庭作证的每个文检人员，都应当记住自己的根本目的，是帮助法庭和陪审员辨认事实，运用自己的专业技术知识阐明证据的技术部分的确切含义。文检人员通常是以诉讼当事人一方的证人名义出庭，但他对法庭仍有帮助。文检人员不应成为一方当事人的诉因辩护者，而只能成为与文书证据有关的事实真相的维护者。他应始终保持公正、无偏见，在法庭上的作证必须像在实验室的工作一样，讲究严谨的科学性。只要遵循这个法则，就会在最大程度上促进司法公正，维护公平正义。在作证的过程中，坚持原则、实事求是，比采取偏袒的、带有强烈倾向性的立场，将会获益更多。

文检人员在法庭上自我辩护的尴尬局面亦屡见不鲜。美国的法律制度是一种对抗式的审判制度。一些出庭律师常常认为专家证人应当支持他们主张的事实，并尽量回避那些不利于自身的因素。在这种情景下，对专家证人来讲，一个非常重要的原则就是，他必须时刻牢记自己在法庭上的真正角色。当然，如果事实确实有利于当事人的主张和观点，为自己原来的结论做些适当的辩护也是允许的；而且，如果坚定不移地通过不偏不倚的立场，多次陈述有利于当事人的事实，对那些决定案件成败具有重要影响的因素，发挥出更大的作用，这比面对法庭上明摆着的文书物证，采取明目张胆的偏袒做法或者言外之意含有明显偏袒观点的做法，从策略上讲要高明得多。

第四节　作为反方证人的文检人员

那些在业界享有崇高地位的文书检验人员，在作证过程中很少遇到与其观点相抵触的专家证言（conflicting testimony）。一位文检人员报告说，在连续二十多个案件里没有一个辩护方的专家证人反驳他的证词。然而，专家证言发生抵触的情况也是存在的。通常情况下，这种情况发生在那些接受专业训练较少，能力有限和经验贫乏的文检人员身上。令人遗憾的是，尽管现在通过函授课程（correspondence course）学习获得鉴定资格的文检人员数量不断增长，但在实践中这些文检人员直接检验文书的机会有限，仅仅是偶尔有机会接触文书检验。也许从一开始就压根儿不允许这些通过函授学习获得资格的文检人员出庭作证,事实上,他们在法庭上提供的证言的证明力弱,且常常与其他专家证人的证言有冲突。

也有一部分文检人员希望在他们检验的绝大多数案件里作证,因为在他们的工作中发现了一些对当事人有利的证据。他们似乎认为自己应该为自己办理的案件的当事人辩护。这些证人的职业性偏见在他们经常作证的法庭里一般是众所周知的,他们经常也会提出一些互相矛盾的证词。

然而,遇有必要时,高素质的完全具备条件的文检人员也会出庭作为反方的专家证人。有些专家证言之间的矛盾冲突体现了物证(physical evidence)表现出来的价值的差异,而其他的专家证人之间的矛盾的证言则可能使鉴定结论的冲突更加尖锐。有些冲突是由于专家证人没有机会检验相同的样本材料,以及某一组或者两组样本都存在缺陷,作为一种鉴定结论的根据并不真正令人满意等原因引起。但上述因素还不能说明各种结论分歧的原因。因此,我们必须认识到,没有一个专家能确信自己一贯正确不出差错。文检人员必须极其仔细地处理每个文检问题,时刻保持警醒,意识到可能会发生差错。

总而言之,较普遍的结论冲突是由于缺乏科学的态度,或者一方或双方的专家证人不合格,专家证人基于证据数量上的优势为当事人辩护的精神,或者在偶尔的情况下,由于其中某位证人不诚实,才会导致专家证人之间的证词冲突。

第五节 多位专家证人出庭作证

两位专家证人一致的证词,将会极大地加强法官对案件的裁判。首先,突出强调关于文书的问题,这是一个非常重要的问题,因为对可疑文书涉及问题的回答将会决定案件的结局。其次,两位证人不会以完全相同的方式提交他们的检验成果,陈述证言时的每一个细微的判别,将有助于阐明那些模糊不清的问题和技术性问题,更容易使那些持怀疑态度的陪审员们信服。当然,第二位,有时第三或第四位证人也有价值,在重要的案件里,检察官不像平时那样遵照惯例,而经常地借助这种程序便利作为获得案件成功的最后手段。[1]

---

[1] 在19世纪末,笔迹鉴定专家的证词刚开始被法庭采纳的时候,在几起重要案件的庭审中就遇到了多位专家证人作证的问题。丹尼尔·艾姆士(Daniel T. Ames)在其著作《论伪造笔迹》(纽约 Ames - Rollinson 1900年出版)和威廉姆·哈根(William E. Hagan)在其著作《论笔迹纷争》(纽约 Banks 1894年出版)中都提到两人作为专家证人共同参与案件庭审时的作证。(转下页注)

当然，也必须认识到某些缺点。首先，大多数案件并非十分重要到值得耗费更多的额外时间与精力。有时，即使案件值得耗费时间精力，而过多的专家证人作证或详尽无遗的证词会使陪审团兴趣索然甚至烦躁无聊，对整个案件的审理不利。在这一阶段，什么时候停止专家证人的证言陈述，由检察官决定。在法庭审理阶段，一些检察官尽管有几位专家证人，但在审理的过程中，他们也意识到有必要借助其他的证据，没有询问所有的文检人员。如果有关文书的问题只是证明的一部分，过多的专家证人作证或过分强调这一阶段的作证，可能会转移人们对案件的其他重要事实和有利事实等方面的关注。询问第二位专家证人并非总是最好的办法，但是，不善于在庭审中利用多名专家作证是比较普遍的错误。

偶尔情况下，出庭律师或检察官对传唤第二位专家证人作证感到犹豫不决，他担忧两位专家证人在进行陈述时表现对某些鉴定因素的价值差异。在每个文书检验问题中，必须客观评价大量的书写或打印因素。在文检人员的工作团队中，没有必要要求所有的人对这些因素的重要性都有一致的看法，但是在做出最终的鉴定决定时，每位专家证人都会收集所有重要的个体因素（独特特征）形成一个整体作为得出检验结果的依据。毫无疑问，对两三位独立开展检验工作的文检人员来说，做出鉴定结论的绝大部分的鉴定因素都是相同的。侧重点的少量差异不会削弱一方或双方证人的鉴定结论，而只是强化了检验的整体情况。在交叉盘问下，作者经常建议，在法庭作证时，专家证人应当坦承自己认为某个鉴定因素重要，而他的同事认为另外一个鉴定因素重要，但同时也要指出这两个因素都是整个文书检验的有机构成部分，它们各自是整体的一部分。究竟哪种因素更重要或许意义不大，两种因素只有与其他一系列因素有机结合互相印证才有助于得出科学合理的鉴定结论。应该明白，两位专家证人在总的因素评断中，只有一致同意才能形成最终的专家意见。在最终的专家证言的分析中，某位专家证人的文书检验的技术性因素的陈述，给陪审员留下的印象，比另外的专家证人的陈述留给陪审员的印象更深刻，然而，所有的陪审员只接受关于文书检验的最终鉴定结论。

（接上页注①）1936 年，新泽西州诉布鲁诺·豪特曼一案审理过程，有 8 位资深文检专家为控方作证。见克拉克·塞勒的论文《指控豪特曼的笔迹证据》，载于《刑法与犯罪学杂志》1937 年第 27 期，第 874~886 页。如今，也有不少案件审理需数位鉴定人员出庭作证的情形。1978 年内华达州的一起民事案件判决中认定：所谓霍华德·休斯（Howard Hughes）的遗嘱是伪造的，代表霍华德·休斯利益的律师聘请了三位文检专家出庭，他们也证明这份遗嘱是假的。

第六节　文检专家提交的宣誓书和书面证词

有些律师经常出于经济上的利益,主动将文检人员的鉴定结果以宣誓书(affidavit)或宣誓证词(deposition)的形式提交给法庭。即使这种方式是可取的,但它并非提出证词的最有效方法。任何宣誓书都不能与证人亲自到庭陈述那样清楚有力地提供证据。如果事实对鉴定有利,专家证人出庭作证能够提供更为有力的证词。但是,如果因为某一情有可原的原因,需要借助于专家证人的宣誓书在法庭上展示,则专家证人可以提供书面证词,但是必须明白这是一种迫不得已的下策。

第七节　结论

有关可疑文书检验问题的有效证词依靠证人和律师的密切合作。如果事实对鉴定结论有利,双方都有必要在开庭审理前做适当的准备,预先协商好在法庭上进行证据展示的内容以及作证方式,只有双方在法庭审理中相互配合,才能进行有效的证据展示和证人作证。正确的文书检验作证行为应该是清楚地阐明事实真相,而事实则是法庭做出正确判决的基础。

索 引

A

Accounting machines，计算器，262

Adding machines，加法机，算术计算器 64，66，67，263

Additions，加法，添加，108-110

Addressing stencils and plates，地（寻）址模板或者寻址光盘，78

Addressograph plates，印名片机印版，邮件地址印刷机感光板，78

Adhesive stamps，粘胶邮票，自带胶水的邮票，91

Affidavits by document examiners，文书检验专家的宣誓书或者书面宣誓陈述，415

Age

of document，文书的书写时间，279，291，294

and age/illness，年龄/缺陷，286

and postal cancellation，邮戳盖销记号，76

and ribbon condition，书写时间与色带状态，64

and signature change，签名的时间变化，178，322

of ink，墨水的时间，41，275，280，281

of paper，纸张的时间，274，279，282

of photocopy，影印的时间，279

of printing，印刷时间，279，291

of typewriting，打字时间，47，277，283，284

Alcohol and signatures，酒精与签名字迹，178，322

Alignment，排行，定位调整，行线

and additions，排行与添加，56

defects of，排行的缺陷，22，225，226，229

of numerals，排行数码，218

Altered documents，更改文书，24

of check writers，支票书写人，支票打字机，70

by cutting，剪贴方式的变造文书，106

method of creating，制作变造文书的方法，95

photocopies，影印的变造文书，170

Arrangement of writing in standards，样本文书的排行特征，313

Assisted signatures，帮助签名，202，203

Associated evidence，关联证据，106

Attorney，律师，代理

for clarifying expert testimony，专家证词的阐释，410

in pretrial conference，律师出席审前会

议，400

 and technical evidence，律师与技术证据，401

 authentication，身份验证，鉴别，论证，证明

 Authenticity, evidence of，证据的真实可靠性，171

B

Ball point pens，圆珠笔，25，34
 ink of，墨水，39
 strokes of, across folds，笔画，交叉笔画，114
Ballot frauds，选票欺诈，148
Baseline，基线，18
 alignment at，排行线，22
Binding devices，装订设备，91，92
Blank papers，空白纸张，146
Blotters, offsets on，吸墨纸，平版印刷，88
Blueprinting，制成蓝图，381
Business machines，商业电脑，商用计算机，68，69

C

Calculators，计算图表，计算器，67
Camera，照相机，28，363
Carbon copy，复写本，副本，58-68
Carbon deposit along outline of signature，签名字迹外围的碳墨沉淀物或污染物，141，187
Carbon impression，色带压痕，22
Carbon outline, forgery，色带轮廓，伪造，188
Carbon paper，复写纸，88
 in traced forgery，复写纸上的伪造痕迹，187

Cardboard，卡（片）纸板，硬纸板，87
Cash register，现金出纳机，收银机，67
Cast, thermoplastic，热塑性塑料，填充物
 of erased typewriting，擦刮掉的打印文字，104
 of writing impression，笔迹压痕，141
Certification，证明，鉴定，证书，15
Character，特征，字符，15
Characteristic，特征，特性
 Class，特征分类，15，160
 individual，个体特征，独特特征，17，160
Charred document，烧焦文书，24，132
 decipherment of，烧焦文书的解读或解析，132
 factors limiting decipherment of，解析烧焦文书的限制性因素，134
 handling，烧焦文书的处理，133，359
 packing，烧焦文书的包装，359
Check writers，支票核查人或者核查工具，检查书写工具或者书写人，69，260
 individuality of，个体特征，70，71，261
 make and model of，制作与样式，70
 manipulated，假造支票签字人笔迹，巧妙地处理，熟练地操作和使用，70
Chemical decipherment，化学检验
 of charred documents，烧焦文书的化学检验，133
 of erased pencil writing，擦刮掉的铅笔字迹的化学检验，101
 of erased typewriting，擦刮掉打印文字，104
 of obliterated writing，涂去或者删除的书写字迹的化学检验方法，118
 of typewriting impressions，打字痕迹，141

索引

Chemical reagents，化学试剂

 for developing fingerprints，化学试剂显现和采集指纹，135

 to remove stains，用化学试剂清除污迹，130

Chemical tests，化学检验，化学测试

 by amateur，业余爱好者，业余艺术家，131，357

 of glue，胶水的化学检验，86

 of inks，墨水的化学检验，40

 of paper，纸张的化学检验，83

 for restoring iron – base inks，含铁墨水的复原，97

 of typewriter ribbon toner，打字机色带的调色剂，64

Chromatography，（印刷）套色板，层析法，8，40，88

 thin layer，薄层层析法，套色板，40

Coincidence, accidental，巧合，并存；偶然一致，9

Collation，核对，校勘，整理，15

Color, inks，墨水的颜色，36，40

Color photocopying，彩色影印，372

Color photography，彩色摄影术，362

Comparison，比较，对比，对照，15，151，392

Conclusion，结论，断定，推定，15

Conference, pretrial，审前会议，400

Contact print，接触印相照片，接触打印，28

Contrast，对照，28

 excessive，极度的，反差过度的，364

 filter，过滤器，滤波器，29，365

Copybook form，习字簿格式，字帖形体，18

Correction liquid/paper，修正液或修正纸，65，119

Court，法庭，see Trial

Crayon，蜡笔，有色粉笔，粉笔画，46

Cross mark，交叉笔画，十字交叉痕迹，18，206

 forgery of，交叉笔画的伪造，206

 as fraudulent ballot marks，选票欺诈中的伪造叉号，148

Cross – examination，交叉盘问，411

 of expert witness，专家在交叉盘问下的作证，410

 of incompetent witness，无资格的证人，411

 and pretrial conference，交叉盘问与审前会议，400

 standards prepared under，检验样本的准备，327

Cutting away of document，文书的剪贴，撕扯掉文书中的某些内容，356

D

Date stamps，邮戳日期，266

Dating，日期，时间，see Age

Decipherment，解析，翻译，解读，24，97

Defects in typewriting，打印缺陷，22，225

 alignment，排行，22，24，227

 baseline，基线，22，226

 development of，打印缺陷的形成，283

 machine，机械缺陷，22，226，229

 off – its – feet，字头不正，23，228

 permanent，永久性缺陷，23，231

 transitory，暂时性的打印缺陷，22，231

 typeface，打字机字体，23，229

 twisted letter，扭曲字母，24，227

Deposition，宣誓作证，证词，沉积物，413

Diazo prints, 重氮打印, 晒图纸, 369, 373, 379, 380

Diachronic filters, 历时性滤除, 二向色(性)过滤镜, 35, 40

Differences, 差异, 差分, 161, 171

Direct examination, 直接提问, 即当事人(辩护人)对自己一方证人作的初次询问, 400, 406, 407

Disguise, 伪装, 假装, 168, 169, 258
 in standards, 伪装笔迹样本, 321, 317, 318

Document, 公文文书, 文件, 证明, 文献, 3
 altered, 变造文书, 24, 95
 charred, 烧焦文书, 24, 132
 damaged, 被损坏的文书, 125, 126
 disputed, 可疑文书, 有争议的文书, 4, 15, 313
 problems, scope of, 可疑文书的范围, 12
 questioned, 可疑的文书, 4, 17
 stained, 被污染的文书, 褪色文书, 130
 torn, 被撕坏的文书, 破损文书, 131

Document examiner, 文检专家, 文书检验人员, 16
 affidavits and depositions by, 宣誓口供与(在法庭上的)宣誓作证, 415
 contribution of to pretrial conference, 文检专家出席审前会议, 400
 early submission to, 尽早委托或者聘任, 350
 more than one, as witness, 众多的文书检验专家证人, 413, 414
 qualifications, 资格与条件, 404, 405
 testimony of, 证词, 陈述, 391, 392, 406, 413

Dry - photocopying system, 干影印系统, 369
 direct electrostatic process, 直接静电处理, 370
 dual spectrum process, 双光谱处理法, 370
 evaluation of copies, 复印件的评价, 371
 Thermo - fax, 热电传真, 375
 transfer electrostatic copies, 静电复印的转换, 369
 Xerox developer, 复印机显影剂, 369

Duplicating methods, 复印方法, 复制方法, 76

Duplicator, gelatin or spirit, 复制器, 凝胶或酯剂(挥发性物质的酒精溶液), 77

E

Emulsion, 感光乳剂, 28, 364

Engraved forms, dating information, 硬物表面雕刻(线条、文字、图案)的格式, 显示或者设置系统日期的信息, 81, 291

Envelopes, 信封, 套封, 85, 86
 addressing, 信封上的姓名地址, 85
 protective, use of, 使用保护, 350
 tampering with, 损害, 篡改, 86

Eradication, chemical, 用化学方法彻底根除, 97

Erasable ball pen ink, 可消除的墨笔油墨, 100n

Erasure, 抹掉, 擦除, 24, 147
 abrasive, 研磨剂, 腐蚀剂, 96
 of ball point pen ink, 圆珠笔油墨, 100
 of carbon ink, 复写纸油墨, 97
 chemical, 化学药品, 96
 decipherment of, 解析, 解读, 97, 105

detection of，侦查，检查，探测，96

evidence of，证据，物证，迹象，96

hidden by poorer reproduction，隐藏的或隐秘的破损复制品，361

lift-off，of typewriting，打字机的隔离色带，104

methods，擦刮方法，96，101

pencil，铅笔，100

of printed matter，打印文件，104

special handling of documents with，对文书的特殊处理，353

of stamp impression，邮戳压痕，邮戳印记，104

of typewriting，打印，打字工作，102

Escapement, typewriter，换码，打印机的位移装置，打字机的棘轮装置，22

Examination，检查，检验，16

chemical，化学检验，97，101，104

early submission for，及早提交或者呈递检验，350

infrared，红外线检验，17，101

infrared luminescence，红外发光检验方法，17，96，101

oblique light，倾斜光检验，17，96，104

with plastic casts，塑料铸型，104

transmitted light，透射光检验，18

ultraviolet，紫外线，18，96，101

visual, in testimony，视听证据，406

Examiner，文检专家，see Document examiner

Exemplar，模型，标本，样本，16

Exhibit，展示，陈列，394，395，398，409

cut-out，剪贴，删节，28

designing of，有计划的，故意的，企图，395

display of，展示，显示，28，396，408

hand，移交，呈递，29，408

introduction into evidence of，证据展示，407

photographic slides in，摄影幻灯片，显微照相载玻片，397，408

Expert witness，专家证人，鉴定专家，16

F

Facsimile signature，以签字机或橡皮图章代替手签的影本签字（套写签名）；摹真签章，临摹签名，71，72

Faded writing，褪色的字迹，消退字迹，126

Film，胶片，薄膜，28

choice of，胶片的选择，365

color，彩色胶片，28，364

Filter，过滤器，滤光器，28，117，365

Fingerprints，指纹，手印，26，135 138，147

Fluorescence, ultraviolet，紫外线荧光技术，16

Folds，折痕

avoiding，避免折痕，355

deepened，加深折痕，352，355

writing across，交叉笔迹，113

Foreign "accent" in writing，不相关的重笔字迹，143

Foreign traces，不相关的或无关的痕迹，141

Forensic science，法庭科学，18

Forger, identification of，伪造人的辨认，199，200

Forgery，仿造，伪造，19，182

carbon outline，复写纸轮廓，187

of cross marks，交叉笔迹，189

deliberate drawing, 故意拖笔, 故意伪造笔迹, 185

 detection of, 检查, 鉴定, 183, 185, 187, 191

 freehand, 徒手描绘, 19, 183

 of holographic document, 全部手写的遗嘱文书, 全息文书, 192, 193

 of manuscript, 手稿, 草稿, 198

 methods of, 伪造方法, 183

 model signature, 签名或者签字样本, 183, 184

 multiple, 多重的, 连笔, 189

 of photocopy, 影印, 影印本, 复印, 365

 simulated, 模仿, 假装, 冒充, 183

 spouse's, 配偶的, 191, 192

 spurious signature, 假签名, 伪造的签字, 191

 traced, 伪造痕迹, 21, 183, 186, 187, 191

 of typewriter, 打字机, 打字员, 255

Form

 copybook, 习字簿格式, 18, 156

 elements of, 基础范本, 要素, 157, 174

 in forgery, 伪造格式, 185

 inhand lettering, 手写字体, 211

 and writing system, 书写系统, 156

G

Glue, 胶水, 86, 93

Grain size, 颗粒大小, 结晶粒度, 27, 368

Graphologist, 笔相学家, 笔迹专家, 5

Graphology, 笔迹学, 笔相学, 16

Grapho-analysis, 笔迹分析专家, 笔迹鉴定专家, 16

Guided signature, 帮助签名, 操纵下的签字, 19, 202

H

Habit, 习惯, 习性, 19, 20

 vs. forgery, 伪造, 仿造; 伪造签字, 184

Hand stamps, 手写压力印痕, 71

 erased, 擦掉, 104

 facsimile signature, 描摹签名, 72

 forged, 伪造, 75

 postal, 邮政的, 74, 75, 76

Hand lettering, 手写字体, 19, 210, 211

 disguised, 假装, 伪装, 214

 standards for, 标准手写体, 328

 system of, 书写方法, 手写规律, 211

 variation in, 变异, 212

Handling of document, 对可疑文书的处理, 297, 349, 352

 of charred document, 烧焦文书的处理, 133

 and erasure, 擦刮文书的处理, 353

 and fingerprints, 对文书上的指纹的处理, 137

 and marking, 记号, 350, 353

 and writing impressions, 笔迹压痕, 353

Handwriting, 笔迹, 文书, see Writing

Holographic document, 全息文书, 全部手写的遗嘱文书, 16, 165

 forgery of, 伪造, 192

 by Howard Hughes, 霍华德·休斯, 193

I

Identification, 辨认, 同一认定, 鉴定, see Writing

Illness and writing, 疾病与书写, 170, 209

 and dating documents, 疾病与书写时间, 292

Illumination in photography, 摄影中照明, 364

Imitation, 模仿, 冒充, 仿造, see Forgery

Infrared light, 红外线光线, 7
    examination in, 利用红外线检验, 17, 35, 40, 44
    photography by, 摄影术, 17
    and carbon outline, 复写纸或者色带轮廓, 187
    and charred documents, 用红外线检验烧焦文书, 133
    and erased carbon ink, 擦刮掉的复写纸油墨, 97
    and erased pencil writing, 擦刮掉的铅笔, 101
    and erased impressions, 擦刮印痕, 104
    and erased typewriting, 擦刮掉的打印字迹, 102
    of inks, 墨水, 35
    and obliterated writing, 删除的文字, 117

Infrared luminescence, 红外线发光, 7, 17, 40, 44, 97

Initials, 字首的大写字母, 204

Ink, 墨水, 26, 40
    age of, 墨水时间, 41
    aniline, 苯胺墨水, 25, 39
    ball point pen, 圆珠笔墨水, 25, 33, 39, 100
    blue black, 蓝黑墨水, 26, 39
    carbon, 复写纸油墨, 26, 39
    chemical tests of, 化学检测, 40
    chloride migration, 氯化物转移, 281
    dating, 时间, 日期, 275
    dye, 颜料, 染色, 26
    erased, 抹去, 97, 100
    eradicator, 去污剂, 墨水擦, 26, 39
    faded, 褪色的墨迹, 126
    iron tannate and gallate, 含有丹宁酸盐铁和五倍子酸盐的墨水, 26, 39, 97
    microscopic spot test of, 在显微镜下对文书上的斑点或者污渍进行检验, 40
    nonaqueous, 非水的或者无水的墨水, 26, 39
    rare-earth tagging of, 稀土的标记磨尖, 41
    secret, 秘写墨水, 25, 148
    strokes of, sequence of, 笔画先后顺序, 111, 116
    synthetic dye, 人造染料, 合成颜料, 25, 27, 39
    typewriter ribbon, 打字机色带墨水, 62
    water-based, 水性墨水, 39

Insertion, 插入文字, 25, 108, 110, 120, 162

Intoxication, 酗酒, 酒精中毒, 178

J

Jet ink printer, 喷墨打印机, 58

L

Labels, 标签, 商标, 签条, 86

Left-handed writing, 左手字迹, 19, 170

Lens, for copying, 透镜, 复制的透镜, 363

Light, 光线
    effect on inks, 墨水的光泽效果, 126
    low intensity, deciphering erasures by, 在低亮度光线下解析或者解读被擦刮掉文书, 101
    oblique and reflected, deciphering charred documents by, 利用倾斜光线或者反射光线解析烧焦文书 133

Line quality，水平线质量，19

Lithograph forms, deterioration of，平版印刷的格式，退化或者变坏，291

M

Magnifying lens，放大镜头，7

Malalignment，不成一条直线，非同轴性 22-24，56，226，227

Marking，标记，记号，see Handling

Mechanical recording devices，机械记录器械，安装机械记录设备驱动程序，68，264

Microfilming，缩微摄影，缩影胶片，366

Microphotograph，缩影照片，29，363，366

    advantages of，缩影照片的优点，367

    commercial，商业性缩影照片，369

    disadvantages of，缩影照片的缺点，361

Microscope，显微镜，7

    binocular, in sequence problems，在双筒显微镜下检查笔画书写的先后顺序，7，110

Microscopic examination，显微镜检验，17

    to detect erasures，显微镜下检验擦刮痕迹，96

    to paper，对纸张进行显微镜检验，83

    in pen problems，对钢笔问题进行显微镜检验，35

    tor spot tests on ink，对墨水或墨迹污点的显微镜检验，40

Mimeograph，油印件，滚筒油印机，（用蜡纸）进行油印，76，78

Model signature，签名字迹样本，标准的签字，19

    and forgery，伪造，189，191

Movement，书写运动，19，154

    in forgery，伪造，187

    in hand lettering problem，手写字体，211

qualities of，质量，特征，特性，154

    in signature identification，签名或者签字的鉴定，189

    in writing identification，文书的字迹鉴定，154

Multilith，胶版印刷机，77

N

Nationality of writer，书写人的民族特性，143

Nervousness in writing，书写时神经紧张不安，159

    and request standards，按照要求提交的样本，316

Nonidentity，非同一性

    of signatures，签名的不同一性，174

    of sources，原始资料，10

    of writing，文书的不同一性，153，161

Numerals, identification of，数字的同一鉴定，217

    by alignment of digits，阿拉伯数字的排行基准线，排行线距离，218

    by alternative forms，可选择性格式，223

    and related symbols，相关的符号，217

    and systems，规律，方法，218

    and variation，变异，变化，220

O

Oblique light identification，倾斜光鉴定，17，141

    for charred documents，利用倾斜光线检验并鉴定烧焦文书，133

    for embossed seals，利用倾斜光线检验凸凹铅封图章或者封条，90

    tor erasure，利用倾斜光线检验擦刮字

索引

迹，96，101

RCMP oblique light box，皇家加拿大骑警队倾斜光线检验箱灯光装置，7

Obliterated writing，涂去或者删除字迹，25，117

    deciphering，解释密码，解析，117，126

    partial，局部的，部分的，偏袒的，119

    by water，用水将字迹涂抹掉，125

Old age and writing，老年人与书写字迹，180

Opinion，意见，看法，判断，11，12，17，330，406，409

Overwriting，重写法，写得过多的，120

P

Paper，纸张，82

    age of，纸张的制造时间，275，281，282

    blank，空白纸张，146

    color of, under ultraviolet light，在紫外线光线下检验纸张的颜色，84

    knife marks in，铡纸刀的痕迹，83

    laboratory investigation of，实验室检验，83

    look–through of，对纸张的仔细检验，83

    manufacturing of，造纸业，82

    previous use of，对纸张的最早利用，85

    pulp of，纸浆，82

    and standards，规格，标准，307，317

    surface texture of，纸张表面的纹理结构，27，83

    and typewriting，打印纸，337

    watermarks in，纸张中的水印，27，84

Paper clip imprints，回形针在纸张上留下的烙印，91

Patching，补贴，粘补，20，169，185

Pen，笔，钢笔，27，33

    ball point，圆珠笔，25，33，35

    drawing，绘图笔，33

    and age of document，文书的书写时间，38

    emphasis with，笔压重点，重笔字迹，20，35，37

    felt tip，毡（制品）尖笔，26，35

    fiber tip，光纤尖笔，纤维制品尖笔，26，35

    fountain，自来水笔，26，36，38

    hard point，硬笔，26，36

    identification, value of，鉴定价值，38

    lift，起笔，提笔，20

    nibs of，大笔，27，36

    point of，笔尖，26，35，37

    porous tip，多孔渗水尖笔，27，35

    position of，握笔的位置，20

    pressure of，握笔的压力，20

    quill，毛笔，铁笔，33

    roller，滚筒，滚珠，27，36

    and standards，标准，样本，307

    stylographic，尖笔（铁笔）刻写法，33

Pencil，铅笔，27，42

    colored，彩色铅笔，26，44

    copy，铅笔书写的副本，复制本，26，44

    differentiation，区别，43

    erasures，抹掉，删节，100，101

    grade of，等级，级别，27，42

    grease，油脂，贿赂，46

    number used，使用数量，43

    identification of individual，个体特征的同一鉴定，43

    indelible，去不掉的，不能涂抹掉的，26，44，101

    properties of，道具，42

    relative hardness of，相对硬度，相对难

度，42
    and standards，样本，307，3 17
  Pencil strokes，铅笔笔画，112
    across folds，交叉笔画，116
Perforations，writing across，穿孔，交叉（覆盖）笔画的接缝孔，114
Photocopies，影印，see also Photostat，直接复印机，复印照片，直接复印件，29，369，384
    altered，变造，涂改，122
    dry process，干燥处理，384
    diffusion transfer process，扩散或漫射转移处理，渗滤转换处理，374
    fraudulent，欺诈，欺骗，385，387
    gelatin transfer process（Verifax），白明胶转换处理程序，375
    thermographic process（Thermo‐fax），热图像处理（热电传真），375
  Photoengraving，照相凸凹版印刷，383，384
  Photography，摄影术，28
    before chemical testing，在进行化学检验之前，131，137
    as copy of a document，作为文书的副本，364
    direct infrared，直接红外线摄影，29，100
    equipment for，摄影器材，363
    infrared luminescence，红外线发（荧）光，29
    positive，摄影正片，362，365
    standard，样本，标准，30，362，363
    in trials，在审判中，392，397，407
    ultraviolet，紫外线摄影，30
  Photographic examination，照相检验，27
    of charred document，烧焦文书的照相检验，132
    of erased writing，涂抹、擦刮文书的照相检验，97，100，101，102
    of obliterated writing，涂抹、删节、覆盖文书的照相检验，117
    of stained documents，污染文书，130
    of writing impressions，笔迹压痕，141
  Photomicrograph，显微照片，显微镜照相的照片，30
  Photostat，复印照片，直接复印机，30，373，376
    advantages of，复印照片的优点，376
    contrasted to reflex copy，与影印副本的对比，378
    disadvantage of，复印照片的缺点，377
    forged，伪造，387
    loss of detail in，细节特征遗失，378
    preliminary study from，初步研究，377
Plastic cast，可塑性塑料制品填充物，see Cast
Platen，滚筒，压盘，23
  condition of，滚筒条件，229，337
  standards on worn，用旧的滚筒样本，337
Postal cancellation，邮政盖销戳记，75，76
Postal card，明信片，87
Print，印相片，印刷物（业），see Positive Photography
Printed matter，印刷品，79，268
  authenticity of，印刷品的真实可靠性，79
  dating，印刷时间，291，279
  differentiating，印刷差分，270
  erased，擦刮，104
  and fraud，欺骗，79
  signatures by，签名，74
Printing，印刷术，印刷业，79，80
  engraved，凸凹版，81
  letter press，印刷体字母压痕，79

lithographic，平版印刷，81
　　offset，胶印，平版印刷，偏移量，26，27
　Proportional spacing typewriting，打字机的文字字符均匀间距，48，235，243
　Proportions in handwriting，手写文字的空间布局，手稿的字符均匀间距，157
　Punching for filing，档案的装订孔，357

Q

　Qualifications，资格，条件，17，404－406
　Quality，品质，性质，质量，17
　　line，排列线，横行线，19
　　writing，笔迹，154

R

　RCMP oblique light unit，加拿大皇家警察骑警队倾斜光线检验装置，7
　Rebound，回弹，23，228
　Receipt signature，收据或收条签名，177
　Redirect examination，改变方向进行检验，412
　Reference collection，参考检材的搜集，17
　Reflex copy，反射复印的副本，378，379
　Registry stamp，登记图章压印，76
　Reproduction，复制品，see specific methods，361
　Resolving power，（光学仪器等的）分辨能力，30
　Restoration，修复，恢复，25，97
　　of iron base inks，含铁墨水的成分分析，97
　Retouching，润饰，修描（照片、笔迹等），20，154
　Retracing，折回，折笔，回笔，20
　Rhythm，节奏，韵律，20

　Ribbon，复写纸，色带
　　adding machine，计算机色带，64
　　time clock，时钟摆带，68
　　typewriter，打字机，61，65，252
　　color of，打字机色带的颜色，62
　　condition of，打字机色带的状况，23，64，231
　　correcting，矫正，63
　　fabric，结构，61
　IBM Tech Ⅲ，IBM第三代电子计算机，美国国际商用机器公司制造的第三代电脑，62
　　impressions by，压痕，盖印，65
　　ink of，墨水，油墨，62，63
　　lift－off，打字机的隔离色带，25，63
　　polyethylene film，聚乙烯胶片，62
　　thread count of，细线数量，64
　　toner of，调色剂，64
　Ruled forms，水线格式，破折号格式，272

S

　Sample，标本，样品，样本，采样，17
　Sealing tapes，密封磁带，86
　Seals，封条，铅封图章，骑缝章，90
　　embossed，凸凹蜡封，90，91
　　wax，封蜡，90
　Sequence，笔画顺序，110
　　of ink strokes，墨水笔画的顺序，25，110，114
　　and paper condition，纸张质量，113
　　of pencil strokes，铅笔笔画的先后顺序，112，114
　　as reveals addition，展示或显示添加笔画，110
　　ot typewriting，打字笔画的顺序，110
　Sex，性别，144

Shading，底纹，描影法，20，37

Side‑light，偏侧光线，see Oblique light

Signatures，签名，署名，签字，172，174，209

 age and，签名的时间，180

 assisted，帮助下的签名字迹，18，202

 changes in，签名的变异，286

 compared with other writing，与其他多个文件或者书写字迹进行比较检验，172，303

 denied，否认，抵赖，207

 deterioration of，退化，变坏，182

 facsimile，描摹、临摹的签名，71，72

 forgery of，伪造的签名，19，182 187

 genuine，真实的签名，173

 guided，伪装的签名，19，202

 evidence of conflict in，自相矛盾的证据，203

 influence of alcohol and drugs on，受酒精和毒品影响下的签名字迹，178

 in legal controversy，法律（或法庭上）的争论，控辩双方在法庭上的辩论，207

 model，模仿，模范，样式，19，184，191

 and movement，书写运动，173

 receipt，收条或者收据上的签名，177，325

 spouse's imitations of，配偶模仿的签名，191

 spurious，假造的签名，191

 and standards，样本，308，320

 unusual，特殊的，与众不同的，不寻常的，176

 variation in，变化，变异，171

Signature plates，（刻有居住人姓名的）名牌，招牌，署名牌，信号牌，261

Skill，writing，书写技巧，155

Slant，倾斜，20，157，169

Splicing，接合，20

Spirit duplicator，精确复制器，模仿的神韵，77

Stained documents，被弄污的文件，130

Stamps，印记，压印，邮戳，图章

 adhesive，胶粘，粘合剂，91

 hand，手迹，71

 facsimile signature，临摹签名，72

Standards，样本，标准，规格，本位，6，18，299，331

 admission of by writer，书写人陈述，404

 amount needed，检验样本的需要量，充足的检验样本，297，299，300，315，320，333，344

 collected，对比检验样本的收集，297，299，300，315，321，329，332

 copied，副本，313

 in cross‑examination，交叉盘问，327

 date of，时间，日期，304，335

 for dating typewriting，打印文件的日期，336

 dictated，口述，口授，299，310‑318

 disguise and nervousness in，伪装笔迹与神经紧张，312，316

 handlettered，手迹字体，328，329

 to identify typist，辨认打字员，鉴定打字员，346

 influence of alcohol on，受酒精的影响，323

 purpose of，目的意图，302

 request，要求，请示，see Standards, dictated

 signatures as，签名样本，303

 sources of，原始资料，签名的来源，308

 text for，教程，课本，教材，301，313，

344

    in trial, 审判, 403

    typewritten, 用打字机打出的, 231, 331, 332, 336, 345

    verification of, 举证声明, 证明, 确认, 309

    writing conditions for, 书写条件, 305, 306

Staples, 订书钉, 原材料, 主要成分, 来源, 92, 93

Storage of documents, 文件的存储, 351

Strokes, sequence of, 笔顺, 笔画先后顺序, 110

System of writing, 书写系统, 书写规律, 笔迹分布规律, 20, 144, 156

T

Tally sheet, fraudulent, 欺骗性的计分单或计数单, 骗取的计数单, 149

Terms, standardizing, 标准化术语, 14

Tests plates, 检验图版, 检测平台, 7, 56

Tests, 测试, 检验, 357

Time clocks, 时钟, 68, 266

Torn documents, 被撕碎的文件, 131, 146, 356

Tracing, 描摹痕迹, see also Forgery, 21, 147, 186

    as copies, 描摹副本, 382

Transmitted light examination, 透光检验, 18

Tremor, 颤动, 震颤, 21, 181

    in forgery, 伪造, 185

    of old age, 老年性颤抖字迹, 181

Trial, preparation for, 审判前的准备工作, 391, 392

    by pretrial conference, 审前会议, 401

    by pretrial report, 审判前的报告, 399

Twisted letter, 螺旋状的字母, 歪歪扭扭的字母, 变形的字母, 24, 227

Type ball or element, 打字机的球形字符或者字模, 打字机元器件（如活字轮）, 23, 50, 237

    character arrangement for, 排行特征, 241

Typeface, 打字机字体, 铅字头字符, 24

    cleanliness of, 清洁打字机字体, 56, 231, 340, 341

    clogged, 铅字头阻塞, 22, 231

    defects, 铅字头缺陷, 22, 24, 225, 226, 228, 241

    designs, 打字机字体设计, 46, 47, 50, 54, 66

Type wheel, 打印轮, 24, 53

Typewriter, 打字机, 46, 224, 343, see also Ribbon

    defect of, 缺陷, 225, 226, 228, 231, 271

    determination of make and model, 打字机制造商和模（款）式的判断, 47, 51, 54

    electric, 电子打字机, 22, 48, 234

    electronic, 电脑, 22, 53, 246

    element, 打字机元件, 50

    foreign, 外国, 外围, 47

    forgery of, 伪造, 255

    identification of, 辨认, 鉴定, 224, 225, 233, 239

    interchangeable escapement, 互换装置, 51

    manual, 手册, 23, 48, 234

    portable, 手提式、便携式电脑, 234

    proportional spacing, 均匀间距, 243

    rebound of, 回弹, 228

    single element, 单元件, 23, 50, 239, 246

    type ball, 字模球, 50, 237

type bar，打字机连动杆，233

type wheel，打字机上的活字轮，52，246

Typewriting，打字，打字工作

 additions to，增加物，56

 dating of，打字日期，227，283

 defects of，打字缺陷，22，24，226，228

 disguised，伪装的打字，258

 erased，被擦刮掉的打印文字，102

 across folds，交叉重叠打印，116

 identification，鉴定，224，225，233，236，238，248

 impressed，压痕，压印，141，238

 and ink, sequence of，墨迹的先后顺序，113

 letter spacing of，字母的间隔，57

 off–its–feet，间隔，227

 and standards，样本，331，332

 variation in，变异，变化，229

Typist，打字员

 identification of，打字员的鉴定或辨认，250–252

 and standards，样本，341，343，347

U

Ultraviolet light examination，紫外线检验

 of charred document，紫外线检验烧焦文书，133

 of damaged documents，紫外线检验被损坏的文书，126

 of erasure，紫外线检验擦刮的文书，97，100，104

 of glues，紫外线检验胶水，86

 of inks，紫外线检验墨水，35

 of paper，紫外线检验纸张成分，84

 of pencils，紫外线检验铅笔字迹，49

Unaltered document，未被改动的原始文件，122

V

Variation，变化，变异，158，159，160，226，229

 and age，时间或年代的变化，159

 in hand lettering，手迹字体的变异，212

 natural，自然变化，10，17，174

 in numerals，变异的数量，220

 in standards，样本，174，315

 in typewriting，打字机，打印文件，229

 and writing condition，书写条件与环境，159

W

Watermark，水印，27，84，274

White–out，涂改液，修正液；极地大暴风雪，119

Witness, expert，专家证人，16，404，413

 document examiner as，文书检验专家，414

 more than one，更多的专家证人，414

 opposing，反对，401

Word processing，文字处理程序，24，52，246

Writing，笔迹，著作，作品，154，156，173，211

 age and，文书的书写时间，323

 alcohol and，酒精，179，322

 ambidextrous，非常灵巧的，笔迹的流畅性，170

 arrangement of，文字的排列，158

 as basis of identification，文书鉴定的基础，同一鉴定的基本原理，154，161

 conditions，书写条件，21，305，318

cursive，草书原稿，18，153

dissimilarity in two writings，两份文书笔迹的相异点，153，161

disguised，伪装笔迹，19，168

on envelopes，信封上的笔迹，85

fatigue, in standards，精神疲劳时书写的笔迹样本，318

across folds，交叉笔迹，114

habits of，20，书写习惯，182

identification，文书的同一鉴定，153，154，160 162，168，211，217

illegible，字迹模糊的文书，146

illness and，疾病与笔迹，180，324

impressions from，笔迹印痕，笔迹压痕，138，139，141，146，148

manuscript of，手写笔迹，19

movement and，书写运动，154，155

natural，自然书写的笔迹，20

nonidentity of，不同一性，161

and occupation，笔迹与职业，144

offsets and，用平版印刷的文书，笔迹的偏移量，25，138，146

proportions in，书写文字的比例，157，211

skill of，书写技巧，20，155，168

smeared-over，涂污，抹掉，污迹，25

standards of，标准，样本，308

speed of，速度，速率，21，168

systems of，体系，制度，规律，方法，21，144，156

variations in，变化，变异，变调，158，212，226

wrong-handed，错误之手，19，21，170

X

Xerox，静电复印机，施乐复印机，30，53，369

译后记

　　1986年本书的译者在就读于西南政法大学诉讼法侦查方向的研究生期间，师从中国著名的刑侦专家周应德教授、著名的文检专家邹明理教授。在导师黎镇中教授和邹明理教授的指导下，两位译者与顾越利、曹海雷、陈江凌等几位志同道合的研究生一起，于1987年初开始编译《可疑文书检验》（第一版），作为学习文书检验课程的作业，开始尝试"研究性翻译"工作。1988年初稿翻译完成以后，在邹明理教授审订过程中，发现译稿与原稿的意思有些地方差异较大，错误的地方比较多，建议重新译校，然后再联系出版事宜，由于各种俗事的缠绕，此事就此拖延下来。两位译者在研究生毕业后仍在各自的工作岗位上继续关注该书的翻译和出版情况，由于1988年在翻译此书时省略了原著作中的图片说明与脚注，而作者在前言中声明脚注对理解文书检验工作具有非常重要的作用，因此，2010年译者获得了《可疑文书检验》1982年修订版，由但彦铮（西南政法大学法学研究所所长兼任安全治理与社会秩序维护研究院院长）和翁里（浙江大学国际法研究所副所长兼任浙江大学司法鉴定中心文检室首席鉴定专家）共同翻译。

　　在本书的翻译过程中，正值我国有关司法鉴定制度的学术争论和学术气氛最为活跃的时期，本书的出版有助于我们全面了解美国以及西方国家的文书检验工作的水平和特点，并从中汲取对我们有用的养分，这正是25年以前我们翻译本书的初衷，也是25年之后再度全面翻译此书的目的和出发点。

　　美国Elsevier North Holland出版公司1982年修订版译出第二稿以后，2012年又根据CRC出版公司1993年出版的新版本翻译出现在的这个译本。翻译这样一本技术性很强的专业书籍，其难度是可想而知的，它不仅要求译者具有较高的英语水平，同时还要求译者具有文书检验方面的专业知识，译者是西南政法大学刑事侦查专业的本科生和研究生，完全具有这方面的基本知识和技能。尽管如此，在翻译本书的过程中，还是遇到了许多技术和知识方面的难题，在查阅有关技术

— 404 —

译后记

词语过程中所经历的艰辛是不为译者以外的人所能了解的。并非纯粹出于托词，的确是由于译者的水平有限，翻译中的错误之处在所难免，敬请读者批评指正。

最后，我们还要感谢我国著名的文检专家邹明理教授在百忙之中再次为本书作序和进行专业审校，以及对本书译者的倾力支持；感谢重庆市公安局国内安全保卫总队技术室的文检专家陈红英女士对本书译稿进行的细心审读和提出修改意见；在译校过程中，尤其得到了重庆大学外语学院语言认知及语言应用研究基地现代外语教育研究所所长彭静教授的大力支持与鼓励，不仅对翻译中遇到的许多疑难问题给予细心解答，还提出了许多具有建设性的意见，对高质量完成本书的翻译功不可没！还要特别感谢当年攻读研究生期间的顾越利、曹海雷、陈江凌等同学，他们在本书的第一版的翻译中做出了巨大贡献；感谢《中国法律》的主编董彦斌博士，使我们有机会与社会科学文献出版社合作；感谢社会科学文献出版社的恽薇分社社长和编辑；感谢2012级警察科学研究生陈雪刚同学，以极大的热情耐心扫描了本书的几百幅图片。最后，对所有在本书的翻译和出版过程中给予我们热心帮助和无私支持的人们，表示我们衷心的感谢！

具体分工如下：

但彦铮：作者前言、第一章至第四章、第九章至第十一章、第十三章、第十六章、第十九章、索引。

翁　里：第五章至第八章、第十二章、第十四章至第十五章、第十七章、第十八章。

由于语言及其专业技术的局限，书中的错误之处难免，敬请读者批评指正。

译者谨识
2014年1月于重庆·西南政法大学安全治理与社会秩序维护研究院

图书在版编目(CIP)数据

可疑文书的科学检验／(美)希尔顿(Hilton, O.)著；翁里，但彦铮译.--北京：社会科学文献出版社，2017.5

（安全治理丛书）

书名原文：Scientific Examination of Questioned Documents

ISBN 978-7-5097-8029-9

Ⅰ.①可… Ⅱ.①希…②翁…③但… Ⅲ.①文书-文件检验 Ⅳ.①D918.92

中国版本图书馆 CIP 数据核字（2015）第 209556 号

·安全治理丛书·

可疑文书的科学检验

著　　者／〔美〕奥登威·希尔顿
译　　者／翁　里　但彦铮

出 版 人／谢寿光
项目统筹／恽　薇　蔡莎莎
责任编辑／蔡莎莎

出　　版／社会科学文献出版社·经济与管理分社（010）59367226
　　　　　 地址：北京市北三环中路甲29号院华龙大厦　邮编：100029
　　　　　 网址：www.ssap.com.cn

发　　行／市场营销中心（010）59367081　59367018
印　　装／北京季蜂印刷有限公司

规　　格／开　本：787mm×1092mm　1/16
　　　　　 印　张：27.25　字　数：495千字

版　　次／2017年5月第1版　2017年5月第1次印刷
书　　号／ISBN 978-7-5097-8029-9
著作权合同登记号／图字01-2016-6126号
定　　价／98.00元

Copies of this book sold without a Taylor & Francis sticker on the cover are unauthorized and illegal.
本书封面贴有 Taylor & Francis 公司防伪标签，无标签者不得销售。
本书如有印装质量问题，请与读者服务中心（010-59367028）联系

▲ 版权所有 翻印必究